大中型水利水电项目全过程工程咨询创新理论与实践

中国电建集团华东勘测设计研究院有限公司
浙江华东工程咨询有限公司   编著
南昌大学

中国建筑工业出版社

图书在版编目（CIP）数据

大中型水利水电项目全过程工程咨询创新理论与实践/
中国电建集团华东勘测设计研究院有限公司，浙江华东工
程咨询有限公司，南昌大学编著. — 北京：中国建筑工
业出版社，2023.3

ISBN 978-7-112-28366-8

Ⅰ.①大…　Ⅱ.①中…②浙…③南…　Ⅲ.①水利水
电工程-工程项目管理-咨询服务　Ⅳ.①F407.963

中国国家版本馆 CIP 数据核字（2023）第 026563 号

　　本书旨在对大中型水利水电项目全过程工程咨询进行理论提炼、升华，总
结全过程工程咨询服务在大中型水利水电项目中的实践管理经验。全书共分为
理论篇、实践篇、案例篇三个部分。理论篇主要对大中型水利水电项目全过程
工程咨询的必要性、适应性、特征及落地模式、组织模式、项目治理及相关理
论基础进行详细阐述；实践篇主要对大中型水利水电项目全过程工程咨询全生
命期各个阶段的咨询工作，包括投资决策、勘察设计、采购与招标、施工、验
收与移交、运营等阶段开展咨询工作的目标、内容、工作方法、工作措施、工
作流程和成果以及工程数字化、工程创优等相关工作进行阐述。案例篇选取罗
田水库-铁岗水库输水隧洞工程（水利项目）和陆河（三江口）抽水蓄能电站工
程（水电项目）为典型案例，探索全过程工程咨询在水利水电项目的实践应用。

　　本书将有利于提升全过程工程咨询服务的效率和品质，填补水利水电行业
关于全过程工程咨询研究的空缺。

责任编辑：徐仲莉

责任校对：赵　菲

**大中型水利水电项目全过程工程咨询
创新理论与实践**

中国电建集团华东勘测设计研究院有限公司
浙江华东工程咨询有限公司　　　　编著
南昌大学

*

中国建筑工业出版社出版、发行（北京海淀三里河路 9 号）
各地新华书店、建筑书店经销
北京鸿文瀚海文化传媒有限公司制版
北京建筑工业印刷厂印刷

*

开本：787 毫米×1092 毫米　1/16　印张：18　字数：445 千字
2023 年 2 月第一版　　2023 年 2 月第一次印刷
定价：**80.00** 元
ISBN 978-7-112-28366-8
（40812）

编写委员会

主　编：

叶锦锋

副主编：

艾洲洋　奚灵智　叶　武　李永科　李建平　罗　岚　石庆旺

顾　问：

胡赛华　李海林　吕　勇　郭　晨　陈永红　王爱东　黄东军
何清华　谢坚勋

编写组：

鲁新生　张洪宝　俞建强　张　强　杨　磊　叶辉辉　陈　攀
薄秋实　张康凯　朱宿雨　李世俊　于洪禹　田继荣　黄东杰
廖　晟　郭实田　黄运福　曾鹏飞　朱天真　吕呈欢　张健烨
罗永平

序言

PREFACE

—

《国务院办公厅关于促进建筑业持续健康发展的意见》指出，为全面贯彻党的十八大和十八届二中、三中、四中、五中、六中全会以及中央经济工作会议、中央城镇化工作会议、中央城市工作会议精神，深化工程领域咨询服务供给侧结构性改革，破解工程咨询市场供需矛盾，必须完善政策措施，创新咨询服务组织实施方式，大力发展以市场需求为导向、满足委托方多样化需求的全过程工程咨询服务模式，由此，全过程工程咨询服务应运而生。

全过程工程咨询服务是指对建设项目全生命周期提供组织、管理、经济和技术等各有关方面的工程咨询服务，是一种创新咨询服务方式。近年来，国家相继出台了实施意见与办法，全过程工程咨询在建筑行业已逐步推行。鉴于大中型水利水电工程的战略性、复杂性及特殊性，其项目多为国家重点建设项目，对项目规划阶段、勘察设计阶段、项目建设阶段及维护运营阶段的目标控制和管理模式都提出了更高的要求，为此，水利水电项目全过程工程咨询仍处于探索阶段。

我国水利水电工程项目繁多、类型复杂、形态各异，其工程项目管理的方式也必定是因工程不同而在国家统一规范下的多样性选择。

为提升大中型水利水电项目管理的规范性与高效性，根据工程规模、类型逐步深入研究、大胆探索，开展全过程工程咨询工作是创新项目管理模式、提高项目管理水平和效益的重要途径。全过程工程咨询特征表现为：一是，全过程工程咨询具有较强的专业性、综合性和复杂性，其咨询的内容涉及水利水电项目建设的各个专业、各个环节、各有关单位，这些内容直接关系着项目建设质量和效益。因而在全过程咨询中需要坚持先进完善的现代管理理念，并综合考虑诸多影响因素，来实现项目建设质量和效益的有机统一。二是，全过程工程咨询参与部门众多，从项目前期工作开始就需做好与各相关方的沟通合作，以此实现建设管理中质量、成本、安全、进度等诸多因素的动态管理，从而提升项目建设管理水平与效益。三是，在信息时代背景下，全过程工程咨询还表现出信息化发展的特征，即信息技术在全过程工程咨询中的应用逐渐深入，有效地加快了全过程工程咨询中的信息流通，提升了工程咨询的效率。

大中型水利水电项目是保障国家水安全和清洁能源建设的重要基础设施，对统筹解决水资源、水生态、水环境和水灾害问题，改善我国能源结构、实现"双碳"目标具有重要作用。大中型水利水电项目又多具有综合性强、建设周期长、技术创新要求高、管理难度大等特点，再加上我国传统的水利水电项目所采用的业主直接管理模式在现行市场经济体制下需要不断创新，采用全过程工程咨询不仅可以为水利水电项目建设提供多样化、一体化、专业化的咨询服务，还可以为项目质量提升、控制投资成本、确保项目进度等提供助力。尽管目前全过程工程咨询仅在建筑等行业推行，但作为一种创新管理方式，对水利水电行业依然有较大的研究和实践价值。中国电建集团华东勘测设计研究院有限公司按照水安全、水资源、水环境、水生态、水文化、水经济"六水共治"要求，以"敢为天下先"的精神，深入贯彻"创新、协调、绿色、开放、共享"五大新发展理念，初步尝试和大胆探索工程项目管理全过程咨询模式，为大中型水利水电项目管理的创新和发展作出了贡献。

《大中型水利水电项目全过程工程咨询创新理论与实践》一书将理论与实践结合，系统地剖析了大中型水利水电工程全过程工程咨询产生的本质及管理提升策略，初步提出了可用于指导大中型水利水电项目全过程工程咨询实践的创新理论。本书共分为理论、实践和案例三大篇章，是对试点大中型水利水电项目全过程工程咨询的经验总结和理论升华，对类似项目全过程工程咨询服务的开展有很大的借鉴意义。理论篇从全过程工程咨询的必要性论证、项目适应性、落地模式特征、组织模式、项目治理等方面对大中型水利水电项目进行了理论研究，为从事大中型水利水电项目全过程工程咨询的管理者提供了理论依据。实践篇从全过程工程咨询的项目投资决策、勘察设计、采购与招标、施工、验收与移交、运营六个阶段对大中型水利水电项目全过程工程咨询的服务目标、工作内容、风险要点、工作措施、工作流程和阶段成果进行了详细阐述。案例篇选取罗田水库-铁岗水库输水隧洞工程（以下简称罗铁项目）和陆河（三河口）抽水蓄能电站工程（以下简称陆河项目）两个典型的大型水利水电项目，对全过程工程咨询的理论和实践进行了充分验证。罗铁项目是深圳市全力建设社会主义先行示范区供水保障百年民生工程的重点组成部分，能有效解决当前深圳市供水紧缺问题，形成东西江供水双保障系统，助力区域经济发展。陆河项目开创全国首例抽水蓄能电站建设采用全过程工程咨询服务的模式，建成后将担负起粤东及珠三角东片区域电网削峰填谷、调频调相、应急启动和电力多能互补运行的责任，实现电网安全运行、助力经济快速发展。

当前，国家发展和改革委员会和住房和城乡建设部正在积极推进工程建设领域"工程总承包"模式和"全过程工程咨询"模式。这些模式的提出和推行，体现了我国工程建设领域的制度特色，必将在助力我国大中型水利水电项目建设取得进一步成效的同时，丰富我国工程建设管理领域的项目管理宝库。同时，在我国提出的"一带一路"发展战略工程项目建设中充分借鉴国际项目全过程咨询经验，结合我国项目管理中的全过程项目咨询实践，实现国内项目与国际项目在全过程项目咨询中的并轨，为丰富世界工程项目管理的理论和实践作出应有的贡献。

　　回顾 20 世纪 90 年代鲁布革水电站、广蓄抽水蓄能电站工程建成后，笔者曾提出过推行项目管理代理人制度，充分发挥工程管理专业化团队的作用，避免出现干一项工程就必须组建一个项目管理班子的弊端，以充分积累管理经验，不断适应项目管理创新要求，不断提高我国项目管理水平，然而由于种种原因，这一建议未能实施。当看到本书提出的全过程工程咨询的理论和实践时，我感到与我当时想法的跨时空契合。十分感谢中国电建集团华东勘测设计研究院有限公司与南昌大学全过程工程咨询团队为我国工程项目管理创新进行了开拓性的研究与实践，形成此书，把研究成果和工程实践奉献给广大读者。但是，鉴于水利水电工程尤其是大型及特大型水利水电工程的特殊性和复杂性以及试点工作的局限性和代表性，全过程工程咨询的理论尚需进一步完善，实践尚需进一步深入，实践探索中的问题尚需要解决，水利水电项目全过程咨询的监督约束机制尚需要建立。由此，我殷切希望我国各领域的工程建设项目管理工作者结合本书提出的大中型水利水电工程全过程管理咨询理论与实践，认真学习、研究、探索、实践，进一步完善大中型水利水电工程项目管理的政策体制，规范建筑业市场，探索适应项目特色的管理模式，为提高我国水利水电工程项目管理水平和效益，为实现中华民族的伟大复兴作出更大贡献。

创新理论与实践
大中型水利水电项目全过程工程咨询

　　张基尧，中共第十七届中央候补委员，第十二届全国政协常委、政协人口资源环境委员会副主任，国务院原南水北调工程建设委员会办公室主任、党组书记（正部级），曾担任鲁布革水电站、广州抽水蓄能电站、小浪底水利枢纽及南水北调等工程项目主要负责人。

前言

FOREWORD

———

2017 年 2 月《国务院办公厅关于促进建筑业持续健康发展的意见》，首次在建筑业提出"培育全过程工程咨询"。随后，浙江、江苏、福建、广东等地相继响应文件号召出台一系列配套政策，推动实施全过程工程咨询试点工作。全过程工程咨询模式的提出是政策导向和行业进步的要求，而大中型水利水电项目大多为国家重点建设项目，属于国家号召的应带头推行全过程工程咨询的行业范围。2020 年 6 月，中国工程咨询协会发布了《水利水电工程全过程工程咨询服务导则（征求意见稿）》。随着国家和行业相关操作层面的标准陆续出台，全过程工程咨询在水利水电行业的推广和发展将会更加迅速。此外，国务院印发的《关于完整准确全面贯彻新发展理念做好碳达峰碳中和工作的意见》指出，实现碳达峰、碳中和是以习近平同志为核心的党中央统筹国内国际两个大局做出的重大战略决策。2015 年 1 月，国家能源局出台《关于鼓励社会资本投资水电站的指导意见》（国能新能〔2015〕8 号），进一步鼓励和支持社会资本投资常规水电站和抽水蓄能电站。2021 年 4 月，国家发展和改革委员会出台《关于进一步完善抽水蓄能价格形成机制的意见》（发改价格〔2021〕633 号），保障非电网投资主体利益，调动社会资本参与抽水蓄能电站建设的积极性。2021 年 9 月，国家能源局发布了《抽水蓄能中长期发展规划（2021—2035 年）》，提出到 2030 年抽水蓄能投产总规模 1.2 亿千瓦左右；规划布局重点实施项目 340 个，总装机容量约 4.2 亿千瓦；并储备了 247 个项目，总装机容量约 3.1 亿千瓦。上述政策文件的激励下，各地政府、投资主体纷纷加快规划开发抽水蓄能项目。在未来十余年抽水蓄能电站工程建设将呈暴发式增长，也将吸引更多的投资主体参与工程投资建设，参与主体也将多元化。此外，我国水利水电工程投资建设主体以政府方或政府投资平台为主。水利水电工程建设专业性强、技术难度大、工程管理复杂，无论是政府类投资建设方还是非传统的抽蓄投资建设主体，在专业技术管理方面都十分缺乏专业技术管理人才。抽水蓄能电站工程的加快开发与各类投资主体大中型水利水电专业技术管理人员不足的矛盾将会进一步凸显，该形势下也将加速大中型水利水电全过程工程咨询行业的发展。

随着乌卡时代（VUCA）的来临，其不稳定性、不确定性、复杂性和模糊性时刻影响着大中型水利水电项目的建设，而大中型水利水电项目往往具有投资大、周期长、技术难度高、干扰大、施工质量和安全要求高等特征。在这种背景下，如何对大中型水利水电项目进行高效管理就显得尤为重要。全过程工程咨询是指从工程建设项目前期决策到工程项目实施和运营整个生命周期，提供包含规划和设计在内的涉及组织、管理、经济和技术等各方面的工程咨询服务。因此，基于复杂性视角，大中型水利水电项目与全过程工程咨询结合有着很好的适配性，在大中型水利水电项目中采用全过程工程咨询是一种新的尝试。从服务时间维度来说，全过程工程咨询时间范畴贯穿于整个建设项目过程中，包括前期决策、工程项目实施和运营；从服务内容维度来说，全过程工程咨询服务内容包括工程咨询、工程勘察、工程设计、工程监理、招标代理、造价咨询、项目管理等技术和管理咨询服务。其服务内容可用"1＋N＋X"模式简单表述："1"是全过程（或者相对全过程）工程项目总控管理服务，主要是指项目管理代表建设单位"管"项目；"N"是在资质许可范围内的单项专业工程咨询服务，除项目管理之外的六大专业服务的全部或其中之一；"X"是不自行实施但应协调管理或控制的专项服务；"＋"是平台，通过对建设项目全方位与各阶段相结合进行信息化的过程集成管理，通过专业化和数据化的形式完成协调管理服务。因此，大中型水利水电项目采用全过程工程咨询进行高效管理是未来重点发展趋势。

中国电建集团华东勘测设计研究院有限公司（以下简称华东院）是我国最早从事水电开发利用的单位之一，先后承担了国内外 200 余项大中型水电水利工程的规划、勘测、设计、咨询等工作，已建成投产和在建的水电站 100 余座，总装机规模超过 6300 万千瓦。华东院在大中型水电水利工程建设积累了丰富的工程经验，培育了较强的工程咨询能力，2017 年被选为首批全过程工程咨询试点企业，先后承担了深圳市罗田水库-铁岗水库输水隧洞工程全过程工程咨询、陆河（三河口）抽水蓄能电站全过程工程咨询服务（国内首例抽水蓄能电站全过程工程咨询项目）、云浮水源山抽水蓄能电站全过程工程咨询服务、Construction Supervision for the Batang Toru Hydro Electric Power Plant Project, Indonesia（印尼巴塘水电站）。为了总结和推广华东院在大中型水利水电项目全过程工程咨询的创新理论、实践经验和成功案例，华东院组织编写了《大中型水利水电项目全过程工程咨询创新理论与实践》一书，结合我们在水利水电行业丰富的实践经验，旨在对大中型水利水电项目全过程工程咨询进行理论提炼、升华，进一步总结、凝练全过程工程咨询服务在大中型水利水电项目上的实践管理经验，提升全过程工程咨询服务的效率和品质，填补水利水电行业关于全过程工程咨询研究的空缺；同时选取罗田水库-铁岗水库输水隧洞和陆河（三江口）抽水蓄能电站两个项目作为案例，为类似项目全过程工程咨询服务的开展提供借鉴。该成果有利于深入贯彻新发展理念以及服务"双碳"目标，在水利水电行业大胆探索全过程工程咨询模式，从而为大中型水利水电项目管理的创新和发展贡献自己的力量。

全书共分为理论篇、实践篇、案例篇三个部分。理论篇主要阐述全过程工程咨询相关理论知识，为管理者提供理论依据，结合大中型水利水电项目的特点分析全过程工程咨询服务的必要性和适应性，为之后全过程工程咨询服务的实践奠定理论基础。理论篇包括 6 个章节，分别为全过程工程咨询的必要性论证、大中型水利水电项目复杂性及全过程工程咨询项目适应性分析、全过程工程咨询特征及落地模式分析、全过程工程咨询组织模式分析、全过程工程咨询相关理论基础、全过程工程咨询项目治理分析。

实践篇基于大中型水利水电项目全生命周期的视角，主要对大中型水利水电项目各个阶段全过程工程咨询的服务目标、工作内容、工作方法、风险要点、工作措施、工作流程、阶段成果进行详细阐述，同时阐述了工程数字化技术和工程创优在全过程工程咨询实践中的应用。实践篇包括 8 个章节，分别为项目投资决策阶段咨询、项目勘察设计阶段咨询、项目采购与招标阶段咨询、项目施工阶段咨询、项目验收与移交阶段咨询、项目运营阶段咨询、工程数字化咨询、工程创优咨询。

案例篇阐述罗田水库-铁岗水库输水隧洞工程和陆河抽水蓄能电站工程两个典型的大中型水利水电项目在全过程工程咨询方面的实践应用与经验，对全过程工程咨询的理论和实践进行充分的验证。案例篇包括 2 个章节，分别为罗田水库-铁岗水库输水隧洞工程全过程工程咨询案例、陆河（三江口）抽水蓄能电站全过程工程咨询案例。

本书撰写是依托华东院在水利水电行业丰富的实践经验以及罗田水库-铁岗水库输水隧洞工程、陆河（三江口）抽水蓄能电站等工程实践，从构思到撰写，历时两年多，期间得到了全国政协原常委、政协人口资源环境委员会副主任、水利部副部长张基尧先生的鼎力支持。感谢深圳市水务工程建设管理中心、陆河蓄能发电有限公司、深圳市原水有限公司的倾力支持，为本书编制提供了大量资料和编写建议；感谢罗田水库-铁岗水库输水隧洞项目、陆河（三江口）抽水蓄能电站项目两个全过程工程咨询团队提供的宝贵的工程实践总结与编写建议，同时也感谢南昌大学硕士研究生团队杨悦、刘钰洋、孙安、牛晓璇、钟志文、冯文强、陈豪等为本书的文字校核和项目调研等方面做了大量的工作。

由于编者水平有限，本书难免有不足和有待商榷之处，恳请各位读者批评指正！

编者

2022 年 11 月 10 日

目录
CONTENTS

第二篇　实践篇

第三篇　案例篇

第一篇
理论篇

本篇就大中型水利水电项目全过程工程咨询的必要性、适应性、特征及落地模式、组织模式、项目治理及相关理论基础进行详细阐述，具体包括全过程工程咨询的必要性论证、大中型水利水电项目复杂性及全过程工程咨询项目适应性分析、全过程工程咨询特征及落地模式分析、全过程工程咨询组织模式分析、全过程工程咨询相关理论基础、全过程工程咨询项目治理分析。理论篇主要阐述全过程工程咨询相关理论知识，为管理者提供理论依据，结合大中型水利水电项目的特点分析全过程咨询服务的必要性和适应性，为之后全过程咨询服务的实践奠定理论基础。

1 全过程工程咨询的必要性论证

1.1 工程咨询的产生及发展

工程咨询业是为经济建设和工程项目的决策与管理提供全面咨询的智力服务业，行业类别属于第三产业中的社会服务业，它是我国经济运行尤其是投资建设不可缺少的重要中介，是依据国家相关政策法规、进行政策咨询的重要手段。根据我国《工程咨询业管理暂行办法》规定，工程咨询的业务范围包括下述四个方面：

（1）为国家、行业、地区、城镇、工业区等的经济发展提供规划和政策咨询或专题咨询；

（2）为国内外各类工程项目提供全过程或分阶段的咨询；

（3）为现有企业的技术改造和管理提供咨询；

（4）为国内外客户提供投资选择、市场调查、概预算审查和资产评估等咨询服务。

我国工程咨询业发展至今，已形成了一定的规模，但面对加入 WTO 后的国际竞争却仍然不够，也达不到与上述《工程咨询业管理暂行办法》相吻合的业务范围。工程咨询业内人士应充分认识到当前的严峻形势，从研究工程咨询产业发展的规律入手，改革运行机制，积极探索与国际惯例接轨的途径。在近几年"一带一路"建设实践中，我国工程咨询业积极响应和主动参与"一带一路"建设，一大批工程咨询单位走出国门，在沿线国家承接大量的能源、交通、水利等基础设施工程以及各种产业园区的规划与开发，为"一带一路"建设作出了积极贡献。在"一带一路"建设过程中，工程咨询企业的转型升级也将助推工程建设行业更加积极地开展国际化经营。

1.1.1 社会分工的演进与工程咨询业的产生

工程咨询业的产生与发展与社会分工息息相关。产业是社会分工的产物，它随着社会分工的产生而产生，并随着社会分工的发展而发展。工程咨询产生于 18 世纪末 19 世纪初的第一次产业革命，它是近代工业化的产物。1818 年英国土木工程师协会成立，标志着工程咨询业的产生。1904 年丹麦国家咨询工程师协会成立，标志着工程咨询业的名称正式应用。到 20 世纪初的第二次产业革命，国际建筑业已发展到一定阶段，1955 年国际咨询工程师联合会成立，标志着国际工程咨询业的成熟。这期间经历了个人咨询、合伙咨询、专业咨询、综合咨询等若干个阶段。20 世纪 50 年代信息技术的产生和发展掀起了第三次产业革命的高潮，促进了工程咨询业的进一步演进。

工程咨询最开始主要服务于建筑业产品，建筑业产品具有体积大、涉及专业繁杂、一次性交易等特点，随着建筑业的发展，交易难度越来越大，交易效率也越来越低。这就是工程咨询业产生的直接动因。当分工产生时，因为交易次数的增多使得交易费用增大了，所以分工的好处与分工产生的交易费用导致的两难冲突的解决就直接取决于交易效率的高低。可以说，工程咨询业的产生首先是建筑业追求交易效率的结果。交易效率越高，生产效率也越高。随着分工的演进，建筑产品交易费用的高低成为工程咨询业发展的主要影响因素。由于直观和控制的需要，随着工程咨询业的发展，建设单位为了降低内生交易费用的影响，逐渐出现由外生交易费用来取代内生交易费用的情况，例如以监督成本来降低道德风险（内生交易费用），工程咨询业得以继续分工演进。随着产业的发展，建设单位对降低建筑产品总交易费用的需求成为工程咨询业不断完善自身的推动力，而随着社会其他行业分工的不断演进以及科学技术和管理理念的进步使得建筑产品外生交易费用的降低成为可能，这种情况又促进了工程咨询业进一步向新的高度发展。

1.1.2 我国工程咨询业的发展历程

早在中华人民共和国成立后的"一五"时期，我国的工程咨询业服务体系的雏形就已初步体现出来，当时我国的投资决策体制沿用苏联的模式，采用"方案研究""建设建议书""技术经济分析"等类似可行性研究的方法，取得了较好的效果，并由此成立了一批工程设计院以担任大量的工程设计任务及项目前期工作。但当时诸如此类的咨询工作都是在政府指令性计划下完成的，还不能形成一个独立产业。我国真正意义上的工程咨询业始于20世纪80年代初期，其中最早的是1982年8月由国家计划委员会组建的中国国际工程咨询公司，1983年国家计划委员会要求重视投资前期工作，明确规定把项目可行性研究纳入基本建设程序，随后各省、自治区、直辖市、计划单列市相继成立了由国家计划委员会归口管理的41家省级工程咨询公司。1985年我国政府又决定对项目实行"先评估、后决策"的制度，规定大中型重点建设项目和限额以上技术改造项目，都必须经过有资格的咨询公司的评估。为适应改革形势的需要，各地勘察设计单位扩大业务范围，增加了可行性研究的内容。在20世纪80年代我国工程咨询机构大体上包括两个部分，绝大部分是诞生在当时的计划经济体制下的勘察设计单位，其次是依托各级计经委等部门或建设银行等金融机构而成立的各类工程咨询服务公司。进入20世纪90年代，尤其是在1990年7月成立了中国建设工程造价管理协会及1992年底成立了中国工程咨询协会、1994年国家颁布了《工程咨询业管理暂行办法》以后，我国工程咨询的产业化进程不断加快，工程咨询市场逐步发育，行业的业务范围也逐渐多样化。随着产业的进一步分工，出现了以工程造价咨询为主的咨询公司以及工程监理公司，20世纪90年代后期在一些沿海城市还出现了一些为建设项目进行全过程造价咨询的工程咨询公司。与此同时，国外工程咨询机构开始大力开拓中国市场，在中国设立办事处或合资合作公司，国内工程咨询业也开始尝试进入国际市场。进入20世纪90年代后期及21世纪初期，尤其是2001年我国加入WTO后，随着政府机构改革、科研设计单位的全面转制及各类工程咨询单位脱钩改制、工程咨询市场的进一步开放，使得我国工程咨询业的发展进入一个全面迎接国际竞争的时代。我国工程咨询业发展历程如图1-1所示。

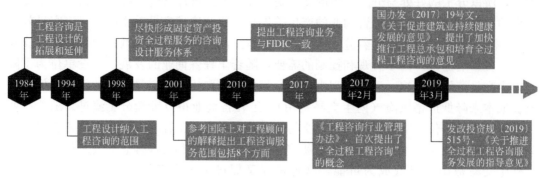

图 1-1 我国工程咨询业发展历程

1.2 国内工程咨询的现状与问题

1.2.1 国内工程咨询的现状

在信息通信技术快速发展的当下，组织和个人所处的环境具有高度的多变性（Volatility）、不确定性（Uncertainty）、复杂性（Complexity）和模糊性（Ambiguity），这被称作 VUCA 时代（董保宝等，2018）。这样的环境特征为工程咨询带来了全新的挑战，传统工程咨询理论体系难以继续支持新时代工程咨询实践的全面发展。VUCA 时代下工程咨询所面临的环境具有高度不确定性，也进一步影响着工程咨询活动的运行（许秀瑞等，2021）。

目前，中国工程咨询行业规模日益扩大。随着国家政策条例的日益规范和逐渐完善，工程咨询行业在工程建设中的作用逐渐显现，社会各界逐步提高对工程咨询行业的重视程度，我国工程咨询行业在整体上呈现出一种起步较晚以及基础较为薄弱的问题（Eadie et al.，2013），所以并不能完全适应社会经济发展。行业在发展过程中还是会受到相当大程度的制约。工程咨询行业涵盖内容较广，由于建筑行业的特殊性，繁多的参与方增加了组织管理难度，形成了信息资源的壁垒，降低了不同参与方的协调合作，同时由于业绩和经验的不足，只能为建设单位提供"碎片式"的咨询服务，影响了建设项目效率和质量。不同专业的工作内容缺少互补和检测，增加了项目实施风险，同时，工程咨询单位可持续发展能力有待加强，创新能力不足，咨询服务质量有待提高，高端人才匮乏，体制机制不灵活，信息化建设滞后，国际化水平低。

2017 年中国共产党第十九次全国代表大会提出，深化供给结构改革，加快建设创新型国家，同时，支持传统产业优化升级，加快发展现代化服务业，瞄准国际标准提高水平。当前，中国正处于全面建成小康社会的关键时期，社会发展的各个方面都在整体上呈现出不断深化的状态。工业、信息以及城镇发展等速度也相当迅猛。尤其是在不断改革的行政管理体制推动之下，投资建设工作也会实现不同程度的创新。新技术以及工艺的不断出现都可实现对上述现象的直观体现，尤其是在对外开放过程中其广度及深度都会在原有基础上得到不断扩展，在竞争激烈的市场环境中取得优势与地位。在发展过程中，注意要严格遵循以人为本这一原则，城乡发展、区域发展以及经济社会之间的发展都必须实现相互协调以及统筹性的目标。其中最为突出的一点就是可持续发展，这是社会未来发展的主要趋势与方向。工程咨询行业在此种趋势与背景之下面临全新的机遇与挑战，这需要工程咨询行业在不断创新与改革的基础上实现与上述发展目标相适应的状态。同时也是中国现有投资咨询、勘察、设计、造价、施工等从业企业调整经营结构，谋划转型升级，增强综合实力，加快与国际建设管理服务方式接轨，是适应社会主义市场经济发展的必然要求。

全过程工程咨询以 2017 年 2 月《国务院办公厅关于促进建筑业持续健康发展的意见》（国办发〔2017〕19 号）为肇始，其后陆续有《住房城乡建设部关于开展全过程工程咨询试点工作的通知》（建市〔2017〕101 号）和《国家发展改革委　住房城乡建设部关于推进全过程工程咨询服务发展的指导意见》（发改投资规〔2019〕515 号）（以下简称 515 号文）发布，至今已逾四载。这四载岁月中，全过程工程咨询经历了概念提出、试点地区和企业名录发布、各地宣贯和试点项目落地，指导意见正式发布，全国范围内陆续推广、项目落地实施等不同阶段。

截至 2019 年 5 月，全过程工程咨询结束了为期两年的试点期，进入全面总结经验得失、建立健全配套法律法规、政策引领、示范地区和项目样板引路阶段，全过程工程咨询模式发展、实施情况较好的东南沿海省份和地区的少数政府投资项目已竣工，进入全过程工程咨询项目总结、反思、提高和进一步探索改革创新招标委托模式、项目建设管理模式和相关配套法规保障的深水区。全过程工程咨询项目在全国各省（市、区）发展和落地实施情况可以归纳为：各地冷热不均、南热北冷、东热西冷，即：南方省份和地区比北方省份和地区好，东部比西部好，尤其是东南沿海地区表现最热，与我国整体经济发展状况和地理气候条件特征恰好相符，其中又以浙江省、江苏省、广东省、山东省和湖南省发展最好、势头最猛；山东省虽地处北方且非全咨试点地区，但因其属东部沿海省份和 GDP 大省，全过程工程咨询发展可谓后来者居上；广西壮族自治区虽为后增试点地区，但地处两广、受广东省影响，加之政府重视，咨询企业踊跃参加，发展后劲不错。然而，例外的是上海市和海南省等地，虽地处东部和沿海地区，全过程工程咨询发展却未见大的动作。尤为可贵的是，不少非试点省份、地区（如内蒙古自治区等地）以及咨询企业也积极投身全过程工程咨询项目实践；2020 年，西部省份西藏自治区和宁夏回族自治区实现了全过程工程咨询项目零的突破。

我国目前已有多个省市快速推进建设项目全过程工程咨询模式，出台了全过程工程咨询的试点工作方案或实施意见，如江苏、浙江、广东、湖南、福建、四川、宁夏、广西、河南、山东、安徽、陕西、贵州、黑龙江、吉林、北京、上海、深圳、重庆等省市，为全过程工程咨询的推广发展打通了渠道。近几年，各省市、各行业的几千家全过程工程咨询试点企业实施了大量的全过程工程咨询项目。通过不断探索和完善，全过程工程咨询模式逐渐成熟，所占的市场份额也在逐渐增大。国家主管部门和行业协会也积极研究制定全过程工程咨询的相关标准。从行业角度看，房建和市政行业的发展最快。2020 年 4 月，国家发展改革委固定资产投资司和住房和城乡建设部建筑市场监管司共同发布了《房屋建筑和市政基础设施建设项目全过程工程咨询服务技术标准（征求意见稿）》，相关合同示范文本也在编制过程中。2020 年 6 月，中国勘察设计协会组织编制的《全过程工程咨询要求和评价细则》也顺利通过专家评审。国家层面与地方层面的全过程工程咨询政策解读如表 1.1、表 1.2 所示。

表 1.1

序号	文件名	主要内容
1	《关于促进建筑业持续健康发展的意见》(国办发〔2017〕19 号)	培育全过程工程咨询。鼓励投资咨询、勘察、设计监理、招标代理、造价等企业采取联合经营并购重组等方式发展全过程工程咨询,培育一批具有国际水平的全过程工程咨询企业
2	《工程咨询行业管理办法》(2017 年第 9 号)	采用多种服务方式组合,为项目决策、实施和运营持续提供局部或整体解决方案以及管理服务
3	《关于征求推进全过程工程咨询服务发展的指导意见(征求意见稿)和建设工程咨询服务合同示范文本(征求意见稿)意见的函》(建市监函〔2018〕9 号)	全过程工程咨询是对工程建设项目前期研究和决策以及工程项目实施和运行(或称运营)的全生命周期提供包含设计和规划在内的涉及组织、管理、经济和技术等各有关方面的工程咨询服务
4	《国家发展改革委　住房城乡建设部关于推进全过程工程咨询服务发展的指导意见》(发改投资规〔2019〕515 号)	鼓励投资者在投资决策环节委托工程咨询单位提供综合性咨询服务,统筹考虑影响项目可行性的各种因素,增强决策论证的协调性。在房屋建筑、市政基础设施等工程建设中,鼓励建设单位委托咨询单位提供招标代理、勘察、设计、造价、项目管理等全过程咨询服务,满足建设单位一体化服务需求,增强工程建设过程的协同性
5	《关于征求〈房屋建筑和市政基础设施建设项目全过程工程咨询服务技术标准(征求意见稿)〉意见的函》(2020 年 4 月)	全过程工程咨询可分为投资决策综合性咨询和工程建设全过程咨询。其中,工程建设全过程咨询又可分为工程勘察设计咨询、工程招标采购咨询工程与项目管理服务。工程咨询方还可根据委托方需求提供其他专项咨询服务
6	《“十四五”数字经济发展规划》(2022 年 3 月)	促进数字技术在全过程工程咨询领域的深度应用,引领咨询服务和工程建设模式转型升级
7	《建设项目全过程工程咨询标准》(2022 年 8 月 1 日起施行)	咨询人在建设项目投资决策阶段、工程建设准备阶段、工程建设阶段、项目运营维护阶段,为委托人提供涉及技术、经济、组织和管理在内的整体或局部的服务活动,包括全过程总控管理服务和单项咨询服务,其中单项咨询又包括基本咨询和专项咨询。简称“全咨管理(WMC)”

地方层面全过程工程咨询政策解读

表 1.2

序号	文件名	主要内容
1	《广东省住房和城乡建设厅关于征求〈建设项目全过程工程咨询服务指引咨询企业版(征求意见稿)〉和〈建设项目全过程工程咨询服务指引(投资人版)(征求意见稿)〉意见的函》(粤建市商〔2018〕26 号)	全过程工程咨询是指对建设项目全生命周期提供组织、管理、经济和技术等各有关方面的工程咨询服务,包括项目的全过程工程项目管理以及投资咨询勘察、设计、造价咨询、招标代理、运行维护咨询以及 BIM 咨询等专业咨询服务
2	《湖南省住房和城乡建设厅关于印发全过程工程咨询工作试行文本的通知》(湘建设〔2018〕17 号)	全过程工程咨询是指建设单位在项目建设过程中将工程咨询业务整体委托给一家企业,由该企业提供项目策划、可行性研究、环境影响评价报告、工程勘察、工程设计、造价咨询及招标代理等工程咨询服务活动

序号	文件名	主要内容
3	《省住房城乡建设厅关于印发〈江苏省全过程工程咨询服务合同示范文本(试行)〉和〈江苏省全过程工程咨询服务导则(试行)〉的通知》(苏建科〔2018〕940号)	全过程工程咨询是对工程建设项目前期研究和决策以及工程项目实施和运行(或称运营)的全生命周期提供包含设计在内的涉及组织、管理、经济和技术等各有关方面的工程咨询服务
4	《关于在房屋建筑和市政工程领域加快推行全过程工程咨询服务的指导意见》(鲁建建管〔2019〕19号)	全过程工程咨询服务是指在项目投资决策、工程建设、运营管理过程中,为建设单位提供的涉及经济技术、组织、管理等各有关方面的综合性、跨阶段、一体化的咨询服务
5	《上海市杨浦区关于促进工程总承包、全过程工程咨询发展的若干政策》(2021年6月)	全过程工程咨询服务是指对建设项目全生命周期提供组织、管理、经济和技术等各有关方面的工程咨询服务。包括项目的全过程管理以及投资咨询、勘察、设计、造价咨询、招标代理、监理、运行维护咨询等工程建设项目各阶段专业咨询服务
6	《河北省发展和改革委员会河北省住房和城乡建设厅关于进一步推进全过程工程咨询服务发展的通知》(冀发改投资〔2022〕550号)	全过程工程咨询是采用多种服务方式组合,为项目决策、实施和运营持续提供局部或整体解决方案以及管理服务的工程咨询服务。全过程工程咨询服务的推广和发展,能够更好地适应市场发展,满足委托方多样化需求

1.2.2 国内工程咨询面临的问题

1. 相关政策法规不够完善

与发达国家相比,我国工程咨询业起步较晚、基础比较薄弱,存在着比较大的差距,整体发展水平与经济社会发展的要求还很不适应,制约行业发展的问题也比较突出。目前,我国全过程工程咨询服务模式处在起步和探索阶段,各层级相关政策主要为宏观的引导性意见,尚未形成统一的实施标准和精细化的管理办法。由于当前积累的全过程工程咨询的应用经验较为有限,加之缺少系统而深入的研究,政府对市场的规范管理和企业的具体实施均缺少配套政策和规范引导。例如,为了全面把控试点项目的质量、安全和进度,深圳市政府投资的试点项目大多组建了投资人的项目组,全过程工程咨询单位作为项目管理的补充力量与项目组共同发挥策划和决策职能(Cheung et al.,2012)。由于缺少相关政策和法规的引导,在试点项目建设过程中容易出现工作内容和权责划分不清晰的情况,从而导致工程咨询团队的专业集成和管理优势难以得到充分发挥。此外,当前的酬金计取方式和合同范本等方面尚不成熟,工作内容和酬劳未能较好配套。在试点项目中主要参考既有经验采用了常规咨询费用叠加的计费方式,与工程咨询跨专业和跨阶段式的服务要求不相匹配。一方面对全过程工程咨询的协调成本和资源整合成本的考虑不够全面,另一方面容易存在投资人对咨询服务重叠支付费用的情况,使得投资人和咨询单位在试点项目中均承担了一定的经济风险。由此可见,当前相关政策法规、实施规范和管理办法的不完善,给全过程工程咨询的推广和应用带来不少困难。

2. 服务模式和人力资源配置亟待升级

目前,为了整合优势资源,全过程工程咨询通常采取联合体的服务模式承担项目。由于试点项目缺少相关工作经验和指导方案,联合体式的全过程工程咨询服务大多是对传统咨询模式进行简单叠加来开展工作。这种服务模式不仅背离了推行全过程工程咨询的初衷，同时因联合体内部利益主体不统一容易产生内耗和推诿现象，大大降低了全过程工程咨询的工作效率。在人力资源配置方面，全过程工程咨询配置的工程咨询人员大多是由传统工程咨询转型而来。执业人员往往侧重于单一领域的技术和管理工作，缺少对项目多专业协调、跨阶段整合和把控全局的全过程工程咨询执业能力和经验，难以适应全过程工程咨询发展的需求。例如，在政府投资项目的试点项目（特别是医疗类和文体场馆类项目）中，为了满足使用方的高品质和高品位的体验感要求，建筑设计管理在全过程工程咨询中往往占主导地位。由建筑设计师担任全过程工程咨询团队的负责人，有利于实现政府工程的高质量发展。然而，在当前的全过程工程咨询从业人员中既精通建筑设计又熟悉现场施工和工程管理等专业的复合型人才十分稀缺。若简单地聘请单一专业的建筑设计师牵头全咨团队，由于缺少现场施工和全过程工程咨询实践经验，将会给工程项目带来较多的设计变更风险和较大的决策风险，不利于投资和工期等方面的控制。因此，当前不合理的服务模式和欠缺的复合型人力资源配置，是推行全过程工程咨询亟待解决的问题。

3. 绩效成果呈现模糊，履约评价和监管困难

由于全过程工程咨询服务属于密集型智力劳动，绩效成果主要为无形的服务和非实体内容，导致其交付物的绩效和成果质量难以进行客观和定量的描述，履约评价存在较大的局限性。在试点项目中，投资人主要根据咨询服务工作量的统计结果结合项目组的定性评价结果来衡量全过程工程咨询取得的成效。全过程工程咨询的工作效率、成果质量和产生的实际效益往往难以进行科学合理的评价。当前的履约评价方式不仅容易引起全过程工程咨询单位"出工不出力"现象，使其服务质量和服务深度大打折扣，同时绩效管理体系尚不成熟也增大了项目组的廉政风险。另外，在试点项目建设中，主要采用了项目组与全过程工程咨询团队相融合的工作模式，在一定程度上导致项目组与全过程工程咨询团队的工作界面模糊，履约责任界定困难，投资人难以对全过程工程咨询单位进行有效的监管和控制。

1.3　国内全过程工程咨询的兴起

1.3.1　全过程工程咨询内涵的界定

"全过程"的概念最早出现在项目管理中，在实践中，国际上的咨询公司很早就开始了全过程工程咨询业务，近年来我国一些大型的工程咨询企业也逐渐转型，把全过程工程咨询作为企业的重要发展方向。随着投资建设项目进入不同阶段，建设单位的需求也是多样化的。在实践中，除了"全过程"以外，建设单位更需要"全方位""全覆盖"各专业"范围"和"边界"的管理服务所体现出来的全过程工程咨询服务。因此，要正确认识全过程工程咨询的内涵和外延，避免从字面上简单地理解"全过程"。20多年来，国际上尤其是工业发达国家在工程建设领域产生了一种区别于设计院和监理公司的新的公司类型，即国际工程顾问公司。正是工程顾问公司的出现和它所取得的成就促使中国开始推进全过程工程咨询（丁士昭，2018）。

国际上也有类似于全过程工程咨询的服务模式。以瑞典的SWECO公司为例，它是全

球知名的国际工程顾问公司之一，其服务模式是：提供全生命周期的工程顾问服务，以满足建设单位的需求。具体涵盖五方面内容：一是前期研究和设计，包括项目定义、方案设计、编制功能描述书、可行性研究、投资规划；二是项目管理，包括项目集管理、设计管理、项目管理、财务法务管理支持；三是工程设计领域，包括技术规格说明、设计、详细设计、施工图、工程概预算；四是工程施工领域，包括监督、工料测量、施工管理、（项目总承包）合同管理；五是资产管理，包括运维方案、监控、设施管理、样品测量、数据整理。

受住房和城乡建设部委托，同济大学和上海工程咨询协会组建了课题组，对全过程工程咨询的概念作出如下解释：全过程工程咨询是对工程建设项目前期研究和决策以及工程项目实施和运营的全生命周期提供包含规划和设计在内的涉及组织、管理、经济和技术等各有关方面的工程咨询服务。这一定义明确了两个概念，一是服务的时间范畴，即全过程工程咨询是对工程建设项目前期研究和决策以及工程项目实施和运营的全生命周期；二是服务范围，即全过程工程咨询提供包含设计和规划在内的涉及组织、管理、经济和技术等各有关方面的工程咨询服务。

2017年，国家发展和改革委员会发布了《工程咨询行业管理办法》（中华人民共和国国家发展和改革委员会令第9号）（以下简称9号令），9号令对全过程工程咨询概念作了解释，即采用多种服务方式组合，为项目决策、实施和运营持续提供局部或整体解决方案以及管理服务。由上海同济工程咨询有限公司主编的《全过程工程咨询实践指南》在《关于推进全过程工程咨询服务发展的指导意见》（征求意见稿）定义的基础上将服务内容总结为"1+X"，即全过程（或相对全过程）工程咨询管理服务加专业工程咨询管理服务的集合（杨卫东等，2018）。金楠（2018）认为全过程工程咨询服务是指将建设项目的投资咨询、可行性研究、工程设计、招标代理、造价咨询、工程监理等咨询服务委托给一家或由几家组成的联合体，使工程咨询企业业务更加综合化，经营更加规模化。胡九丽（2018）认为全过程工程咨询是对工程建设项目全生命周期提供包含设计和规划在内的涉及组织、管理、经济和技术等各有关方面的工程咨询服务，具体包括策划咨询、前期可研、工程设计、招标代理、造价咨询、施工前期准备、施工过程管理、竣工验收及运营保修等各个阶段的管理服务。孔凡彬和杨洪（2017）认为全过程工程咨询服务是指工程咨询企业接受建设单位的委托，按照建设单位建设工程项目的意图和基本要求，为工程项目建设提供涵盖前期策划咨询、施工前准备、施工过程、竣工验收、运营保修等各阶段、全过程的工程项目管理咨询服务。徐小张（2018）认为全过程工程咨询可以理解成一种管理总承包（Project Management Consultant，PMC），是项目管理的深化和向上下游延伸，打通了咨询各个环节。2019年，国家发展和改革委员会、住房和城乡建设部联合印发的《关于推进全过程工程咨询服务发展的指导意见》提出，要大力发展以市场需求为导向、满足委托方多样化需求的全过程工程咨询服务模式，政府引导、市场主导全过程工程咨询发展的局面正逐渐形成。

虽然各个研究者对全过程工程咨询的定义存在差异，但其核心理念及定位已形成基本共识：第一，针对碎片化整体性治理。把工程咨询整体集成，改变工程咨询碎片化的状况。第二，设计主导全过程工程咨询。让工程设计在工程咨询中起主导作用，引导其他工程咨询业务的进行。第三，解决建设与运营的分离。改变工程项目建设和运营的分离，充分发挥投资效益，实现项目全生命周期的增值。全过程工程咨询的服务范围包括工程项目全生命周期，充当并整合了原决策、设计、招采、施工、竣工、运营等各阶段咨询服务单位的角色，具有覆盖范围广、涉及专业多、管理界面宽、对企业资质和综合能力要求高等特质。全过程工程咨询属于"咨询"范畴，是智力型服务；这种智力型服务广义上包括管理咨询和技术咨询，从形式上表现为项目管理和各类专项咨询；这种服务应体现"全过程"，"全过程"理想情景是建设项目全生命周期，即包含投资决策阶段、工程建设阶段、运营维护阶段全部过程，考虑到建设项目实际情况以及市场多样化需求，"全过程"还可以放宽理解为建设项目全生命周期中相对完整的某一阶段或跨阶段；这种服务应注重集成化、系统性和协同性，并非专项咨询的简单叠加。

要推行全过程工程咨询，就必须立足于市场化、国际化的变革趋势，正确理解其内涵。全过程工程咨询的定义明确了两个概念：一是服务的时间范畴，即全过程工程咨询是对工程建设项目前期研究和决策以及工程项目实施和运营的全生命周期；二是服务范围，即全过程工程咨询提供包含规划和设计在内的涉及组织、管理、经济和技术等各有关方面的工程咨询服务（丁士昭，2020）。

从前期研究到后期运行，有的项目需要持续上百年时间，从服务时间上看，对于一个企业来说显然是难以实现的。另外，有些人将组织模式与管理模式相混淆，简单地将以往各专业化的服务叠加在一起或"串联"在一起，就冠以"全过程工程咨询"（Manuel，2013），其实这都是"误解"。全过程工程咨询就是全生命周期的工程顾问，其组织模式是多样的，与分阶段分专业的服务组织模式长期共存，互为补充，以满足市场的多样性需要。

目前，在一些试点地区，全过程工程咨询均以各自理解的形式在不同的工程与项目上"实验"着。由于在工程咨询服务过程中缺少相应的指导准则，比如全过程工程咨询的服务标准、收费标准等，投资者的管理习惯与行为仍是传统的，并未采用与国际投资咨询直接接轨的形式，这就导致全过程工程咨询出现了边摸索边总结的特征。要解决这一问题，必须依靠建设单位的力量，激励建设单位购买这项服务，政府协助做好引导工作。只有建设单位保持开放的心态，站在切实提高自身建设管理水平的角度，主动尝试新模式、总结新经验，购买专业的第三方综合工程咨询服务，才能真正推动全过程工程咨询行业的发展。

对全过程工程咨询公司（提供全生命周期的工程顾问服务）的特征进行分析，可以得到10个共性特征：一是规模特大、经验丰富、跨国性工程顾问公司；二是经营和发展模式为利用金融手段进行企业兼并和重组；三是大型工程顾问公司吸收多国人才，全球布点，构建网络型组织，开展多种国际合作模式，实现全球化服务；四是以可持续建设指导工程顾问，积极开展创新研发；五是提供全过程工程咨询服务；六是拥有国际著名的规划和设计团队；七是提供综合性很强的多元化服务，包括各种类型工程的顾问服务（房屋建筑、工业建设以及公路、铁路、地铁、航道等基础设施）、建筑设备、环境工程和水务工程等；八是提供以设计为主体的工程顾问服务；九是拥有一批设计、施工和工程管理经验非常丰富的顾问工程师；十是采用系统性问题一站式整合服务的新服务模式。这10个特征也从另一角度诠释了全过程工程咨询公司的概念。

就目前的情况来看，关于全过程咨询的内涵，在网络媒体上仍对此有多种解读，围绕全过程工程咨询的探讨也一直在持续。目前，关于全过程工程咨询内涵的几种代表性观点如表1.3所示。传统模式与全过程工程咨询模式结构对比如图1-2所示。

全过程工程咨询内涵研究

表1.3

序号	机构/作者	全过程工程咨询内涵	侧重内容
1	以AECOM为代表咨询公司	全生命周期的工程咨询服务具体涵盖五方面内容，包括前期可研、项目管理、工程设计、工程施工、资产管理	业务范围
2	程瑞雅等（2020）	范围上包括项目的全生命周期，内容上体现为各方面的咨询服务，更注重项目的增值性和管理的高效性	价值提升
3	汪才华（2020）	全过程工程咨询是指包含项目全生命周期在内的策划、设计、项目招采、投资管控、合同管理、绩效评价等各个环节的管理服务	业务范围
4	彭华洲等（2020）	全过程工程咨询是在项目全生命周期内，咨询企业向委托方提供多样化的工程咨询服务，服务内容包括项目设计规划、管理、技术、施工等方面，灵活采取多种组织方式，向委托方提供具有高度参考价值的局部/整体解决方案	管理职能
5	张江波（2019）	全过程工程咨询并非简单地把传统的设计、造价、招标代理、BIM建模等业务进行叠加，更不是"跑报建手续"，而是需要站在建设单位的角度对项目全过程进行组织重塑和流程再造，以项目管理为主线、以设计为龙头、以BIM为载体，将传统做法中的多个流程整合为一个流程，项目实施各阶段提供无缝隙非分离的技术服务	流程再造
6	严菊生（2019）	全过程工程咨询包括项目管理类的服务，也包括设计等生产类服务，可研、设计、招标代理、造价咨询等环节的服务工作。从内容上看包括项目全生命周期内的策划	业务范围
7	丁士昭（2019）	全过程工程咨询包含两个概念，一是服务的时间范畴，即建设项目全生命周期；二是服务范围，即全生命周期内涉及管理、组织、经济和技术等相关的咨询服务	时间业务范畴

除此之外，目前市场上对于全过程工程咨询的裁剪模式众多，总体可分为含监理模块的全过程工程咨询与不含监理模块的全过程工程咨询，从监理模式转变为全过程工程咨询模式的改革也是当前讨论的热点。

1.3.2 全过程工程咨询与监理的关系

基于上述全过程工程咨询概念，区别于传统模式，本书谈及的全过程工程咨询模式包含监理内容。全过程工程咨询服务创新咨询服务组织实施方式，是建设项目工程管理新时代发展需要，是工程建设工程监理的转型升级。包含监理模块的全过程工程咨询服务与传统建设工程监理有质量、安全、投资、进度方面职责的交叉重叠，但在服务的性质、范围及侧重点有本质区别。

1. 法律地位不同

全过程工程咨询服务是国家倡导实施的一种工程项目目标控制和科学管理方法，不是法定管理制度。建设工程监理是《中华人民共和国建筑法》《建设工程质量管理条例》《建设工程安全生产管理条例》规定强制实施的制度，而且法律法规将工程质量、安全生

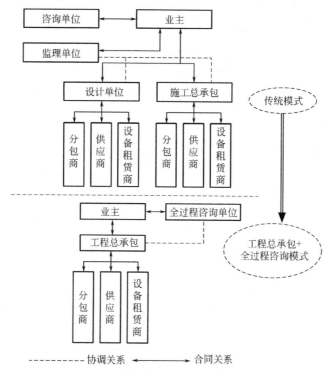

图 1-2　传统模式与全过程工程咨询模式结构对比

(图片来源：孙士雅，2021)

产管理方面的责任赋予工程监理单位。

大力推进放管服、弱化监理资质、取消强制监理、大力培育高素质人才、推进全过程工程咨询服务是新时代的发展趋势。2017 年 2 月 24 日，《国务院办公厅关于促进建筑业持续健康发展的意见》（国办发〔2017〕19 号）指出，要培育全过程工程咨询，"鼓励投资咨询、勘察、设计、监理、招标代理、造价等企业采取联合经营、并购重组等方式发展全过程工程咨询"。2017 年 7 月 18 日，住房和城乡建设部发布《住房城乡建设部关于促进工程监理行业转型升级创新发展的意见》，明确对于选择具有相应工程监理资质的企业开展全过程咨询服务，可不再另行委托监理。2018 年 9 月 28 日，住房和城乡建设部发布《住房城乡建设部关于修改〈建筑工程施工许可管理办法〉的决定》（住房和城乡建设部令第42 号），删除了"按照规定应当委托监理的工程已委托监理"。

2. 内涵概念不同

全过程工程咨询服务是对建设项目全生命周期提供的组织、管理、经济和技术等各有关方面的工程咨询服务，包括项目的全过程工程项目管理以及投资咨询、勘察、设计、造价咨询、招标代理、监理、运行维护咨询、BIM 咨询及其他咨询等全部或部分专业咨询服务。

建设工程监理是工程监理单位受建设单位委托，根据法律法规、工程建设标准、勘察设计文件及合同，在施工阶段对建设工程质量、造价、进度进行控制，对合同、信息进行管理，对工程建设相关方的关系进行协调，并履行建设工程安全生产管理法定职责的服务活动。

3. 服务的性质不同

全过程工程咨询服务是深入贯彻习近平新时代中国特色社会主义思想和党的十九大精神，打破行业壁垒和部门垄断，放开市场准入，加快咨询服务市场化进程，全面提升投资效益、工程建设质量和运营效率，推动高质量发展，提供"专业化、定制化、高效化、集约化"的高质量智力技术服务。全过程工程咨询集工程技术、工程经济、项目管理、法规标准一体的智慧和经验，为建设单位投资决策和建设管理提供增值服务。建设工程项目全过程集成化管理服务更加强调项目策划、范围管理、综合管理，更加需要组织协调、信息沟通并能切实解决工程技术问题，兼顾技术咨询和管理咨询服务，是对固定资产投资活动的管理，属于宏观层次的管理。

建设工程监理不仅要承担建设单位委托的工程项目管理任务，还需要承担法律法规所赋予的安全生产管理的职责和义务。建筑工程监理应当依照法律、行政法规及有关的技术标准、设计文件和建筑工程承包合同，对建设单位在施工质量、建设工期和建设资金使用等方面，代表建设单位实施监督。工程监理人员认为工程施工不符合工程设计要求、施工技术标准和合同约定的，有权要求建筑施工企业改正（《中华人民共和国建筑法》第三十二条）；工程监理单位在实施监理过程中，发现存在安全事故隐患的，应当要求施工单位整改；情况严重的，应当要求施工单位暂时停止施工，并及时报告建设单位。施工单位拒不整改或者不停止施工的，工程监理单位应当及时向有关主管部门报告（《建设工程安全生产管理条例》第十四条）。建设工程监理对建设项目参与者的行为和责、权、利进行必要的协调和约束，保证项目目标实现，属于微观层次管理。

4. 作用不同

全过程工程咨询服务目标是使项目成功，是主动管理和项目成功的内因；工程监理单位的目标是尽可能促使项目成功，是被动管理和项目成功的外因。项目能否成功最终取决于全过程工程咨询服务管理。项目失败意味着项目管理的失败，监理工作的成败不能以项目的成败来衡量。衡量监理工作的成功与失败，要看其在项目的监督、控制、管理上是否发挥了应有的作用；是否按要求履行了职责，对项目中的问题是否提前预见、是否及时发现、是否及时处理等。有些项目成功了，但工程监理单位可能在其中履职缺位、错位，项目的成功是全过程工程咨询服务机构团队努力的结果。相反，有些项目虽然是失败的，但项目工程监理单位仍然是成功的，原因是工程监理单位成功地履行了监理职责。

5. 业务范围不同

全过程工程咨询服务可以覆盖项目决策阶段管理（DM）（确定工作内容：①组织；②建设地点；③建设目的、任务及指导原则、思想；④资金；⑤三大目标——投资＋进度＋质量）、建设实施阶段管理（PM）（设计前准备阶段、设计阶段、施工阶段、动用前准备阶段、保修阶段）、运营阶段管理（FM）（设施管理＝物业资产管理＋物业运行管理）的全生命周期。目前，建设工程监理定位于工程施工阶段的"四控（质量控制、安全控制、进度控制、投资控制）、两管（合同管理、信息管理）、一协调（协调工程建设相关方的关系）"。

6. 服务侧重点不同

建设工程监理尽管也要采用规划、控制、协调等方法为建设单位提供专业化服务，但其中心任务是目标控制。全过程工程咨询服务能够在项目策划决策阶段为建设单位提供专业化的项目管理服务，更能体现项目策划的重要性，更有利于实现工程项目全生命期、全过程管理，服务的重点是咨询、管理协调。

7. 责任与风险不同

全过程工程咨询服务必须承担成本、进度和质量责任；建设工程监理单位承担监督责任，不直接承担进度、成本和质量责任。全过程工程咨询服务承担该项目的风险。而按照国际惯例，建设工程监理单位一般不承担风险的直接责任，它只是公正地分配建设单位与承建单位之间的风险。

1.3.3　全过程工程咨询模式的管理优势

1. 有利于优化管理界面，缩短建设周期

由一家单位提供全过程工程咨询服务，咨询单位可最大限度地处理内部关系，大幅度减少建设单位日常管理工作和人力资源投入，有效减少信息漏斗，优化管理界面。不同于传统模式繁多的招标次数和期限，全过程工程咨询可有效优化项目组织并简化合同关系，克服造价、招标等相关单位责任分离、相互脱节的矛盾，缩短项目建设周期。

全过程工程咨询单位能为参建多方建立一个数据基准一致的信息沟通平台，实现多方的信息交流，从而保证工程施工始终处于动态有序、合理紧凑的计划控制之下。

2. 有利于全过程投资控制，节约工程投资

全过程工程咨询服务覆盖全过程，整合了各阶段的工作服务内容，更有利于实现全过程投资控制，通过限额设计、优化设计和精细化管理等措施降低"三超"风险，提高投资收益，确保投资目标。相对于传统模式下设计、造价、监理等分别多次发包的合同成本，全过程工程咨询采用单次招标方式，可使合同成本大大降低。同时，咨询服务覆盖了工程建设的全过程，对整合各阶段工作内容有很大的帮助，实现全过程投资控制，还能通过限额设计、优化设计和精细化管理等措施提高投资收益，确保项目投资目标的实现。

全过程工程咨询单位还可以充分利用已完工项目资源信息库，以数据为依据，以项目经历为事实准绳，最终形成科学的造价控制总计划，使项目顺利推进。单次招标的优势，可使其合同成本大大低于传统模式下设计、造价等参建单位多次发包的合同成本，通过对碎片化的服务整合，实现"1+1>2"的效益。

3. 有利于建设单位与咨询单位的优势互补

一般规模大、建设内容复杂的项目，建设单位在组建管理团队时，缺乏具有相关专业知识和经验的技术管理人员，需要在实践中逐步摸索积累。

全过程工程咨询单位拥有各类专业人员，具有丰富的项目经验，熟悉建设流程。专业的人干专业的事，通过制定全过程项目实施计划，编制风险预案，协调参建单位关系，发挥工程管家的优势，极大地提升了项目管理水平和工作效率。

对建设单位而言，可将节省的人员、精力和时间放在功能确定、资金筹措、政府协调等工作上，达到项目定义、设计、采购、施工的最优效果，通过项目管理人员和技术人员全阶段、多方面深度融合地参与项目管理，逐步积累技术管理经验，培养专家型、复合型、综合协调能力强的高素质管理技术人才。

4. 有利于档案管理与结决算管理

工程前期阶段工作烦琐、协调难度大；实施阶段存在参建单位之间配合不好，造成收尾阶段工作拖延，工程资料无法及时归档的问题。

采用全过程工程咨询模式，咨询单位可派驻专业管理人员，统一协调各配合单位提供审批要件，缩短前期开工手续办理周期。统筹组织协调开展竣工验收、结算审计、工程移交、工程竣工验收备案、资料移交存档等工作，保证在移交档案时资料齐全，有利于快速办理后期移交手续。

5. 有利于提高工程品质，打造优质工程

在全过程工程咨询模式下，各专业过程的衔接和互补，可提前规避和弥补原有单一服务模式下可能出现的管理疏漏和缺陷。首先，全过程工程咨询有助于促进不同环节、不同专业的衔接，对传统服务模式下出现的漏洞和缺陷可以提前有效地避免和弥补，从而提高建筑的质量和品质。其次，全过程工程咨询模式还有利于调动企业的主动性、积极性和创造性，促进新技术、新工艺、新方法的推广和应用。

通过有效管理使建设单位注重项目微观质量的同时，更重视建设品质、使用功能等宏观质量。通过有效的考核机制和专业指导，可以充分发挥建设单位的主动性、积极性和创造性，促进新技术、新工艺、新方法的应用，有利于争先创优，报奖夺杯，打造优质工程。

6. 有利于强化管控，规避风险

在全过程工程咨询中，咨询企业是项目管理的主要责任方，在全过程管理过程中，能通过强化管控有效预防生产安全事故的发生，大大降低建设单位的责任风险。同时，还可避免与多重管理伴生的腐败风险，有利于规范建筑市场秩序、减少违法违规行为。

1.3.4 全过程工程咨询研究热点分析

随着我国全过程工程咨询行业的产生与发展，学术界对这一领域的关注热度持续增高，年文献数量呈现稳健的增长趋势，如图 1-3 所示。根据 CNKI（China National Knowledge Infrastructure）数据整理汇总，国内首篇相关中文期刊发表于 1988 年，并在此之后一直有少量研究，一直到 2016 年全过程工程咨询研究内容得到井喷式增长，2019 年呈现逐年平稳的态势后研究热度又在 2021 年回归，并在 2022 年达到最高值（预测值 448 篇）。这与我国全过程工程咨询行业的建设以及相关政策紧密相关。

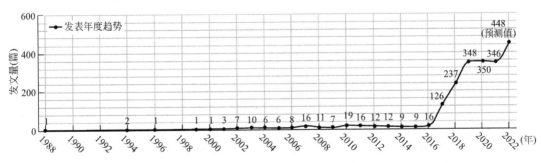

图 1-3　我国全过程工程咨询研究文献数量变化趋势（1988～2022 年）

文献关键词的共词特征可反映出研究的热点。共词分析是对一组词两两统计它们在同一组文献中出现的次数，通过共现次数测度它们的亲疏程度；研究者可直接通过共词分析结果，对研究领域的主题进行分析（李杰等，2016）。关键词的共现频次决定了热点强度，而关键词在共词网络中的关联关系决定了其中心性。中文文献基于 CNKI 数据库选择，检索时间从 2012 年 1 月至 2022 年。在关键词共现频次方面，中文期刊主要研究热点关键词为"工程咨询"（75 次）、"全过程"（73 次）、"建筑业"（53 次）、"项目管理"（47 次）、"招标代理"（44 次）、"监理企业"（40 次）（表 1.4、图 1-4）。另外，"建设部""工程监理""组织模式""咨询服务""转型升级""工程造价"等关键词也表现出一定热度。在关键词中心度方面，"建筑业"和"招标代理"是全过程工程咨询研究热点网络图谱相对重要的节点（表 1.4）。

全过程工程咨询研究的热点词中心度和共现词率　　　　　　　　表 1.4

序号	关键词	中心度	频次	序号	关键词	中心度	频次
1	工程咨询	0.16	75	21	服务模式	0.01	11
2	全过程	0.18	73	22	建筑工程	0.00	11
3	建筑业	0.29	53	23	造价咨询	0.00	11
4	项目管理	0.12	47	24	咨询方	0.02	10
5	招标代理	0.21	44	25	建设工程	0.00	10
6	监理企业	0.13	40	26	投资控制	0.03	10
7	建设部	0.10	37	27	人才培养	0.01	10
8	工程监理	0.05	32	28	国务院	0.04	10
9	组织模式	0.10	26	29	征求意见	0.02	10
10	咨询服务	0.13	25	30	建筑行业	0.02	10
11	转型升级	0.03	22	31	研究院	0.03	9
12	工程造价	0.09	22	32	对策	0.01	9
13	设计管理	0.01	15	33	实践	0.03	9
14	监理行业	0.04	15	34	建设项目	0.06	9
15	招标投标	0.05	15	35	发展策略	0.00	8
16	监理	0.02	15	36	咨询	0.01	8
17	转型发展	0.01	14	37	房屋建筑	0.01	8
18	工作要点	0.01	14	38	工程管理	0.01	8
19	人民政府	0.03	12	39	建设单位	0.02	8
20	勘察设计	0.02	11	40	咨询企业	0.00	7

通过文献知识图谱的综合分析，本节总结出几个主要特点：

（1）全过程工程咨询研究于 1988 年才逐步开始，热度由平缓到持续加强，特别是近几年发文量出现快速增长，说明学者关注度的快速提升；

（2）研究聚焦热点包括"建筑业""招标代理""监理企业""组织模式""转型升级""咨询服务"以及"建设部"等多个议题，体现出研究热点不断细致、涉及范畴愈发广泛的特点。

上述研究热点关键词呈现了全过程工程咨询领域学者们关注的研究话题，涉及从国家政策、组织模式与转型以及监理行业层面对全过程工程咨询进行研究。由此可见，重大工程全过程工程咨询服务机构的转型升级、组织模式流程再造以及配合特有"政策-情境"下的全过程工程咨询管理产品构成了未来发展新方向。

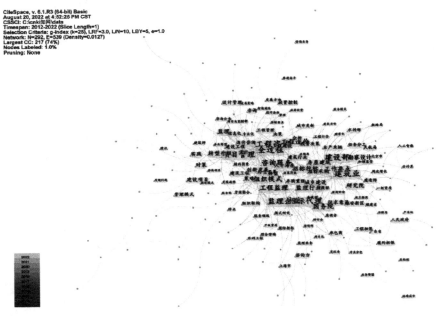

图 1-4　全过程工程咨询研究关键词共现图谱

1.3.5　全过程工程咨询服务的发展建议

1. 转变职能部门管理方式，促进部门业务融合

全过程工程咨询服务的发展与推广需要政府部门从建设工程全局出发、着眼市场，从更加宏观的视角出发，进行政策性的支持和引导，运用间接性的管理手段，进行市场指导和监管。转变传统的"重后期建设工程实施，轻前期投资决策评估"的观念，建设行政主管部门应该着眼全局，加强前期投资决策综合评价的监控，确保项目诞生即健康，通过对市场企业准入资质和从业人员执业资格的科学管理、制定并完善全过程工程咨询业务服务的技术标准和合同示范文本、建立健全全过程工程咨询行业信用评价体系，实现对建设实施过程及项目责任期的市场监管，从而保证项目前期健康基因的传递。为了给全过程工程咨询企业提供更全面、更优质的政策支持和引导，全面提升全过程工程咨询企业的集成管理能力，行业行政主管部门还需要克服传统的对工程咨询服务行业条块式分割管理的现状，破除制度性障碍，打通部门之间的壁垒，消除由于多部门多头管理造成的咨询业松散状、碎片化、交叉化管理影响，从市场监管的角度促进专业咨询服务业态的整合，提升全过程工程咨询企业的咨询管理能力。

2. 制定和完善全过程工程咨询服务的技术标准和管理体系

全过程工程咨询服务作为一种全新的咨询服务模式，在我国还处于探索发展阶段，相关职能部门可以组织专家进行调研，研究制定全过程工程咨询需要的技术服务标准、成果交付标准、合同示范文本、服务收费标准等。建立投资决策综合性咨询和工程建设全过程咨询服务技术标准体系，促进全过程工程咨询服务科学化、标准化和规范化；构建适合我国全过程工程咨询服务的招标文件及合同示范文本，科学制定合同条款，促进合同双方履约；探索制定适合我国国情的全过程工程咨询服务酬金体系，规范酬金收取方式、收费标准、酬金费率等，促进市场良性竞争，正向激发市场专项咨询服务向全过程工程咨询服务转变，实现全过程工程咨询的健康发展。

3. 培养全过程工程咨询人才

全过程工程咨询属于智力密集型行业，涉及人才多、专业广，除了需要建筑类相关专业人才以外，还需要会管理、懂经济、熟法律、通技术的专业人才。企业要重视人才的引进、开发和培养，建立科学高效的人才机制，通过人才引进和自主培养，建立一支年龄结构合理、专业结构齐全、职称层次均衡的人才队伍，为开展全过程工程咨询业务提供人才支撑，提高咨询业务水平，提升咨询企业市场竞争力。

4. 鼓励新技术的应用

随着信息化应用在各行各业的不断发展，信息化赋能工程咨询将成为全过程工程咨询深入发展的关键。作为工程咨询企业，必须大力开发和利用大数据、BIM 建筑信息模型、GIS 地理信息系统、IoT 物联技术、AI 智能等现代信息技术在投资决策、勘察设计、施工运营全过程的集成应用，努力提高信息化管理与应用水平，为开展全过程工程咨询业务提供保障。鼓励企业建立自身的技术标准、管理标准，不断完善质量管理体系、职业健康安全环境管理体系，通过积累咨询服务实践经验，建立具有自身特色的全过程工程咨询服务管理体系及标准。同时，行业行政主管部门可以通过政策引导和鼓励全过程工程咨询企业运用现代信息技术提供工程咨询服务。例如，制定全过程工程咨询企业评价体系、奖惩办法、考核标准等管理办法，正向激励全过程工程咨询企业深度融合信息技术，为建设单位提供高效、高品质的咨询服务。

1.4 国际咨询服务模式的对比

工程咨询产生于 18 世纪末 19 世纪初的第一次工业革命。国际工程咨询业的发展，大致经历了三个时期：一是个体咨询时期，具有代表性的是由美国建筑师梅斯丁成立的土木工程协会，独立承担从土木工程建设中分离的技术业务咨询；二是合伙咨询时期，20 世纪初，个体咨询已从土木工程拓展到工业、农业、交通等领域，咨询形式也由个体独立咨询发展到合伙人公司；三是综合咨询时期，即第二次世界大战结束以后至今，从专业咨询发展到综合咨询，从工程技术咨询发展到战略咨询，从国内咨询发展到国际咨询，出现了一批著名的国际工程咨询公司，如美国的 HARZA 工程公司、法国的 SOGREAH 咨询公司等。

纵观英美两大全球工程咨询行业发展最早的国家，在世界 100 家国际工程咨询设计公司排名中，占据了主要位置，特别是美国的咨询公司占据了绝对领先地位。其具备的共同特点是国际化程度高、技术实力强、项目管理体系完备、信息化水平高、清单式服务模式、收费标准高、建设单位认可度高。自 19 世纪中叶开始，发达国家的工程咨询业走过了一百多年的发展历程，工程咨询服务业进入成熟发展阶段，政府与行业协会管理制度较为完善，许多成功经验非常值得学习参考。

1.4.1 国际上政府对工程咨询的管理方式

在管理范畴方面，国际工程咨询市场化程度高，政府对工程咨询市场的管理主要通过行业协会进行自律性管理，行业协会在行业中具有声望和权威，加入行业协会能够体现咨询企业或咨询工程师身份和信誉。政府负责制定行业总体规划、行业有关法律法规、政策和标准，行业协会负责制定专业教育标准、职业继续教育培训计划、职业道德规范，为专业人士提供服务和开展学术活动。行业协会不仅代表咨询企业和咨询师利益，成为企业与政府联系的桥梁，而且将政府的法律法规、政策转化为具体的制度条例，用以约束会员行为。在市场准入方面，国际工程咨询企业只针对从业人员进行执业资格管理，如图1-5所示。政府制定法律法规约束工程咨询专业人士的执业行为，专业人士组织负责安排相关考试，通过专业资格考试的专业人士必须在政府建设主管部门办理注册手续，才能从事工程咨询工作。美国规定咨询工程师必须具有建筑师、土木工程师或咨询工程师的注册执业资格。英国、德国、日本和新加坡规定，建设单位或建设单位向政府建设主管部门申报建设许可、施工许可和使用许可时，必须由其委托的专业人士提出申请，其申报资料必须有相应资格专业人士的签章。

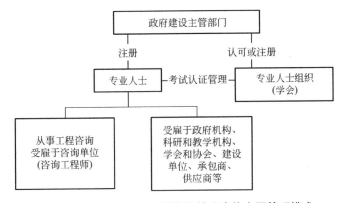

图 1-5　国际上政府对工程咨询从业资格主要管理模式

1.4.2 国际工程咨询服务的组织模式

在组织模式上，由于各国的法律体系和市场环境不同，工程咨询的组织模式主要分为两种模式，即美国模式和德国模式，见图1-6。美国模式工程咨询是由一家单位同时承担规划设计类和项目管理类服务，一部分工程委托同一家单位同时承担全过程咨询和施工总承包模式。目前美国工程项目组织模式主要分为 DBB（Design-Bid-Build）、DB（Design-Build）、CM（Construction Management）三种模式。DB模式下设计和施工委托一家单位完成，施工图设计由此家单位完成，概念设计和初步设计委托其他设计单位完成。CM模式适用于规模大、内容复杂和工期长的项目，边设计边施工并且分阶段发包。CM管理包括代理型建设管理和风险型建设管理，一是工程咨询服务，二是工程咨询服务与施工总承包。德国模式工程咨询是规划设计类和项目管理类服务分开，要求委托两家不同单位分别开展工作。自1996年以后，德国建设单位及承担工程咨询的设计和管理咨询单位组成的联合体签约，或是建设单位分别与承担工程咨询的设计单位和项目管理咨询单位签约。

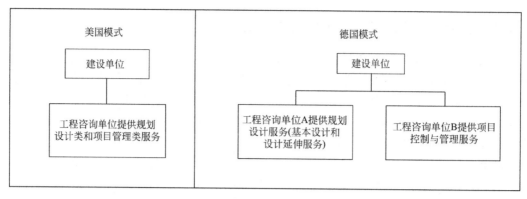

图 1-6　美国与德国工程咨询的组织模式

1.4.3　国际工程咨询服务的采购方式和取费标准

国际上工程咨询的采购方式一般不采用招标投标，通常包括建议书与谈判、设计竞赛和协议评审。建议书与谈判是选择 3～5 家合格的工程咨询单位或咨询工程师，要求咨询单位上报建议书，然后双方分别进行谈判，最终达成一致意见。设计工作采购方式采用设计竞赛和协议评审。设计竞赛是建设单位发布设计竞赛邀请函，收到不同的设计文件后，通过比较分析，从而评选获奖者。协议评审是由专业机构向建设单位推荐合格的设计单位，建设单位对有意向的设计单位发出邀请，根据设计单位提交的设计文件，按照评分原则进行排名，最后确定设计单位。考虑到工程咨询在工程建设中起到举足轻重的作用，取费普遍较高。例如：德国的建筑师、工程师及其他咨询费总计约占工程造价的 7.5%～14%；美国工程咨询取费一般为工程造价的 10%～15%，施工阶段的咨询费为工程造价的 6%～10%；英国工程咨询取费标准为工程造价的 8.85%～13.25%。德国联邦工程师协会制定的条例规定，在基本设计服务费的基础上，设计延伸服务酬金占总酬金比例为 48%，延伸设计服务与招标工作、施工管理、保修期管理等密切相关，见表 1.5。

德国顾问工程师服务酬金标准　　　　　　　　　表 1.5

序号	服务内容	占总酬金比例
一	基本设计服务	
1	基本数据及资料准备	3%
2	规划和初步设计	7%
3	深化设计	11%
4	审批设计	6%
5	施工图设计	25%
二	设计延伸服务	
6	工程施工招标发包准备	10%
7	招标发包工作	4%
8	施工监控、验收和相关设计和工程管理工作	31%
9	保修期的工程巡查和建档以及相关设计和工程管理工作	3%

资料来源：德国建筑师和工程师服务酬金条例（HOAI）。

1.4.4 国际全过程工程咨询的职业责任保险制度

国外工程咨询行业被列为高风险行业，咨询工程师面临的职业风险巨大，职业责任保险属于强制保险范围。美国和法国法律规定，设计师、承包商、咨询工程师必须参加职业责任保险，否则无法从业。此外，美国的工程咨询行业协会设立专门委员会，对其成员开展职业责任保险进行监督。国外职业责任保险分为三种运作方式：一是政府授权咨询工程行业协会，完全由行业协会承办保险业务；二是在行业协会下成立专门的保险经纪人公司；三是根据建设单位要求，投保人直接向保险公司投保。

1.5 大中型水利水电项目全过程工程咨询的发展之路

全过程工程咨询作为一个新兴业务，近年来国家相继出台了实施意见与办法，全过程工程咨询在建筑行业已逐步推广，在水利水电行业开展较为缓慢。总体上讲，大中型水利水电项目全过程工程咨询仍处于探索阶段。严齐斌等（2018）探讨了 PPP 模式下公益性项目全过程工程咨询模式以及各方职责。贺春雷等（2019）探讨了水利项目全过程工程咨询在推行过程中存在的问题。杨义忠等（2018）等阐述了全过程工程咨询的作用以及造价在全过程工程咨询中的作用。孙琪等（2019）针对新时期政策环境，为企业发展全过程工程咨询提出了若干建议以及发展思路。吴常霞（2019）结合狮山镇博爱调蓄湖水系整治工程探讨了全过程工程管理的事前控制、事中控制以及事后控制。

大中型水利水电项目大部分为政府投资项目，属于国家号召的应带头推行全过程工程咨询的行业范围。水利水电行业的很多企业也属于全过程工程咨询试点企业。例如福建省水利水电勘测设计研究院、江苏省水利勘测设计研究院有限公司、中国水利水电建设工程咨询中南有限公司、湖南省水利水电勘测设计研究总院、黄河勘测规划设计有限公司、河南省水利勘测设计研究有限公司、浙江省水利水电勘测设计院等设计院或咨询公司均是该省的全过程工程咨询试点企业。这些企业也实施了一系列水利工程全过程工程咨询项目，为水利行业推广全过程工程咨询积累了经验。2020 年 6 月，中国工程咨询协会发布了《水利水电工程全过程工程咨询服务导则（征求意见稿）》，中国建筑工业出版社也出版了《水利项目全过程工程咨询实践与案例》书籍。随着国家和行业相关操作层面的标准陆续出台，全过程工程咨询的推广和发展将会更加迅速。

水利水电行业的全过程工程咨询业务整体而言还处于生命周期的导入期，相关业务模式和标准还未成熟。水利水电设计企业应充分发挥位于产业链前端的先导优势和人员优势，研究水利水电行业全过程工程咨询模式的实施方式，主动与主管部门和建设单位沟通开展试点项目，积累经验后形成示范案例和指导标准，在行业中树立先入优势，在业务进入成长期、市场迅速膨胀时，就能提前抢占市场。

大部分水利水电设计企业的组织结构和管理体系适合于传统"分离式"的咨询和设计业务，通常难以满足全过程工程咨询业务强调的"一体性"和"统筹性"。因此，水利水电设计企业需要根据全过程工程咨询模式的需要，结合自身的能力和特点，对组织结构进行优化，针对新的组织结构重新梳理职责分工和工作流程，建立健全全过程工程咨询业务的项目管理体系，提升效率，降低风险。中国电建集团华东勘测设计研究院有限公司以全过程工程咨询模式框架为基础,着力打造出契合大中型水利水电项目的"1+N"全过程工程咨询模式,如图1-7所示。

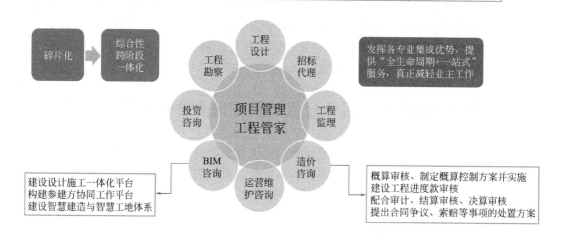

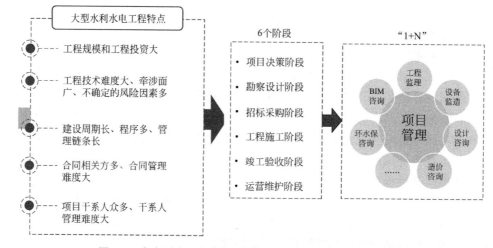

图1-7 大中型水利水电项目的"1+N"全过程工程咨询模式

全过程工程咨询业务对项目负责人的要求较高,通常需要项目负责人具有工程建设类注册执业资格和高级职称,还需要有类似的工程经验。就全过程工程咨询业务所包含的工程阶段和服务内容而言,要想做好全过程工程咨询的项目负责人,需要"懂咨询、懂造价、懂设计、懂采购、懂施工、懂管理",还需要有较高的统筹协调能力。水利水电设计企业需要针对全过程工程咨询业务的需要,培养综合型的技术管理人才,还需要优化绩效考核标准,完善激励机制,以确保项目管理体系的良好运行。

全过程工程咨询对BIM技术等信息化工具要求较高,水利水电设计企业应加强技术变革和创新,实现BIM技术在项目全生命周期的应用,引入或开发适合全过程工程咨询业务的项目信息化管理平台,结合物联网、大数据、移动互联网、智能建造和管理等新技术，实现全生命周期数据共享和信息化管理，提升全过程工程咨询业务的工作效率。同时，加强工程技术方面的创新和成果转化，通过新技术、新材料、新工艺、新设备的应用，降低工程成本，为工程建设提质增效。

大中型水利水电工程企业要想将全过程工程咨询业务做大做强，还需要有针对性地补齐企业资质和能力方面的短板，例如现场管理和运营管理能力等。短期内可以选择与资质和能力互补的企业建立战略合作关系，组成联合体共同承接全过程工程咨询项目。长期考虑，大型企业可以采用兼并重组的方式，向工程咨询公司方向转型升级，提升企业综合竞争能力。中小型企业可以选择几项服务内容重点突破和提升，向具有专业技术优势的专业公司发展，先形成部分业务范围的竞争优势，再拓展其他服务内容，逐步建立全过程一体化的服务能力。

本书探讨大中型水利水电工程全过程工程咨询服务包含监理服务的服务模式，引导全过程工程咨询服务上下游体系发展。建设监理服务不仅被包含在全过程工程咨询服务之中，还将对全过程工程咨询服务业的发展起到积极的引导作用。建设监理利用其施工阶段的监理服务所积累起来的技术、经济、管理和法律等经验，将其延伸到全过程工程咨询的上下游体系之中，或者结合建设工程施工前与工程交付后的咨询服务阶段，形成包含施工阶段的各种类型的全过程工程咨询服务体系。全过程工程咨询有"1+N"、一体化和联合体三种服务形式，能够适用于不同情境，如同如今的建设工程咨询所形成的各种条块服务。如：可行性咨询、前期投资咨询、勘探与设计、招标投标代理和造价乃至施工阶段的投资控制、成本控制、施工安全与质量的过程评估等。全过程工程咨询将会综合这些内容的全部或部分，从而依据特定需求者的需要，进行必要的整合或取舍，形成一个个特定的全过程工程咨询服务供应链。

2 大中型水利水电项目复杂性及全过程工程咨询项目适应性分析

针对我国大中型水利水电工程存在的"专而不全""条块分割""多小散弱"的传统服务模式问题，以及工程量大、管理规模大、组织结构复杂、涉及各方关系复杂、管理难度大等建设管理特点，实行大中型水利水电工程的全过程工程咨询势在必行。目前，大中型水利水电工程全过程工程咨询管理模式的探讨和实施工作正在各地方、各公司中积极进行，学界与工程实务界也对大中型水利水电工程的全过程工程咨询管理注入了更多的目光和探讨，但针对大中型水利水电项目全过程工程咨询的适应性分析这一问题仍处于较为空白的阶段。因此，本章在分析大中型水利水电项目全过程工程咨询复杂性的基础上，运用扎根理论挖掘了大中型水利水电工程全过程工程咨询的需求导向适应性、政策环境适应性和集成管理适应性三个适应条件，为进一步理解大中型水利水电项目全过程工程咨询的适应性奠定了理论基础。

2.1 大中型水利水电项目复杂性分析

2.1.1 大中型水利水电项目的特征分析

大中型水利水电项目与小型水利水电项目相比，在我国目前的现实条件下，从项目本身、技术含量以及投资建设主体等方面分析，都存在比较明显的差异（Wang et al.，2011）。大中型水利水电项目的特点主要体现在以下几个方面：

（1）大中型水利水电项目一般建设工期在5年以上，有的长达10年以上。譬如黄河下游最大的水利水电项目——黄河小浪底水利枢纽项目，项目自1991年开工到2002年竣工验收历时11年；目前规模排在世界第一的长江三峡项目，1994年开工，2006年项目全部竣工，建设工期长达12年。而小水电项目的建设工期一般都小于5年。

（2）大中型水利水电项目不仅项目规模巨大，而且投资额巨大，少则十几亿元、几十亿元，多则数百亿元，有的甚至上千亿元。

（3）大中型水利水电项目一般牵涉更多的移民搬迁和安置，对生态环境的影响也是巨大的。

（4）目前，绝大多数大中型水利水电项目采用业主负责制、招标投标制、建设监理制框架下的平行发包模式，项目管理模式选择比较单一。

（5）大中型水利水电项目大多数是国家或省一级的重点项目，受到各级政府的广泛关注，社会各界对它的关心也远超过一般的中小型项目。

2.1.2 大中型水利水电项目复杂性分析

"项目复杂性"的概念最早由 Baccarini（1996）提出，在对复杂性做了一个系统的回顾和综述之后，把项目中复杂性定义为要素之间具有的差异性与相关性，并且可以应用在任何项目管理的维度中，包括组织、技术、环境、信息、决策以及系统等。从本体论角度，Teller et al.（2012）将复杂性直接描述为结构复杂性，主要包括项目要素规模以及要素之间的相互关系。罗岚和何清华（2017）通过文献综述，梳理了项目复杂性的本质属性，包括结构性、不确定性和动态性，且由技术复杂性、组织复杂性、目标复杂性、环境复杂性、文化复杂性和信息复杂性构成。

水利水电项目作为国家重点建设项目，在水力发电、防洪灌溉及生态文明建设等各个方面发挥着重要作用。大中型水利水电项目具有施工项目量大、技术难度高、施工工期长、施工干扰大、施工质量和施工安全要求高等施工特征，对项目规划阶段、勘察设计阶段、项目建设阶段及维护运营阶段的目标控制和管理模式都提出了更高的要求。国内外学者对项目复杂性已经开展了广泛的研究，而大中型水利水电项目相较于一般项目有着其独特的一面，应从多角度对其复杂性进行分析。因此，本书从目标复杂性、组织复杂性、任务复杂性、技术复杂性、环境复杂性、信息复杂性（何清华等，2013；罗岚等，2018）六个维度，分析大中型水利水电项目的复杂性。

1. 目标复杂性

目标复杂性通常是由各种项目参与者的需求、项目任务的复杂性和有限的资源造成的。目标复杂性是一种结构复杂性，因为几乎所有的项目都具有多个相互冲突的目标。大中型水利水电项目涉及多个利益相关方的多重目标，必须考虑各目标的冲突和平衡，从而导致项目复杂性的增加（时茜茜等，2015）。

由于大中型水利水电项目包含众多参与主体，包括建设单位、施工单位、材料供应商、政府监管机构等。对于不同的参与主体，各自的最优目标也有所不同，目标之间存在内在的联系。项目自身目标间的内在相互作用关系，导致一个目标的调整影响着其他目标的实现，目标间这种错综复杂的关系（Jalilzadehazhari&Johansson，2009），增加了目标优化与实施的复杂性。主要参与方的目标存在显著差异，建设单位投资额与承包商利润是一对矛盾，虽然承包商可以通过成本管理压缩成本，以增大利润，但中标价对承包商利润的影响更为关键，所以承包商在投标时力求在中标的前提下实现中标价最大化，而建设单位的目标是在保证项目质量和承包商施工能力的前提下，力求承包商中标价最小化或投资额最小化。由于外部环境的变化，有时可能会对目标进行调整，因外部环境动态变化而引发目标的动态性，加剧了目标的差异性，进而加剧各参与方或参与人员间的冲突，进一步提高了大中型水利水电项目的复杂性。

大中型水利水电项目既要在管理层面上实现质量、成本、资源、进度目标，又要在功能层面上实现技术、经济、安全等目标，同时还要满足国家或区域的经济发展、社会稳定、国防安全、生态保护等层面的目标，呈现出目标的多元化。另外，工程项目建设的长期性，导致了在长期内时时刻刻发生变化，影响目标实现的各因素在这期间会给对外界环境敏感的目标施加持续不断的影响，工程项目的目标处于一个动态的发展变化过程中。

2. 组织复杂性

组织是项目管理的载体。组织复杂性是构成组织的不同元素、不同层次之间的相互作用使组织表现出多样性、动态性、变异性、不可预见性等复杂性特征。组织复杂性主要包括组织成员、组织结构和项目管理团队等方面，如组织成员经验的不足、组织结构层级和职能部门数量增多都会增大组织复杂性（Sheng，2018）。

大中型水利水电项目组织结构庞大，所涉及的部门众多，其内部结构繁冗复杂。利益相关者差异所产生的复杂性可以从横向理解为项目中不同部门间的差异所造成的复杂性；而组织结构形式的复杂性可以从纵向理解为组织层次结构及数量所造成的复杂性。同时，组织内部各机构间都不是独立的个体，他们之间相互联系、相互依赖，其职权也是相互交错，混淆不清，这就为组织的有效管理带来巨大障碍。大中型水利水电项目组织系统复杂性不仅在于其项目规模、项目环境、施工难度、项目技术等一般项目复杂性方面，而且还体现在由其自身特点所引发的相比项目物理层面更深刻的系统层面上的复杂性。大中型水利水电项目建设与管理本质上是一个多维度、多层次、多界面、多子系统的开放复杂巨系统。组织中行为主体受环境影响进而相互作用表现出的组织客观复杂特征，是一种由个体上升到组织整体的复杂性。大中型水利水电项目具有建设周期长、参与方多、技术工艺复杂等特点，因此在建设过程中会产生大量的不确定性信息。从项目组织内部来说，不确定性信息来自建设单位、设计、监理、施工等各直接利益相关方；从项目组织外部来说，不确定性信息来自国家政府、社会和自然环境等方面。如何从这些内外部影响环境中获取准确有用的信息，将对项目顺利建设产生重要影响。另外，项目与外界一直进行着各种物质、信息交换，信息传递的过程不断受到外界因素的影响，从而增加项目组织复杂性。

3. 任务复杂性

在项目系统中数以万计的任务活动涉及多个专业领域且跨度较大，既包含项目技术、资金融集、组织管理等方面，又可能包含生态保护、社会安定、能源节约等方面，这些任务之间并不是彼此孤立的，而是有着显性或隐性的多种联系，每一项任务的变化都会受到其他工作任务变化的影响，并引起其他工作任务的相应变化。任务复杂性增加了项目执行中的不可控性，使项目变得更加复杂（盛昭瀚等，2019）。大中型水利水电项目的建设任务具有多样性，其对复杂性的影响主要体现在任务数量众多引起的任务之间的差异性。这种差异性导致管理者针对不同任务需采用不同策略，进而造成项目管理的复杂性。大中型水利水电项目的各项任务活动始终处于动态变化之中。项目中的构成要素在不断受到外界环境影响的同时，其自身也在不断地发展变化，这种发展变化有时超出了最初的预期而无法控制，因此任务活动实施过程中的动态变化是项目复杂性的重要影响要素之一。此外，大中型水利水电项目建设周期长，在项目实施过程中不确定性因素多，导致项目管理方法和工具的不确定性增大，从而增加了项目管理难度。

4. 技术复杂性

大中型水利水电项目通常具有高度技术复杂性，如项目类型、设计与施工的搭接、项目操作的相互依赖性。技术复杂性可在设计项目中发现，技术方面是未知的和未经试验的（Remington & Pollack，2007），因为许多相互依存的设计解决方案结果的不确定性导致复杂性增加。为了实现大中型水利水电项目的多元目标，技术间的相互融合、互相借鉴就显得尤为重要，而且这种技术交叉尤为频繁，技术流程依赖性增强，技术间的边界变得更为模糊，这些都增加了项目复杂性。此外，大中型水利水电项目在实施中会遇到各种各样的技术难题，攻克这些难题不但需要团队协作、技术融合，而且还需要技术的创新。创新活动并不服从确定性的投入产出规律，创新思想的产生因个体、因环境、因时间地点而异，是在创造性思考过程中突现的结果，这些高难技术的风险会导致项目复杂性的增大。

5. 环境复杂性

环境复杂性包括自然环境、市场经济环境、政策法规环境等的复杂性（李惠等，2009）。大中型水利水电项目在施工中安全风险大，安全目标要求高，且施工场地多在郊区甚至是地形相对复杂的高山峡谷地带。施工现场环境复杂，增大了施工现场安全管理的难度。大中型水利水电项目政策法规环境的变动主要包括政府对项目的支持力度、政策透明度、法律法规完善程度、政策执行程度、知识产权保护程度、税收政策等，这对大中型水利水电项目的复杂性具有重要的影响作用。大中型水利水电项目经常会对周围群众的生活造成较大影响，且影响面巨大。因此，项目管理者需从项目设计开始，综合考虑各种社会影响，在完成项目目标的同时减少对群众的干扰和周边环境的影响。由于涉及以人为本的社会属性，因此增加了项目管理的复杂性。

6. 信息复杂性

信息来自多个利益相关方、整个管理过程，涉及各种复杂的合同关系。不同参与方之间、不同过程和流程之间的信息依赖度和相关度也逐渐增加，从而导致信息复杂性增加。信息复杂性主要体现在组织协同中，包含信息的不确定性、信息处理水平的差异、信息传递能力的不足、信息获取程度的欠缺等方面（李真等，2017）。对于大中型水利水电建设项目而言，几十家甚至上百家承包商、成百上千家材料设备供应商合作共同参与项目建设，这些来自于不同地区的承包商或供应商，有着不同的文化和行为模式，使得各参与方具有不同的行为模式和行为偏好，由于项目的一次性特点，很多参与方第一次在一起合作，缺乏必要的了解，使参与方对其他各方的行为预期产生偏差和沟通障碍，这增加了参与方的信息交流与沟通的难度，增加了项目管理的复杂性。此外，大中型水利水电项目具有建设周期长、参与方多、技术工艺复杂等特点，因此在建设过程中会产生大量的不确定性信息，且项目受到各种外部因素的影响，项目及其任务与外界环境随时进行着物质、能量和信息的交换，这些都增加了项目的复杂性。

2.2 全过程工程咨询项目适应性研究设计

2.2.1 研究方法与数据收集

本章主要采用扎根理论（Ground theory），通过对文本进行开放编码（Open coding）、主轴编码（Axial coding）、选择性编码（Selective coding）总结凝练形成核心范畴和大中型水利水电项目全过程工程咨询适应性理论模型。

本节的原始数据来源主要有：（1）半结构化访谈记录；（2）内部档案数据，包括建设过程中会议纪要、设计资料等；（3）查阅已有的文献资料、政策及新闻资料。为了让受访人员更加自由、真实地发表自己关于大中型水利水电项目全过程工程咨询适应性的看法，访谈记录采用的是半结构化访谈的形式，结束访谈后，再次向受访人员确认访谈内容，确保其完整性、准确性。

2.2.2 范畴提炼和模型构建

1. 开放式编码

开放式编码对原始资料进行编码、标签，形成初始概念，再对生成的初始概念进行梳理、分析，将同一类型的初始概念归为一类，形成概念的范畴化。进行范畴化时，为减少主观偏见的影响，剔除重复率较低的概念，在其中选择重复频率在 3 次以上的初始概念，最终获得 25 条有效概念和 11 个范畴，如表 2.1 所示。

开放式编码范畴化

表 2.1

范畴	原始语句(初始概念)
节约投资成本需求	(1)大中型水利水电项目投资额巨大，采取有效的管理模式可以大幅降低投资成本(投资额巨大)； (2)传统咨询模式存在条块分割、多小散弱等特点(传统咨询模式弊端显著)； (3)采用一次委托招标的方式，可以减少多余不必要的支出(招标成本低)； (4)全过程工程咨询服务覆盖全过程，整合了各阶段工作服务内容，更有利于实现全过程投资控制(全过程投资控制)
服务流程优化需求	(1)全过程工程咨询可以使合同关系变得更简单、线性(简化合同关系)； (2)建设单位只需对接咨询单位，可以有效改善权力责任划分不清的现象(权责分明)； (3)组织架构清晰明了，改善了以往传统咨询模式组织结构混乱、臃肿的现象(简化组织结构)
提高项目品质需求	(1)全过程工程咨询单位介入项目时间较早，可以帮助决策的判断，提高决策的准确性和有效性(提高决策的准确性)； (2)避免了传统工程各建设单位进行工作交接时很难做到密切配合，也避免了每个环节单独运作对其他环节产生不利影响(工作划分更全面精细)； (3)全过程工程咨询单位可以在设计阶段提前发现问题并提出相应的解决方案，避免或降低在施工建设过程中可能出现的风险(优化设计)
有效规避风险需求	(1)全过程工程咨询从项目的全生命周期进行统筹，可以有效降低建设项目的风险(提高抗风险能力)； (2)可以提前识别建设中可能存在的风险因素，预判和处理涉及建设项目质量和安全的关键因素(预判风险)
政策支持	(1)国务院、住房和城乡建设部、国家发展和改革委员会都下发过关于推行全过程工程咨询的相关文件(国家及相关部委顶层政策支持)； (2)中国工程咨询协会及各省市也发布了与全过程工程咨询相关的政策和文件，积极探索全过程工程咨询模式(协会及省市级地方政策支持)
政策特点显著	(1)鼓励有能力的工程咨询公司进行试点先行(试点先行)； (2)鼓励各类咨询公司加强与其他企业进行业务交流与优势互补，可以采取并购重组、联合经营等方式发展成为全过程工程咨询企业(产业整合)； (3)目前正在积极推行，包括合同范本、招标文件、交易制度、组织结构等技术内容的规范与准则(技术支撑)
集成管理特性	(1)集成管理强调各集成要素必须发挥协同作用，以发挥整合的集成作用，加强一体化产生的影响，使集成体功效大于各单项要素功效的简单叠加(协同作用)； (2)大中型水利水电全过程集成管理就是在全过程工程咨询的组织模式下，将集成管理思想和方法纳入，两者融合统一形成全过程工程咨询集成管理(思想融合统一)
集成管理能力	(1)全过程工程咨询单位进行管理，同时为建设方提供咨询，集成管理和咨询在一定程度上具有相同的价值属性(价值属性)； (2)全过程工程咨询能力和项目集成管理能力主要分为组织性工作和技术性工作两个维度(能力维度)

2. 主轴编码

扎根理论进行编码的第二步是主轴编码。主轴编码是指将开放性编码中概念、范畴彼此联系在一起，加强、巩固初始概念和范畴，探索开放性编码中各个概念、范畴之间的相互联系，通过聚类分析，对范畴进一步整合、提炼，凝练出更有总结性的主范畴。本章对11个范畴归纳出3个主范畴，具体情况如表2.2所示。

主轴编码的主范畴　　　　　　　　　　　　表 2.2

主范畴	对应范畴
需求导向适应性	节约投资成本需求 服务流程优化需求 提高项目品质需求 有效规避风险需求
政策环境适应性	政策支持 政策特点显著
集成管理适应性	集成管理特性 集成管理能力

3. 选择性编码

选择性编码是更深层梳理范畴之间的联系与逻辑，基于主范畴进一步归纳、整合，总结出核心范畴，发展出系统的理论和模型，得到大中型水利水电项目全过程工程咨询适应性理论模型，具体如图2-1所示。

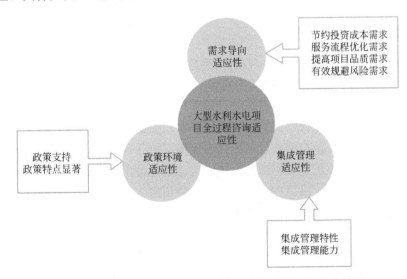

图 2-1　大中型水利水电项目全过程工程咨询适应性理论模型

4. 理论饱和度检验

为了检验基于扎根理论得出的大中型水利水电项目全过程工程咨询适应性理论模型是否达到理论饱和，留出1/4的访谈资料进行理论饱和度的检验。对余下的原始资料进行开放式编码，并未出现新的关系和范畴，证明大中型水利水电项目全过程工程咨询适应性理论模型已经发展得比较完整。因此，证明基于扎根理论获得的大中型水利水电项目全过程工程咨询适应性理论模型是饱和的。

2.3 大中型水利水电项目全过程工程咨询需求导向适应性分析

我国大中型水利水电项目的传统咨询服务模式是将各个阶段的咨询业务由不同的咨询单位完成，各单位之间互不干涉，独立完成自己所承担部分的"碎片化"服务模式（Sun et al.，2014）。传统项目管理的阶段性和局部性割裂了项目的内在联系，导致项目管理存在明显的弊端，已与国际主流建设管理模式脱节。

全过程工程咨询即在项目全生命周期内提供包含设计规划在内的工程咨询服务，同时涉及组织、管理、经济、技术等有关方面的服务，其核心目标是提升项目的整体效率（Ding et al.，2014），具体表现为建设单位委托全过程工程咨询单位在项目全生命周期内为承揽施工任务的施工总承包单位提供咨询管理服务，贯穿于大中型水利水电项目全生命周期。

全过程工程咨询的业务范围更加广泛，整合能力更强。它主要基于项目建设的建设目标进行集成化管理，极大地提高了建设单位的投资回报，已成为当前国内外项目管理模式的一个新的发展方向。全过程工程咨询作为一个新兴业务，近年来国家相继出台了实施意见与办法，全过程工程咨询在建筑行业已逐步推行，在大中型水利水电行业开展较为缓慢，总体上大中型水利水电项目全过程工程咨询仍处于探索阶段（石秀伟，2020）。但是相较于传统咨询模式的诸多劣势而言，大中型水利水电项目全过程工程咨询依然有较大需求。

2.3.1 节约投资成本需求

大中型水利水电全过程工程咨询采用一次委托招标的方式，使得其在委托招标过程中产生的项目成本远低于传统模式下各咨询服务单位多次参与投标所发生的成本。这种模式可以实现对费用估算、合同管理和设计管理等多环节信息的一致性统筹，对每一个环节的成本都能做到精准把控，确保后期执行的实际成本与前期咨询保持一致，减少额外成本支出的风险，从而确保项目的投资收益率目标和预期保持一致。造价专业人员由于参与项目的各个阶段，可以充分发挥造价咨询的整体优势。通过过程中的造价控制，实现真正意义上的项目投资的合理控制，可以为建设投资方提供切实、可行、有效的投资控制方案，从根源上为委托方节约项目成本。同时通过对全过程台账的管理，避免过多的交接导致资产统计、备品管理出现漏洞，在运营层面也可以实现项目的定期维护和日常巡检的统筹化管理，通过记录翔实的故障排查和检修记录可以设计最合理的运营维护方案，在降低未来项目运营不确定性因素的同时，也能降低运营维护的人力投入和成本。

2.3.2 服务流程优化需求

大中型水利水电项目全过程工程咨询模式采用单次招标的方式，减少招标次数，有利于缩短前期工作周期，且有效优化项目组织和简化合同关系。将传统的一对多模式转变为一对一模式，建设单位只需对接咨询单位，明确权责划分，大幅度减少了日常管理工作量和人力资源的投入，促进项目的健康发展。

大中型水利水电项目前期工作主要包含勘察、设计、造价、招标代理等，前期需要对接的专业公司多，虽然可以通过多次工程咨询服务涵盖全部项目范围，但也使得项目的前期工作被强行碎片化，不能将各阶段的服务单位串联起来。采用全过程工程咨询模式后，通过联合体形式组建项目团队，以总咨询师为主、专业咨询师为辅的管理架构，统一由咨询单位统筹协调、使工作任务的划分和衔接精细化、指向明确化。更扁平化的项目组织结构更好地处理内部关系，促使以往多单位间、多岗位间和多层级间的网状连接，改为短平和直接的线性连接，相较于以往臃肿、凌乱的组织架构，有了极大的优化。

2.3.3 提高项目品质需求

在大中型水利水电项目的全过程工程咨询中，咨询单位一般在项目可研阶段即介入梳理项目流程，提出其在前期、施工过程中可能出现的问题及措施建议，减少后期因决策不当所产生的漏项、设计变更和索赔等问题。这样不仅提高了工作效率，也让决策更为精准、系统。

传统模式开展工作时各家单位之间工作衔接往往需要按单位进行流水作业，很难做到紧密配合。大中型水利水电项目的全过程工程咨询中需要咨询服务企业通过项目整体策划、设计管理、采购管理、投资资金管理、施工现场管理、精细化管理等方面，进行集成化管理，避免项目管理过程中各个环节独立运作而出现漏洞和制约，而各板块全程联动，能够在为建设单位提供某一板块的管理服务时，综合考虑其他板块关联因素，让管理结果更全面、科学。各专业、各板块的无缝对接，使工作任务的划分和衔接的精细化变为可能。设计全阶段参与并与现场项目管理人员配合，有利于在设计阶段提前发现问题，提前优化设计，有效降低后期施工过程中存在的问题，保证施工的有效推进，从而提高服务质量和项目品质。

2.3.4 有效规避风险需求

大中型水利水电全过程工程咨询可以提前识别项目建设技术中存在的风险，通过对全流程信息的统筹和资源的科学分配，动态实现局部资源的最优化和各阶段抗风险能力的提升。多环节信息一致性统筹的好处在于对涉及安全和质量等关键环节提前完成预判和处理，减少项目安全问题和质量问题发生的风险。相比于传统的单一服务模式，能够结构性地避免管理漏洞的出现，实现提前布置安全质量防范措施达到未雨绸缪的效果。大中型水利水电全过程工程服务单位作为项目的主要负责方，也势必发挥本单位专业全、水平高、综合性好、内部相互制约的优势，从体制上、从源头上、从根本上确保全过程项目服务单位参与的项目安全。从而最大限度地降低发生安全生产事故的概率，所以实行全过程项目服务，项目安全性好。

2.4 大中型水利水电全过程工程咨询政策环境适应性分析

2.4.1 全过程工程咨询的政策支持

大中型水利水电项目全过程工程咨询是对水利水电项目开展局部或全生命周期行为的

咨询，服务内容包括前期咨询、设计、招标代理、造价、项目监理、项目管理和后评价等。大中型水利水电项目具有项目规模大、施工线路长、自然条件和技术条件复杂、参建单位多和涉及面广等特点，实行全过程工程咨询是必然趋势（Plume & Mitchell，2007）。自2017年以来，我国政府越来越重视全过程工程咨询工作，并且带头开展工作改革，主要对其工作理念以及工作内容进行了一定优化（吴勇，2020）。此外，国家还先后出台了一系列政策，包括专门针对水利水电项目的全过程工程咨询文件以及其他一些包含大中型水利水电项目全过程工程咨询的政策文件。本节从国家及相关部委顶层设计政策和协会及省市级地方政策两个维度对相关政策进行简单分析。

1. 国家及相关部委顶层设计政策

2017年2月，国务院办公厅发布《国务院办公厅关于促进建筑业持续健康发展的意见》，提出培育一批具有国际水平的全过程工程咨询企业，制定全过程工程咨询服务标准、合同示范文本等。2017年5月，住房和城乡建设部印发《住房城乡建设部关于开展全过程工程咨询试点工作的通知》，其核心是培育全过程工程咨询，开展全过程工程咨询试点，不断总结提炼健全的全过程工程咨询管理制度，完善建设项目组织构成模式，提高全过程工程咨询服务能力和水平，培养有国际竞争力的企业，为全面开展全过程工程咨询积累经验。2017年11月，国家发展和改革委员会印发《工程咨询行业管理办法》，进行了相关名词解释，规定了工程咨询单位管理、从业人员管理、行业自律和监督检查、法律责任及附则等内容。2019年3月，住房和城乡建设部、国家发展和改革委员会印发《关于推进全过程工程咨询服务发展的指导意见》，明确了全过程工程咨询服务的基本框架，主要包括呈现形式、现阶段适用范围、业务承担主体、业务组合（不固定）、市场准入、取费方式、制衡关系和后续任务。2020年9月，住房和城乡建设部发布《住房和城乡建设部等部门关于加快新型建筑工业化发展的若干意见》，提出开展全过程工程咨询，大力发展以市场需求为导向、满足委托方多样化需求的全过程工程咨询服务，培育具备勘察、设计、监理、招标代理、造价等业务能力的全过程工程咨询企业。

2. 协会及省市级地方政策

2016年12月，中国工程咨询协会发布《工程咨询业2016-2020年发展规划》，明确了经济发展新常态下工程咨询业的发展战略、目标和重点，提出着力提升投资建设全过程工程咨询服务质量和水平。2021年中国工程咨询协会起草了《水利水电项目全过程工程咨询服务导则》，规定了水利水电行业全过程工程咨询服务工作内容、方法和准则。该标准依据国内相关法律法规，充分吸收国内外建设项目管理的先进经验，结合中国国情和水利水电行业特点，规范全过程工程咨询服务内容、质量标准、服务酬金等行为，为水利水电项目工程咨询服务提供参考准则。自2017年以来，各省市也相继发布了与全过程工程咨询相关的政策文件，开展全过程工程咨询试点，积极探索全过程工程咨询管理制度和组织模式。各试点地区纷纷推出了试点期间的试点方案、服务导则、服务指引、服务清单、招标试行文本和合同试行文本等，融入了地方建设主管部门对全过程工程咨询的理解和试点期间的方向引导（侯丽娟，2019）。

国家大力推行全过程工程咨询，引导相关企业开展项目投资咨询、项目勘察设计、施工招标咨询、施工指导监督、项目竣工验收、项目运营管理等覆盖项目全生命周期的一体化项目管理咨询服务，力图通过试点先行打造出一批具有国际影响力的全过程工程咨询企业，从而带动行业整体发展，最终实现项目全过程咨询服务的产业化整合。大中型水利水电项目均包含于相关政策文件之中，基于大中型水利水电项目的特点，在国家大力发展全过程工程咨询的政策环境背景之下，大中型水利水电项目全过程工程咨询必然会迎来飞速发展。

2.4.2　全过程工程咨询政策特点显著

国家鼓励和支持不同类型的咨询企业发展成为全过程工程咨询企业，譬如勘察、设计、监理企业等，可以发挥自身的经验优势和项目技术优势，发展成为具有国际竞争力的企业。鼓励一批专业技术力量雄厚、具有创新意识的工程咨询企业先试先行。有关部门坚持政府引导和市场选择相结合的原则，因地制宜，探索合适的试点模式，积累全过程工程咨询服务经验，形成示范效应，为全行业的推行做好铺垫。

全过程工程咨询能力的培育需要一个过程，现阶段依靠企业自身实力发展成为全过程工程咨询企业难度较大。因此，鼓励相关企业采取联合经营、并购重组等方式发展全过程工程咨询，加快政策推行步伐，争取在较短时间内取得一定成效。技术标准和合同文件的设计是推行全过程工程咨询的重点工作，包括招标文件、合同范本、组织设计、交易制度等技术内容的设计，旨在为政策推行提供技术支撑，作为实践操作的依据。

2.5　大中型水利水电全过程工程咨询集成管理适应性分析

2.5.1　全过程工程咨询集成管理特性

集成管理强调各集成要素必须发挥协同作用，以发挥整合的集成作用，加强一体化产生的影响，使集成体功效大于各单项要素功效的简单叠加（王乾坤，2006）。通过集成和集中安装、部署、管理和更新系统等，有助于策略的实施，优化资源，降低管理和支持成本（陆云峰等，2021）。

大中型水利水电全过程工程咨询服务内容主要包括工程建设项目策划、立项、可行性研究、项目投资、设计、招标投标、监理、施工、结算决算及其竣工验收、生产运行等工程咨询活动，是对建设项目全生命周期提供组织、管理、经济和技术等各有关方面的工程咨询服务。大中型水利水电全过程集成管理就是在全过程工程咨询的组织模式下，将集成管理思想和方法纳入，两者融合统一形成全过程工程咨询集成管理，即为工程建设项目全生命期集成，从项目提出开始到项目运维的全过程进行管理，整个过程大致经历了投资决策阶段、设计与施工阶段、运维阶段等（Cheng & Wang，2012）。

在大中型水利水电全过程工程咨询中，全过程工程咨询单位可提供组织协同、信息集成化、风险管理及持续创新等多个要素的集成化管理，规避传统分阶段的实施服务的信息断层缺点，充分发挥各个专业咨询了解工程建设"因果"联系的特点，连贯地把控项目进展，提高建设效率（Barlish & Sullivan，2012）。

2.5.2　全过程工程咨询集成管理能力

在大中型水利水电项目中，传统的工程咨询是基于各种专业内容进行咨询，而全过程工程咨询和全过程集成管理是基于项目的活动，所以要确定如施工内容或者成本需要先确定项目的活动才能确定消耗和内容，这就是全过程的视角。"全过程"的真正含义解释的就是"集成"，集成是全过程的本质，集成的对象是技术、经济、管理和信息等知识的整合。全过程工程咨询是在工程建设全过程的服务，全过程集成管理是纳入集成管理思想的全过程管理，管理和咨询对于咨询单位来说在一定程度上具有相同的价值属性，建设方将咨询业务委托给咨询单位，即咨询单位进行管理同时为建设方提供咨询。

咨询是大中型水利水电项目管理中的关键，可涉及全过程管理，在全过程工程咨询模式下，纳入集成管理是实现工程咨询企业高效管理的一种有利途径，可为建设项目管理模式更迭满足进步需求。国内外学者研究全过程工程咨询能力和项目集成管理能力主要分为两个维度，一是组织性工作维度，主要有组织协同能力、安全管理能力、资源管理能力、信息集成化能力、风险管理能力、持续创新能力等。二是技术性工作维度，主要有投资控制能力、质量控制能力、进度管理能力。

3 全过程工程咨询特征及落地模式分析

3.1 全过程工程咨询的特征分析

3.1.1 全过程工程咨询的政策特征

自 2017 年起，国务院、住房和城乡建设部、国家发展和改革委员会陆续出台了相关文件推进全过程工程咨询发展。除此之外，许多地方政策文件的推出也促进了全过程工程咨询的发展。例如，深圳市建筑工务署工程管理中心发布了于 2020 年 1 月 3 日施行的《深圳市建筑工务署工程管理中心关于组织文化项目全过程工程咨询技术交流活动（第二轮）的通知》，进一步推动了全过程工程咨询行业间的交流；浙江省住房和城乡建设厅发布了于 2020 年 10 月 1 日起施行的《全过程工程咨询服务标准》，定义了浙江省全过程工程的建设标准。

在已发布的政策文件中，最重要的当属国家发展和改革委员会、住房和城乡建设部联合发布的 515 号文。该文件发布前，国家发展和改革委员会、住房和城乡建设部于 2018 年 4 月联合向社会征求意见。515 号文的发布对在全国范围内进一步推进全过程工程咨询推广意义重大，其重要性还在于以下几个方面：

首先，明确了发展全过程工程咨询的重要意义，国务院投资主管部门、住房和城乡建设主管部门在推进全过程工程咨询发展上统一了口径，实现了多部门有机联动。

其次，通过进一步把全过程工程咨询细化为投资决策综合性咨询和工程建设全过程咨询，分别针对工程项目投资决策阶段和工程建设阶段。一方面强调了投资决策综合性咨询的重要作用，另一方面对工程建设全过程咨询如何推动完善工程建设组织模式进行了阐释。同时鼓励多种模式进行全过程咨询服务，明确在进行全过程工程咨询服务时，咨询服务组合可以在同一阶段内提供服务，也可以进行跨阶段的咨询服务，全过程工程咨询服务组合模式更加灵活。

最后，对推进全过程工程咨询发展的工作从优化市场环境和保障措施两方面进行了部署。市场环境包括人才队伍、技术标准、合同体系、管理体系的建设，完善有针对性的酬金计取方式以及加强国际交流等。保障措施包括明确各行政主管部门的分工、创新监管方式、建立全过程工程咨询配套的监管制度和信用档案、推动行业自律、加强骨干企业的培育力度、持续提高示范项目引领作用、扩大全过程工程咨询的影响力。

总体来说，目前国内全过程工程咨询还处于探索和推广阶段。从中央到地方，各级行政主管部门发布的政策性文件仍然以鼓励、引导性文件为主，对于有关招标文件范本、合同体系、诚信体系、服务技术标准和规范、全过程监管体系等还有较大空白，对全过程工程咨询工作开展的指导作用还存在探索和提高的空间。

3.1.2 全过程工程咨询的市场特征

本节选择"全国公共资源交易平台"为全过程工程咨询服务市场分析的主要数据来源,收集全国范围内全过程工程咨询服务项目信息并进行市场特征分析。"全国公共资源交易平台"是由国家发展和改革委员会指导、国家信息中心主办的交易信息发布平台网站,其中收录了除港澳台以外全国 31 个省级行政区公共资源交易平台自查询日起近三个月内的招标投标及政府采购项目信息。截至 2022 年 2 月 22 日,采用此交易平台研究全过程工程咨询的市场特征,两次检索的检索词设置如图 3-1、图 3-2 所示。检索结果的分析情况如图 3-3、图 3-4 所示。

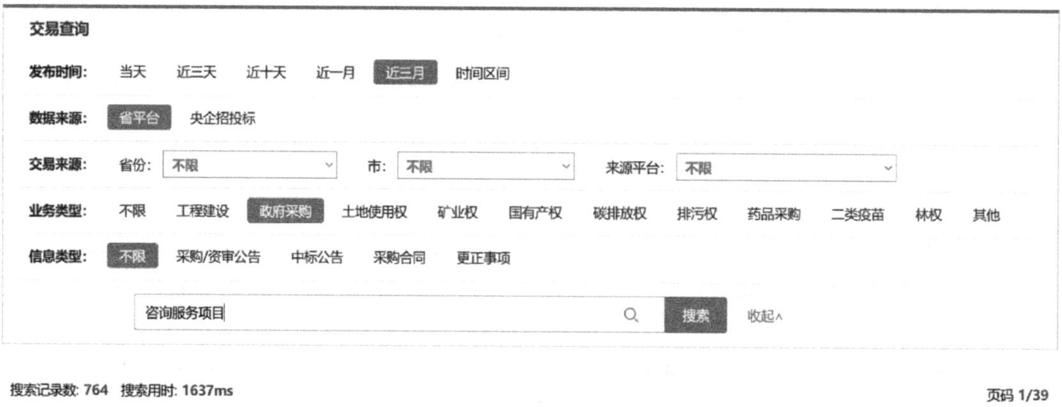

图 3-1　2021.11～2022.02 政府采购咨询服务项目总数

图 3-2　2021.11～2022.02 政府采购的全过程工程咨询项目总数

全过程工程咨询推行当中,现阶段呈现出市场需求较低的特征。由图 3-3 可以发现,在市场对咨询服务的需求中,全过程工程咨询服务占比非常低,远低于市场对传统咨询服务模式中各咨询服务业态的需求。造成这一情况的原因是目前工程咨询服务市场上,项目建设方对全过程工程咨询模式的信任较低。首先,采用全过程工程咨询模式实施项目建设管理及咨询服务相较于传统服务模式而言,为项目建设创造的成本节省、工期缩短和方案优化情况难以预估和量化,项目建设方在选择前很难直观地感受到全过程工程咨询模式的优势。同时，出于对项目建设方自身利益的保护，项目建设方仍习惯于碎片化的项目委托模式，通过减少咨询服务企业的工作以制约各咨询服务企业的权力。不可忽视的是，有的咨询服务业态度对于项目建设方仅是为了满足建设程序的政策需要而存在，这种思想使得咨询行业一直没能得到足够重视。在市场需求不足的情况下，很难仅凭政府的力量推动行业发展。

图3-3 2021.11～2022.02 全过程工程咨询项目数量情况

当前全过程工程咨询在各区域的发展呈现出不均衡的特征。由图3-4可以看出，浙江省、广西壮族自治区、湖北省和辽宁省四个省份的全过程工程咨询项目较多，分别为42个、12个、12个和11个。总体来说，全过程工程咨询项目主要分布在我国东部地区与南部地区，主要与地区工程建设资源特色及地方鼓励政策有关。其中，浙江省在出现的20个省市中的全过程咨询项目数量占比为26.75%，有必要进行重点分析。形成这种局面的主要原因可能是浙江省鼓励咨询单位构筑全周期服务链条；鼓励PPP项目、工程总承包项目实施全过程咨询服务，并出台了很多相关文件来规范全过程工程咨询服务行业，如2020年10月1日起施行的《全过程工程咨询服务标准》。浙江省推进全过程工程咨询的发展是值得借鉴的，全过程工程咨询试点工作由省发展和改革委员会、省住房和城乡建设厅共同推进，其他相关行业主管部门配合实施。试点工作通过地区试点、项目试点、企业试点三种模式同步展开，通过先行先试，及时总结经验，形成示范效应。其中，重点工作有建立服务标准、制定示范文本、明确取酬模式、创新委托方式、完善制度建设、完善推出机制、培育骨干企业、加强国际交流与强化人才引领等，都能够有力地推进全过程工程咨询工作的开展。

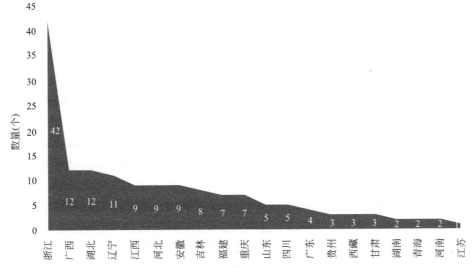

图3-4 2021.11～2022.02 各个省份全过程工程咨询项目数量情况

3.1.3　全过程工程咨询的交易特征

合同设计应与交易特征相匹配，深刻理解全过程工程咨询的交易特征，是分析其合同条款设置的前提。对于全过程工程咨询服务特征的分析，既要考虑到工程咨询服务的基本特征，更要契合其全过程的特点（严玲和张思睿，2019）。结合国内工程咨询行业的发展现状，归纳得出全过程工程咨询具有以下特征：

（1）为业主服务的增值性。全过程工程咨询单位受建设单位委托，按业主需求及项目特点提供定制化的专业服务，为业主增值。

（2）交付物的集成性。全过程工程咨询服务的交付物以集成化的综合性服务为主，这些服务大多以报告的形式呈现，导致建设单位对工程咨询方的服务过程监管困难。

（3）成果评价的困难性。工程咨询方的使命在于为项目增值，但项目的最终情况取决于诸多方面，因此工程咨询方的服务成果很难准确量化，而服务成果的交付及审查是支付的前提条件。

（4）受专业人士影响较大。全过程工程咨询相较于传统造价咨询服务，需要解决的问题更加复杂，对工程咨询方的专业性要求也更高（Leonor et al.，2016），其知识利用程度会对服务质量及项目绩效产生巨大影响，工程咨询服务费与工程咨询服务对工程价值的影响存在不对等性，因此需要建设单位向工程咨询方给予适当的奖励。

（5）多方参与的定责困难。全过程工程咨询涉及项目的各个阶段与各个方面，国内现大多采用建设单位分别与几家咨询单位签约的模式，因此需要咨询单位确认其所承担的服务范围。同时，多方参与也对建设单位的协调管控能力提出了更高的要求。

3.1.4　全过程工程咨询的服务模式特征

在建设项目中，这些咨询单位通常按实施环节、实施阶段及职责分工的差异被分割开来，传统碎片化的服务模式存在建设管理界面多而复杂，设计图、工程量计算、采购价格、质量控制相互分离，技术服务与管理服务无法有机结合等特点（吴健咏，2018），而这些特点会导致建设管理单位内在联系的割裂、建设管理成本的上升（Michael，2001）。同时，也使得工程咨询单位的职能单一化，制约了工程咨询单位向规模化、综合性进一步发展。

相较于传统服务模式，全过程工程咨询优势比较明显。全过程工程咨询不仅是简单地将不同的咨询服务业态进行拼图式整合，拼接为多服务团队提供咨询服务，更重要的是让参与全过程工程咨询服务的各咨询业态发生化学反应，加强内部联系，提升服务的质量和价值（陆敏敏和赵玲娴，2019）。全过程工程咨询与传统工程咨询有以下方面的差别：

1. 服务阶段

从服务阶段而言，完整的全过程工程咨询为项目实施提供了从决策到实施，再到运营所需的各类咨询服务。类似于工程总承包，全过程工程咨询就相当于服务总承包。通过全过程工程咨询，可以使得各个项目阶段的咨询成果能够在各咨询服务部门间及时传递，咨询服务连贯高效，管理视角全面，能提高对建设项目的整体把控能力。同时，贯穿建设项目全过程的另一层含义则是拉长了咨询服务单位或者联合体在项目中的服务链条，增加了工作量，同时也提高了工作报酬。

2. 工程质量、成本、进度管控能力

全过程工程咨询在提升工程质量、管控投资成本、确保项目进度、深化风险识别方面相较于传统工程咨询模式有更强的能力（周倍立，2019）。实行全过程工程咨询，结合不同咨询业态的项目视角，质量控制方面可以多维度对项目实施中的质量控制关键环节和重大质量风险因素等进行分析和全方位的质量管控措施的制定；成本控制方面可以避免投资、设计、采购、施工各阶段成本管控责任分离，标准不一致，实现高效统筹实施成本控制；进度控制方面可以对进度偏差信息进行及时反馈，分析进度滞后的原因，及时采取纠偏措施，确保项目进度目标的完成。全过程工程咨询通过实现各个专业的有机融合，提高了对项目实施过程中各种风险因素的预判，提高了信息传递和资源分配的效率，统一了各参与方的责任和利益，也使得各专业各自的风险分担更加合理。

3. 项目团队人员数量

在服务人员要求提高的同时，全过程工程咨询服务项目团队人员数量在一定程度上较传统工程咨询服务模式也会有所精简。精简的原因主要是因为在不同的咨询服务业态中，有很多人员的要求是相近或一致的。例如，监理工作中有成本控制要求，项目业主通常会要求监理项目团队中至少有1名造价人员，如果采用全过程工程咨询模式提供服务，服务内容包括了监理和造价，则可以比单独将监理和造价服务委托给两个单位项目团队中节省了1名以上造价人员。这种情况不止出现在造价人员、档案管理人员等专业人员中，同时诸如财务人员等项目团队的其他辅助人员数量也同样得到减少。另一种情况则是项目团队中如果存在能力较强、能同时完成多个岗位工作的人员，例如同时完成造价和招标代理的工作，也可以在不影响咨询工作质量的前提下减少项目团队人员数量。项目服务团队的精简能够直接降低服务单位的人力成本，从而提高服务单位的利润率。

我国大中型水利水电工程的投资基本来源于政府投资，具有综合性强、建设周期长、管理难度大等特点，再加上我国传统的水利水电工程业主直接管理模式在现行市场经济体制下还存在一定弊端，而采用全过程工程咨询不仅可以为水利水电工程的建设提供多样化、一体化、专业化的咨询服务，还可以为项目工程质量提升、控制投资成本、确保项目进度等提供助力（戈焌杰，2019；龚花强和苟晨，2018）。水利水电工程采用全过程咨询服务的优势有以下几个方面：

（1）我国工程咨询服务的供求失衡问题促进了咨询行业的转型升级。分离式、碎片化的单项服务供给模式无法适应水利水电工程投资大、周期长、综合性强的特性，全过程工程咨询成为传统工程咨询转型升级的一种表现形式（韩光耀和沈翔，2019）。

（2）促进全过程工程咨询发展的政策文件面向市政基础设施领域。隶属于市政设施建设领域的水利工程归属于《房屋建筑和市政基础设施建设项目全过程工程咨询服务技术标准（征求意见稿）》规定的业务范围。

（3）国内工程咨询公司相比于国际工程咨询公司收费更为客观合理。515号文中指出，我国全过程工程咨询服务酬金可按管理费用与单项服务酬金叠加或人工成本加酬金的方式计取，因此与AECOM、JACOBS等具有成熟咨询经验的国际工程咨询公司相比，国内工程咨询公司收费较为合理（陈乐等，2021）。

（4）现阶段我国非常重视全过程工程咨询服务的培育与发展。早在2017年5月初，我国已有8个省市及40家企业进行了全过程工程咨询试点工作，2017年至2020年间，国

家及地方已经从业务范围、项目类型、服务模式等多角度制定了相关政策文件。

（5）采用 BIM 技术建立信息共享资源平台。应用于工程的数据化工具 BIM 技术能将各阶段的信息收集整理参数化，最终通过信息共享资源平台，为水利水电工程的各个阶段提供准确的信息数据（陈丹和姚宏韬，2007）。

3.2 以设计为主导的全过程工程咨询模式

3.2.1 设计主导全过程工程咨询的含义

设计是工程建设的灵魂，起着先导作用，它引导其他工程咨询业务的进行，对于充分发挥投资效益、实现项目全生命周期的增值起着关键作用。对于全过程工程咨询是由设计牵头向上下延伸还是监理牵头设计分包的问题，设计是保证工程建设质量的核心，设计与施工的密切配合有利于实现工程建设目标、实现高质量发展（Suprapto et al.，2015）。因此，要充分重视设计在全生命周期工程顾问服务中的主导地位，充分发挥设计的引领作用。

在国际上，建筑设计公司通常向业主提供从项目前期至设计全程（含策划、方案、招标图、施工图等）招标投标、施工监理等"一条龙"的全过程工程咨询服务。可见，设计是全过程工程咨询服务最前端、最基础的阶段，是投资者决策的重要依据。设计单位主导全过程工程咨询，显然最符合产业逻辑。因此，全过程工程咨询只有以设计为主导，才能通过设计文件及过程中的变化，充分实现建设单位的建设意图。

设计单位作为建设单位最重要的决策顾问，除提供设计成果外，还应提供包括招标顾问、合约管理、工程监督在内的"设计延伸"服务。随着造价市场化改革的不断深化，设计单位应积极改变"掐头去尾"的服务模式，发挥优势，向前拓展策划，向后提供精准发包、合约管理等"设计延伸"服务。据此，培训"懂设计、懂材料、懂造价、懂管理、懂施工"的复合型专业人才，打造全过程工程咨询服务的"金刚钻"，则是设计单位的当务之急。

全过程工程咨询是市场的产物，要实现"真全咨"，既需要业主驱动，也需要政府部门下决心改革造价管理制度，更需要以设计单位为主导的各类工程咨询服务方以项目利益为依托、以全过程工程咨询服务作支撑，给建设单位带去实实在在的价值，并形成与国际接轨的行业标准，实现真正意义上的"全过程"。这是顺应市场需求的大势，也是国际通行的做法。

设计咨询有利于优化设计方案，提高设计质量和水平，保证固定资产投资活动能够取得最佳的经济效益、社会效益和环境效益。2017 年 2 月国务院办公厅印发《国务院办公厅关于促进建筑业持续健康发展的意见》（国办发〔2017〕19 号文），提出建筑领域的全过程工程咨询服务，随后多个部门陆续发布多部关于全过程工程咨询服务的指导文件，以期解决建筑咨询业的阶段性分割、行业分割等"碎片化"现象。全过程工程咨询服务开展以来，其组织模式包括一体化咨询服务提供商、联合体以及部分组合三种，由于设计咨询是全过程工程咨询服务工作的重难点并极大地影响着管理工作的成败，丁士昭（2018）认为工程设计在全过程工程咨询服务中起主导作用，引导其他工程咨询业务，是全过程工程咨询服务的核心理念之一。因此探索设计咨询为主导的全过程工程咨询服务管理模式，对建筑咨询领域发展具有重要意义。全过程工程咨询服务的核心理念除了要以设计做主导以外，还应包括工程咨询整体集成。针对工程咨询整体集成的研究，张双甜和孙康（2019）基于虚拟价值链，认为全过程咨询整体集成是项目信息、目标、过程、组织、资源五大集成。

3.2.2 设计主导全过程工程咨询管理模式

1. 设计主导全过程工程咨询的必要性

全过程工程咨询服务发展以来，由谁做主导一直是探讨焦点。由于造价、监理、设计皆贯穿于项目工程全过程，因此已提出造价单位、监理部门、设计单位主导全过程工程咨询服务的观点。其中造价主导全过程工程咨询服务有利于投资、建设过程、盈利回收等全阶段的资金控制；监理根据其原工作的协调衔接、技术复合、管理集约等要求，其主导全过程工程咨询服务有利于项目策划、勘察、设计、采购、施工、竣工验收等全过程的细节处理、各参与方的协调（臧雅萱和周直，2022）。但是设计成果作为建设项目的图纸表达形式，其成果很大程度上已经决定了项目资金，且设计文件的形成过程需要设计人员掌握相关利益方的需求、协调衔接其他咨询单位、处理设计文件形成细节，本身已具备监理的协调能力，因此，设计方相较于造价单位、监理部门，其主导全过程工程咨询服务更有利于建设项目的成功。

2. 建设工程领域集成化管理含义

集成化管理是通过某种方式将一些孤立的元素或事物整合在一起，从而构成一个有机整体过程的管理办法。我国建设领域的集成化研究就是运用管理集成的思想把现代管理理论——系统论、控制论和信息论与工程项目本身所具有的系统化特点相结合。根据诸多学者论述总结，建设工程领域集成化管理内容大致概括为组织、目标、过程集成，其保障措施为信息管控、过程管控、风险管控、合同管控等。

3. 设计主导的全过程工程咨询集成化管理模式

全过程工程咨询服务是对工程建设项目前期研究和决策以及工程项目实施和运营的全生命周期提供包含规划和设计在内的涉及组织、管理、经济和技术等各有关方面的工程咨询服务。设计主导全过程工程咨询服务是设计咨询单位以设计管理为主线，主导并协调投资、勘察、造价、专项、招标代理、监理、项目管理、运维等专项咨询，在项目全过程阶段提供组织、管理、经济和技术等各有关方面的工程咨询服务。实现设计主导的全过程工程咨询集成化管理是以设计贯穿全局管理为理念，以利益相关人需求为服务对象，运用集成思想与集成手段，实现项目目标集成、项目建设组织集成、项目各阶段过程集成的全过程工程管理过程。

3.2.3 设计主导的全过程工程咨询实施办法

1. 目标集成

建设项目有质量、进度、费用、安全、环保、品牌、实用、经济、美观等目标因素，目标的成功受建设项目利益相关人影响。项目实施过程通常只要重点关注或加强管控少数关键利益相关人，便可加大建设项目成功概率，根据论述，建设项目的关键利益相关人可包括投资者、使用者、监督者、建设者（勘察单位、设计单位、建设单位、施工单位、监理部门、咨询单位）、受影响者。目标集成就是将利益相关人需求、项目目标整合统一，打破建设各利益相关人间、各行业间的资源与沟通壁垒（David et al.，2020），实现建设项目边际效益最大化。建设项目目标集成管理，目前学者已研究出分步法、评价指标体系法、多目标动态集成法，这里可采用多目标动态集成法。设计咨询单位应先根据关键利益相关人目标获取其需求信息（表3.1），再组织并协调投资、勘察、造价、专项、招标代理、监理、项目管理、运维等其他专项咨询对多目标因素进行优先序分析，并将项目目标转化为设计任务书，实现多目标初步集成；过程集成应以图纸设计为主线，对设计过程进行经济性、目标合理性、科学性等技术指导，并以设计文件成果呈现；最终集成是将设计文件成果转化为建筑物的过程，期间要严格把控材料质量、施工安全、施工技术等问题，保障目标的最终集成，实现最终目标边际效益最大化。此外，利益相关人在项目进展过程可能存在需求变化，设计部门要及时沟通并协调各利益相关人，包括其他专项咨询单位、使用主体、建设单位、实施单位（设计单位、施工单位等）等，及时优化设计文件成果，保障目标集成的动态管理（图3-5）。

关键利益相关者目标分析   表3.1

关键利益相关人	项目任务	实现关键目标	对设计咨询方的主要需求
投资者	投资获利符合发展需求	品牌、进度、费用，完成利润目标	细化落实投资者的建设意图、项目功能、规模与面积、时间进度与经济技术指标
使用者	经济实惠满足使用功能	实用、经济、美观	明确梳理投入使用后的建设指标、建筑功能、使用成本、维护管理等长期使用要求
建设者	保证质量完成建造工程	质量、进度、安全，做好成本控制	形成工程建设工作具体要求，协调相关管理部门需求，形成工程管理操作文件
监管者	符合政府部门政策法规要求	质量、安全、环保，有利社会发展	协助建设单位满足有关法律法规、技术标准、审批程序、规划管控等权利责任要求
受影响者	减少影响、社会和环境效益等	环境、规划、配套	协调项目保障市政基础设施与公共服务设施等供给，并满足社会需要和降低环境影响

2. 组织集成

为保障建设项目目标的顺利完成，需要将多个独立存在的项目参与方联合起来组成协调统一的项目管理组织。利用设计牵头的技术咨询平台信息集成的特点，将投资、勘察、造价、专项、招标代理、监理、项目管理、运维等专项咨询协调统一组成为全过程工程咨询主体，再以该主体需要为项目建设提供咨询建议、技术成果的核心要点，与使用主体、建设单位、实施单位、监管部门共同组成统一的项目管理组织（图3-6）。

利用设计牵头的技术咨询平台构建全过程工程咨询主体，是指设计咨询作为牵头者，与投资、勘察、造价、专项、招标代理、监理、项目管理、运维等专项咨询通过签订联合体合同或者企业内部业务要求方式构建全过程工程咨询主体（Peter & Akehurst，1997），具体实施需要通过范围衔接、技术衔接、进度衔接等办法实现咨询组织集成。范围衔接是设计咨询与其他专项咨询之间的专业范围衔接，包括两个方面：一方面指设计咨询服务在

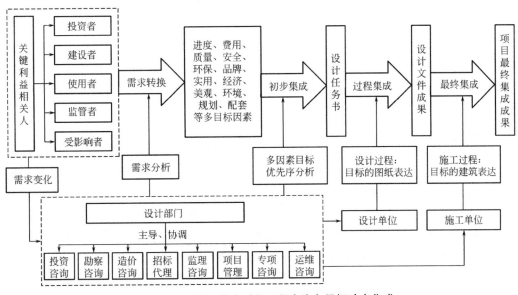

图 3-5　设计主导的全过程工程咨询多目标动态集成

(图片来源：李志和罗舒予，2021)

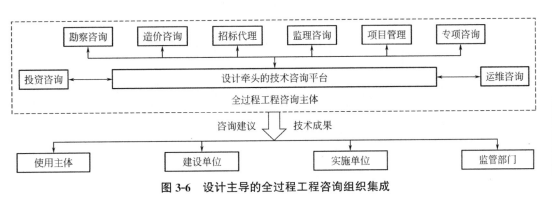

图 3-6　设计主导的全过程工程咨询组织集成

(图片来源：李志和罗舒予，2021)

其他专项领域的咨询服务，如招标采购阶段的设计管理、造价管控的设计管理等咨询工作；另一方面指其他专项咨询在设计领域的咨询服务，如设计管控的造价咨询服务。技术衔接是设计咨询与其他专项咨询之间的专业技术衔接，如设计咨询用设计的思路和方法约定项目的造价成本（据研究，设计结果决定了工程投资的80%~90%），造价咨询用造价的成本要求和目标约定项目的设计手法，双方对项目成本、设计相互制约衔接，以共同提出既能满足各利益相关人要求，又较为经济的设计成果。进度衔接指设计咨询与其他专项咨询通过项目计划衔接项目各阶段的工作内容、工作程序、工作时间，如设计阶段的项目设计工作影响施工、招标采购等阶段的进展，做好工作衔接可减少各阶段间的时间差，有利于缩短项目周期。

咨询建议与技术成果，是全过程设计咨询主体受建设单位委托，为建设过程的实施单位提供组织、管理、经济和技术等有关方面的工程技术咨询服务，保证项目技术成果合乎使用主体、建设单位、监管部门等主体单位的要求。全过程工程咨询主体与使用主体、建设单位、实施单位（设计单位、施工单位等）和监管部门之间需要通过合同关系、受托管理关系、咨询关系、监督关系来实现集成。合同关系是约束建设主体之间行使权利、履行义务的重要依据。受托管理关系指受建设单位委托，协助建设单位对项目全生命周期的各项业务进行全过程工程管理。咨询关系指全过程咨询单位为实施单位提供组织、管理、经济和技术等各有关方面的工程技术咨询服务。监督关系是保证项目建设过程、项目成果严格遵守法律法规。

3. 过程集成

工程项目的实施过程具有明显的阶段性，是由于前后阶段的建设主体信息沟通缺乏导致的，表现为不同阶段不同建设主体存在服务内容（技术、信息资源、进度）隔离。设计主导的全过程工程咨询过程集成就是利用设计的核心地位，以设计咨询作为纽带串联建设项目的决策阶段、设计阶段、采购阶段、施工阶段、运维阶段。设计咨询需要与投资、勘察、造价、专项、招标代理、监理、项目管理、运维等其他专项咨询通过信息沟通、技术交流，使组成的全过程工程咨询主体具有业务全能性，为各阶段的实施单位提供技术、信息资源、进度的信息传达、咨询指导，实现工程项目过程集成。各阶段的工作包括策划阶段的设计咨询管理、设计阶段的设计咨询管理、招采阶段的设计咨询管理、施工阶段的设计咨询管理、运维阶段的设计咨询管理，如图 3-7 所示。

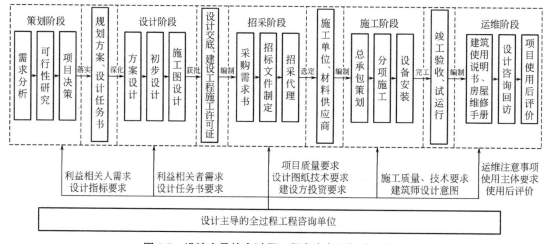

图 3-7 设计主导的全过程工程咨询多目标动态集成

（图片来源：李志和罗舒予，2021）

（1）策划阶段的设计咨询管理。设计部门协调投资、勘察、造价、专项、招标代理、监理、项目管理、运维等专项咨询单位对项目的可实施性、合理性进行科学研判与分析。再运用设计语言、专业设计能力，将利益相关人需求转化为科学、合理、满足指标的设计任务书，并制定各阶段的时间计划，为设计阶段做铺垫。

（2）设计阶段的设计咨询管理。设计部门运用专业语言，将设计任务书要求与利益相关者需求传递给设计单位，并在设计过程中，根据策划前期掌握信息、自身专业背景为设计单位提供技术咨询服务，形成充分满足各方需求的设计文件成果，为采购阶段做铺垫。

（3）招采阶段的设计咨询管理。本阶段主要目的是材料采购与施工单位选定。设计部门从满足项目产品质量、设计技术要求、经济角度选定供货方资源、施工单位，为施工过程的顺利实施奠定坚实的基础。

（4）施工阶段的设计咨询管理。设计部门向施工单位完成设计交底，将建筑师设计意图、施工技术要求向施工单位表达。施工期间协调勘察、监理、项目管理等专项咨询单位进行图纸施工技术咨询，并严格监督把控施工过程的采购材料质量、施工技术，保证建筑物竣工验收合格，为运维阶段提供满足各方需求的最终建筑成果。

（5）运维阶段的设计咨询管理。本阶段包括两项工作要点，一是将建设期间（重点是设计、施工期间）的注意事项向运维单位交底，提供建筑使用说明书，督查施工单位的建筑维修手册；二是建筑成果投入使用或运营一定时间后，运用调查法、逻辑框架法、成功度法、综合评价法等方法，将建筑成果所达到的实际效果与预期结果进行对比并找出差距，总结本集成模式存在的问题并提出相应对策建议，形成良性项目管理机制。

4. 实施保障体系

设计主导的全过程工程咨询集成管理的顺利实施需要信息管控、过程管控、风险管控、合同管控四大保障体系。

（1）信息管控

信息管控是项目管理实现集成化的一个重要工具，需要建立信息管理平台，用于设计咨询单位与项目建设各参与方将自身业务信息进行有计划的收集、处理、储存，并在该平台上将相关信息相互传递、应用、反馈，实现设计与其他技术的协调、融合，达到项目集成化管理的目的。信息集成需要建立信息管理平台，可应用建筑信息模型（BIM）、管理系统（OA）等工具实现。

（2）过程管控

多数计划的执行过程中均会出现偏离原定目标的现象。项目建设过程也会由于某些不可控因素导致原计划与现实出现偏差，若根本问题没解决或解决不当，将导致返工或形成难以解决的工程缺陷。项目管理实施过程中，设计部门要高效利用已知资料信息和自身技术优势，为决策者提供基础信息和反馈，为实施者提供具体方案和指标要求，严格把控项目建设按照计划目标开展。设计咨询应协同其他专项咨询制定短周期审查制度，在设计过程审查阶段性设计文件的目标符合性，在施工过程审查阶段性项目建设的材料质量、技术要求、施工安全等是否满足设计要求，保障项目按照项目目标成功完成。

（3）风险管控

风险不可避免地发生于项目全过程实施各阶段。风险管控应采取主动控制，在项目前期，设计部门应协同其他专项咨询按照资料信息与规范流程对项目实施可能出现的各类风险进行综合识别、评估分析，并制定有效的风险防御手段，包括风险转移、风险自留和风险避免等，保障项目建设实施顺利。要重点把控技术风险，提前预判风险、规避风险，或制定方案将风险控制在最小影响范围。

（4）合同管控

合同管理是约束各建设主体行使权利、履行义务的重要依据，是各建设主体相互沟通协调的重要依托，是保障项目组织集成的重要工具。设计咨询应协同其他专项咨询理顺各方主体的工作内容、责任，协助建设单位进行合同文件起草、合同签订谈判、合同实施管控、合同变更管控、支付系统控制、合同争端的解决等管控。合同签订前，合同签订双方应明确各自的风险，制定详细的索赔条款，尽量减少并避免后期合同争端。

3.3 基于"1＋N＋X"的全过程工程咨询模式

3.3.1 "1＋N"模式的提出过程

1. 各地政策文件暗含"1＋N"模式

住房和城乡建设部《关于征求推进全过程工程咨询服务发展的指导意见（征求意见稿）和建设工程咨询服务合同示范文本（征求意见稿）意见的函》（建市监函〔2018〕9号）指出："全过程工程咨询服务可由一家具有综合能力的工程咨询企业实施，或可由多家具有不同专业特长的工程咨询企业联合实施。由多家工程咨询企业联合实施全过程工程咨询的，应明确牵头单位，并明确各单位的权利、义务和责任。"指出牵头单位与其他参与单位明确责任，区分牵头单位与参与单位的职能，暗含"1＋N"模式（Koki，2013）。在人才培养方面，提出了两类人才的培养，一类是全过程工程咨询服务的负责人，一类是相关专业技术人才，在组织、管理、法律等方面进行理论和知识的培养。对两类人才的能力提出要求，即培养能够满足项目前期研究、工程设计、施工监理项目管理的综合人才和专业人才。负责人需要具备综合的素质，专业技术人才需要对相关技术做到专业熟悉（陈静茹等，2022）。由人才方面建设可知，明确了管理团队中"项目负责人"与"相关专业人才"的职能区别，符合"1＋N"模式中管理团队的梯队要求。

广东省住房和城乡建设厅《关于建设项目全过程工程咨询服务指引（咨询企业版）（征求意见稿）》直接指出：全过程工程咨询单位可根据投资人的委托，独立承担项目全过程全部专业咨询服务，全面整合项目建设过程中所需的投资咨询、勘察、设计、造价咨询、招标代理、监理、运营维护咨询以及全过程工程项目管理等咨询服务业务；也可提供菜单式服务，即"1＋N"模式，"1"是指全过程工程项目管理（必选项），"N"包括但不限于投资咨询、勘察、设计、造价咨询、招标代理、监理、运营维护咨询等专业咨询（可选项）。并且提出总咨询师概念与专业咨询工程师概念，其中总咨询师即是"1"工作的负责人，具体是指全过程工程咨询机构委派的，具有相关资格和能力为建设项目提供全过程工程咨询的项目总负责人。而专业咨询工程师作为模式中"N"的负责人（Eastman et al.，2012），是指具备相应资格和能力，在总咨询师管理协调下，开展全过程工程咨询服务的相关专业咨询的专业人士。

另外各省市出台的文件中出现统筹协调项目总体工作的项目管理负责人和进行专项咨询的负责人，以及全过程工程咨询服务的委托方式，可知咨询服务的顺利进行需要由能力较强的一家单位作为牵头单位组建咨询团队，则牵头单位在咨询服务中项目管理的责任逐渐体现，即"1"的实现，同时各专业咨询工程师的工作则体现了"N"。

2. 国内研究学者及团队总结凝练

国内研究全过程工程咨询的学者团队以尹贻林教授为主的天津理工大学团队和以杨卫东等为主的同济工程咨询有限公司团队为主，两个团队相继出版了全过程工程咨询类书籍，形成了"南杨北尹"的研究格局。尹贻林教授团队出版的《建设项目全过程工程咨询指南》填补了国内书籍在这方面研究的空白，杨卫东教授出版了《全过程工程咨询实践指南》，进一步研究了全过程工程咨询。尹贻林教授团队经过研究指出，全过程工程咨询是咨询型代建，提出"1＋N＋X"的全过程工程咨询服务模式，其中"1"表示原先收取建设单位管理费的机构所应开展或负责的业务内容；"N"表示项目全过程中除建设单位管理费收取机构的工作责任之外的业务内容，"N"中的专项服务应由全过程工程咨询单位自行实施；"X"表示专项服务中除全过程工程咨询单位自行实施的专项服务之外的需要统筹协调管理的专项服务。并且提出"总咨询师"的概念，该角色定位为全过程工程咨询项目的负责人，负责咨询服务中"1"的工作，对建设项目的咨询工作起到统领、协调、组织、审核的作用。对专业咨询工程师有利于集约管理，资源共享；对承包人有利于协调沟通，监督管理；对投资人有利于项目增值，提高效率；对全过程工程咨询机构有利于统筹咨询，打破信息不对称。

杨卫东（2018）教授团队提出"1＋X"模式，与"1＋N"模式类似。"1"是指全过程（或相对全过程）工程咨询管理服务：全过程（或相对全过程）的策划、组织、管理、控制和协调工作（接近于以往业主工作），是贯穿全过程的服务管理咨询服务。"X"是指专项工程咨询管理服务：可以用 $\{(x_0，x_1，x_2，\cdots x_n)\}$ 表达。承担全过程工程咨询企业可以根据委托方意愿、自身服务能力、资质和信誉状况等承担其中的多项专业工程咨询服务；"剩余"的其他单项工程咨询服务可以由委托方直接委托或全过程工程咨询企业通过转委托、联合体、合作体等方式统筹组织和管理。"南杨北尹"研究团队以精练的文字高度总结了全过程工程咨询服务模式，该模式也被各地咨询单位在实践过程中使用。

3.3.2 "1＋N"模式的种类分析及取费机制

在实践过程中，全过程工程咨询服务的范围需要根据项目的具体情况确定，既可以是包含所有咨询服务的"全过程"，也可以是包含部分咨询服务的"全过程"，即杨卫东教授提出的"相对全过程"概念。根据广东省住房与城乡建设厅的指引，在"1＋N"模式中，作为组织、协调、审核的项目管理工作的"1"为必要项，其他的专业咨询服务"N"为可选项，以此为原则，对"1＋N"的种类进行分析。按照包含的全过程阶段，将其分为一阶段、二阶段、三阶段、四阶段、五阶段全过程工程咨询。各类型"1＋N"模式的全过程如图 3-8 所示。

通过上述分析，下文列举四种常见的"1＋N"类型。

1. "1＋施工监理"

工程监理在施工中贯穿着整个施工全过程，是全过程工程咨询的一个重要组成环节，而全过程工程咨询是对监理工作内容的覆盖。该模式指由投资人自行发包投资咨询、勘察设计、招标代理和造价咨询工作，再将施工监理工作发包给全过程工程咨询机构，如图 3-9 所示。

2. "1＋投资咨询＋勘察设计＋招标代理＋施工监理＋造价咨询"

即包含所有咨询服务内容，由投资人将投资咨询、勘察设计、招标代理、施工监理、造价咨询、项目管理等全部咨询工作打包委托给一家全过程工程咨询机构。接受委托的咨询机构可以是一家单位，也可以是由几家单位组成的联合体，咨询服务单位不得与项目的总承包企业、施工企业、材料（构配件、设备）供应单位之间存在利益关系，如图 3-10 所示。

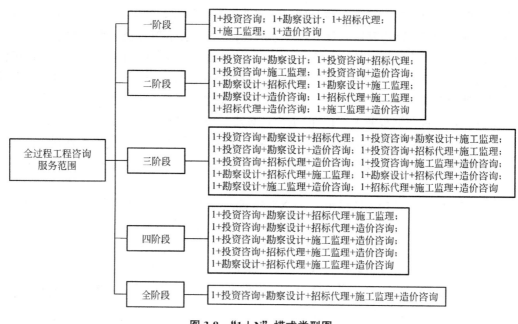

图 3-8 "1＋N"模式类型图

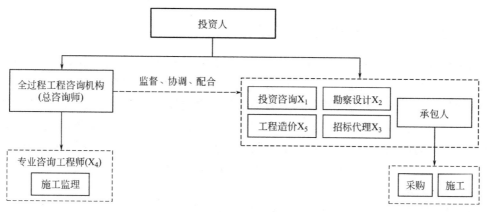

图 3-9 "1＋施工监理"模式全过程相关利益方关系图

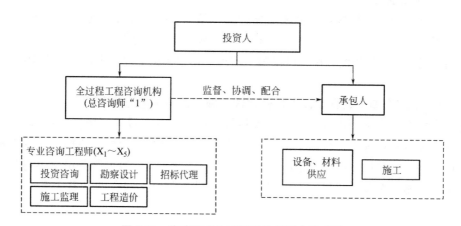

图 3-10 传统模式全过程相关利益方关系图

3. "1＋投资咨询＋招标代理＋施工监理＋造价咨询"

若采用 EPC 模式进行项目建设，则其全过程工程咨询服务范围不包括勘察设计，勘察设计由投资人通过对 EPC 承包商进行招标，由承包人负责。因此只将投资咨询、招标代理、工程造价、施工监理委托给全过程工程咨询机构，如图 3-11 所示。

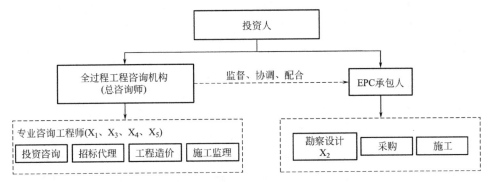

图 3-11　EPC 模式全过程相关利益方关系图

4. "1＋投资咨询＋招标代理＋造价咨询"

四川、宁夏等省市提出，由于勘察设计和施工监理的专业性，投资人常常自行发包勘察设计和施工监理工作，而将其他工作发包给全过程工程咨询机构，咨询机构的主要工作为投资咨询、招标代理、工程造价及项目管理的工作，如图 3-12 所示。

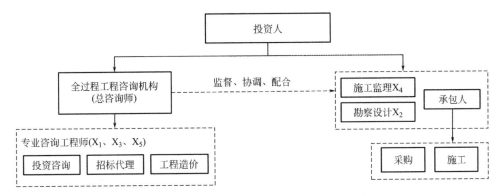

图 3-12　勘察设计、施工监理全过程相关利益方关系图

全过程工程咨询服务主要有两种模式。其一是由咨询单位通过整合项目建设中所需要的全部咨询服务业态，在项目建设全过程中独立承担整个项目全部专业服务。其二就是"1＋N"模式，即菜单式的服务模式，由项目建设方对所需要的全过程工程咨询中包含的咨询服务业态组成进行选择。按第一种模式承接业务的咨询服务企业资质需要同时具备工程勘察、工程设计、工程监理等多项资质，此类企业较少，所以此种模式极少存在于目前的工程咨询市场中。目前，"1＋N"模式是全过程工程咨询服务市场中的共识，这种模式也符合 515 号文中全过程工程咨询服务组合可以在同一阶段内提供服务，也可以进行跨阶段咨询服务的要求。但对于"1＋N"模式的具体解读目前存在争议。

按照《广东省建设项目全过程工程咨询服务指引（咨询企业版）》的要求，"1＋N"模式全过程工程咨询服务中各咨询服务业态分为必选项和可选项，其中必选项是全过程的项目管理，也即是"1＋N"模式中的"1"，而"1＋N"模式中的"N"可以由其他工程咨询业态中的一项或几项构成（王甦雅和钟晖，2019）。广东省的"1＋N"模式全过程工程咨询即是以全过程项目管理为核心的全过程工程咨询，这种咨询模式是以咨询型代建为指导思想，其最大的好处即是全过程项目管理为核心进行全过程工程咨询能保证咨询服务链条拉长到项目建设全周期，甚至可以延伸到运维阶段，保障了建设项目全生命周期全覆盖（广东重工设计院，2018）。目前工程咨询市场上的项目管理单位以监理单位推进"监管一体化"发展而来的居多，故此种理解更有利于监理或者项目管理单位获取全过程工程咨询项目。

同时，也有从业者认为，从515号文精神出发，在推行全过程工程咨询发展中需要更加灵活的咨询服务组合模式，而不应局限于以全过程项目管理为核心的全过程工程咨询（赵振宇和高磊，2019）。为了促使全过程工程咨询市场快速发展，"1＋N"模式全过程工程咨询应该以本咨询服务企业的核心业务为"1"，将其他咨询专业作为"N"，通过增加其他咨询专业或者组成联合体的方式补全咨询服务业态以提供全过程工程咨询服务。此种咨询模式业态组合多变，企业可以根据自身发展情况和市场需求调整发展战略，也让项目建设方在选择咨询服务业态组合上更加自由。但这种模式无法保证每个项目的全过程工程咨询服务单位的服务真正覆盖了项目全生命周期。从此种理解出发，设计、监理、勘察、投资咨询、造价咨询等行业也都做了各自的探索，通过挖掘本行业的核心业务能力，找寻可以进行融合的咨询服务业态，探索本行业为出发点的"1＋N"模式全过程工程咨询，但是招标代理行业在此方面探索较少。

虽然对于"1＋N"模式的理解存在争议，但是以某一咨询服务业态为核心增加其他咨询服务业态组成全过程工程咨询服务却是业界共识，这也是当前全过程工程咨询工作开展的基础和全过程工程咨询服务报酬计取的基础。全过程工程咨询自试点实施以来，各省市对收费问题都进行了积极的探索和研究，尤其是广东、江苏等地。整体情况见表3.2。

全过程工程咨询服务收费标准比较　　　　　　　　　　表3.2

省市	文号	收费规则		
		基本酬金		奖励
		叠加法	人工价法	
四川	川建发〔2017〕11号	√	√	√
宁夏	宁建(建)发〔2018〕31号	√	√	√
江苏	苏建建管〔2016〕730号	√		√
福建	闽建科〔2017〕36号	√		
湖南	湘建设涵〔2017〕446号	√		√
河南	豫建设标〔2018〕44号	√	√	
吉林	吉政办发〔2018〕12号	√		√
绍兴	邵市建设〔2017〕235号	√		√
厦门	厦建勘设〔2017〕33号	√		√
韶关	韶市建字〔2017〕215号	√		√
宁波	甬建发〔2017〕114号	√		√

省市	文号	收费规则		
		基本酬金		奖励
		叠加法	人工价法	
广西	桂建发〔2018〕2号	√	√	√
广东	粤建市〔2017〕167号	√		√
浙江	建建发〔2017〕208号	√		√
莆田	莆建科设〔2017〕77号	√		√

由此可见，在全过程工程咨询服务内容中，各专项咨询服务费均可分别计算后叠加汇总。全过程工程咨询公司提出并落实合理优化建议，业主按照优化节约额的一定比例给予奖励，但在现行的投资管理体制下，投资节余奖励难以实现，全过程工程咨询酬金计取和支付的实施存在现实困境。另外，优化奖励容易带来基本费恶意低价竞争，扰乱全过程咨询市场，故本书对全过程工程咨询收费研究暂不考虑优化奖励。

根据515号文第五条第二点的指导意见，全过程工程咨询服务酬金可采取"1＋N"叠加后增加统筹管理费计费模式。"1"是指项目管理费，即完成勘察设计、招标采购、工程施工、竣工验收阶段项目管理的服务内容后，委托单位应支付的项目管理服务费用。"N"是指专业或专项咨询（如BIM咨询等其他工程专项咨询）的服务费，各咨询服务费率可依据传统收费标准或市场收费惯例执行。

（1）项目管理费收费标准。根据《基本建设项目建设成本管理规定》（财建〔2016〕504号），项目管理费一般根据工程总概算乘以一定的费率计算。

（2）全过程工程咨询专项服务酬金收费标准。可按各专项酬金叠加计取，N＝工程监理＋全过程造价咨询＋招标代理＋工程勘察＋工程设计＋前期咨询。

（3）统筹管理费收费标准。"1＋N"中的"＋"定义为沟通协调统筹管理费。515号文已经明确应该收取统筹管理费，这是国家对工程咨询企业从事全过程工程咨询的扶持。统筹管理费暂无可借鉴的指导文件，可以由业主和咨询牵头单位根据项目规模、难度系数等实际情况协商出统一的收费费率。515号文指出建设项目应根据其建设规模及工程复杂难易程度施以柔性原则，适当确定服务酬金。可见，水利水电项目的收费标准不可一概而论，每个项目的规模和复杂程度各有不同。本书建议参考2002年颁布的《工程勘察设计收费标准》，在大型水利水电全过程工程咨询项目中涉及专业调整系数、工程复杂调整系数、附加调整系数以及其他系数（高程调整系数）四个调整系数，充分考虑工程规模和工程难易程度等不确定因素，制定弹性的收费策略。工程复杂调整系数是对同一专业不同建设项目的工程设计复杂程度和工程量差异进行调整的系数。工程复杂程度分为一般项目、较复杂项目、复杂项目三个等级，其调整系数分别为一般0.85（Ⅰ级）、较复杂1（Ⅱ级）、复杂1.15（Ⅲ级）。在计算工程收费时针对水利水电项目的工程量及工程复杂程度给出详细可参考的《工程复杂程度表》以及调整系数（董然等，2019）。

3.3.3 "1＋N＋X"模式及其组织架构基础

2019年3月15日，国家发展和改革委员会联合住房和城乡建设部印发515号文，将全过程工程咨询划分为两大咨询，即投资决策综合性咨询和建设实施阶段为主的全过程咨询（孙新艳等，2017）。

根据全过程工程咨询所涉及的业务范围，其服务内容可简单表述为"1＋N＋X"：与"1＋N"模式类似，"1"是全过程（或者相对全过程）工程项目总控管理服务，主要是指项目管理代表建设单位"管"项目；"N"是在资质许可范围内的单项专业工程咨询服务，除项目管理之外的六大专业服务的全部或其中之一，标准的全过程工程咨询应至少包括一项自行实施的专项服务，即 N≥1；"X"是不自行实施但应协调管理或控制的专项服务，即除 N 之外的专项服务；"＋"平台，通过对建设项目全方位与各阶段相结合进行信息化的过程集成管理，通过专业化和数据化的形式完成协调管理服务。

在全过程工程咨询中，开展服务实施之前的业务流程再造是一项复杂的工作，主要涵盖了原来的设计、监理、造价咨询、项目管理的工作内容（Sandip&Urishanie，2017）。首要任务是选择更具业务流程再造能力的专业单位，确定组织架构实现初步的工作任务，这些专业单位的信息化管理应当具备如下基本素质：

（1）明确业务特点，了解企业是优化企业实际流程的必要前提（袁婷，2017）。针对每一个企业都有自身独特的管理模式、企业文化和组织结构的特点，明确企业的业务特征、流程概况、基本问题等，只有通过全方位的理解和评估，才能促进业务流程的顺利进行。

（2）掌握流程管理技术。业务流程再造的基本技能之一就是流程管理技术，包括识别流程、描述流程、评估流程、优化流程和维护流程。

（3）具备变更管理能力。这是项目管理中最重要的过程之一（吴小丽，2020）。变更管理是指项目组织为适应项目运行过程中与项目相关的各种因素的变化，以项目目标为导向，对项目计划做出相应的变更，促进整体项目的顺利实施。实际上，每一个工程项目在实施过程中，随着市场、社会的发展都是在不断变化的，因此对工程实施的需求也会有相应的变化。从根本目的来看，变更管理也是为了在所处的社会环境中通过一定程度的变革，从而促进企业目标实现的既定事实。企业掌握变更管理的技能，可以对变更进行度量分析，充分了解项目进展的质量情况，并能够定时复盘，及时发现并解决工程进展中的问题，提高工程实施的效益。

全过程工程咨询小组的整体职责也是分为多个方面的，主要包括：①确定项目实施的总体目标和进度；合理安排人力、物力和财力的分配；②按照过程设计、实施计划以及过程改造的顺序进行评审；③负责协调团队间的关系，减少冲突和矛盾；④促进宣传和沟通，维护相关利益。另外全过程工程咨询小组中不同人员的职责也是不同的，具体如图 3-13 所示。

在项目管理过程中，必须由工程师来主导建设内容，因此在全过程工程咨询中，由总咨询师来主导咨询的全过程。其主要职责是为具体项目选择相应的副总咨询师；制定咨询项目章程；针对副总咨询师提出的工作报告和工作计划做出评析和批准，完成阶段工作总结。这就对工程建设全过程咨询项目总咨询师的资格提出了较高要求：应当取得工程建设类注册执业资格（目前主要以一级建筑师、一级建造师为主，也有一些地区提出国家注册监理工程师也可担任）（王章虎，2019），以及具有相关工程的审核经验。全过程工程咨询项目团队的各专业项目人员如图 3-13 所示（李伟峰，2019）。

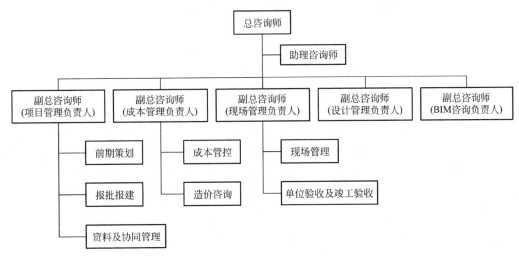

图 3-13　全过程工程咨询的团队人员架构

3.4　其他全过程工程咨询模式

3.4.1　EPC 项目中以投资管控为核心的全过程工程咨询模式

1. 我国低信任度市场环境下业主参与 EPC 项目设计管理

传统的发承包模式已经无法适应当前建筑行业和日益激烈的市场竞争环境，同时也无法适应社会发展状况，业主和承包商开始研究新的建筑发承包模式，以便减轻生存压力。《国务院办公厅关于促进建筑业持续健康发展的意见》（国办发〔2017〕19 号）的提出加速了工程总承包模式的推行。

EPC（Engineering Procurement and Construction）是由工程总承包商担任工程项目的设计、采购及施工等工作任务（Zhang & Hu，2011），最终提交满足业主功能需求、符合条件的工程项目，其本质是设计-建造总承包（DB）模式的延伸，该模式也俗称"交钥匙"模式（李慧强，2008），因而在国际上的应用十分广泛。

与国际市场相比，EPC 工程总承包模式在我国缺乏信任基础，例如上海市的"准信任＋集成"与公路的"不信任示范＋集成＋严格监督"等模式。因此在中国情境下形成了一种"施 EPC 之形，集严格管控之实"，被称为"中国特色 EPC 模式"。尹贻林教授曾提到，EPC 项目业主的设计管理分为两个阶段，称为"两阶段设计"。第一阶段从方案到初步设计，控制权掌握在业主手中；第二阶段设计主导权转移到总承包商的控制之中，此阶段业主的控制权很弱，因此通常会加强自身的控制，进而参与到设计管理工作之中（Prabir & Sahu，2015）。因此在"中国特色 EPC 模式"下，业主通常会在一定程度上增强对总承包商的管控。由于设计作为建设项目全过程运作的龙头，业主通常会采取手段与措施进行设计管理。例如：积极参与总承包商设计文件的审批和重要成果的中间评审；对设计工作质量的控制；引导总承包商做好合同签订后的"设计优化"等。

2. 全过程工程咨询模式推动设计管理服务集成化发展

全过程工程咨询服务注重整体绩效，将传统碎片化的咨询服务内容进行整合，利用信息技术平台进行综合性资源集约管理，为业主方提供集成化的咨询服务。全过程工程咨询的另一个特征是咨询服务范畴广，不仅为国内外政府投资的大型工程项目中提供优质的咨询服务，也能为各个主体单位或项目各阶段提供专业性的咨询建议。服务覆盖从项目前期策划到后期的运营管理服务，服务内容包括管理、技术、法务咨询等。将各个阶段咨询服务有机结合，考虑到项目整体的资源分配，避免项目各个独立的要素之间相互制约。

全过程工程咨询模式下的设计管理与传统模式下的截然不同，例如：服务对象由原来的设计图转变成一套完善的沟通和合作系统；由原来的方案设计、初步设计和施工图设计三阶段信息流单向传递和管理，转变成项目建设的全过程管理，其中涵盖了项目决策、项目准备、方案设计、初步设计、施工图设计到整个施工过程，并涵盖了竣工直至总结回访，更加专注于创造项目价值，信息流多点、多方向传递。因此全过程工程咨询实则是使用组织管理方法和手段建立一套沟通和合作系统，以协调各方在各个阶段的技术、经济和管理等方面的关系，最终实现建设项目的社会、环境和经济效益的最佳平衡（杨学英，2019）。与传统模式相比，全过程工程咨询模式的设计管理有以下三方面优点。

（1）设计管理服务向前、向后延伸

当我国的固定资产项目建设水平不断提高的同时，供给形式产生日益增长的矛盾。在住房和城乡建设部印发的《关于在民用建筑工程中推进建筑师负责制的指导意见（征求意见稿）》（建市设函〔2017〕62号）中，建筑师不仅可以提供包括项目策划、可行性研究等前期研究工作的服务，而且还可以提供项目管理、设计、招标、施工监造、项目后评估等服务。住房和城乡建设部印发的《关于开展全过程工程咨询试点工作的通知》（建市〔2017〕101号）中也提出各类企业大力发展全过程工程咨询，拓展自身业务范围。

在此背景下，传统模式下的咨询企业已难以满足市场对于设计服务的需求，设计服务必须向前、向后延伸。向前延伸开展项目前期策划、可行性研究等前期研究工作，有利于在前期研究工作中发挥设计院的高级技术人才优势，使前期研究更周密、投资决策更科学、开发规模和建设标准更合理，从而为高质量建设奠定基础；向后延伸开展工程总承包业务、设计管理服务、施工现场服务，有利于强化施工建造期的监管，控制施工质量和建造成本，确保项目前期和设计阶段的决策顺利实施；还可以开展全过程工程咨询，提供全过程项目管理、项目后评估服务。简而言之，设计服务向前延伸是为项目建设制定总体纲要，而设计服务向后延伸则是为决策实施保驾护航（Yan & Li，2013）。

（2）信息流由单向到多点多向转变

设计管理的服务对象由原来的设计图转变成一套完善的沟通和合作系统；由原来的方案设计、初步设计和施工图设计三阶段信息流单向传递和管理，转变成项目建设的全过程管理，其中涵盖了项目决策、项目准备、方案设计、初步设计、施工图设计到整个施工过程，并涵盖了竣工直至总结回访，更加专注于创造项目价值，信息流多点、多方向传递。全过程咨询的设计管理等侧重于全局性管理，它的核心是提高设计价值，更体现各参与方以及企业内部的协同工作，为业主进行设计管理服务（Yan et al.，2012）。全过程工程咨询企业主要通过组织管理的方法和手段，建立了一系列通信和协调系统，以协调建设过程不同阶段业主与设计方、承包商、政府部门和其他相关单位之间的技术、经济和管理关系，最终实现了项目的最佳社会、环境和经济效益平衡。

（3）借助新"工具"提高项目管理水平

全过程工程咨询企业通常会运用 BIM 技术进行信息整合实现项目增值的目标（Svjetlana et al.，2020）。运用 BIM 技术建立包含设计方面、建设施工等阶段的所有信息的数据模型，有利于后期进行建筑系统、设备管理、能源系统、物业等多个方面的全面管理，进而借助项目数据模型实现对建设项目全生命周期进行管理。而且从后期开发来看，数据模型能够将数据之间进行彼此交互，衍生出更多的应用，使得项目增值（杨学英，2019）。

3.4.2 以合同管理为主线的全过程工程咨询模式

全过程工程咨询主要包括四类合同，即基于工程量清单和重新计量的监管型合同、基于功能清单的 EPC 信任型合同（Ghaffarianhoseini et al.，2017）、基于大标段招标的科层型合同以及基于再谈判的长期柔性合同。在工程项目建设过程中，由于合同双方缺乏信任所导致的摩擦逐渐演变成争端，与共同目标产生冲突，进而影响项目的进度、质量、绩效及双方的合作关系，使得项目无法达到理想效果，因此信任对项目成功起着重要作用。尹贻林等（2015）指出，在 DBB 模式下，描述合同双方的信任状态是项目实施中的重要环节。此外，在缺乏信任的环境下，注入柔性的前提是有一定程度的信任，否则合同柔性带来的积极作用将会减少。杜亚灵等（2014）以初始信任为前因、以合同柔性和合同刚性为中介、以工程项目管理绩效为结果的概念模型，并分析了其具体作用路径。周培等（2014）认为柔性是应对环境不确定性的有效方法。Carlos & Marques（2013）通过实证研究发现管理柔性适应变化的能力。Athias & Saussier（2007）的研究表明，柔性合同是为了应对合同框架以外的突发事件，因此可以通过注入柔性来有效应对不确定情况。但由于合同元素太过多元，很多学者对此未形成准确、统一的认识。下文将在全过程工程咨询的视角下，介绍工程项目中的三类合同。

1. 基于重新计量的监管型合同（如何监管）

全过程工程咨询单位作为第三方，对合同行为进行监管，及时进行风险控制、揭错纠弊，保证项目物有所值。重新计量的监管型合同作为全过程工程咨询项目的正统合同，适用范围最广，其主要进行三个方面的合同管理：①咨询、设计合同监管。此类合同管理的重点不是如何控制合同金额，而是如何代业主提高参建单位的服务质量。②施工类合同监管。主要包括施工合同签订前策划监管、合同签订过程监管、合同执行过程监管、合同移交监管等，监管的核心目标是保证工程质量、工期、成本和安全文明施工，重点是审核进度款和结算款的支付、审核工程变更、审核合同约定外的风险、审核施工资料的真实性和完整性等，大的新增项目原则上应公开招标。③采购合同监管。全过程工程咨询单位需做好市场调查，确定合理价格区间，单项合同估算价 200 万元以上的采购合同，依法必须招标，并协助业主建立材料设备采购库，方便对乙供材料的管控。

全过程工程咨询单位在进行合同监管时，对参建单位违约事项的处理过程为：①告知和协商。告知承包商应立即采取相应补救措施。②会议讨论。承包商和管理团队进行会议，就解决不了的问题提醒承包商，在所给的时间范围内采取法律渠道由业主解决。③强制整改。承包商需做出书面承诺，如业主与承包商约定的具体时间内解决问题和违约责任，并证明其法律效力。

2. 基于功能清单的 EPC 信任型合同（如何信任）

（1）恢复"铁三角"关系（图 3-14）。在不信任环境下，EPC 恢复采用"铁三角"，但工程师（监理）弱化为项目管理单位，协助业主进行项目管理——全过程工程咨询单位开展 EPC 项目全过程工程咨询。

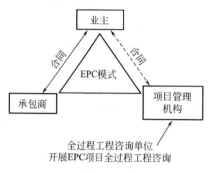

图 3-14　EPC 模式下的三角关系图

（2）控制审图权。EPC 模式下的发承包双方表现为伙伴式关系，业主的履约效率通过设计优化等激励手段实现。EPC 模式给了总承包商较大的设计优化空间，业主鼓励设计优化，同时也要掌握优化后资产的实际价值，避免业主付费虚增。在 EPC 项目全过程工程咨询中，全过程工程咨询单位应汲取公路工程总承包经验，赋予业主对施工图的审查权，使设计优化成果显性化，顺利实施设计优化分享制，从制度上保障伙伴式关系的实现。

（3）贯彻按功能计价（进行项目策划）。EPC 总承包颠覆了按量发包、按量支付与结算的原则，改为按功能发包和按功能支付与结算。因此，EPC 全过程工程咨询应把关注点放在功能策划与优化上。全过程工程咨询单位应按照"业主要求清单"全面、精确、靶向地实现项目的功能或产能，并在审查功能实现的同时要求优化设计（图 3-15）。

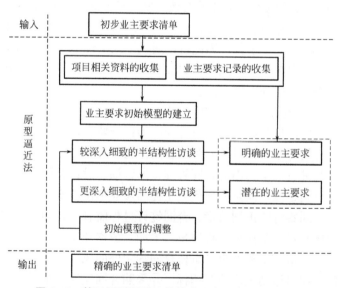

图 3-15　基于原型逼近法的精确业主要求识别流程图

（图片来源：李佳恬等，2018）

（4）EPC 项目的公开化、阳光化。基于我国目前的信任环境，为有效进行投资管控，应以初步设计完成为 EPC 招标介入时点（项目策划），同时以施工图审图为控制要点（设计管理）。业主以控制审图权缩小承包方设计优化的利润空间，使其阳光化，同时兼顾设计分成（孙毅，2018）。

3. 基于大标段招标的科层型合同（再谈判实现路径）

柔性合同的前提是信任，即发包人主动信任承包人，通过信息传递（如类似项目的履约情况、变更索赔情况、舆论传播情况等）在招标阶段会对潜在投标人产生初始信任，相信承包人会主动放弃背信弃义等投机主义行为，进行字面履约。伴随资格预审指标的注入，严格筛选出符合发包人意愿的多家承包人，从而建立起高度的初始信任，这种高度初始信任会促使柔性条款的注入。发包人通过注入柔性条款，促使承包人进行完美履约，使整个项目产生良好的绩效；同时需采取高惩罚的机制，将承包人出现背信弃义行为的概率降到最低。

采用柔性合同必然会引发再谈判事件，需在合同中预设再谈判机制保证合同的顺利履行。再谈判分为事件层级的再谈判和项目层级的再谈判。其中，事件层级的再谈判的前提是物理边界与时间边界被打破，对应的合同柔性为"有约束的柔性"，即合同约定的某事件为可调事件（柔性），但调整范围和调整幅度有合同明确的规定（刚性），由此引发的再谈判可通过签证、变更、调价、索赔的方式解决；项目层级的再谈判的前提是项目生存环境的破坏，对应的合同柔性为"完全柔性"，即合同约定的某事件为可调整事件，但如何调整未作规定，由此引发的再谈判需通过和解、调解的方式解决。柔性合同的再谈判作用机制如图 3-16 所示。

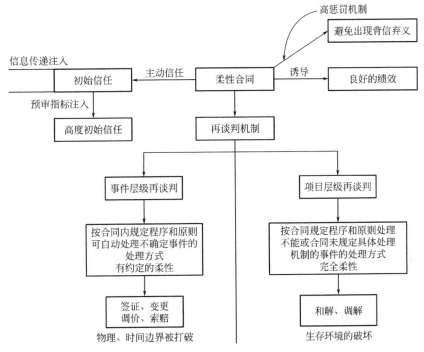

图 3-16　柔性合同的再谈判作用机制图

（图片来源：李佳恬等，2018）

全过程工程咨询特征及落地模式分析

3

4 全过程工程咨询组织模式分析

4.1 全过程工程咨询组织模式内涵与特征分析

4.1.1 全过程工程咨询组织模式的内涵

国家发展和改革委员会发布的《工程咨询单位资格认定办法》，对工程咨询作出界定，工程咨询是指"遵循独立、公正、科学的原则，运用多学科知识和经验、现代科学技术和管理方法，为政府部门、项目建设单位及其他各类客户提供社会经济建设和工程项目决策与实施的智力服务"。

全过程工程咨询涉及工程全生命周期内的各个不同专业咨询服务，国内大多数工程咨询企业的业务比较单一，具备全过程工程咨询能力的企业比较稀缺，许多企业依靠单方面能力不足以完成全过程工程咨询服务。基于这种情况，国务院办公厅印发了《国务院办公厅关于促进建筑业持续健康发展的意见》（国办发〔2017〕19号），该意见明确提出鼓励有关企业采取多种有效的方式发展全过程工程咨询。明确全过程工程咨询的组织形式是非常必要的，本章就一些常见的组织形式进行分析探讨。

1. 单一法人型组织模式

单一法人模式是指由一家具有法人资质的企业与建设单位签订一份全过程工程咨询合同，并独立实施全过程工程咨询合同的全部内容。这种模式的好处是实施全过程工程咨询服务的为同一机构，便于内部协调和管理，有利于提高服务的效果和质量。对已经取得勘察、设计、造价、监理等资质的咨询单位，在人才具备的情况下，可以直接进入其他工程咨询行业。但是，对于有资质要求的工程咨询行业，需要逐一申请资质，这需要满足一定的人力资源、经济资源、办公设施等要求，短时间比较难以获取。搭建单一法人型组织模式，比较快速有效的办法是直接寻找具备资质的"壳"公司，以吸收合并的方式，并购其他企业完成，但这种方式需要一定的成本基础，而且需要寻找合适的愿意接受并购的企业。

2. 联营型组织模式

一般来说企业联营有多种方式，相对于单一服务型的工程咨询企业，通过与不同环节资质能力的工程咨询企业实施横向联合，组成联合体，通过联合承揽模式承接全过程工程咨询。这种方式一般通过合同方式，明确权利义务，以一家企业为主实施项目管理协调职能。但通过合同方式的联营，相对比较松散，本身也存在一些缺陷，诸如内部各企业间的差异难以协调，企业凝聚力不强，容易出现相互推诿扯皮、效率低下的状况。

3. 集团型组织模式

为承接全过程工程咨询服务，大型骨干企业可组成集投资咨询、勘察设计、招标采购、工程监理、项目代建等诸多功能于一体的大型集团型工程咨询公司，以母公司为主，子公司为辅，抽调专业人员组成全过程工程咨询项目部，承担项目管理职责，统筹协调工程咨询各环节的服务。该种模式比较适合已有一定规模的工程咨询集团企业，开展咨询服务的关键是组建好全过程工程咨询项目部，理顺跨公司的协调管理机制，调配好内部人力资源，确保集成管理的工作效率。

4. 合伙型组织模式

由不同环节工程咨询企业出资，设立全过程工程咨询服务的合伙企业。以合伙企业的形式统一签订全过程工程咨询服务合同，在合伙企业内部成立项目管理部，统筹协调合伙出资单位，并将相关咨询服务内容转委托给合伙出资单位履行相应的咨询服务。该种模式由不同环节工程咨询企业以搭建全过程工程咨询服务平台为目的，与联营型组织模式相比，区别是需要建立合伙型企业。按照国家有关规定，工程咨询单位要求是具有独立法人资格的单位，而合伙企业不具有独立法人资格。该种模式的探索，虽理论上具有可行性，关键是能否得到监管法规政策的认可。

5. 交叉持股型模式

为搭建全过程工程咨询平台，在当前中央和地方政府大力推动国企混改的背景下，可以探索不同环节的工程咨询公司交叉持股，利益共同分享，形成利益共同体，建立紧密型联营组织，共同推进全过程工程咨询业务。

4.1.2 全过程工程咨询组织模式的特征

传统的咨询组织模式存在许多弊端，在建设单位、施工单位与全过程工程咨询单位的三角模式中，建设方和施工方的地位与责任非常明确，但在全过程工程咨询单位的情况相对复杂。它们多由独立的前期咨询、勘察设计、招标代理、监理、项目管理及造价咨询等各种企业构成，均为独立的法律主体，在各自的专业领域内，为建设单位提供各类技术或管理服务（Lee et al.，2013），彼此的工作呈平行关系，很难找到一个明确的责任主体来对整个工程咨询侧负责。碎片化的工程咨询存在诸多问题，具体体现在以下方面：

（1）责任主体不明。工程建设是一个整体，涉及多方面协调。由于分属不同的咨询企业负责，项目建设出现问题，在咨询方面很难找到具体的负责单位。

（2）造成效率损失。整个工程实施链条上的前期咨询、勘察、设计、监理等属于各自的主体，不能形成有效的衔接，增大了建设单位的协调工作量，拖慢了工程进度，也成为返工或变更的一大原因。

（3）造成复合型人才的缺乏。我国全过程工程咨询仍处于起步和试点阶段，基础力量薄弱，政府方面缺乏如何监管和规制的经验，咨询业缺乏如何发展的经验，现阶段咨询人员普遍存在专业知识面窄、实践经验欠缺、兼职挂名人员多等问题（戚振强等，2021）。

（4）形成信息孤岛。表面上看，各个咨询单位都在投入精力努力收集信息，但从自身角度出发收集的每个阶段或环节形成的信息，很难与其他阶段与环节的共享或沟通，造成信息断层和丢失，也影响后期的改造升级。

（5）抗风险能力弱。碎片化的咨询市场产生了众多的小微公司，行业集中度不高，抗风险能力较低，整体水平很难再上台阶，同时也造成从业人员专业面狭窄，与其他项目参与方易生摩擦。

为克服碎片化工程类咨询带来的责任主体不明、效率低下、效果不理想的弊端，全过程工程咨询服务模式被推上前台，与传统的咨询组织模式相比，全过程工程咨询的组织模式具有如下优势特征：

（1）在全过程工程咨询组织模式中，有明确的组织结构构建目标，树立统一且被组织成员理解和接受的目标是建立组织的必要条件，也是组织内部成员合作、协调的重要基础。全过程工程咨询组织结构的构建目标是动态化、阶段性的，并且构建目标要被工程组织所理解，在全面分析工程项目特点、建设管理需求及实际建设条件的基础上，对各个建设环节制定具体的咨询管理目标，并以目标为导向对各方建设资源进行合理调配，提高了工作效率。

（2）全过程工程咨询组织模式保障了组织结构的资源，建立健全的全过程工程咨询组织结构的几个主要因素有人力、物力、财力、知识、信息等，全过程工程咨询可以宏观视角优化完善组织结构对以上资源进行更为科学、合理的开发和配置，也有效管控了潜在的风险因素。以"财力"资源为例：在项目建设前期，对保证项目资金来源及资金拨付方面提供协调保障，降低财务风险；在项目建设过程，关注资金计划安排额，督促咨询单位做好成本控制工作等。

（3）全过程工程咨询组织模式有着更加明确的组织成员合同关系，能有效明确和稳固组织结构成员的关系。在全过程工程咨询的视角下，一般通过完善相应的权责系统来明确联合体中各成员的权利和责任，从而使各咨询企业间的权责关系更加清晰，从而有效避免责任推诿、重复工作等问题。

（4）全过程工程咨询服务对过去原有的组织模式进行了变革，使得咨询过程中的各方参与到项目中，有利于从多维度、全方位考虑问题，使得决策更加客观、合理，打破了传统模式中的壁垒——管理零散化与信息碎片化。一般以信息化管理平台为载体，为组织成员间的信息交流和业务沟通提供通畅、便捷的渠道，以此打破成员间的信息壁垒，促进各咨询企业之间的协调与合作。在稳固组织成员关系的同时，极大地发挥了集成管理的各项效益，从而增加项目的增值效益与服务效益。

（5）全过程工程咨询组织模式中以复合型人才为重。开展全过程工程咨询服务业务需要掌握多学科知识，因而由高水平、有经验、高素质的复合型人才来统筹整个项目开展。一般全过程工程咨询单位还具备在各相关领域具有相适应的专业力量作为顾问专家，让项目团队对项目涉及各专业方面都有足够的判断力。

（6）全过程工程咨询组织模式中，不同专业的咨询工程师组建团队，由总咨询师统筹安排，分工协作，弥补了多个单一服务团队组合下可能出现的管理疏漏和缺陷，极大地提高了服务质量和目标。同时，有利于激发专业咨询师的主动性、积极性和创造性。

（7）全过程工程咨询组织模式的推广，有利于集聚和培育出适应新形势的新型建筑服务企业，加快我国建设模式与国际建设管理服务方式接轨；全过程工程咨询组织模式的发展，对于提升建设管理行业的服务价值、重塑原有行业企业形象有着重要意义。

4.2 全过程工程咨询组织模式的演进

自 20 世纪末至 21 世纪初，全过程工程咨询已成为国际中通行的咨询服务模式。2004

年起，我国逐步展开了深化投融资体制改革的工作。在党中央、国务院落实企业投资自主权、不断深化"放管服"改革的背景下，不断破除了传统体制性障碍和市场的准入壁垒。我国建筑业正在逐步扩大工程咨询业规模，全过程工程咨询服务进入了快速发展阶段。

我国工程咨询业诞生于20世纪80年代初期，以1982年由17家专业性设计院联合组建的中国国际工程咨询公司为开端，逐步确立了重大工程项目可行性研究报告"先评估后决策"制度，工程咨询业开始由计划经济体制下的勘察设计任务向市场化的工程咨询产业转变。随后1992年中国工程咨询协会成立；2003年我国推行工程项目管理PM、项目管理承包PMC等模式；2013年国际咨询工程师联合会（FIDIC）首次评选"百年工程项目奖"，我国成为获奖最多的国家。我国工程咨询业起步、酝酿和发展，历经30余年不断演进，形成了以投资咨询、招标代理、勘察、设计、监理、造价、项目管理等专业化咨询为主的服务业态。

2017年2月21日，《国务院办公厅关于促进建筑业持续健康发展的意见》（国办发〔2017〕19号）明确提出：培育全过程工程咨询。鼓励投资咨询、勘察、设计、监理、招标代理、造价等企业采取联合经营、并购重组等方式发展全过程工程咨询，培育一批具有国际水平的全过程工程咨询企业。政府投资工程应带头推行全过程工程咨询，鼓励非政府投资工程委托全过程工程咨询服务。在民用建筑项目中，充分发挥建筑师的主导作用，鼓励提供全过程工程咨询服务。正式吹响了神州大地开展全过程工程咨询的号角。同年5月2日，住房和城乡建设部下发了《关于开展全过程工程咨询试点工作的通知》（建市〔2017〕101号），选择北京、上海等8省（市）以及中国建筑设计院有限公司等40家企业开展全过程工程咨询试点。随后，各省市行政区也推出了自己辖区范围内的试点单位，目前国家及省级层面上的试点单位已经超过1000家，标志着这项工作正式开始启动。

2019年3月，国家发展和改革委员会、住房和城乡建设部印发的515号文要求："鼓励多种形式全过程工程咨询服务模式""从投资决策、工程建设、运营等项目全生命周期角度，开展跨阶段咨询服务组合或同一阶段内不同类型咨询服务组合。鼓励和支持咨询单位创新全过程工程咨询服务模式，为投资者或建设单位提供多样化的服务"。515号文从操作层面上指明了方向，提出了实现的路径及实现方式。

此外，随着我国固定资产投资规模不断扩大以及项目复杂化程度的逐步加深，建设单位对咨询服务的需求也显著增长，传统的单项咨询服务供给模式已无法满足全方位、跨阶段、一体化咨询服务需求的日益增长，供求关系的失衡推动了我国工程咨询行业的转型升级，全过程工程咨询服务也应运而生。建设单位在积极探索发包全过程工程咨询服务时出现一些问题，如全过程工程咨询涉及业务较多，但现有咨询企业资质能力参差不齐，建设单位对于选择哪些业务进行组合，并通过何种方式发包至合适的全过程工程咨询单位等问题（阮明华等，2019）。

水利水电工程具有综合性强、建设周期长、管理难度大等特点，我国传统的水利水电工程建设单位直接管理模式在现行市场经济体制下还存在一定弊端。全过程工程咨询服务模式在水利水电工程领域中具有良好的推行前景，采用全过程工程咨询不仅可以为水利水电工程的建设提供多样化、一体化、专业化的咨询服务，还可以为项目工程质量提升、控制投资成本、确保项目进度等提供助力（陈乐等，2021）。

4.3 全过程工程咨询组织结构与责任分工

4.3.1 全过程工程咨询组织网络

全过程工程咨询项目是指以建设项目集成交付为目标，以"建设单位-施工单位-全过程工程咨询单位"三方责任主体形成的三边关系为核心的项目网络组织，既包含以建设单位委托全过程工程咨询团队进行项目管理的专业服务交易，又包括建设单位委托施工单位进行项目实施与交付的项目交易，两者共同构成了完整的全过程工程咨询项目组织结构（图4-1）。

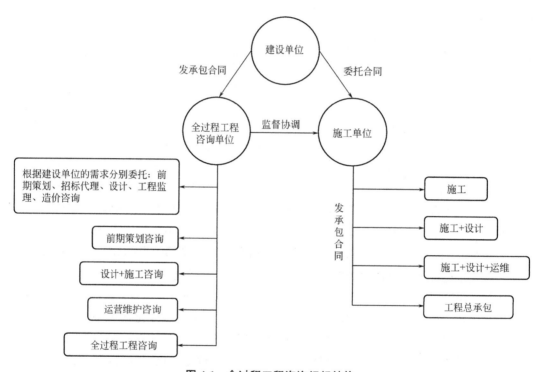

图4-1　全过程工程咨询组织结构

从全过程工程项目的专业服务交易层面来讲，全过程工程咨询通过把项目生命周期分阶段的咨询融为一体，提供集成性的管理和专业咨询，最大化地实现项目目标。全过程工程咨询企业受建设单位委托，并在企业中择取特定的专业人士，组成跨越职能部门的全过程工程咨询团队。全过程工程咨询团队依照咨询合同接受建设单位全部或部分授权，以建设单位利益为主进行全阶段或分阶段的专业咨询服务，同时监督和帮助承包人行使权利和义务，协调建设单位与承包人之间的关系。

从全过程工程咨询项目的任务实施层面来讲，建设单位委托承包人进行施工建造等任务实施，并将工期、质量、安全、成本等项目目标作为建设项目交付成功的衡量指标。建设项目实施前，建设单位与承包人会签署发承包合同，并针对特定的建设项目采取适合的项目交付方式。DB、EPC等集成化交付方式的出现，使得发承包双方对项目控制权的分配发生了变化，总承包人也需要以项目的成功交付和使用为目标，进行全过程项目管理。可见，全过程工程咨询项目双层组织结构中存在不同的委托代理关系，而全过程工程咨询团队则成为全过程工程咨询项目中的跨边界者，既接受建设单位委托参与建设单位项目管理，落实专业咨询服务，确保建设单位项目管理目标的实现；同时又要参与工程任务实施，实现建设单位对承包人的有效监督和控制，确保项目目标的实现。全过程工程咨询项目控制体系的构建和梳理需要以全过程工程咨询团队为核心来展开研究。专业服务交易层面委托代理关系及控制类型专业服务交易层面的共同代理关系全过程工程咨询项目中的专业服务交易主体之间存在委托代理关系，即工程建设单位和全过程工程咨询单位针对特定的专业服务形成的委托代理关系，其中建设单位与全过程工程咨询企业之间存在基于委托服务合同的委托代理关系，全过程工程咨询企业与全过程工程咨询团队之间存在基于雇佣合同的委托关系，建设单位与全过程工程咨询单位之间存在基于实际授权的委托关系。显然，形成了建设单位与全过程工程咨询单位为双委托人、咨询团队为代理人的共同代理关系。全过程工程咨询单位在建设单位授权范围内开展全过程工程咨询服务，其控制主要围绕提供全过程工程咨询服务的咨询团队和专业人士展开。

4.3.2　全过程工程咨询单位的组织结构模式

1. 直线式组织结构

全过程工程咨询采用直线式的组织结构，其组织结构如图 4-2 所示。在该组织结构中，全过程工程咨询单位沟通、协调、管理下属的前期决策部门、造价部门、设计部门、招标部门、施工部门完成相应的咨询工作。

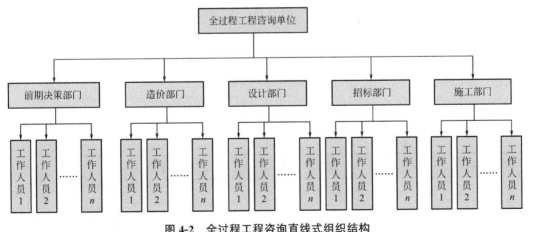

图 4-2　全过程工程咨询直线式组织结构

2. 矩阵式组织结构

全过程工程咨询采用矩阵式组织结构，全过程工程咨询项目部组成人员根据项目各阶段人员情况，从前期决策部门、造价部门、设计部门、招标部门、施工部门抽调各部门人员组成全过程工程咨询项目团队。全过程工程咨询项目团队人员既接受全过程工程咨询项目负责人的指挥，也接受各部门的指导，组织结构设计如图 4-3 所示。全过程工程咨询项目部对项目进行综合协调部，对各项工作进行统筹和规划，为各部门做好协调工作。

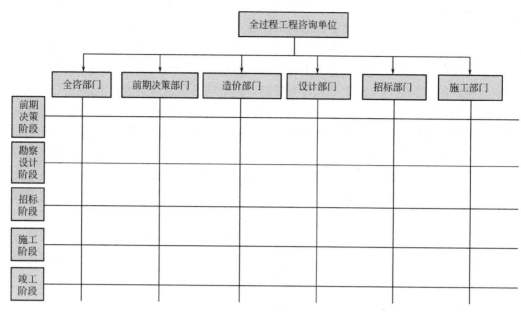

图 4-3 全过程工程咨询矩阵式组织结构

3. 事业部式组织结构

全过程工程咨询单位采用事业部式组织结构不需要从各个部门抽调业务人员，全过程工程咨询部已经包括每个阶段的工作业务，包括前期决策、勘察设计、招标采购、施工等，传统业务部门仍然保留其业务和职能。在遵循以项目为中心的原则下，全过程工程咨询部总负责人有权对全过程工程咨询项目进行项目群管理，项目负责人在总负责人的指导下，对各部门人员进行调配，并根据各项目特点构建全过程工程咨询团队，组织结构如图 4-4 所示。

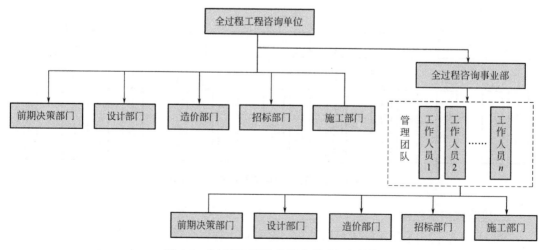

图 4-4 全过程工程咨询事业部式组织结构

4.3.3 全过程工程咨询组织责任分工

（1）从项目管理层面上，全过程工程咨询工作责任分工如表 4.1 所示。

全过程工程咨询工作责任分工 表 4.1

部门	责任分工
前期决策管理	结合项目所在地规划、产业政策、投资条件、市场状况等开展投资策划咨询,提供投资机会研究成果,通过对政治、环境的分析来寻找投资机会、识别投资方向、选定投资项目,作为投资方内部决策使用;协助完成可行性研究报告,可行性研究内容和深度应达到可行性研究报告、建设条件单项咨询相应的规定要求,必须满足决策者定方案定项目的要求;及时了解建设项目报批报建具体要求,搜集、整理相关报批报建政策法规以及项目前期报建成果文件,梳理报建工作流程,确保提前落实要件准备工作
招标管理	根据工程特点进行招标采购策划工作,梳理项目招标采购管理要点,在前期策划、设计阶段的主要成果上,明确招标信息,编制招标文件,发布招标信息,评标,规定中标人职责,制定招标采购方案策划、招标采购计划,协助建设单位制定招标采购工作制度、流程,保证招标采购质量、进度、投资控制措施,择优选择技术服务类、施工类和供货类参建方
设计管理	负责设计阶段的管理,优化设计审图图纸,以及实施阶段对设计变更做技术经济分析;协助前期管理进行设备选型和采购国内外设备的技术把关
办公室	负责制定项目管理机构的规章制度、人事管理和考勤统计;项目管理内部会议的组织;办理施工图委托送审工作;传达项目经理的指令,协调项目管理机构各职能组的工作;编制项目经理交办的专题报告;项目管理的日常文字处理、行文;与委托人和使用人有关部门的日常协调工作;负责现场的日常接待和后期保障工作
工程管理	制定工程实施阶段的项目管理文件及项目总进度计划;进行项目建设实施阶段过程的进度、质量控制,进行现场签证工作;对施工承包单位进行管理;进行项目计划管理、风险管理;组织工程项目的设备调试及竣工验收工作;整理工程项目档案资料;检查统计每月项目质量、进度工作运行情况,报信息管理部汇总
信息资料	负责收集、整理项目建设过程中的相关资料,并且及时向有关部门传递
预算合约	进行合同管理,监控施工合同、监理合同和设备材料采购合同的履行情况;针对各单位的合同争议、索赔、工期延期等问题,向项目经理提出初步意见;材料、设备采购价格的审核、咨询,工程预算、结算审核;工程变更、现场签证的审核与管理,协助审查设计变更,提出咨询意见;定期核实工程量;对工程概预算和决算进行审核;检查统计每月项目合同、造价执行情况,报信息部汇总;负责编制各项财务报表、用款计划,划拨工程款等

(2) 从岗位责任层面上,全过程工程咨询工作责任分工如表 4.2 所示。

全过程工程咨询工作责任分工 表 4.2

部门	责任分工
项目负责人	牵头组建工程咨询机构,明确咨询岗位职责及人员分工,并报送工程咨询单位或联合体批准;组织制定咨询工作大纲及咨询工作制度,明确咨询工作流程和咨询成果文件模板;组织审核咨询工作计划,根据咨询工作需要及时调配专业咨询人员;代表全过程工程咨询单位协调咨询项目内外部相关方关系,调解相关争议,解决项目实施中出现的问题;监督检查咨询工作进展情况,组织评价咨询工作绩效;参与工程咨询单位或联合体重大决策,在授权范围内决定咨询任务分解、利益分配和资源使用;审核确认工程咨询成果文件,并在其确认的相关咨询成果文件上签章;参与或配合工程咨询服务质量事故的调查和处理;定期向建设单位报告项目进展计划完成情况及所有与其利益密切相关的重要信息
咨询工作部门负责人	参与编制咨询工作大纲,组织编制本部门咨询工作计划;根据咨询工作大纲、咨询工作计划、相关标准及咨询任务分配,组织实施咨询服务工作;组织编制工程咨询成果文件,需要咨询项目负责人审核签章的,报送咨询项目负责人审核签章

部门	责任分工
项目技术负责人	协助项目经理组织编写、审查项目前期工作计划、工程项目建设总进度计划、成本规划书、工程项目年度资金使用计划、质量计划、招标和采购工作计划、沟通计划等;组织专家及技术人员对初步设计及施工图设计进行报批前的审查;项目管理部日常工作中遇到的重大技术问题的论证组织;负责设计论证、设计优化、设计可行性等论证;组织项目部审查各标段的施工组织设计和重大施工方案;组织设计交底和图纸会审工作;设计变更的审核;参加质量事故的处理;负责组织审查工程设计必备条件的可靠性和完整性;组织各专业工程师审查工程的实施标准、规范和重大实施原则;组织编制项目管理记录,并把各项工作落实到各专业工程师;负责组织各单位专业协调会议;组织审查工程方案,并根据项目的委托人和使用人或专家的意见要求相关单位对方案进行补充、修改;会同进度计划工程师,编制设计进度计划;根据费用控制工程师提出的各专业、各阶段费用控制指标,对项目实施进行限额费用控制;当设计方案需要变动时,应事先通知费用控制工程师,并向项目经理汇报;组织好设计变更、费用索赔的管理工作;组织编制项目实施工作的计划值,测定、检查设计的实际成本;定期召开计划执行情况检查会,掌握工程进展进度情况;协调和处理各专业在进度、质量保证、费用控制等方面存在的主要问题,并及时向项目经理报告;组织审查工程文件
工程咨询机构其他专业咨询人员	根据咨询岗位职责分工,履行相应咨询职责

5 全过程工程咨询相关理论基础

5.1 项目治理理论

5.1.1 项目治理理论概述

关于项目治理理论的研究，以交易成本理论（Transaction Cost Economics，TCE）和委托代理理论（Principal-agent Theory）为主。交易成本理论认为治理机制就是对交易过程中因为关系专用性投资，不确定性和交易频率所带来的交易双方的机会主义行为的可能性进行约束的一种制度安排，以达到节约交易成本的目的。交易成本的驱动因素包括偶然性因素（如资产专用性）、行为因素（如有限理性和机会主义）和情境因素（如制度情境）（Williamson，2010；骆亚卓等，2018）。在项目管理情境中，委托代理理论被用来分析项目临时组织内部的结构，从而提出不同的项目管理组织有不同的治理机制和治理结构（Biesenthal & Wilden，2014）。随着项目治理理论的深入，情境因素对项目治理机制的影响受到关注（Cardenas et al.，2017），而动态治理理论的理论框架较好地解决这一问题。动态治理理论起源于社会系统理论、新制度经济学等，是可以体现适应性、集成性和预期性特征以反映集体行动战略和制度的治理模型。

关于项目治理内涵的界定，普遍认为建设项目治理包括各利益相关者子集组织层面的治理结构（Governance Structure）和制度层面的治理机制（Governance Mechanism）（Danwitz et al.，2018；Ning，2017a；丁荣贵等，2013；严玲等，2016）。项目治理的范畴主要是项目中的利益相关者，包括项目出资人、项目建设负责人、承包商、供应商、分包商和工程咨询机构等，其制度设计强调对项目利益相关者的平衡，建立一种有利于项目实施的机制（杨飞雪等，2004），体现项目参与各方和其他利益相关者之间的权、责、利关系的制度安排（Simard et al.，2018；Volden & Andersen，2018）。

5.1.2 项目治理的内涵及维度

1. 项目治理与项目管理

美国项目管理协会（Project Management Institute）在《项目管理知识体系指南》中对项目管理的定义是：项目管理就是把各种知识、技能、手段和技术应用于各种项目活动中，以达到项目的要求。项目管理是通过应用和综合诸如启动、规划、实施、监控和结束等项目管理过程来进行的，也就是通过工具、手段等对相应的项目进行质量、成本、进度、安全等目标的管理，来实现项目的目标和期望。项目管理主体一般将项目管理的对象体系分为项目、子项目和活动三个层次；而项目治理是项目所有参与方之间关系的制度安排，对于一个工程项目，一般存在多层次、多类型的项目治理体系（图5-1）。总体上可以说项目管理是如何运营一个项目，而项目治理是确保这种运营处于一个正确的轨道。项目管理和项目治理区别总结如表5.1所示。

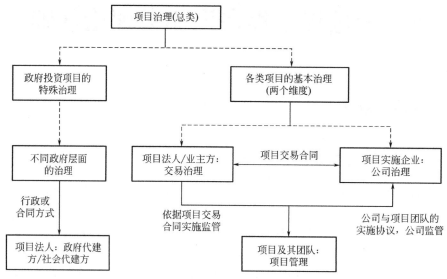

图 5-1　项目治理体系

项目管理与项目治理的区别　　　　　　　　　　　　　　　　　表 5.1

	目标	主体	对象	实现途径	内容
项目管理	实现项目目标且项目相关方满意	项目承包方（项目经理）	资源	对资源统筹规划	完成任务
项目治理	实现项目目标且项目相关方满意	利益相关方	组织和人	组织和制度安排	相关方的治理角色关系

2. 项目治理结构和项目治理机制

项目治理的核心研究内容包含两个部分，即项目治理结构和项目治理机制。项目治理结构是在充分考虑利益相关方需求的前提下，从组织层面构建的制衡和约束相关方的结构形式。王华等（2004）从治理范围上将项目治理分为内部治理和外部治理，认为工程项目治理结构体现了工程项目主要利益相关者之间权、责、利关系的制度安排。内部治理是项目直接利益群体进行参与项目方式、方法等的内部决策，外部治理是以建设项目为中心、外部市场环境为约束的其他利益相关方构成的结构。其结构如图5-2所示。严玲等（2004）认为，治理结构是一种制度框架，在这个框架下项目主要利益相关者通过责、权、利关系的制度安排来决定一个完整的交易。严玲等（2005）进一步对项目治理结构的概念作了修订，认为项目治理结构是指项目内部组织结构及控制权的配置，构建了一个包括内部治理结构、外部市场约束和政府监控的公共项目治理模式的概念框架。项目治理结构是由项目利益相关方构成的动态治理角色关系网络，不存在一个静态的、适合很多项目的"治理结构"，没有一种静态的治理结构可以贯穿一个项目治理的整个生命周期。试图用一种结构来界定不同项目、不同利益相关方之间的关系是不可能的。

关于项目治理机制的研究，一部分学者认为项目治理是一种组织控制机制，采用正式

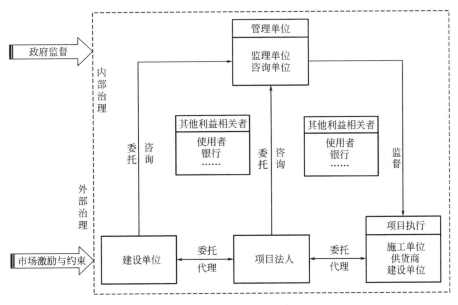

图 5-2 项目治理结构图

和非正式的结构来治理不同级别的职责和责任（Biesenthal & Wilden，2014；Chen & Manley，2014）。其中，正式机制包括通过正式合同或非人格化交换而进行的市场交易，以及通过绩效衡量和争议解决程序进行的等级制交易；非正式机制则聚焦于关系，通过人和基于社会的等级关系来提升相互信任、开放交流、合作和知识共享。也有很多学者从合同类别及履行角度上研究项目治理机制（Lu et al.，2015；You et al，2018；梁永宽，2012），常用"正式合同"和"隐含合同"表示组织间协调和保护合作关系的治理机制。"正式合同"通过法律来保障，"隐含合同"指非正式的社会控制和协调机制，如声誉、社会惯例等。另有学者结合建设项目的特点，站在项目各主体信息共享、目标一致、联合解决问题等关系治理角度研究项目治理机制（王磊等，2016）。也有许多研究将契约治理视为"正式合同""显性契约""法律保障"等，强调通过正式的书面合同明确各方的责任义务。虽然合同在项目治理中发挥着重要作用，但由于人的有限理性，签订合同的各方无法预见所有可能的条件，特别是对于具有独特性和一次性的工程项目。因此，一个工程的合同通常是不完备的，也难以完备。在不完备契约的情况下，仅依靠契约手段治理关系提升交易过程中的机会主义行为，因而需要关系治理手段为契约治理机制提供功能上的补充（Heideet al，1992）。众多学者从社会学提炼出各种关系性规则来研究，这些研究普遍得出这样一个结论：关系规则和正式合同一样，能够起到降低交易成本和减少交易风险的作用（Poppo & Zenger，2002；Qian & Zhang，2018），关系性规则的这些功能也可称为治理作用，这些关系性规则可以统称为"关系治理"。关系治理是一种内生的机制，可以通过嵌入社会纽带环境中的私人和公共信息流，对于交易的执行，比采取合同或第三方强制执行更有力度（Uzzi，1999）。

5.1.3 项目治理理论与全过程工程咨询

全过程工程咨询项目的一次性特征显著，该特殊属性可能使工程项目组织结构更为松散，投机行为发生可能性显著提高。这种一次性特点导致控制权人的一次性博弈愿望强烈，而不愿长期博弈，那么项目建设过程中各方合同中就会出现剩余索取权没有或不足，只能采用别的激励手段。以下为项目治理常见的四大激励手段：

1. 基于风险分担效应的信任

该手段起激励作用的机理是：在全过程工程实践中，初始信任使投资人在招标文件中采用风险分担方案，承包商认为按此方案就能获得预期利润，因而投桃报李，奋力履约，从而双方在项目实施过程中能够风平浪静，项目顺利完成，信任在其中起了至关重要的作用。正是因为承包商背信成本高昂，因此能够保证承包商在全过程工程实践中选择奋力履约而不是背信弃义。

2. 基于参照点效应的公平

这种公平激励的机理是：契约中的代理方如果认为在契约里受到了公平对待，就会努力履约，促使字面履约和完美履约双丰收，这就叫参照点效应。关键是如何使代理人感觉受到了公平对待，从而诱致完美履约。按照公平理论，全过程工程建设项目各参与方总是拿付出与回报比，拿自己与别人比，拿现在与过去比。因此，在全过程工程项目实施中变更、调价、不可抗力、不利现场、建设单位指令错误五个关键环节采用风险分担原则，承包商就会感受到公平对待，起到激励效果。

3. 基于网络传递效应的关系

建设项目中，正式合同、法律约束制度框架外的可以影响个人或组织行为的非正式规范，构成了建设项目的关系治理机制。这些规范通过关系网络可以加速扩散，发承包双方的任何履约表现均可得到放大并发酵。尤其通过交互性新媒体网络的传播，就形成了传递效应，对不正常履约行为形成吓阻。这种效应可以降低交易中的阻滞，润滑合作，维护和促进发承包方之间交易的和谐性，作为正式契约治理的重要补充，最终提高全过程工程咨询项目管理绩效。

4. 基于位势差效应的权力

发承包双方本应属于平等交易主体，但因建筑市场的建设单位市场，承包商"僧多粥少"造成实际的从属地位，从而形成建设单位的实际市场地位高于承包商的市场地位，这就是位势差。位势差的弊端是：建设单位不采用风险分担，承包商则采用变更、调价、索赔方法使投资失控风险回流建设单位造成投资失控。按因势利导的原则建立大标段发包，标段大到容纳十几个子公司的规模，并赋予总承包方内部分配任务给子公司的权力。相当于发包方给予总承包人相当大的激励——企业内部的行政计划体制得以保证，用总承包人的权力归属感换取项目监管交易成本下降，全过程工程咨询项目管理绩效相应提升。

5.2 集成管理理论

5.2.1 集成管理理论概述

美国学者切斯特·巴纳德最早提出集成管理思想。经过不断发展，这种方法通过将不同专家的经验和知识、各类数据和信息与计算机技术有机结合，将各专业学科的理论和人的经验知识形成具有整体和综合优势的有机系统。在此基础上，还将还原论思想和整体论思想结合起来，形成综合集成思想（于景元，2005）。

集成管理在决策、设计、施工、运营阶段中，项目各参与方以时间、成本、质量的管控协调为目标，特指在实施具体工程项目时，为了控制成本的使用，对于项目中所产生的费用做好估算、控制、对比、分析和决策，以发现成本花费中出现的问题，并且及时做出应对，把主要目标控制在既定范围的管理行为（图5-3）。

对于项目集成管理，不同学者对其有不同的见解。戚安邦（2002）认为由于项目中的某个要素变化会引起其他要素的变化，故项目集成管理应从整体进行统筹考虑，以实现项目整体利益最大化。吴秋月等（2004）认为集成管理是通过探索一般性集成行为的规律使生产要素通过管理者能动的计划、组织、指挥、协调、控制等集成活动，形成有机体或系统，从而达到整合和增效的目的。刘玉琦等（2008）认为在项目全生命周期，即项目的启动、规划、实施、收尾、运营、拆除等各阶段均应实现管理的有机集成，并提出集成方式可从各阶段之间的单向集成转变为各阶段之间的复合集成。

建设工程项目集成管理与工程项目的盈利性紧密相连，通过控制成本的范围，确保工程项目利润，能够为项目运行取得相应的经济效益，实行项目集成管理是确保工程能够持续开展的手段之一。工程项目管理通常分为确定和不确定性两个部分，其中人工成本、原料、设备等预先购置所产生的费用是较为确定的，而在项目进行中还可能产生办公费用、临时设施以及突发事件的处理费用。因此，在项目集成管理过程中，一方面需要对确定的成本范围做好预估和判断，另一方面也要有效防止不确定成本的扩大，两相结合以保证工程项目管理顺利开展。

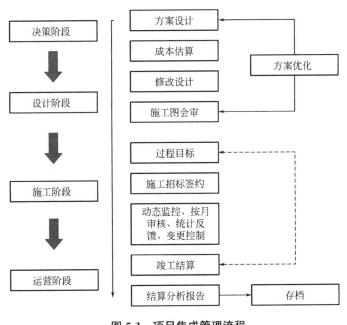

图 5-3　项目集成管理流程

5.2.2　项目集成管理的特征分析

建设项目全生命周期是一个复杂的系统，不仅不同类型项目全生命周期的划分阶段会有所不同，即使是同一划分阶段的工作内容也会有所差异。为了使建设项目全生命周期目标得以实现，工程项目集成管理显得尤为重要，其特征包括：

1. 目的同一性

工程项目过程与自然过程的一个根本区别就是工程项目过程是有目的的过程，而自然过程是无目的的过程。工程项目活动的目的和核心就是造出一个新的存在物，工程项目活动过程中的各种活动始终围绕着形成一个新的存在物而展开。"当人们调动各种成熟的技术要素来实现某一具体的项目，建成某一设施以解决某一问题时，这种过程才是工程。"工程项目中的集成管理，必须遵循目的同一性原则。

2. 和谐有序性

工程项目的集成管理具有和谐有序性，是其能取得功能倍增效果的重要原因。和谐有序指的是集成场中各种管理要素、对象、手段乃至管理主体之间形成的一种超乎一般协调关系的状态。集成场在达到和谐有序时，其内部各元素的结合关系和方式也都处于最佳状态，元素之间不仅互补匹配，而且相互融合。系统有序性达到最大，此时集成场的整体管理功能能力和管理功能得到充分发挥。集成管理是工程活动打破传统组织模式、适应外部环境变化和进行内部有效沟通的必然趋势。

3. 动态开放性

工程项目的集成管理处于快速变化的外界环境之中，其架构也是动态开放的。环境条件是在不断变化的。对于环境条件的历史状态和目前状态（现实状态），需要通过调查和搜集信息的方法来把握；对于环境条件的未来状态，则需要通过预测的方法来把握。任何工程系统都不可能是封闭系统，它们不仅要不断地与外界交流物质和能量，而且还要不断地与外界交流信息。当今世界，整个外界环境正处于一种瞬息万变、动态开放的格局之中，工程项目的集成管理只有保持动态开放的态势，才能顺应发展的潮流。

4. 复杂性

工程项目集成管理的复杂性主要体现在以下几个方面：从客观上来讲，复杂性是工程系统本身的固有性质，这是工程项目集成管理复杂性的根源所在。集成中对象的数量和类型越多，其协调器数量、事件数量、信息的类型与个数等随之增加，系统越复杂。从主观上来讲，工程项目集成管理还有人为的复杂性。工程规模越大，工程参与者越多，各集成个体价值观、世界观的多样性、能力的多样性、工程经验的多寡不同带来认识和行为的复杂性。总之，工程中的集成管理涉及众多不确定的相关因素和复杂的相互关系，使其组织、管理、协调工作纷繁复杂。

5.2.3 全过程工程咨询的项目集成管理

1. 全过程工程咨询项目集成管理框架

本书通过对全过程工程咨询项目管理进行全面、系统、深入的分析，构建了以 BIM 技术集成信息管理平台为纽带，过程集成、组织集成和目标集成组成的三维集成框架体系，如图 5-4 所示。

（1）过程集成

项目过程集成，是指通过从决策、勘察设计、招标采购、施工到运营等项目全过程各阶段之间的信息交流、实现项目各参与方的有效沟通与协同合作，实现项目的有机整合与

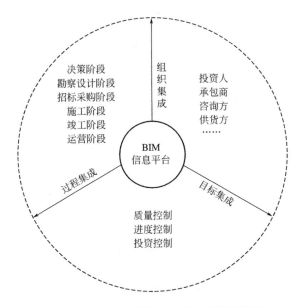

图 5-4　全过程工程咨询项目集成管理框架

统筹管理，提升建设项目的整体绩效。过程集成致力于寻找建设期和运营期的平衡，不仅从项目实施的角度，还从项目建成后的运营角度来进行项目的规划与决策。

（2）组织集成

项目组织集成，就是运用系统方法对工程项目组织进行的集成管理，主要实现方式是虚拟组织的建设。虚拟组织模式下的建设工程项目各参与方的集成，就是指利用工程项目信息管理平台，各参与方之间通过协作沟通，实现优势互补，从而使得项目整体利益最大化，实现各参与方"共赢"的最终目标。

（3）目标集成

知识运用在建设工程项目管理的各个阶段，且不同阶段运用的知识各不相同。从项目集成管理角度，知识运用主要体现出对项目管理所使用的集成化技术，如用于成本、进度和质量等目标要素集成管理的控制技术。因此，从某种意义上讲，"三维结构体系"中的知识维就体现在目标集成控制的技术和方法上。

（4）信息集成

所谓信息集成就是在项目建设过程中，根据建设项目管理的特点，利用现代信息技术和手段以及统一的项目管理制度，实现建设项目的信息共享，项目各目标的协调和整体优化，以获得最佳项目管理效果。信息集成是实现项目集成管理的最好途径，项目管理组织通过建立信息集成平台，可以充分利用项目信息资源，提高信息资源的利用效率。

2. 全过程集成管理的服务模式

（1）植入式服务模式

在建设单位非常信赖项目管理单位的前提下，项目管理单位自设的团队直接被当作建设单位的代理职能部门，这一项目管理团队同时具备职能管理和项目管理的双重作用。

（2）一体化服务模式

工程项目管理单位一般不会专门设立管理团队或者即使设立了项目管理团队也只保留

少量的管理人员，大部分项目管理人员是与建设单位的项目管理人员融合为一体的，分布在建设单位的各个职能部门中。

（3）咨询式服务模式

这一模式是工程项目管理单位指定设立的项目管理团队为建设单位提供工程建设的咨询服务，作为顾问的身份置身在建设单位的外部而非融合在其中，这样团队具有一定的独立性。

5.3 协同理论

5.3.1 协同理论概述

协同思想最早由学者伊戈尔·安索夫（IgorAnsoff）提出，于 20 世纪 60 年代将协同引入企业管理。安索夫认为当遇到潜在机会时，企业需要熟知自己的资源和能力范围，并将其资源和能力与潜在机会进行对比，从而判断自己能否通过本次机会来开展新业务，这一过程便是协同。德国赫尔曼·哈肯（Hermann Haken）教授是最早研究协同理论的学者，1969 年他从系统论的角度出发，指出在任何系统中，如果各个子系统之间能够彼此密切沟通交流、协调、共同协作形成一个有效的集体效应，各子系统之间就能产生 $1+1>2$ 的整体协同效应，各系统的作用也能得到最大限度的发挥。协同理论认为，在协同作用下，组织系统的集成是指其各个要素、各个子系统之间均能够彼此配合互动，进而达到协同要素彼此耦合的状态，并最终获得跨越式的整体放大效应的过程，该过程需要人的主动集成行为的参与。

5.3.2 管理协同理论

协同学是一门研究多学科的共性问题的学科，不同领域的学者都在致力于研究这项理论，经过不断地完善发展，现在协同理论已经应用于多个领域。管理协同是将协同学融入管理学中，为了实现有限资源的有效利用，运用协同理论研究管理系统的协同机制、运作方式，使得各个子系统及其他组成要素相互作用产生支配系统演变的序参量，并在此基础上采用一系列干预措施使系统朝有序状态发展的一种管理体系。对一个管理系统进行协同管理，能提升组织、过程等协调性，更好地解决项目进行中各个阶段的矛盾与冲突，整合资源使其产生整体效应。

在管理协同理论中，强调对项目中各个部分的力量进行合理整合，以共同保障某一项目能够顺利完成。在协同管理理论体系中，主要是以虚拟企业为对象，以敏捷开发模式为基础。其中，虚拟企业是指由若干个子系统构成一个系统环境，协同管理就是对所有子系统的功能结构、空间结构以及时间等进行重新组合，使得整个系统拥有合作、竞争、协调能力，其效应大大超出了单纯地将每个子系统简单相加所形成的功能结构及空间结构，从而达到"$1+1>2$"的效果。工程项目管理协同运行机制模型如图 5-5 所示。

管理协同中有四个基本原理，分别是：一是序参量原理（聂娜等，2013），二是管理役使原理（任宏等，2012），三是管理涨落导向原理，四是管理功能倍增原理（薛松等，2015）。管理协同是通过逐一管理项目中的每一个环节来实现最佳效果，其最主要的作用是通过合理安排项目、合理利用各种资源，从而获得最大化的项目效益。协同管理的核心目标就是要突破信息、财、物、人、流程等这些资源之间的约束，使它们之间实现畅通的协调与沟通，保证它们之间的协调运行，最大限度地使用、开发这些资源并提升其价值，最后达到项目目标顺利实现的结果。

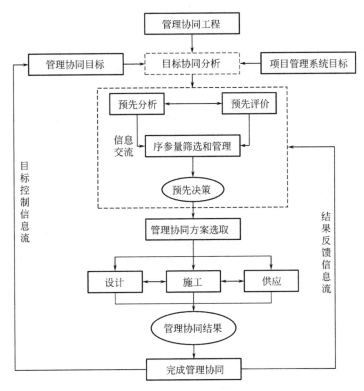

图 5-5　工程项目管理协同运行机制模型

(图片来源：李辉山和马婕，2016)

5.3.3　基于全过程的多目标协同管理体系

1. 要素分析

（1）目标要素

目标要素是关键要素，预期目标就是实现进度、质量、成本、安全、环境等多目标协同。在这众多的目标当中，最主要的三个目标分别是进度、成本、质量，简称三目标因数。在这三个目标中，决定着整个工程的快慢、质量以及整个工程所需消耗的资金便是成本目标，这是三个目标的核心。

（2）组织要素

由于一个目标有很多主体，在这众多主体当中，各个主体又有着相互的联系，而这种联系里所有主体所构成的相互联系即为组织要素。在组织要素当中，各个主体又行使着自己的基本任务，这些任务应该按质按量地完成。而组织要素因为项目持续时间长，所以应该明确划分到各个主体之间的权利和义务，并使得单个主体间进行相互影响又相互独立。主体完成情况的好坏间接或直接影响了下一个主体的行使进度以及成本输出，进而影响了整个工程的近况。

（3）过程要素

全生命周期，即从决策立项开始的项目整个过程。项目决策、实施、运营和项目后评价即为过程要素的四要素。在整个项目全生命周期中，该四要素应该有序地进行。

（4）资源要素

选择合适的资源，包括执行项目的人员规模、设备、方法和技术，是由施工计划人员做出的具有挑战性的决定。这些决定最终会影响项目的持续时间和成本。资源要素在项目管理中是必不可少的，作为项目管理关键环节之一，资源应该分配合理，不应造成资源浪费，这样才能保证工程有条不紊地进行。在资源管理当中，各个资源应放置在特定的位置，建材如木板、钢筋应摆放整齐，并且合理利用。资源应物尽其用，用多少拿多少，这样才能有效地降低成本与时间。特别是对于物质类资源如材料、设备的使用是否达到合理规范的要求，都有可能或大或小、直接或间接地对项目的工期、质量、成本造成影响。

（5）信息要素

信息要素支撑着管理活动的有序进行，这是工程的基础，也是管理的支撑。在项目一开始，信息就贯穿于整个工程当中。在工程开始之前需要进行环境勘测，采集地质信息、天气信息和地理信息等，并且工人信息等各种相关信息也需要一一采集。由于大中型工程的巨大，信息要素便极为庞大，这个信息的收集、传递、提取与反馈非常麻烦，并由此体现出信息的重要性，能不能有效地进行信息的归纳与提取也终将决定工程能否顺利进行。对于信息的分析、有效回复，将直接决定着决策者决定的合理性。决策者对于工程协同管理活动的决定也决定着工程是否能够有效地进行。

2. 内容和运行机理

全过程多目标协同管理体系，通过将上述内容有机地结合体来构成一套完整的系统管理。由此可知，该系统的每个部分都相互独立，但两两联系、相互作用。该系统覆盖了整个工程项目的每个方面，并以此在时间和空间上都进行了完善。就时间而言，该系统大大缩短了工期，也覆盖了整个工程全生命周期；就空间来说，工程各个阶段的每个主体都包含在此。该体系的有效利用，可以将生命周期达到最优、将资源合理分配、将信息有效整理，对整个施工过程中都有着积极的作用，各个目标也有着相互制约。所以，为了工程的顺利进行，势必进行项目的全过程多目标协同管理，此将整个过程达到最优。

5.4 利益相关者理论

5.4.1 利益相关者理论概述

利益相关者的概念最早由 Stanford college 于 1963 年引入管理领域，不同学者对利益相关者理论的表述也各不相同。Freman 在著作《战略管理：利益相关者方法》中指出那些能够对企业绩效产生影响或受到企业影响的个人、组织或团体就是利益相关者（John et al.，1984）。Clarkson（1995）将利益相关者定义为企业拥有索取权和利益要求权的人，而 Nasi（1995）认为只要与企业有联系的人就是利益相关者。贾生华等（2002）考虑了风险的影响，认为利益相关者是指在对企业进行投资的同时也承担着风险的个人或组织，与企业目标实现之间的相互影响成为利益相关者的重要特征之一。常宏建（2009）认为利益相关者就是在项目中投入了特定资源或受影响的个人和群体。

利益相关者理论发展过程中形成的丰富成果为其在项目管理领域中的应用提供了坚实基础。Cleland（1986）最早将利益相关者理论应用到项目管理领域中，他强调了利益相关者管理对于项目成功的重要性，同时构建了项目利益相关者管理框架：识别、分类、分析和管理措施的形成。目前，学者们已经将项目利益相关者管理作为项目管理者的一项重要技能（Crawford，2005），同时也成为相关组织和机构较为流行的管理工具。

利益相关者管理是项目成功的关键，其目的在于识别项目利益相关者并赢得他们的支持，如何进行项目利益相关者管理成为重点关注的对象。通过对 Young（2006）、Kerlsen（2002）等提出的利益相关者管理框架或过程中的具体步骤进行深入分析，利益相关者管理具体包括以下几个步骤：识别、分析、决策、执行、评价，而利益相关者进行识别和分析是进行利益相关者管理的基础和前提。正如沈岐平和杨静（2010）提到，通过利益相关者识别和分析，可以得到一个完整的项目利益相关者清单，从而认识到他们对项目的需求、兴趣和限制，同时对这些利益相关者进行分析和评估，以便于采用适当的管理措施。

5.4.2　基于全过程工程咨询的利益相关者

1. 利益相关者的识别

项目利益相关者的定义能够为识别项目利益相关者提供指南，大部分学者通常是在定义项目利益相关者之后，直接给出识别结果。例如，Nguyen 等（2007）将项目利益相关者定义为对于项目目标有强烈兴趣的个人或组织，并初步识别出关键的利益相关者；吴仲兵等（2011）将代建制项目利益相关者定义为：存在合同契约关系或者行政法律关系，参与项目建设活动并且进行专用性投资，期望从中直接或间接获取收益的个人或组织。

此外，部分学者结合文献分析方法、专家访谈法、小组讨论法等方法来识别项目利益相关者。Newcombe（2003）对火车站发展项目进行分析，他根据项目经理的识别结果界定出项目的关键利益相关者；Brourne & walker（2006）根据项目发起人的识别结果界定出澳大利亚政府的某一项目利益相关者；毛小平（2012）采用文献分析法和专家访谈的方法分别识别出 10 类政府投资项目利益相关者和 12 类工程项目可持续建设利益相关者。

本书结合全过程工程咨询的特点，运用系统的观点，除了考虑项目实施过程中的造价、进度、质量、项目给投资人和承包商带来的利益外，还从项目的全过程、全生命周期出发，关注项目决策、实施和运营阶段所涉及的不同利益群体，分析全过程工程咨询项目的利益相关者，如图 5-6 所示。

2. 基于利益相关者的价值提升路径

若给定某一建设项目，由于不同利益相关者对项目的利益诉求存在差异性，将各方的不同利益诉求进行统一，尽可能满足各方需求是体现项目价值的重要手段，是实现项目价值提升的主要思路。国内目前对于此问题的研究还较为少见，概括而言，主要是利用价值管理的工具和手段，通过项目实施过程中不同阶段的信息集成，实现价值提升。如万礼锋和尹贻林（2010）将项目建造、运营及设施管理阶段的信息流向前集成到前期策划设计阶段，即将项目建造期管理信息、运营期设施管理信息向前集成，采用价值管理的思想提升项目价值，缩减成本，使利益相关者对项目的功能期望与项目全生命周期成本达到最佳匹

决策阶段	勘察设计阶段	招标采购阶段	施工阶段	竣工阶段	运营阶段
政府相关部门 投资人 全过程工程咨询单位 环保部门 能源部门 用户 ……	政府相关部门 投资人 全过程工程咨询单位 环保部门 社区 设计方 施工方 用户 ……	政府相关部门 投资人 全过程工程咨询单位 环保部门 社区 设计方 施工方 用户 ……	政府相关部门 投资人 全过程工程咨询单位 环保部门 社区 施工方 用户 ……	政府相关部门 投资人 全过程工程咨询单位 环保部门 社区 施工方 用户 ……	政府相关部门 投资人 全过程工程咨询单位 环保部门 社区 用户 ……

图 5-6　全过程工程咨询项目利益相关者

配状态。又如尹贻林和刘艳辉（2009）所认为的，通过建立项目群治理框架，可从组织管理、制度管理和集成管理三个层次实现大中型建设工程项目价值的有效提升。从项目价值提升的角度考虑，工程咨询企业所提供的咨询服务产品实质上也是项目价值提升的重要组成部分，可从项目建设三个主要阶段分别予以阐述。

（1）项目策划阶段

项目策划阶段是通过对项目的投资环境和条件调查研究，对各种建设方案、技术方案以及项目建成后的生产经营方案实施的可能性、技术先进性和经济合理性进行分析和评价的过程。在此阶段，工程咨询服务形式主要表现为项目建议书、项目可行性研究等，要求它们对项目投资人的目标进行充分的理解，并利用恰当的方法或工具，如价值管理的基本原理，对项目其他利益相关者（这里主要是项目的用户）的利益诉求进行充分的考虑，对项目预期目标是否能够实现、是否合理等问题进行判断，并为设计阶段提供良好的基础。

（2）项目设计阶段

在此阶段，项目投资人的项目目标必须通过设计予以实现，同时，设计质量的优劣还将对项目的运营产生影响，如运营维护费用等。不仅如此，项目功能将通过设计进行充分的展现，这也会直接关系到项目用户使用的便利性。因此，项目设计阶段在项目建设实施的整个阶段中也是极为关键的环节之一。这就要求工程咨询单位在项目设计阶段能够与项目各方利益相关者进行充分的沟通，如与项目投资人就其对项目所要达成的目标进行详细理解，与项目使用方或运营方就项目所要实现的各种具体功能进行沟通。

（3）项目施工阶段

在施工阶段，工程咨询服务形式包括工程监理、项目管理等。此时，投资人项目目标的实现程度则在相当大的程度上取决于项目实施团队的产出绩效。通过选择最优的项目实施团队，并在项目实施过程中增加必要的监督，是实现投资人项目目标最为常见的方式。工程咨询单位运用其在项目建设实施过程中积累的知识和经验，协助项目投资人进行承包商、材料供应商的选择工作，并与由承包商、材料供应商等组成的项目实施团队进行沟通与协调，能够有效地保证项目管理的成功，获得良好的项目管理绩效。

综上所述，工程咨询服务产品在某种意义上是实现项目价值提升的重要手段。自此，工程咨询服务产品必须能够涵盖项目建设实施的全过程，即产品的基础形态为基于项目管理各阶段的专业咨询服务，在客观上促进了项目价值的提升。由于项目利益相关者对于提升项目价值的需求实际上是不断增加的，因此项目价值的提升反过来又在相当大的程度上激励着工程咨询在上述基本形态的基础上，将所提供的咨询服务产品进行拓展，形成更为高端的增值型咨询服务产品。同时，也可对咨询服务产品在项目建议书、工程可行性研究、工程勘察、工程设计、项目管理、工程咨询、招标代理、造价咨询、工程监理等全套工程咨询服务的基础上，就其中的某一个或若干个产品类别为客户提供更深层次的服务，如将工程纠纷的司法鉴定、仲裁、合同纠纷的调解等作为本类别咨询服务产品的高端拓展方向。

5.5 价值工程理论

5.5.1 价值工程理论概述

价值工程以研究目标的功能分析为核心，力图实现以最低的费用成本满足研究目标所必需的功能。价值工程着力于以最低的全生命周期成本来实现研究目标所要求的必需功能，以研究目标自身的功能分析为核心，以提升研究目标自身的价值为最终目的，是一种先进的管理工具和管理方法。我国于 1978 年开始应用价值工程，经过近些年的快速发展，价值工程的应用范围已扩大到国民经济的各个部门。

随着价值工程理论的不断完善和发展，价值工程理论在项目管理中需要大量的资金和资源，因此价值工程可以用于建设项目的管理，包括财务分析、创新、成本价值比以及技术的系统应用。Rachwan 等（2016）提出价值工程是项目节约成本和提高质量的有效方法。价值工程考虑了初始和生命周期成本，符合可持续发展的要求。Heralova（2016）论述了在公路工程项目中应用价值工程的可能性，总结了应用价值工程方法的益处，证明了其有效性，并提出了相应的建议。Elsonoki & Yunus（2020）认为价值工程可以有效利用现有资源，尽量减少不必要的费用，提高项目价值。

综上所述，在项目管理中，价值工程主要是为使用者提供一种提高研究对象和管理的技术方式，并且通过功能、产品、作业等方面，对系统、作业、活动等方面，进行不断的完善。然而，价值工程在建筑工程项目管理应用过程中，主要是对建筑工程项目、建设方案、作业过程、经济效益等方面进行研究，进而获得更高的技术价值，保证了建筑工程项目管理的可行性和准确性，以此保证建筑工程良好的经济效益。价值工程在项目管理中的应用流程如图 5-7 所示。

5.5.2 价值工程在全过程工程咨询的应用

1. 价值工程在方案设计中的应用

当下很多工程项目的设计基本上通过签订合同来实现，也包括一些以自身技术能力为基础进行设计，但会存在一些问题，常见的如设计人员只是从专业设计层面考虑，并没有结合实际项目全过程来进行价值提升的设计，这就导致整体项目成本的增加。在引进价值工程之后，能够从设计环节进行合理的设计，减少不必要的支出，这样更加符合项目实际需求，有效改善产品价值，保障投资收益，也能够最大化地实现设计的作用和价值。项目

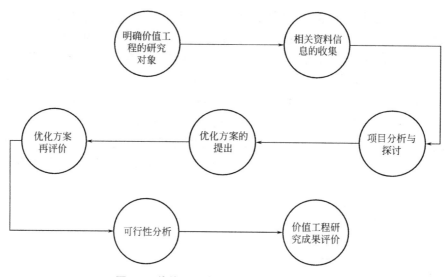

图 5-7　价值工程在项目管理中的应用流程

实施必然需要经过前期设计，这也是决定最终实施效果的重要环节。

2. 价值工程在合同管理中的应用

工程项目合同主要是针对承包商和发包商的施工和资金合同。施工合同是建设工程的主要合同，是工程建设质量控制、工期控制、成本控制的主要依据。在当前的市场经济环境下，这种建设主体之间的权利义务关系主要通过合同签订进行确定，因此，施工合同管理在工程建设领域具有十分重要的意义。合同管理贯穿整个项目全过程周期，且合同内容直接关系到工程参建各方的权利义务以及工程项目的投资控制，因此，作为工程建设方，一个专业的合约部门必不可少，通过加强对合约部门的管理，使工程招标投标工作公开透明、公平公正，保证参建各方的纯洁性，并通过投资监理从更专业的角度予以把关，确保工程计价合理、投资可控，提高合同管理效率，保障市场规范运行，从项目全过程降低风险，控制工程成本。合同管理涉及多个方面的内容，具有一定的复杂性，需要造价人员具备有关施工、造价、经济、法律等方面的专业知识，同时需要足够的精力、责任心和耐心，认真做好计量、变更、签证、索赔等问题的处理工作，科学合理地确定工程造价并有效控制工程支出，维护双方的合法权益。

3. 价值工程在施工过程中的应用

在工程项目施工中，通常通过降低成本和缩短施工工期来达到提高价值的目的，工程项目施工阶段是保证工程质量的关键时期，这个阶段也是周期较长且人员、机械、物料、方法、环境等管理最复杂的时段，因此需要从项目全过程进行约束管理。通过价值工程在全过程工程咨询中的运用，能有效地对施工技术和施工方法做出最优选择，这样不仅能确保工程质量，而且还能加快施工速度，为施工单位提高施工效率，压缩建设工期，进而加快企业经济效益的提升。

5.5.3　全过程工程咨询的价值分析

1. 全过程工程咨询的价值取向

全过程工程咨询是代表建设单位利益而进行的项目管理工作，以保证工程质量和安全为前提，帮助建设单位提高建设效率、节约建设资金。全过程工程咨询单位应从建设单位的利益出发，全身心地投入，协助建设单位管理和指导项目全生命周期各环节工作，实现其利益最大化。全过程工程咨询单位首先需要了解建设单位的利益究竟是什么，在建设单位长期利益和短期利益之间，在建设单位组织体系中的不同群体之间，利益往往是有冲突的。因此全过程工程咨询单位在工作开展之前，必须就咨询项目的实现目标、任务范围、工作计划和工作费用与建设单位达成共识。全过程工程咨询单位提交的咨询建议、报告或方案中应当充分披露相关信息，使建设单位或相关方能够合理理解，在实际工作中还要注意避免与建设单位发生利益冲突，应始终从建设单位的利益出发，不得为自身谋取任何潜在利益。由于不同利益相关者对项目利益诉求存在差异性，将各方不同利益诉求进行统一，尽可能满足各方需求是体现项目价值的重要手段。因此，全过程工程咨询单位还需要协调好各参与方之间的利益冲突，尽量保证项目的总体利益，只有在保证项目总体利益的情况下才能更好地维护和实现建设单位的利益。

2. 全过程工程咨询的价值共创

价值共创理论突破了传统以交换价值为驱动的产品主导逻辑，更多地考虑可以被各利益相关者感知的使用价值（谢琳琳等，2022）。价值共创的研究从产品的使用价值出发，改变了传统价值创造理论中企业是价值创造的主体，而消费者仅作为使用者的观点，强调消费者与企业共同创造价值。价值共创的核心在于参与者的互动与资源整合，而参与者的定义随着实践和理论的发展，正在从顾-企之间的二元关系发展到利益相关者之间的多元、开发、松散耦合的动态网络系统。

全过程工程咨询单位作为服务的生产者，在整合资源的同时，要扩大相关人才储备，建立标准高效的管理模式，构建建设单位与工程价值共享体系。建设单位应全程工程咨询服务的要求，提出自身的管理模式和主张，整合建设单位提供的价值创造资源，通过与建设单位的可持续互动与合作，共同创造全过程工程咨询服务，最终提高工程管理能力，探索先进高效的项目管理模式向建设单位提供优质全程的工程咨询服务，刺激企业自身人才储备、业务扩张等价值产出。

5.6 精益建设理论

5.6.1 精益建设理论概述

精益建设的定义起源于20世纪80年代的丰田汽车公司"精益生产方式"，以消除浪费为核心的精益思想成为制造业先进管理思想的代表，并逐渐向其他行业领域渗透扩散。1993年，LaurisKoskela教授首次提出精益建设的概念，指出建设过程应吸收精益思想，以改进传统管理方式，达到克服浪费、提高效率的目的。

精益建设的概念有广义和狭义之分，广义的精益建设是从建设项目全生命周期的角度，从规划、设计、施工到最后的物业管理，都要输之以精益思想，使建筑产品从一开始就要实施精益建设，从而真正生产出高质量、低成本的建筑产品。广义的精益建设涉及的部门众多，它要求建设单位、设计单位、施工单位和物业管理部门在对建筑物的运作过程中都要实施精益建设。狭义的精益建设仅指施工总承包单位在施工管理过程中运用精益思想来达到高质量、高利润的建设。从总体上来说，精益建设是精益生产从制造业渗透到建筑业的技术扩散过程，旨在最大化运用原材料、人力和物力，有效应对建设项目的动态复杂性，对施工全过程高效管理，达到价值最大化、浪费最小化的目标。

精益建设的本质就是要排除浪费，将"无效"的时间、产出，变为"有效"的时间、产出，追求企业利润的最大化。精益建设所追求的七个"零"极限目标，即零转换浪费、零库存、零浪费、零不良、零故障、零停滞、零伤害就是通过各种各样的手段不断减少浪费，使浪费无限接近于零，从而追求利润最大化。精益建设系统可分为三个不同的层次：一是在项目各参与单位内部贯彻精益的理念；二是在建设项目每个活动中实施精益建设，精益思想在建设项目活动中实施可派生出精益设计、精益供应和精益施工等；三是在各活动之间、从全局的角度实施，如图5-8所示。

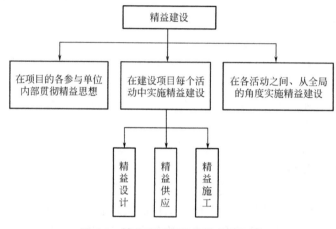

图5-8 精益建设系统的基本框架图

5.6.2 精益建设在全过程工程咨询的应用

精益建设在全过程工程咨询的应用，主要集中于三个方面，即：流程管理，质量、成本与工期管理，安全管理。

学术界对管理流程的研究以工程项目环节为重点，以流程优化、效率提高为目标，以精益思维为指导，结合先进的管理理论构建工程项目交付系统。管理流程要做到与具体的建设项目相契合，还需要对现场施工环境加强控制，如何对现场突发情况进行更有效的控制，运用计算机技术加以模拟，也是研究的方向之一。精益思维在项目交付不同阶段都有体现，主要集中在事前设计、事中控制和事后绩效评价三个方面（陈礼靖等，2013）。事前设计方面，学者提出事前计划和事中控制需要工作订单、每日报告、人力控制、节奏控制和每日工作完成率的控制等（Ghio et al.，1997）。通过分析设计与整合的动因，提出采用设计和施工并行的工程建造体系。事中控制方面，针对信息传输的无效性问题，学者分析"信息请求"过程，定义和量化信息的主要来源和反应时间，弥补信息传输的缺陷（Wyatt et al.，1997）。事后绩效评价方面主要运用实证进行指标体系的选取和构建，评价精益建设能力。

质量、成本与工期管理研究对精益建设提出了现实的要求，即提高质量，降低成本，按时交付。精益建设中尽善尽美原则，要求建设项目从设计、施工到交付环节都进行持续改进，提高质量。精益建设研究中，对浪费进行了详细的界定，包括时间、空间、人力等非价值增长活动，为消除浪费，降低成本和缩短工期提供了决策方向。针对建设的复杂性和动态性特点，企业全面评估项目，有效应对风险显得尤为重要，对精益建设过程起监督作用。

安全行为与企业绩效的关系研究，体现精益建设发挥员工主观能动性的目标，为项目交付过程持续进行提供可靠保障。安全管理包含的风险识别、风险评估和风险应对，均需要系统科学的设计和控制。同样需要精益建设技术的创新，包括现场的可控性、安全预警系统和相关的模拟应用研究（Perlman et al.，2014）。

6 全过程工程咨询项目治理分析

6.1 全过程工程咨询项目治理结构框架

6.1.1 项目治理的内涵界定

治理一词取自拉丁语"gubernare",含义是"引导",最开始主要指对国家的"引导",在 20 世纪 80 年代开始应用到公司组织,用于解决权力设置、管理机制以及制度建设等管理方面的问题。目前,发展比较成熟的是将治理思想应用到公司这一长期性组织所形成的公司治理理论。Turner & Keegan(2001)基于治理的职能作用,并结合项目管理中出现的问题,参考公司治理将治理理论引入项目管理领域,因此有了项目治理。同时,委托-代理理论、交易成本理论和利益相关者理论等公司治理相关理论也被应用到项目治理领域。

针对项目治理的准确含义,不同学者尝试从不同的视角进行了界定。鉴于项目治理借鉴于公司治理,国外学者对项目治理进行了定义。结合经济合作与发展组织(OECD)对公司治理的界定,Turner(2004)将项目治理的含义界定为项目治理提供一个用来确定项目目标、制定项目目标实现方法并进行监控绩效的手段的结构。Turner(2006)指出项目治理包含所有利益相关者如项目管理者、项目发起人、业主等之间的各种关系。美国项目管理学会(Project Management Institute,PMI)(2013)认为项目治理是指项目经理和项目团队提供管理项目的结构、程序和决策模式及工具等,同时支持和控制着项目成功交付。项目治理框架包括制定项目决策,定义角色、职责和追责机制,以及评估项目经理等主要内容。严玲等(2004)则将项目治理的概念引入公共项目中,进一步丰富了项目治理的内涵。王华 & 尹贻林(2004)认为项目治理是在各方利益不同而存在委托代理的情况下,通过项目治理机制的优化降低交易成本,通过市场配置资源引入代理人竞争机制,从而最大限度地减少垄断存在,提高工程项目管理效率,最终实现业主与承包商的利益"双赢"。王彦伟等(2009)将项目治理界定为建立和维护项目利益相关方之间角色关系的过程,从而为实现项目目标提供可靠、有效的管理环境。因此,组织外部利益相关方和内部职能部门都属于治理体系范围。

综上所述,项目治理是近年来被提出来的新理论和新概念,它被称为"项目管理的管理"。关于项目治理的定义与内涵,国内外学者具有不同的界定。例如 Turner(2004)认为项目治理包含项目管理者、投资方、业主和其他利益相关者之间所有关系,是一个设定项目目标、决定目标实现方式和项目绩效监管措施的结构。Bekker & Steyn(2007)则把项目治理界定为一系列管理系统、规则、协议、关系和结构,可以为项目实施过程中的决策提供支持,以实现预期的组织与战略目标。我国学者普遍认为,项目治理是协助项目主要利益相关者通过责、权、利关系的制度安排来决定交易的一种制度框架。项目治理功能的本质是基于项目治理制度安排，规范不同利益主体之间的责、权、利关系，从而恰当地处理不同利益主体之间的监督、激励、风险分配等问题。

总的来说，项目治理由各利益相关者组织层面的治理结构（Governance Structure）和制度层面的治理机制（Governance Mechanism）构成，即项目治理＝治理结构＋治理机制。其中，项目治理结构是指项目参与各主体之间责、权、利契约结构的总和，强调项目契约组织内不同利益主体间的利益分配和权力配置；项目治理机制主要指采用正式的和非正式的结构来治理不同级别的职责和责任（Biesenthal & Wilden，2014；Chen & Manley，2014）。

6.1.2 项目治理机制的构成

"治理机制"，是由"治理结构"到"系统功能"和"行为"的转换环节，治理结构重在回答"谁来配置责权利（即权力制衡关系）"，而治理机制重在回答"如何配置责权利并如何产生治理绩效"。关于项目治理机制的界定，国内外学者展开了广泛研究。刘常乐（2016）将项目治理机制界定为项目治理过程中有关公司治理和交易治理的一系列正式和非正式的制度安排，项目治理机制的作用在于约束与调节项目中所有参与方的行为，从而促使项目实现预定的目标。Turner & Keegan（2001）提出了以交易成本为角度的治理机制，认为项目治理是一种制度框架，用以解决项目交易中的冲突并获得良好的秩序，并强调了经纪人（Broker）和管理员（Steward）在项目组织中的角色。国内主要有尹贻林、杨飞雪、严玲等结合政府公共项目展开对项目治理机制的研究（王彦伟等，2009）。

关于项目治理机制的研究，一部分学者认为项目治理是一种组织控制机制，它采用正式的和非正式的结构来治理不同级别的职责和责任（Biesenthal & Wilden，2014；Chen & Manley，2014）。其中，正式机制包括通过正式合同或非人格化交换而进行的市场交易，以及通过绩效衡量和争议解决程序进行的等级制交易；非正式机制则聚焦于关系，它包括人和基于社会的等级关系来提升相互信任、开放交流、合作和知识共享。另外，也有学者基于合同的类别及履行视角研究项目治理机制（梁永宽，2012；权基琢銎，2017），常用"正式合同"和"隐含合同"代表组织间协调和保护合作关系的治理机制。其中，前者主要通过法律来保障实施，后者指包括声誉、社会惯例等非正式的社会控制和协调机制。也有许多研究将合同治理视为"正式合同""显性契约""法律保障"等，强调通过正式的书面合同明确各方的责任义务。关系治理（Relational Governance）的概念源自关系合同理论（Relational Contract theory），众多学者基于社会学视角凝练出关系性规则并达成共识：与正式合同类似，关系规则在降低交易成本和减少交易风险中起作用（Poppo & Zenger，2002），这些关系性规则被界定为"关系治理"。

总体上，目前关于项目治理机制的类型及构成要素研究尚不统一，但大多数研究都认为治理机制主要包括"合同治理机制"和"关系治理机制"两种类型（Brioso & Xavier，2015）。合同治理是指项目交易过程中的一系列正式的制度安排，涵盖了项目招标投标至项目实施完成并交付过程中的风险分担机制、报酬机制、选择机制和问责机制；关系治理是建立在各方非正式结构和自我执行之上，通过社会关系与共享规范实现对组织间关系的治理。有学者进一步指出完整的项目治理机制应当是涵盖正式合同和非正式关系的二维治理分析框架，通过不同治理机制的均衡作用提升项目治理水平，构建合同-关系混合治理机制（Ning，2017）。谢坚勋（2019）发现在我国重大基础设施项目的治理过程中，有独立于合同治理和关系治理，来自于业主方或其母体组织——政府的第三种治理力量（行政治理机制），发挥着巨大的治理作用，强有力地推进项目建设的进程，提升项目绩效，促进项目成功。Luo et al.（2022）也根据重大工程项目治理的特征，提出了"关系-契约-行政"的三维治理框架。并且契约治理机制包含风险分担、收益分配两个维度；关系治理机制包含关系维护、文化建设两个维度；行政治理机制包含政府监督、政府协调两个维度（谢坚勋，2019；Luo et al.，2022）。综上所述，项目治理机制主要由契约治理、关系治理、行政治理三个维度构成（图 6-1），并协同影响工程项目的建设，对项目的成功产生影响。

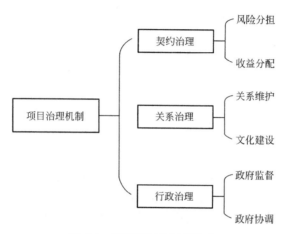

图 6-1　项目治理机制的构成

6.1.3　全过程工程咨询项目治理结构

项目治理结构的核心是项目经理层，外部的业主、供应商、咨询单位、债权人是市场合同关系。严玲等（2004）认为，治理结构是一种制度框架，在这个框架下项目主要利益相关者通过责、权、利关系的制度安排来决定一个完整的交易，并提出公共项目治理结构图。严玲＆赵黎明（2005）后来又对项目治理结构的概念作了修改，认为项目治理结构是指项目内部组织结构及控制权的配置，并构建了一个包括内部治理结构、外部市场约束和政府监控的公共项目治理模式的概念框架。颜红艳（2007）认为建设项目治理是一个系统，包括内部治理机制、外部治理机制和环境治理机制。可以看出，基于利益相关者视角，项目治理结构可分为内部治理、外部治理与环境治理。此外，由于政府具有特有的政治特征、社会作用以及在建设项目尤其是政府主导投资的重大工程中的绝对话语权，有必要将政府的行政治理机制视为与市场治理（即合约治理和关系治理）同等重要，形成一个集成的治理框架。至此，在大型复杂工程项目领域，基于项目治理机制的构成，将"合同-关系"治理机制框架扩展至"合同-关系-行政"三维治理框架，使之更加"完整"，并符合中国的情境。中国情境下大型复杂项目治理结构框架如图 6-2 所示。

全过程工程咨询项目的一次性特征显著。该特殊属性可能使工程项目组织结构更为松散，投机行为发生可能性显著提高（杨飞学，2004）。同时，全过程工程咨询作为一种解

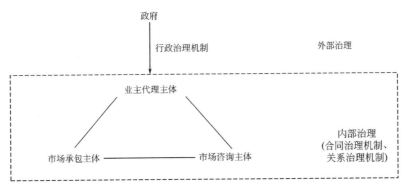

图 6-2　项目治理结构框架

决目前咨询业"碎片化"现象的措施，业主方与工程咨询企业的权责利分配是一大难题。一旦权责利配置不合理，容易导致问责无人、管理失控、项目风险剧增等一系列后果。因此，解决全过程工程咨询项目中的治理问题成为改善项目管理绩效的关键。目前关于全过程工程咨询项目治理的研究不多，但是对大型工程项目、政府投资项目等公共项目的治理问题研究较为成熟，这些研究都为全过程工程咨询项目治理提供理论支撑。Turner（2004）通过研究具有临时性特征的项目组织及其内部结构，指出不同的项目管理组织形成的治理结构和治理机制不尽相同。丁荣贵和费振国（2008）指出参与项目的利益相关方由于自身需求的不同会造成项目治理过程中的不确定性。在项目管理绩效方面，严玲等（2014）运用结构方程模型发现在特殊的治理结构背景下，代建人激励效应在项目治理机制对项目管理绩效影响中发挥中介效用。邓娇娇（2015）在融合中国文化内涵的基础上，实证研究公共项目关系治理对项目管理绩效产生深刻影响。

　　综上所述，目前关于项目治理的研究点主要侧重于概念等理论研究方面，并且可以发现全过程工程咨询项目治理的研究尚未引起广大学者的足够重视。因此在已有研究成果的指导下，全过程工程咨询项目治理是以项目利益相关者的竞合为基点，项目利益相关者的协调运作为中心，建立和维护项目利益相关者权、责、利的过程，该过程为项目全生命周期的管理提供可靠的治理环境。

　　随着国家促进建筑业和全过程工程咨询发展的政策相继出台，推动工程行业和工程咨询价值链治理模式的转换和升级日益迫切。从工程项目主要相关方的视角，构建大型复杂项目全生命周期治理结构如图 6-3 所示，从而更容易确定全过程工程咨询单位的角色和地位。在大型复杂项目全生命周期治理结构中，相关方有政府、投资人、项目单位、建设单位、运营单位、承包商、服务商、供应商、全过程工程咨询单位、用户、社区与公众。政府承担宏观管理的角色，对于政府投资项目则承担投资人的角色。上述治理结构突出了项目单位的角色，这是针对我国工程行业长期以来的治理现状提出的。行业管理的很多法律法规、政策、规范标准，强调的往往是建设单位和运营单位。《中华人民共和国建筑法》和《建设工程质量管理条例》强调的是建设单位、勘察单位、设计单位、施工单位和工程监理单位五方责任主体，缺失了真正对项目全过程、全面负责的法定责任主体，即项目单位。有关部门提出强化投资项目的投资人和项目单位的责任，就是要落实"谁投资，谁受益；谁决策，谁承担风险"的理念，这也是国际通行的规则。从目前情况看，项目单位的地位没有得到应有的重视，也没有发挥应有的作用。特别是对多元投资项目或市场化投资项目而言，建设单位的法定责任主体仍是项目单位，项目代建或项目管理咨询单位根据合同约定承担相关工作，并对所承担的工作负责。在大型复杂项目全生命周期治理结构中，全过程工程咨询单位的服务对象众多，可以作为政府的工程咨询顾问；也可以服务投资人，包括银行、投资基金、产业资本，也包括政府投资项目的履行出资人责任的政府部门，为投资人的投资决策、监管、回收提供咨询服务。

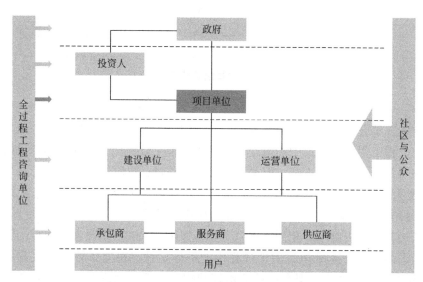

图6-3　项目全生命周期治理结构

6.2　全过程工程咨询多主体协同治理模式

6.2.1　多主体协同治理的内涵

协同治理，是自然科学中的协同理论与社会科学中的治理理论相结合的交叉性理论。协同学最早是由德国著名物理学家赫尔曼哈肯（Hermann，2005）提出，认为客观世界是由多个系统所构成，这些系统之间是相互联系、相互影响的，协同理论则是运用数学模型来解析不同系统转化的机理，探索它们共同的规律，并推广到其他领域。在工程项目领域，协同治理指工程项目管理中项目参与方由于相互协同与竞争，在共同实现项目总体目标和各种项目目标的基础上，所形成的项目管理内在特定工作机制。此外，多主体协同的目的是通过对项目组织进行组织内部子组织及成员间的有效管理，实现其在工作行为、管理方法、管理过程方面的协同发展，实现人与人、人与物、物与物的协同发展，实现项目氛围、项目文化的协同发展。工程项目协同管理具有以下特点：

（1）目标性。工程建设的目标非常明确，即建立一个完整协调的组织，尽可能全面地完成项目目标。在建设项目组织这个大系统中，各参建单位及职能部门在做好自身职责的前提下，共同努力完成建设项目的整体目标，建设项目协同管理的最终目标是要实现"1＋1＋1＞3"的效果。各个建设项目的参建单位就是一个个子系统，在日常运行的过程中应充分发挥各系统中序参量的作用，主导变化的方向，在各参建主体相互交流碰撞的过程中找到项目目标的平衡点。每一次的相互交流就是一次优化自身、互相协同的过程，加强各组织之间的直接联系，实现大系统自身的快速发展。

（2）共赢性。组织之间的合作协同并不是完全的相互让步配合，它对于项目组织自身来说是一次提升的过程。在建设项目不断向前推进即系统向前发展的过程中，对于每一个全过程工程咨询项目的参与主体来说，发展难免会有缺陷和不足，这在合作过程中很容易体现出来。每个主体应充分发挥自身的长处，资源共享，其他单位也应利用双方各自的长处共同发展。"合作-竞争-合作"是各主体之间向前运作的过程，但是最终务必要落足在合作上，双方的合作是常态，竞争是调味剂，求同存异，共同发展才能实现建设项目的成功。

（3）集成性。协同的本质就是一个混乱无序的系统向有序平衡的系统发展的过程，对于全过程工程咨询项目来说，由于建设项目本身的一次性，组织也是由建设项目组建才建立起来，到建设项目结束便解散，这样一个从无到有、逐步进化的过程，需要在其成长过程中对其所拥有的资源进行不断地重组分配。由于建设项目刚开始的局限性，组织中的资源和人员的调配可能不是那么的合理，随着建设项目进展的不断深入，目标逐步清晰，各方面的资源也在进行集成再分配，这样才能保证组织在建设项目全生命周期内实现高效运转。

6.2.2　多主体协同治理模式

在工程领域，多主体协同管理也有广泛的运用，在建设项目各个阶段采用协同治理模式有利于促进项目的成功。其中，全过程工程咨询生命周期分为三大阶段：决策阶段，主要负责项目建议书和可行性研究；实施阶段，其中又包括三个阶段，即勘察设计、施工阶段、竣工验收阶段；运营阶段，主要负责项目运行、生产制造与维护。在全过程工程咨询的各个阶段，多主体协同治理都能在一定程度上发挥积极作用。在全过程工程咨询项目中，多主体协同管理主要包含目标、信息、资源、技术、组织、制度协同六个要素，六个要素共同构成多主体协同管理系统，各因素分析如下：

（1）信息协同。信息协同以项目绩效为中心，有效组织和利用各单位的信息资源，实现信息共享和交流，信息协同包括信息传递、信息共享、信息整理等。

（2）资源协同。资源协同是指按照项目规划，通过项目总部的协调，将各单位资源整合在一起，相互支持、相互协调，促进资源的合理有效配置与高效利用，实现项目绩效最大化目标。包括人力、财务、技术等资源的协同。

（3）制度协同。制度协同是对项目所处环境、技术水平进行分析，以项目绩效为主题，从而提供协同不同制度之间的能力，可理解为一种效益更高的制度对另一种制度的超越和替代过程，表现为制度由非协同向新的协同的演化过程。

（4）组织协同。组织协同过程包括项目全生命周期，即从全过程工程咨询项目立项决策开始，一直到工程竣工验收-运营-维护阶段。鉴于建设项目组织分工细致、专业跨度大，多元主体在不同阶段易产生"信息断层"，影响过程协同管理。因此加强各阶段信息交流管理协同，促进多主体及时沟通，防止产生"断层"，使建设项目全过程实现协同作业。

（5）目标协同。目标协同是指为有效地实现统一目标，打破项目主要目标之间的内在制约关系导致的冲突，是解决工程上各种分配不合理的一种重要途径。

（6）技术协同。建设项目群多元主体工作能力通过建设项目群技术协同来体现。由于全过程工程咨询项目的复杂性、一次性，要求多元主体技术能力达到较高专业水平，这也是保证建设项目顺利推进的前提。一方面，技术协同能有效解决项目复杂专业交叉问题；另一方面，它促进多元主体间的联系与合作，使其发挥最大优势，创造项目总体价值。

全过程工程咨询多主体协同管理中，信息是管理协同系统的基础，是 I 级参量。大型复杂项目中首先衍生出目标协同与资源协同，它们的统一是为了避免信息失真，目标协同为建设项目群协同管理系统从一开始把握项目群全局奠定了基础；资源有效配置在一定程度上使项目群信息在多元主体中寻求平衡，信息流也更为顺畅，因此，目标协同与资源协同作为 II 级参量。技术、组织与制度内部存在信息的交流与合作，形成一定的协同，不会直接造成项目群信息整体协同，这三者是建设项目群在实践操作层面上的重要子系统，是建设项目群管理协同的 III 级参量。基于此，构建全过程工程咨询协同治理模式如图 6-4 所示。

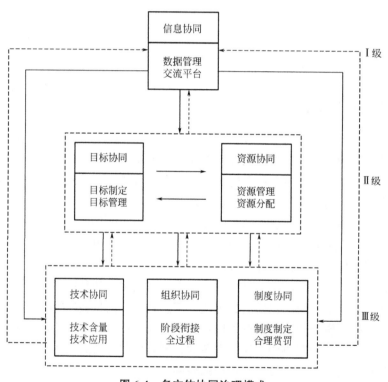

图 6-4　多主体协同治理模式

为保证多主体间协同关系、管理者管理效率，要求构建全过程工程咨询项目完整制度体系作为多主体开展相关活动和规范行为的依据。第一，在制度设计阶段，要改变由单一主体——政府部门作为制定制度的传统做法，将国家相关制度作为指导思想与基本方针，在这个大环境下，根据不同项目自身特点出发，在项目内部建立由市场、管理者、多主体经协商并最终达成共识的规章制度，成为项目多元主体共同行为准则。第二，项目具体制度设计实际意义在于执行。从制度供给侧看，科学、完备、规范的制度，不仅具有刚性和约束性，还具有一定柔性和包容性，从而使它在不确定因素产生一定变动的情况下保持功能的韧性；从项目多元主体看，由于具体制度源于各参与方协同设计，从而保证在制度意识基础上的执行自觉性。第三，一般情况下，项目内部具体制度体系比国家基本制度表现出更大的动态性和灵活性。因此，根据建设项目群需求导向、问题导向与目标导向的动态性，对现有具体治理制度进行变更、补充与完善，以降解制度滞后和出现逻辑冲突，提高具体制度的实效性、可执行性和协同性，持续实现制度体系向管理绩效协同转化。

6.3　全过程工程咨询多主体风险分担机制

6.3.1　风险分担机制的含义

风险分担机制是指通过一些措施以及制定明确的责任、权利和义务，通过合理的风险分担降低项目交易成本，最终提高项目治理水平，促进项目成功（谢坚勋，2019；严玲等。2016）。因此，风险分担不仅是一个将风险划分到责任方的过程，某种程度上也是承担风险的成本与有效激励后的收益之间达到合理的平衡公共项目中风险与机会并存，合理的风险分担机制可形成对代理人的激励（严玲等，2016）。风险分担机制的具体因素包括：责权利的明确性，争议风险的处理程序，不可预见事件的应对措施，利益诉求的合理性，争议处理的责任和权利。

风险分担是一个与合同有着密切关系的动态复杂过程。在合同中存在保护利益和协调行动两类功能性条款，相应地，在结构上需要设计确定性和适应性两类条款。确定性条款旨在实现保护利益的功能，形成履约的一般性框架；适应性条款是为了协调行动赋予双方应对不确定性事件的调适机制，一旦出现未尽事宜，双方将按照该条款进行调整或处理。根据风险分担的原则，全过程工程咨询风险承担者应该做到：①能够充分预见其所承担的风险；②有足够的能力进行最有效的管理风险；③具有必要的风险偏好态度，即愿意接受该风险；④能够获得与之匹配的回报（严敏等，2012）。

6.3.2　多主体风险分担机制

在我国大力推广全过程工程咨询的背景下，面对各式各样的项目重要风险，如何对其风险分担机制进行科学决策以及多主体预防和控制实乃一大重要研究问题（Kim et al.，2014）。基于全过程工程咨询行业多主体构建风险分担机制决策框架，建立沟通理论和实践的桥梁，具有重要的理论意义和实践价值。

全过程工程咨询是对工程建设项目前期研究和决策以及工程项目实施和运营的全生命周期提供包含设计和规划在内的涉及组织、管理、经济和技术等各有关方面的工程咨询服务，为项目决策、实施和运营持续提供局部或整体解决方案，避免"碎片化"咨询管理，从而有效防控项目风险（图6-5）。当前，全过程工程咨询服务主要涉及三个方面的主体，即政府、甲方和乙方，本节旨在提出具有操作性的风险分担机制决策框架，通过完善各方面资源，不断加强对风险的处理，促进各参与方利益平等，提升风险分担合理性，为工程咨询业提供新的思路。

对于政府而言，应积极响应国家号召，实施保障全过程工程咨询有效运行的政策。对于业主方而言，应当与全过程工程咨询团队进行有效沟通，进行造价咨询、招标咨询、前

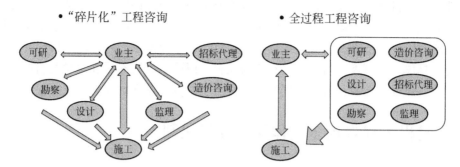

图 6-5　全过程工程咨询与"碎片化"工程咨询对比

期策划咨询等。对于施工单位为代表的乙方，应当根据勘察设计结果进行规范施工，让全过程工程咨询团队参与其中进行监理活动。目前对于全过程工程咨询的风险分担研究较少，而对于风险分担原则主要有以下内容：

（1）有效控制风险原则。风险应该由能够最佳管理风险并且成本最小的一方承担（张水波，2003），风险如果由没有控制能力的一方承担，将会使项目遭受损失。控制力主要体现在能预见某一风险的发生，能减少风险发生的概率并且降低真正发生风险时的成本，保证承担这一风险的承担方所花费的成本是最少的（胡丽，2011）。根据帕累托最优原则，由最有控制力的一方承担风险，能发挥项目最大的社会效益。

（2）风险承担与收益对等的原则。如果一方承担某一风险将会获得最大的经济收益，则由该方承担风险因素，风险承担方有权利根据承担的风险获取相应的收益。在项目运营过程中，风险承担方根据自身的项目管理经验，改善了项目运营，增加项目收益，提高项目服务质量，有效地管控项目风险因素，应当获得与之匹配对等的收益（李蔚，2010）。

（3）风险承担要有上限的原则。过多地承担风险一般发生在私营部门，有时候私营部门为了获取更高的收益，承担超出自己能力范围的风险，反而会增加项目成本（杨谨华，2017）。此外，针对不可抗力等公私双方缺乏控制的风险因素，更不应该强制由其中超出其能力的一方承担，应当双方共同承担或者寻求第三方的介入，保证项目正常运营。

（4）风险分担动态原则。风险不是一成不变的，受到外界各种因素的影响，风险的性质可能发生变化或者出现新的不可预测风险因素（吴淑莲，2017）。因此，风险分担也是一个动态的过程，应该灵活地设计并调整风险分担方案。

6.4　全过程工程咨询多主体利益分配机制

6.4.1　利益分配机制的含义

利益分配机制是指制定合同价款可随风险事件的发生而进行相应调整，以及对合同履行情况制定相应奖惩的一种制度（谢坚勋，2019）。在工程项目管理中，合理的利益分配一方面要与项目实际特征和要求相符，另一方面也要承担相应风险获得的补偿。具体因素包括：奖励条款的设置，惩罚条款的设置，收益获得的合理性，关于法律法规的合同价款调整，关于物价波动的合同价款调整（严玲，2016；谢坚勋，2019）。此外，利益分配的核心原则是收益共享、风险共担。基于核心原则，利益分配机制构建的基本原则主要有互惠互利原则、风险与收益对等原则、信息对称原则、资本结构合理原则、公平兼顾效率原则（朱瑞欣等，2018）。

（1）互惠互利原则。全过程工程咨询逐步得到推广的主要原因是该模式可以实现利益相关者，特别是核心利益相关方的利益诉求，通过这种合作模式实现了双赢的目标。在构建利益分配机制时，要严格遵循互利原则，充分考虑利益相关者之间的合作关系。在不损害利益相关者利益的前提下运用基本原则。找到利益分配点的最佳平衡点，以便充分保护利益相关方特别是核心利益相关者的基本利益，实现盈利，从而形成互惠互利、合作互信的关系。

（2）风险与收益对等原则。项目管理者不仅要考虑到所有参与者的资金来源和资源投入，还要充分考虑到各利益相关方所承担的风险。风险承担者将获得一定的风险补偿，以增加合作的积极性。在正规市场经济环境中，风险承担与分配收益一般是对等的，各方收益分配的比例，由其承担风险的比例决定。

（3）信息对称原则。信息不对称通常是整个项目涉及的各方之间冲突的原因，这反过来影响了各方之间的合作关系。因此，为了避免信息不对称的发生，全过程工程咨询项目运作过程中的信息应该是透明的，在项目收益分配过程中尽可能保持信息共享。在相互沟通的基础上展开合作，当项目出现问题时，要及时沟通和解决，保障项目利益相关者之间关系的稳定，进而保障项目的顺利进行。

（4）资本结构合理原则。在全过程工程咨询项目中，合理分配利益的最优结果必须在其利益分配计划中确定。各方利益相关者需要从宏观角度出发，以利益结构为主要参考，并考虑各种影响因素。平衡利益目标各个方面的权衡和选择，掌握核心权衡点，以所有参与者的利益为主要参考。努力实现公平分配，最大限度地实现所有利益相关者的利益。为鼓励利益相关方积极配合实施项目，应建立激励机制和互信机制。作为契约合作模式，全过程工程咨询项目履行义务，承担责任，享有权益，应充分考虑投入比例、风险分担、合同执行和贡献等多种因素的综合影响，进而达到一个合理的资本结构。

（5）公平兼顾效率原则。全过程工程咨询顺利地进行需要利益相关者之间的紧密合作，合作的基础即为公平。构建一个公平的利益分配方案不仅有助于调动各方利益相关者进行合作的积极性，还有助于避免各方之间矛盾和冲突的产生，进而才能确保各方可获得利益的最大化。与此同时，不能追求过分的公平以至于影响全过程工程咨询项目整体效益的最大化，所以，要在保证公平的前提下兼顾到效益问题。

6.4.2 多主体利益分配机制

利益分配机制内容丰富，包括利益分配、约束、保障、激励和竞争机制等方面；利益分配实现方式特殊，主要以物质为载体；利益分配机制作用明显，对组织性质和效率起决定作用；利益分配机制目的性明确，通过合理分配，实现利益均衡、资源共享、风险共担。合理的利益分配机制有利于促进全过程工程咨询的活力和发展速度，反之则会阻碍全过程咨询的发展。

全过程工程咨询涉及多个主体，工作环节主要有三个阶段，分别是项目决策阶段、工程建设阶段、项目运营阶段。项目决策阶段：主要工作有规划咨询、咨询策划、投资机会研究、投资申请咨询、专项评估报告等。工程建设阶段：主要工作有报批报建、项目管理、工程勘察、工程设计、招标代理、工程监理、造价咨询及 BIM 咨询等（David et al.，2013）。项目运营阶段：项目全过程咨询的最后一个阶段，也是检验项目是否实现决策目标的关键环节。主要工作有运营管理策划、运营维护咨询、项目后评价与绩效评价等。全过程工程咨询不同阶段涉及的主体利益各不相同，针对全过程工程咨询的不同阶段应当合理地建立各主体利益分配机制，才能有利于全过程工程咨询的推进与发展，助推建筑业的健康良性发展。

6.5 全过程工程咨询治理机制与管理绩效

全过程工程咨询的选择主要取决于治理结构中组织网络各节点与节点间关系的适配程度。网络治理作为一种"多对多"的结构关系，而以"业主-咨询单位-总承包商"为基础的三边治理结构，业主、咨询单位和总承包商分别作为"三角形"组织网络的节点。其中，将节点要素作为企业组织内治理属性，节点间关系作为组织间治理机制。全过程工程咨询作为一种通过多种服务方式组合，为项目提供涵盖全生命周期的项目管理及组织、管理、经济和技术专业化咨询的知识密集型服务，因此其节点结构的重点不再是总承包商与其他参与方的关系，而是主要集中于咨询单位与业主，如图 6-6 所示。

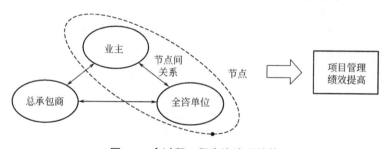

图 6-6　全过程工程咨询治理结构

6.5.1 全过程工程咨询治理机制

全过程工程咨询项目治理以网络治理理论为切入口，将治理机制分为组织外治理机制（节点间）和组织内治理属性（节点）两部分。其中，全过程工程咨询项目根植于复杂的社会环境中，其不仅是临时性契约组织，更是临时性社会网络组织（Zhang et al，2013）。由于网络治理生成机制主要从交易成本理论、企业资源和能力理论以及社会网络理论展开，因此将全过程工程咨询组织间治理机制分为正式的契约治理（Yu et al，2006）与非正式的关系治理。

1. 正式契约治理机制的选取

合同作为契约治理中的基础机制，主要强调通过正式规则和程序规定网络中各方权、责、利的边界（Poppo et al，2002）。因此，契约治理也被视为"正式合同"（Formal Contract）、"显性契约"（Explicit Contract）等，旨在以合同中明确的规定确认各方责任义务（Huber，2013）。因此在全过程工程咨询项目中，合同作为三边治理网络结构中结点的链接桥梁，其重要性不言而喻。Williams（1979）在合同的基础上将契约治理看作一种制度结构的安排，认为项目契约治理应包括风险分担机制、选择机制、回报机制和责任机制。同时也有部分学者认为，契约可以通过强制性手段约束行为以达到保障项目绩效的效果（Lewis et al，2017）。杜亚灵（2011）通过对 BT 项目的整理，从责权利的角度出发，研究契约治理对项目投资的控制作用，认为解决权利配置、风险分担及回购总价款等问题是改善投资控制效果的关键。邓娇娇（2013）将公共项目契约治理机制按基于项目契约组织的内部治理机制和基于公共项目市场的外部治理机制，其中契约组织的内部治理机制包括项目所有权配置机制、代理人报酬机制、风险分担机制，而外部治理机制则划分为声誉机制、代理人选择、代理人项目管理绩效评价机制和代理人问责机制等。由此可见，控制权配置是项目治理的核心问题之一，控制权作为无法脱离资源载体而存在的抽象概念，是对可供支配和利用的资源的控制和管理，其目的是获得某种利益（余勇军，2014）。而对于"碎片化"现状得到进一步改善、着重强调总体服务功能的全过程工程咨询而言，这种控制权配置可视为业主对于权力决策这一资源载体的掌控程度，即转化为业主对于咨询单位授权的程度，其中还涉及对于责权利的匹配问题，因为集成并不意味着要求每一个企业都要做到"大而全""小而全"的全过程功能服务。国内现阶段保持单一咨询服务而不做出进步性改变，必定面临吞并与淘汰，咨询主体单位如勘察、设计、监理、招标代理、造价咨询也将面临行业洗牌。

因此，面对全过程背景下工程咨询企业的转型升级，建筑市场对全过程工程咨询的交易模式选择也提出了更高要求。其中，全过程工程咨询可形成三种交易模式：一体化全过程工程咨询提供商（A 模式）、联营体（B 模式）和部分咨询组合形式（C 模式）。而其具体交易模式的选择主要根据业主需求而定，主要体现于由业主确定权力下放的程度大小。在不同情况下，咨询单位依据业主授权程度对应承担不同的责任。除此之外，对于以提供服务为主的咨询单位而言，需同时考虑协调、监督与约束的重要性，其中所暴露出的问题主要在激励机制上，包括服务报酬标准偏低、内容不明确等（邓娇娇，2013）。因此，业主对咨询单位的报酬是最直接的激励因素（严玲，2016），然而只针对收益问题对全过程工程咨询进行研究是不够的。而在有关全过程工程咨询的研究中，还未形成统一的报酬体系。515 号文发出之前，学者们对于全过程工程咨询项目取费进行了总结讨论，余宏亮等认为其取费标准可以代建制为基础，设计出三种全过程工程咨询收费标准，包括单项收费、总价费率和人工工时费，但并没有明确的比例描述（余宏亮，2018）。由此可见，在全过程工程咨询的推进过程中，报酬机制作为重要激励手段，收费标准是否合理影响着咨询单位是否可以不断完善并提供优质服务。综上所述，契约治理的研究已完成量表与相关因素的探索分析，而全过程工程咨询项目三边治理则以合同作为节点链接的基础，而其影响节点间关系因素应包括业主对咨询单位的控制权配置与报酬机制。

2. 非正式关系治理机制的选取

全过程工程咨询组织间的关系治理主要是指在整个网络中的关系规范（骆亚卓，2017）。如今关系治理已被越来越多的学者视为一种重要的治理机制，然而学术界对于关系治理的内涵仍有较大出入，主要表现为理论范式的选择与关系治理维度划分的差异。关系治理的理论范式主要涉及交易成本理论、关系契约理论、组织制度理论、资源基础理论及社会学相关理论等（姜翰，2008），其中交易成本理论与社会相关理论被大多数学者所接受。

不同学者对于关系治理的划分通过不断地合并与扩增，近年来逐渐将关系治理集中于信任、沟通、信息共享等维度上。王颖 & 王方华（2007）从嵌入性的角度入手，认为关系治理的本质是关系契约通过关系规范实现的治理。沙凯逊（2013）指出关系治理更多地依赖于项目参与方的合作，通过组织间关系的协调实现项目目标。全过程工程咨询项目即是基于信任的智力型服务，在全过程工程咨询项目治理框架中，信任是指施信方相信受信方不会欺骗或辜负自己，即使存在机会主义倾向，受信方也不会令施信方失望（Albertus，2009）。因此，可选取信任作为组织间网络关系治理机制的核心因素。然而，信任的存在并不能完整反映全过程工程咨询项目网络关系治理的维度。在全过程工程咨询项目这一临时性多边网络组织中，咨询单位与业主的关系建立不完全是基于合同和协议等正式渠道，还存在非正式形式下的沟通与决策。传统模式下，多咨询方所提供的碎片化服务使项目信息成为"孤岛"，每一座信息"孤岛"之间缺乏桥梁，致使建设全过程的信息碎片无法形成信息链。在建设项目全过程中，轻微的变动往往会导致决策或管理信息的断裂或缺失。全过程工程咨询旨在打破信息不对称，将信息流进行延展，形成完整的项目信息链，并将其整合后作为部分服务产品交付业主（王宏毅，2018）。因此，咨询单位在经业主授权后，不仅需要提供集成服务，同时作为业主代表还需对总承包商进行协助，经过项目治理网络间的信息交换与知识共享，协调和平衡双方关系。在信任的基础上形成网络间良好的合作氛围，而频繁、有效的沟通可以避免因误会或信息不对称所导致的误会与冲突，进一步提高项目管理效率。沟通已被视为一种重要的关系治理机制，包含信息及时有效的交换与促进三边治理网络结构各节点间的协调（Boyle，1992）。由此可见，通过关系治理的非正式手段可以补充契约治理正式制度的不足，促进全过程工程咨询项目网络节点之间的合作。因而，如何对关系治理和契约治理进行有效组合与均衡使用以实现更好的项目管理绩效，成为建设项目参与方重点关注的问题之一。

6.5.2　全过程工程咨询管理绩效

与业主项目管理的自管模式相比，业主方委托项目管理模式，尤其是委托全过程工程咨询模式多出了一层业主与全过程咨询企业之间的委托代理关系，即业主通过招标或委托方式将建设项目委托给全过程工程咨询企业进行全过程的项目管理和项目协同。作为代理人的咨询单位根据咨询服务委托合同的约定履行建设项目的全过程项目管理工作，如承包商选择、合同缔结与履行、项目控制等；而业主则需要对咨询单位的选择、咨询单位的行为等进行监管等工作。从项目治理角度来说，业主委托项目管理的模式无疑增加了一层委托代理关系。与业主方自管模式相比，业主须加强对代理人的监管，在委托咨询服务合同签订前选择合适的咨询单位，并在委托咨询服务合同签订后加大激励与约束措施，以防止咨询方出现"败德行为"。

综上所述，全过程工程咨询制度通过引入市场竞争，利用专业化方式进行建设项目的项目管理，是将成本与收益高效结合的制度创新。国内推行全过程工程咨询项目本身即具有促进项目管理绩效改善的优势，如何有效发挥优势、扩大优势，则一直受实务界与学术界的关注。全过程工程咨询项目管理绩效可以定义为：针对某一建设单位委托的相对独立的某个全过程工程咨询项目或项目群，以全过程工程咨询项目部为主体，咨询单位所开展的项目管理行为和取得的管理成效的综合体现。对全过程工程咨询项目管理绩效内涵的理解可以分为以下两个方面：

（1）全过程工程咨询项目管理绩效关注的是考虑"过程＋结果"的综合反映：一是关注建设项目整体目标的实现，追求的是在预设成本不超出的情况下按时保质地完成项目要求输出的产品；二是关注咨询服务本身的质量，追求的是除成本、质量、进度以外所包含的咨询服务质量，即能够在相应的时间范围内提供让业主满意的咨询服务产品。

（2）全过程工程咨询项目管理绩效关注的是参与方的组织绩效：项目的参与者主要是项目管理团队，即业主方和咨询单位派出的项目团队以及咨询单位的相关职能部门，由此所关注的主要是参与方所形成的组织绩效，是指参与方在承担具体任务时的工作开展情况，体现为项目成员的表现与各自目标的实现（倪国栋，2018）。

第二篇
实践篇

　　本篇以中国电建集团华东勘察设计研究院开展水利水电全过程工程咨询工作的具体实践为基准，主要阐述大中型水利水电项目全过程工程咨询全生命期各个阶段的咨询工作，包括投资决策、勘察设计、采购与招标、施工、验收与移交、运营等阶段，并全方位地展现了水利水电项目各个阶段开展咨询工作的目标、内容、工作方法、工作措施、工作流程和成果。同时也对全过程工程咨询的工程数字化、工程创优等相关工作进行了阐述，为水利水电项目全过程工程咨询的数字化发展以及工程创优提供了借鉴和参考。通过实践篇对大中型水利水电项目各阶段咨询工作的详细描述，有利于指导水利水电项目全过程工程咨询的实践操作。

7 项目投资决策阶段咨询

7.1 投资决策阶段咨询服务目标

在投资决策环节就投资项目的市场、技术、经济、生态环境、能源、资源、安全等影响可行性的要素，结合国家、地区、行业、领域、产业发展规划及相关重大专项建设规划、产业政策、技术标准及相关审批要求进行分析研究和论证，为投资方提供综合性、一体化的咨询服务。项目策划及论证提供了项目的依据和驱动力，全过程工程咨询应协助建设单位在项目开始时开发项目策划及论证，在项目生命周期中进行更新，在每个关键决策点进行正式验证。全过程工程咨询服务研究影响可行性的要素；进行影响项目实施效果的政策和主要建设条件分析（如市政配套、建设方制度、实施能力、政策环境、法律环境、市场环境等）；进行影响项目的各种风险因素论证，制定项目投资策划相关方案；进行项目建成后的运营、管理、维护能力分析。结合国家、地区、行业发展规划及相关大中型水利水电工程项目建设规划、产业政策、技术标准及相关审批要求，进行项目方案的分析研究、论证、比选优化，为投资方提供投资项目的决策依据和建议。

全过程工程咨询在投资决策阶段应发挥统领作用，应实现专业融合，探索业务融合，应避免简单叠加模式，以实现真正的全过程工程咨询。统筹和协同各专业板块，形成系统化、协调化、全局化的思维方式和工作方式。在前期决策阶段协助完成项目建议书、可行性研究报告、报批报建等工作，统筹、协调各工程参与方，及时反馈各方意见，做好有效的沟通交流。协助建设单位组织专项咨询或审查，根据审查和评估单位提出的意见督促编制单位进行修改、送审，直到通过审查和评估，工作过程中充分体现全过程工程咨询价值，提高工作效率。

此外，在投资决策阶段全过程工程咨询团队应对大中型水利水电工程的各个方面进行一系列研究和论证，以达到降低委托方决策风险和有效控制投资的目的，为其科学决策提供专业依据与支撑。

7.2 投资决策阶段咨询工作内容

项目投资决策，主要是指项目单位根据行业规划、专项规划以及城市总体规划等各项规划及国家产业政策要求，按照现行规定的审批流程并结合拟建项目的具体情况，通过专业性、科学性的经济技术分析、综合分析，论证拟建项目建设的必要性、技术经济可行性、社会效益、项目资金等主要建设条件落实情况以及投资概算与国家相关标准和规范要求符合性的过程。

考虑到水利项目与水电项目在开展咨询工作时有所差别，以下内容以水利项目为基准，水电项目在前期决策中的各阶段可以参考水利项目相应阶段咨询工作内容（例如水电项目的预可行性研究阶段可以参考水利项目的可行性研究阶段，水电项目的可行性研究阶段可以参考水利项目的初步设计阶段）。

7.2.1 项目建议书咨询工作内容

1. 建设条件咨询

全过程工程咨询单位根据建设单位的委托，结合项目所在地规划、产业政策、投资条件、市场状况等开展投资策划咨询，提供投资机会研究成果；投资机会研究是进行准备性调查研究，通过对政治、环境的分析来寻找投资机会、识别投资方向、选定投资项目，作为投资方内部决策使用。

为了使投资决策论证达到要求并且为下一步的项目建议书、可行性研究做充分准备，需进行建设条件评价及咨询，全过程工程咨询单位根据以下建设条件工作内容开展咨询工作，如表7.1所示。

建设条件咨询工作内容　　　　　　　　　　　　　　　　　表 7.1

序号	咨询内容	工作内容
1	建设项目选址论证	全过程工程咨询单位应当依据土地管理等相关法律法规的规定,全面掌握国家供地政策、项目所在地的土地利用规划、土地使用标准、拟选地点状况等,开展建设项目选址论证
		建设项目选址论证主要内容包括项目基本情况、选址占地情况、用地是否符合土地利用总体规划、用地面积是否符合土地使用标准、用地是否符合供地政策等
		全过程工程咨询单位应当根据大中型水利水电项目选址论证结论,形成建设项目用地预审和选址意见书的申报材料,协助投资方向有权限的自然资源主管部门报批
2	建设工程临时占用林地审批	建设项目使用林地应当严格执行《建设项目使用林地审核审批管理办法》(国家林业局令第35号)的规定。经国务院或者省(含自治区、直辖市)人民政府批准的大中型水利水电项目,确需使用林地且不符合林地保护利用规划的,可以先调整林地保护利用规划,再办理建设项目使用林地手续;若建设项目处于生态区位重要和生态脆弱地区,按照国家林业局公布的范围执行;单位面积蓄积量高的林地由各省人民政府林业主管部门根据本省实际情况确定
3	占用城市绿地和砍伐、迁移城市树木审批	主要有以下情况:经主管部门批准开设路口需占用公共城市绿地和砍伐、迁移城市树木;经规划国土部门批准的建设项目需占用公共城市绿地和砍伐、迁移城市树木;因紧急抢险救灾、地质勘探、市政公用设施维护、公安或交通临时简易设施设置及移动通信基站设置需临时占用公共城市绿地和砍伐、迁移城市树木;临时占用公共城市绿地和砍伐、迁移城市树木延期
4	建设项目环境影响	全过程工程咨询单位应当依据环境保护等相关法律法规的规定,全面掌握有关环境影响评价标准和技术规范等,开展建设项目环境影响评价;建设项目环境影响评价主要内容包括项目概况、项目周围环境现状、项目对环境可能造成影响的分析、预测和评估、项目环境保护措施及其技术、经济论证、项目对环境影响的经济损益分析、对项目实施环境监测的建议、环境影响评价的结论等
		全过程工程咨询单位应根据项目对环境的影响程度不同,编制环境影响报告书、环境影响报告表或填报环境影响登记表
		全过程工程咨询单位应根据建设项目环境影响评价结论,协助投资方向有权限的生态环境主管部门报批

序号	咨询内容	工作内容
5	固定资产投资项目节能审查	全过程工程咨询单位应当根据节能审查等相关法律法规的规定,全面掌握国家节能相关政策、标准和技术规范等,开展固定资产投资项目节能评估
		固定资产投资项目节能评估主要内容包括分析评价依据;项目建设方案的节能分析和比选;选取节能效果好、技术经济可行的节能技术和管理措施;项目能源消费量、能源消费结构、能源效率等方面的分析;对所在地完成能源消耗总量等方面的分析评价等
		全过程工程咨询单位应根据固定资产投资项目节能评估结论,协助投资方向有权限的节能审查主管部门报批
6	市政规划许可	若建设项目位于轨道交通、电力、油气、危险品、水工程等保护区或安全防护范围内,需对建设项目进行勘察、评价
		若因工程建设确需占用、挖掘道路及道路用地或开设路口,或者跨越、穿越道路架设、增设或埋设管线设施,以及在道路建筑控制区内埋设管道、电缆等设施的,应进行勘察,申请许可事项主体、程序、内容符合国家法律、法规、规章和规范性文件有关路政管理的规定
		对于河道治理类及非独立占地的管、线类工程等项目涉及其他权属用地的工程项目,应询问相关权利人建议并取得书面同意
7	防洪影响	全过程工程咨询单位应当依据防洪等相关法律法规的规定,全面掌握防洪影响评价标准和规范性文件要求,开展防洪影响评价
		防洪影响评价主要内容包括项目概况、项目对防洪的影响、洪水对建设项目的影响、消除或减轻洪水影响的措施、结论与建议等
		河道管理范围内建设项目工程建设方案的审批,需编制防洪评价报告。非防洪建设项目防洪影响评价报告的审批,需编制防洪影响评价报告。国家基本水文测站上下游建设影响水文监测工程的审批,需编制建设工程对水文监测影响程度的分析评价报告
		全过程工程咨询单位应根据防洪影响评价结论,协助投资方向有权限的水行政主管部门报批
8	生产建设项目水土保持方案审查	全过程工程咨询单位应当依据水土保持等相关法律法规的规定,全面掌握国家水土保持政策标准、技术规范等,编制生产建设项目水土保持方案
		生产建设项目水土保持方案主要内容包括生产建设项目概况及项目所在地区域概况、主体工程水土保持评价与水土流失预测,水土流失防治责任范围及防治分区,水土流失防治目标及防治措施布局,水土保持方案投资估算与效益分析
		全过程工程咨询单位应根据生产建设项目水土保持方案结论,协助投资方向有权限的水行政主管部报批
9	水资源论证	全过程工程咨询单位应当依据取水许可等相关法律法规的规定,开展建设项目水资源论证
		建设项目水资源论证主要内容包括拟建项目概况、取水水源论证、用水合理性论证、排水情况及其对水环境影响分析、对其他用水户权益的影响分析、其他事项等
		全过程工程咨询单位应根据项目取水量以及对周边环境影响程度等情况,按规定要求编制水资源论证报告书(表)
		全过程工程咨询单位应根据建设项目水资源论证结论,协助投资方向有权限的水行政主管部门报批

序号	咨询内容	工作内容
10	建设工程消防设计审查	需要准备并提供消防设计文件、第三方机构出具的消防设计技术审查合格文件、临时性建筑批准文件（非必要）等
11	建设项目压覆重要矿产资源	全过程工程咨询单位应当依据矿产资源等相关法律法规的规定，全面掌握建设项目所在地的矿产资源规划、矿产资源分布、矿业权设置情况等，开展建设项目压覆重要产资源评估
		建设项目压覆重要矿产资源评估主要内容包括项目基本情况、项目选址工作区地质矿产情况，主要确定压覆矿产的矿种、种类、面积及压覆矿产资源储量的类型、质量、数量、经济价值、矿业权归属情况等
		全过程工程咨询单位应根据建设项目压覆重要矿产资源评估结论，协助投资方向有权限的自然资源主管部门报批
12	建设工程文物保护	全过程工程咨询单位应当依据文物保护等相关法律法规的规定，全面掌握拟建项目建设地点、工程规划和设计方案、文物保护单位的具体情况等，开展建设项目对文物可能产生破坏或影响的评估
		建设项目对文物可能产生破坏或影响的评估主要内容包括项目概况、涉及文物保护单位概况、项目与文物保护单位的关系、项目对文物保护单位的影响分析、评估结论等
		全过程工程咨询单位应根据建设工程对文物可能产生破坏或影响的评估结论，协助投资方向有权限的文物行政主管部门报批
13	社会风险	全过程工程咨询单位应当依据重大固定资产投资项目社会稳定风险评估暂行办法等相关法规的规定，开展社会风险评估
		社会风险评估主要内容包括项目概况、社会风险调查分析、风险要点、风险发生的可能性及影响程度、防范和化解风险的方案措施、提出采取相关措施后的社会风险等级建议等
		全过程工程咨询单位应根据社会风险评估结论，协助投资方向有权限的行政主管部门报批
14	入境口岸安全许可	若建设项目属出入境口岸等重要设施或位于安全控制区内，应对建设项目进行审查，以取得国家安全机关关于建设项目涉及国家安全事项许可文件
15	建设征地移民安置（仅针对企业投资项目）	对建设项目用地移民进行评估、规划，制定移民安置规划大纲，完成移民安置规划报告及附件、法人证明文件

2. 项目建议书

项目建议书是项目立项的重要依据，主要论证项目建设的必要性，对主要建设内容、拟建地点、拟建规模、资金筹措以及社会效益和经济效益等进行初步分析，并附相关文件资料。全过程工程咨询单位应根据投资方的要求开展咨询工作，承担咨询评估任务，协助完成项目建议书，提出咨询评估意见，应使项目建议书的编制格式、内容和深度达到规定要求，促使项目建议书获得批准，为项目决策提供依据。项目建议书经批准后，可以进行下一步可行性研究。项目建议书阶段具体工作内容如表7.2所示。

序号	工作内容
1	论证项目建设的必要性,基本确定工程任务及工程各项任务的主次顺序,明确项目建设对上下游及周边其他水工程的影响
2	基本确定工程场址的主要水文参数
3	基本查明影响坝(闸、泵站)址及引水线路方案的工程地质条件;对天然建筑材料进行初查
4	基本确定工程规模、工程等别及标准和工程总体布局
5	基本选定工程场址和线路,初步选定工程总体布置方案,基本选定基本坝型,初步选定其他主要建筑物形式
6	初步选定机电及金属结构的主要设备型式与布置
7	基本选定对外交通运输方案,初步选定施工导流方式和料场,初步确定主体工程主要施工方法、施工总布置、总工期
8	基本确定项目建设征地的范围,基本查明主要淹没实物指标
9	分析工程建设对主要环境保护目标的影响,初步提出环境影响分析结论、环境保护对策措施
10	分析工程建设对水土流失影响,初步确定水土流失防治总体要求和初步方案
11	分析建设项目能源消耗种类、数量和节能设计的要求,初拟节能措施,对节能措施进行节能效果综合评价
12	基本确定工程项目类别,初拟管理方案,初步确定管理区范围
13	提出主要工程量和主要设备数量
14	估算工程投资,编制项目投资估算
15	提出资金筹措方案,评价项目的经济合理性和财务可行性

7.2.2 可行性研究咨询工作内容

可行性研究内容和深度应达到可行性研究报告、建设条件单项咨询相应的规定要求,必须满足决策者定方案定项目的要求。鼓励将国家法律法规、行政审批中要求的可行性研究报告报批前必须完成的建设条件单项咨询纳入可行性研究统筹论证;鼓励将开工前必须完成的其他建设条件单项咨询主要内容纳入可行性研究统筹论证。

为完成可行性研究报告,在可行性研究阶段需对建设项目开展勘察工作和设计工作,勘察管理工作主要依据《水利水电工程地质勘察规范》GB 50487—2008 的有关规定,勘察管理工作内容如表 7.3 所示。

勘察管理工作内容 表 7.3

序号	咨询内容	工作内容
1	区域地质和地震	研究工程区域地质构造背景
		查明工程区内区域性断裂、褶皱构造的规模、性质、展布特征及断层的活动性和分布规律,评价其对工程的影响
		研究工程区的地震活动特性
		评价工程进行区域构造稳定性,确定地震动参数

序号	咨询内容	工作内容
2	输水隧洞及施工支洞	基本查明隧洞地段地表水系的分布、水位、流量和大气降水、地面蒸发及地表径流、地下径流等气象、水文情况
		基本查明隧洞地段山地及次级地貌的类型、分布特征
		基本查明滑坡、崩塌、泥石流等不良地质现象、潜在不稳定体的分布规模、类型性质、物质组成、结构特征和天然稳定状态。若存在傍山浅埋洞段、过沟段，应基本查明山体边坡的稳定性和山前冲洪积扇的形态特征、物质组成
		基本查明隧洞地段地层结构、岩性别类、产状、分布特征。对于基岩地层，应基本查明软弱、膨胀、易溶和岩溶化岩层的分布及其工程地质性质；对松散地层，应基本查明成因类型、分布厚度、物质组成及其工程地质性质
		基本查明隧洞地段断层、破碎带、节理裂隙密集带和主要结构面的产状、性质、分布特征
		基本查明隧洞地段地下水的类型、分布、补排条件等
		基本查明隧洞地段地下水的化学性质，进行地下水腐蚀性评价
		基本查明隧洞地段岩体的透水性，进行岩体渗透性分级
		基本查明隧洞地段岩体风化、卸荷特征，评价其对管道、隧洞进出口等的边坡和洞室稳定性的影响
		浅埋洞段应基本查明上覆岩土层的厚度、成因、物质组成及含水性和透水性
		可溶岩区应基本查明下列内容：岩溶地貌形态特征及埋藏条件。可溶岩的类别、化学成分、分布规律及层组类型；岩溶现象、发育程度及岩溶洞穴的规模、连通性、充填情况；岩溶地下水的类型、分布条件及水动力条件、水文地质结构特征
		基本查明隧洞围岩各类岩体的物理力学性质，基本确定岩体物理力学参数及有关工程地质参数
		基本查明隧洞地段地应力的状态和条件
		基本查明隧洞地段有害气体和放射性物质的赋存条件
		进行围岩工程地质初步分类
		分析隧洞地段地质构造和水文地质条件，估算隧洞外水压力
		分析隧洞地段水文地质条件及围岩充水条件，评价隧洞施工发生涌水、突水的可能性，概略预测涌、突水量，评价隧洞施工涌、突水对周边环境和生态的影响，提出预防和处理措施初步建议
		基本查明沿线穿越段工程地质条件，了解被穿越工程的基础形式和埋深等资料，初步评价穿越的可能性及穿越方式
3	进水口、出水口	初步查明取水口、出水口地段地形地貌、地层岩性、地质构造、地下水特征及边坡稳定性现状
		初步查明边坡岩体结构类型，风化、卸荷特征，各类结构面和软弱层的分布、产状、性状及其组合关系，分析对边坡稳定的影响
		初步查明取水口地基，重点查明软弱夹层、风化夹层、断层带、破碎带的发育、分布及其组合关系，分析、初步评价地基承载力条件，提出地基选择建议
		初步查明进、出水口施工围堰基础及两岸工程地质条件

项目投资决策阶段咨询

序号	咨询内容	工作内容
4	泵站、调压井、各类竖井、项目调度中心	初步查明场地边坡地形地貌、地层岩性、地质构造、地下水特征及边坡稳定性现状
		初步查明场地不良地质现象的分布情况
		初步查明场地的地层结构、岩土类型和物理力学性状,重点为不良岩土层的分布情况和工程特性
		初步查明地下水类型、埋深及岩土体透水性、透水层和相对隔水层的分布、地表水和地下水水质,初步评价地表水、地下水对混凝土和钢结构的腐蚀性
		进行岩土物理力学性质试验,初步提出岩土物理力学参数
		初步评价建筑场地地基承载力、渗透稳定、抗滑稳定、地震液化及边坡稳定性,评价基坑工程地质条件
5	施工临时设施	初步查明场地的地形地貌、地层岩性、地质构造等基本工程地质和水文地质条件,重点是对场地整体稳定有影响的地质结构和特殊性岩土
		初步查明场地不良地质现象的分布,初步评价其影响,特别是泥石流、崩塌及滑坡的分布
		初步评价场地的稳定性和适宜性
		初步调查场地周边地下障碍物的类型、分布
		对施工围堰还应初步查明岩土体的渗透性
6	天然建筑材料	详细查明输水隧洞开挖料的岩性、夹层性质及空间分布、有用层储量、质量,评价洞挖料作为天然建筑材料的条件
		详细查明施工围堰填筑料料源、储量、形状及开采条件
		对工程所需各类建筑材料的商品料进行详查,查明料源质量、储量、价格、运输条件等
7	勘察报告	勘察报告的内容,应根据任务要求、地质条件、工程特点等具体情况确定。详细勘察报告应有明确的针对性,可行性研究阶段勘察成果为工程地质勘察报告(可行性研究阶段),报告分为两个部分,其中第一部分为报告正文,第二部分为附图和附件

可行性研究阶段中设计管理工作主要依托《水利水电工程可行性研究报告编制规程》SL/T 618—2021 的有关规定,设计管理工作内容如表 7.4 所示。

设计管理工作内容   表 7.4

序号	工作内容
1	论证工程建设必要性
2	确定工程水文参数和成果
3	查明进水口和输水线路沿线、泵站等建筑物工程地质条件,并给出评价意见
4	确定工程规模和工程总体布局
5	确定进水口位置、输水隧洞线路、泵站位置、确定各类竖井的数量及位置
6	确定工程等级及设计标准,基本选定工程总体布置,基本选定进水口、输水隧洞和泵站等主要建筑物的型式,基本选定输水隧洞断面形式
7	基本选定机电和金属结构及其他主要机电设备的型式和布置
8	初步确定消防设计方案和主要设施
9	选定施工导流方式及导流建筑物的布置,基本选定主体工程主要施工方法和施工总布置,提出控制性工期和分期实施意见,基本确定施工总工期,选定主要施工点对外运输方案

序号	工作内容
10	确定工程建设征地的范围,估算征地补偿投资
11	对主要环境要素进行环境影响预测评价,确定环境保护对策措施,估算环境保护投资
12	对主体工程设计进行水土保持评价,确定水土流失防治责任范围、水土保持措施、水土保持监测方案
13	初步确定劳动安全与工业卫生的设计方案,基本确定主要措施
14	明确工程的能源消耗种类和数量、能源消耗指标、设计原则,基本确定节能措施
15	确定管理单位类别及性质、机构设置方案、管理范围和保护范围等
16	编制投资估算
17	分析工程效益、费用和贷款能力,提出资金筹措方案,分析主要经济评价指标,评价工程的经济合理性和财务可行性
18	编制工程可行性研究报告、附图册、相关的专题报告和附件

在可行性研究的基础上,全过程工程咨询单位按照建设项目分类管理要求编制形成相应的申报材料。项目应按照规定要求,编制形成项目建议书、可行性研究报告、初步设计等,全过程工程咨询单位可以根据投资方的要求承担咨询评估任务,提出咨询评估意见。

可行性研究报告是项目审批决策的重要依据,重点分析项目的技术经济可行性、社会效益以及项目资金等主要建设条件的落实情况,应提供多种建设方案比选,提出项目建设必要性、可行性和合理性的研究结论,可行性研究报告的编制格式、内容和深度应达到规定要求。

全过程工程咨询单位应当协助投资方,将编制形成的申报材料按照投资管理权限和规定的程序,报投资主管部门或者其他有关部门审批、核准或备案。除涉及国家秘密的项目外,应按照规定要求通过投资项目在线审批监管平台生成的项目代码进行申报。

7.2.3 报批报建咨询工作内容

全过程工程咨询单位在报批报建各阶段应根据具体工作内容展开咨询工作（表7.5）,及时了解建设项目报批报建具体要求,搜集、整理相关报批报建政策法规以及项目前期报建成果文件,梳理报建工作流程,确保提前落实要件准备工作。在相关手续办理过程中,进行有效沟通,在与相关管理部门进行对接的同时提交相应支持材料,达到提高工作效率、加快办理速度的目的。

报批报建各阶段咨询工作内容 表7.5

序号	工作阶段	工作内容
1	立项及用地规划许可阶段	项目首次前期经费下达
		出具选址意见书及用地预审意见和规划设计要点
		建设用地规划许可证核发
		划拨土地决定书或签订土地使用权出让合同
		出具建设工程方案设计审查意见(市政类线性工程)
		建设工程临时占用林地审批
		可行性研究报告审批
		资金申请报告审批

序号	工作阶段	工作内容
2	建设工程规划许可和概算批复阶段	初步设计概算备案或审批
		建设工程规划许可证核发
		建设项目用水节水评估报告备案
		生产建设项目水土保持方案审批
		固定资产投资项目节能审查
		建设工程方案设计招标备案
		占用、挖掘道路审批
		占用城市绿地和砍伐、迁移城市树木审批
		建设工程消防设计审核
		防雷装置设计审核
		区级文物保护单位建设控制地带内的建设工程设计方案审批
		危险化学品建设项目安全条件审查
		危险化学品建设项目安全设施设计审查
3	施工许可阶段	建筑工程施工许可证核发
		建设工程招标公告(投标邀请书)和招标组织形式备案
		建设项目环境影响评价文件审批
		环境影响评价技术审查
		水利工程开工备案
		污水排入排水管网许可证核发
		特种设备施工告知
4	竣工验收阶段	建设工程规划验收
		建设工程消防验收或备案抽查
		排水设施验收备案
		生产建设项目水土保持设施验收备案
		防雷装置竣工验收审批
		建设项目所在地建设工程竣工验收备案

在报批报建工作阶段,政府投资项目与企业投资项目在各个方面存在不同,将政府投资项目与企业投资项目的报批报建工作进行对比分析,具体区别如表 7.6 所示。

政府投资项目与企业投资项目报批报建工作区别　表 7.6

序号	工作阶段	事项	政府投资项目	企业投资项目
1	立项及用地规划许可阶段	投资主体	政府有关投资管理部门投资(水利项目一般采取政府投资)	企业投资,包括国有企业、民营企业或混合型合作企业(水电采取企业投资备案或核准制)
		资金来源	使用政府性资金,由政府直接投资、注入资本金、投资补助、转贷和贷款贴息等	采用直接投资、合作投资等方式

序号	工作阶段	事项	政府投资项目	企业投资项目
1	立项及用地规划许可阶段	决策依据	政府投资项目决策的依据是项目建议书和项目可行性研究报告,以项目建议书及可行性研究报告的批复为决策标志	企业投资项目决策的依据是可行性研究报告,主要是为企业内部项目决策提供依据,编制的项目申请书,是政府投资主管部门办理核准或备案行政许可的依据,以政府核准或备案为决策标志
		投资范围和关注内容	政府投资资金一般投向市场不能有效配置资源的社会公益服务、公共基础设施、农业农村、生态环境保护和修复等公共领域的项目,以非经营性项目为主,原则上不支持经营性项目	企业是投资主体,凡法律法规未禁入的行业和领域均可以投资,以经营性项目为主,也应符合维护国家经济安全、合理开发利用资源、保护生态和环境、优化重大布局、保障公共利益、防止出现垄断等方面的要求
		管理方式	政府投资项目实行项目审批制,要在公众参与、专家评议、风险评估等论证的基础上,严格审批项目建议书、可行性研究报告、初步设计	企业投资项目实行核准项目
		预可行性研究报告	无	确定建设项目选址后,需出具预可行性研究报告并通过审查
		建设工程方案设计审查意见(市政类线性工程)	需出具相应审批申请表以及建设单位、法定代表人的资质证书、资质证明文件等,审批后由项目所在地市规划和自然资源委员会及各管理局给出意见(可能涉及)	无
		企业投资项目核准	无	出具申请书、选址意见书、社会稳定风险评估报告等,由所在地发展和改革委员会批复
2	建设工程规划许可和概算批复阶段	设计概算审批	需要初步设计概算材料、设计图纸、审查意见等,由所在地发展和改革委员会审批	无
		资金申请报告	无,一般靠财政预算支出,纳入年度投资计划	需要申请表等相关材料,由所在地发展和改革委员会审批
		大中型建设工程初步设计审查	提交相关文件,由市交通委员会审批	无

109

7.3 投资决策阶段咨询工作方法与风险要点

7.3.1 投资决策阶段工作方法

项目前期决策阶段是项目开发建设的重要阶段之一,决定后续工作是否能够顺利展开，前期策划的重要性毋庸置疑，主要通过项目建议书、可行性研究等工作，提高项目开发的合规性、科学性，降低前期决策的错误率。前期投资决策咨询工作的关键在于准确把握委托方的需求，明确开发商的投资目标，既包括利益成分，也包括项目对区域的影响力、对行业的影响力，咨询工作越早展开工作越好，尽快地介入工作能够避免项目决策的间断性，能够制定出长期、一体化的战略目标，并能及时改正前期投资策划阶段的错误。

由于大中型水利水电项目可行性研究等前期工作的专业程度比较高，建议上级行政主管部门牵头，由建设单位、设计单位和全过程工程咨询单位共同组建投资论证研究小组。对项目的建设标准、方案、规模、投资等进行技术论证，从技术和经济相结合的角度优化设计方案，形成项目建设的指导意见，作为编制可行性研究报告的依据，并指导初步设计和施工图设计。

全过程工程咨询单位应编制项目前期的工作进度计划，可根据项目复杂程度及具体情况，编制进度计划横道图，报送各级领导审批，项目前期工作进度计划编制、审批完成后，应找出关键工作、关键线路，并根据审批节点设置关键控制点加以管理。此外，为便于进度计划的执行和监督，可以根据项目具体情况，将前期主要的工作计划分解为年度计划、季度计划，针对应急项目要制定相应的月计划。应科学编制投资估算，投资估算要做到科学、合理、经济、不高估、不漏算，保证投资估算和设计方案的结合性和匹配性，可以建立投资控制台账，从源头保证投资控制目标得以实现。

此外，需要关注的问题有：建设什么样的项目、谁来建、怎么建、怎么省钱、怎么缩短工期、如何降低风险、建成以后怎么运营等，只有明确了这些问题，才能做一个良好的前期投资决策咨询。

7.3.2 投资决策阶段风险要点

1. 风险要点识别

（1）组织风险。主要包括组织结构模式、工作流程组织、任务分工和管理职能分工、建设单位、勘察设计单位、全过程工程咨询单位等的人力资源和工作效能，主要体现如表7.7所示。

组织风险 表7.7

序号	内容
1	项目组织结构模式风险,组织领导乏科学的决策力、运行良性机制的执行力,领导力欠缺,组织结构不科学,权责分配不合理,职能交叉或缺失,导致效率低下,项目建设目标难以实现
2	工作流程组织风险,工作流程组织涉及项目实施过程中各工程参与方及各部门的工作分工和安排程序,工作流程组织得合理与否,影响到整个项目管理的效率和整体协调性;从大中型水利水电工程建设单位的管理角度出发,影响工作流程各个阶段不合理的风险因素主要是工作流程中的不合理因素
3	任务分工和管理职能分工风险,会存在工作任务分解不合理或漏项、工作任务分工不明确或不合理等风险
4	项目参与方人员能力不足的风险,项目参与方人员能力欠缺可能导致项目正常建设出现隐患和风险

（2）经济与管理风险。主要包括未来施工期间社会宏微观经济状况、项目工程资金到位情况、合同执行风险、安全和信息等预案与执行，主要体现如表7.8所示。

序号	内容
1	宏观和微观的经济情况风险,宏观经济情况风险:在宏观经济情况上,大中型水利水电工程会受国家宏观经济政策、产业政策调整的影响以及银行贷款政策的影响;微观经济情况风险:大中型水利水电工程在具体执行过程中,可能会出现因投资控制不严使投资指标超概算的情况
2	资金供应条件风险,在资金供应条件上,鉴于目前大中型水利水电工程投资主体多、资金来源多元化的特点,在实施过程中可能会出现投资主体的变动,使既定的项目资金供应条件受到影响,资金供应不到位,产生项目款项支付拖延、停工等风险
3	合同风险,在水利工程项目建设系统中,项目各参与方的工作范围、工作责任、工作费用、变更及纠纷处理等都需要通过合同来明确,以保证项目各项工作任务能够得到全面、协调的落实,因此,合同管理是项目管理的基础和主要手段

（3）工程环境风险。主要包括社会环境风险、自然灾害、岩土地质条件和水文地质条件、气象条件、安全事故隐患等，主要体现如表7.9所示。

工程环境风险 表 7.9

序号	内容
1	自然环境风险,大中型水利水电工程从项目可行性研究、前期勘察、设计、施工到建成投产,都要考虑项目所在地的自然环境条件,由于自然条件复杂多变,以现有的水文、气象及地质勘察技术水平,很难做出全面、科学、准确的估计
2	社会环境风险,良好的社会环境能够保证工程项目的顺利进行,反之不会

（4）技术风险。主要包括工程勘测技术风险、工程设计技术风险等，如表7.10所示。

技术风险 表 7.10

序号	内容
1	工程勘测技术风险,工程准确的地形测量和地质勘察工作是整个项目实施的重要支撑点,是项目规划和设计工作的基础,工程勘测的结果,直接影响到项目建设的可行性、项目选址、项目各建筑物的布置,前期勘测出现问题,将会给项目建设带来无法挽回的损失
2	工程设计技术风险,设计成果是项目预算确定、项目招标、施工单位投标和进场施工、设备物资采购和生产调试的依据,对项目的进度起要重要的影响,也是决定工程造价的最重要环节,同时也是工程质量和安全的重要保证

2. 风险评估

（1）考虑所有影响风险的因素，可以采用头脑风暴法或其他风险识别方法，所有可能影响风险发生的因素都应该考虑到。

（2）列出项目的可能风险，结合项目的具体实践情况，梳理并给出项目风险量清单。

（3）风险需要用定量或定性方法测量和评估，可以建立风险评估模型，对项目咨询风险等级与风险因素进行评估，根据风险量清单制定项目风险控制策略，以使得项目风险处于可控范围内，增加项目效益。

（4）明确项目风险监控的责任，落实到位。对于项目所有风险，根据项目风险识别清单以及项目风险量清单落实具体的项目风险控制人员，由合适的人员来负责各个风险因素的评估与控制。

（5）制定并实施具体项目方案。

（6）跟踪方案的实施情况并及时做出调整。

3. 风险管理及应对

（1）组织结构模式风险、任务分工和管理职能分工风险、项目参与方人员能力风险的管理措施：应关注组织结构中机构设置的合理性和运行的高效性，综合考虑各方面因素，明确职责权限，相互协调，相互制约。对于这种风险，建设单位主要采取风险缓解和风险转移的应对措施，加强协调沟通来降低和消除组织结构模式风险、任务分工和管理职能分工风险造成的影响。通过分包合同约定责任和义务，通过强化监督和检查来及时消除因项目参与方人员能力不足可能造成的风险。

（2）宏观和微观经济风险、资金供应条件风险管理措施：对于这种风险，建设单位主要采取风险缓解和风险自留的方式来进行应对。如对合同约定的价款在施工运行中的变化提前想好应对之策。在项目实施阶段的前部分，需要根据项目情况制定项目资金链供应进度计划，在实施过程中对于各项目的资金需要情况进行动态跟踪和及时调整，系统协调和落实资金，通过安排风险预留金来应对计划之外的资金缺口。

（3）工程环境风险管理措施：建设单位主要采取风险转移和风险自留的方式来进行应对，在自然灾害和社会环境风险方面，首先通过分包合同来约定建设单位和承包单位在不同性质、不同等级的自然灾害和社会环境风险方面的责任和义务，需要对两种风险进行合理分散和各自分担，同时，采用保险的方式对一定规模以上的自然灾害风险进行转移。

（4）工程勘测、设计、施工技术风险管理措施：工程勘测、设计和施工，专业性强，在各自的专业领域内技术要求高，建设单位主要采取风险转移的方式进行应对。对工程勘测、设计和施工，采取面向全国公开招标的方式，分别择优选取承包单位来负责实施，并对勘测、设计、施工中的重要方案采取委托专业单位进行评审；在实施过程中，督促各有关单位按合同要求履行相应的技术服务义务。

（5）建立科技化的信息管理系统：高效科学的信息管理系统是建立高效项目管理及项目风险管理的基础。大中型水利水电项目投资管理相对复杂，是一个动态的工程系统，要想提升工程投资与决策水平及投资整体效益，必须将现代科技运用于投资风险的管理过程中。以风险管理战略作为管理指导，建立科技化的信息管理系统，完善投资风险管理与组织的相关制度，构建专属风险管理机构，强调全员参与的投资风险管理模式，在遵守法律法规的前提下，依照相关制度，实现工程全过程、全方位投资风险管理机制。

7.4 投资决策阶段咨询的工作措施

7.4.1 项目建议书工作措施

（1）项目建议书应根据国民经济和社会发展长远规划、流域综合规划、区域综合规划等，按照国家政策和有关建设方针进行编制，是进行初步投资决策、编制可行性研究报告的依据。

（2）全过程工程咨询单位应认真调查研究，广泛收集资料。编制项目建议书之前必须深入实际，围绕拟建项目展开调查，尽可能多地了解、掌握项目基本情况，收集项目涉及的各方面资料、信息、数据，应保证其真实性、准确性，做到资料翔实、数据准确、全面系统，为编写项目建议书作充分准备。

（3）要注意区分项目建议书与可行性研究报告，项目建议书和可行性研究报告是项目前期决策阶段的两项工作，二者有密切的联系，但也存在区别。项目建议书得到批复后，才进入可行性研究阶段，可行性研究是在批准的项目建议书的基础上进行的。二者都为项目建设决策提供了重要依据，但在内容上也有所区别，项目建议书解决的是建设什么项目、为什么建设、依据是什么、如何开展项目的问题；可行性研究报告是从规划、任务、技术、经济等方面全面分析和综合论证项目的可行性，在实际编制过程中应该合理取舍，把握区别与联系，使项目建议书更加完善。

（4）编写项目建议书时应注意语言表述清楚，事实陈述准确，叙述时必须反映客观事实，要保持高度的科学性和严密的逻辑性，可以适当使用图表与叙述说明相互补充，注意语言文字应简洁凝练。

7.4.2 可行性研究工作措施

（1）设计专业要齐全。督促设计单位合理配置各专业技术力量，设计专业应覆盖工程建设范围所有建筑物的设计，包括地质、水工、施工、水文、规划、水机、电气、金属结构、安全监测、建筑装修、暖通、给水排水、景观、交通、环境保护、水土保持等，不得出现设计漏项、缺项的情况，否则影响工程的报建工作。

（2）可行性研究设计阶段，应进行充分分析、论证，合理确定建设规模、技术方案总体布置。

（3）组织审查《工程勘察大纲》，按大纲要求督促、考核勘察工作的进度和质量。

（4）组织设计单位定期向建设单位汇报方案以及设计工作进展情况。

（5）对设计方案从功能适用性、经济性、安全性、合理性、新技术应用、后期运行等方面重点审核。

（6）对方案设计进行审查，确保方案满足使用单位的要求，并督促使用单位出具书面意见予以功能确认。

（7）督促设计单位在方案设计完成后提交投资估算书，投资估算与可行性研究批复的功能、面积、投资额相匹配。若有较大变动，督促设计单位配合可行性研究修编提供相关技术文件。

（8）根据《水利水电工程可行性研究报告编制规程》SL/T 618—2021、《水利水电工程地质勘察规范》GB 50487—2008 和《引调水线路工程地质勘察规范》SL 629—2014，认真核查设计文件，确保设计深度满足要求。

7.4.3 报批报建工作措施

（1）全过程工程咨询单位应了解目前国家及省市的相关政策、法律、规划等，关注建设项目所在地与水利相关的发展规划、绿色环保要求等，与当地发展政策保持一致性，有利于报批报建工作高效完成。

（2）报批报建人员必须了解当地政府相关政策、法规以及熟知政府办事流程，并具有较好的预判能力，了解各个职能部门的内部结构和行政审批决策流程，例如水利相关的规划、发改、国土、建委、消防、绿化政策等。

（3）加强与政府部门的协调沟通工作，以便及时了解项目所在地政策、发展规划动态信息，掌握当地报批报建相关流程和所需材料，可以建立统一的信息平台，形成联动机制，通过建立项目微信群、政府部门协调群、项目沟通协调群等，加强与建设单位代表、建设行政主管部门及各参建单位等业务部门的联系，提高协调管理效率。

（4）项目立项后将围绕项目属性和项目进展情况，及时搜集整理各行政审批部门相关报批报建政策法规以及项目前期报建成果文件，及时了解各项报批报建具体要件要求，梳理报建工作任务。

（5）围绕项目总控计划及报批报建程序要求，制定项目报批报建工作专项控制计划及工程报批报建工作手册，明确责任分工、报建步骤、具体要求、前置条件、完成时限等。

（6）加强报批报建专员的专业技能知识学习培训，确保报建人员过程协调沟通能有的放矢，加强报建人员的责任心、主观能动性教育，确保报建工作在具备条件的情况下第一时间完成。

（7）组织报建人员定期总结报建工作成果，定期梳理剩余报建工作任务，确保提前落实各项报批报建的要件准备工作。

（8）提前要求并落实设计院以及相关单位准备报建要件。

（9）围绕报批报建工作专项总控计划，分解制定报批报建工作月计划、周计划，纳入项目管理月报、周报，定期总结报批报建工作进展，定期落实下一阶段报批报建工作计划，保证报建工作满足工程进度需要。

（10）在与相关主管部门进行沟通、对接的同时提交相应支持材料，以便加快办理速度，更好地化解该项目工程许可与工程实施之间的矛盾，推动项目整体进展，达到顺利完成合格合规工程的目标。

7.5 投资决策阶段咨询工作流程

投资决策阶段流程如图 7-1 所示。

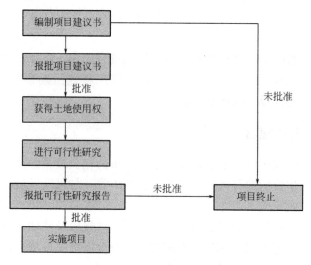

图 7-1 投资决策阶段流程

7.6 投资决策阶段咨询阶段成果

工程决策阶段咨询成果如表 7.11 所示。

工程决策阶段咨询成果   表 7.11

序号	咨询内容	咨询成果
1	项目建议书	项目建议书、咨询意见、会议纪要
2	可行性研究	项目可行性研究及其报审材料、批复文件、各项专题论证、专题报告(水文、地质、经济评价、环境影响评估、安全评估、节能评估、水土保持方案评估、交通影响评估等)
3	报批报建	项目相关报审材料、批复文件

8 项目勘察设计阶段咨询

8.1 勘察设计阶段咨询服务目标

勘察设计阶段是工程项目全生命周期中承前启后的关键阶段，对实现大中型水利水电项目建设目标和取得良好社会效益、经济效益起决定性作用。勘察设计阶段的工作是整个工程建设的灵魂，是把工程建设技术成果转化为现实生产力的主要途径之一，是推动科技创新、管理创新和产品创新的主要平台，是带动相关装备制造、建筑材料、建筑施工等行业发展的先导，在提高投资效益、转变经济发展方式、加强节能减排、保护生态环境和确保工程质量安全等方面肩负着重要的责任。

勘察设计阶段咨询工作须在严格遵守法律法规、技术标准的基础上，对工程地质条件做出及时、准确的评价，正确处理和协调经济、资源、技术、环境条件的制约，通过项目更好地满足使用功能和价值来充分发挥工程项目投资效益。

勘察设计阶段咨询的核心是通过建立一套沟通、交流与协作的系统化管理制度，帮助建设单位和勘察、设计单位去解决勘察设计阶段中，设计单位与建设单位、政府有关建设主管部门、施工单位以及其他项目参与方的组织、沟通和协作问题，使得项目取得优质的勘察设计成果。

全过程工程咨询在项目勘察设计阶段发挥着关键作用，建设项目管理工作需要在勘察设计阶段对整个建设项目过程进行全要素、全生命周期管理，投资决策阶段咨询服务主要有以下目标：

（1）制定勘察设计管理工作大纲，明确勘察设计管理的工作目标、管理模式、管理方法等。协助建设单位对项目勘察设计全过程的进度、质量、投资进行管理。

（2）进行工程勘察、设计咨询与审查。根据建设工程的要求，勘察意见和可行性研究报告等进行更加深入细致的分析，提供初步设计审查咨询意见，将决策阶段的方案设计充分落实到工程设计中，协助建设单位编制设计任务书。结合前期项目决策相关可行性研究等资料，与勘察、设计、施工、监理及造价等单位确定完善设计前期条件，协助组织对各阶段及各专业的设计图纸设计深度及设计质量进行审查，减少由于设计错误造成的设计变更、增加投资、拖延工期等情况，并提交咨询报告。对设计方案及各专业系统和设备选型优化比选，并提交咨询报告。协助建设单位或在授权范围内组织设计文件和图纸的报批、验收、分发、保管、使用和建档工作，实现工程项目的使用需求。

（3）对项目全过程进行投资控制管理。协助建设单位或在授权范围内组织勘察设计单位进行工程设计优化、技术经济方案比选并进行投资控制，设计概算投资与估算投资偏差不超过规定值；施工图预算投资不得超过概算投资（批复概算）；竣工结算投资不得超过施工图预算（合同价）。

（4）设计环节和施工环节之间发挥桥梁作用，通过为建设单位提供优质的造价咨询服务实现对工程造价的控制。工程咨询服务企业应努力贯彻使用限额设计的理念，并积极推进设计人员在符合初步设计总概算条件下优化施工图，使施工图在满足技术要点和建设单位使用要求的前提下，做到造价最省、设计最优。在初步设计完成后，将由工程造价咨询人员对设计成果进行核算，实现限额设计的同时，提出需要优化的节点；确定设计文件后，工程造价人员要认真按照设计意图对施工过程中的设计变更进行测算，为实施过程中控制投资提供依据，真正起到设计与施工两个阶段的桥梁与纽带作用。

（5）施工图设计阶段的重点是设计图纸能否正确反映设计方案及满足工程实体质量要求，全过程工程咨询质量管理的重难点在于设计成果的全面完整性。设计成果应当满足编制施工招标文件、主要设备材料的采购或详细工程设计文件的需要。施工图设计及工程设计文件应满足设备材料采购、厂家深化配合和施工及试运行的需要。咨询管理部门应协调施工、监理单位及设备厂家参与到施工图过程中，以提资及意见反馈形式控制施工图成果质量。

（6）充分调动各专业技术力量、加强各业务之间的合作与配合，将专业技术、造价控制、施工实施等方面的知识贯穿到设计工作的全过程。

8.2　勘察设计阶段咨询工作内容

勘察设计阶段项目管理咨询内容大致分为三类：管控类、审查类、协调类，如表 8.1 所示。

勘察设计阶段项目管理咨询内容　　　　　　　　　　表 8.1

序号	咨询内容类别	具体内容
1	管控类	负责初步设计(含初步勘察)、招标设计、施工图设计(含详细勘察)的质量、进度、合同管理、投资控制； 为支撑勘察、设计工作而开展的前期科研攻关管理
2	审查类	组织初步设计、施工图设计、科研成果的审查； 组织开展初步设计审批，包括相应政府和职能部门的审查； 组织施工图设计成果的行业审批
3	协调类	针对重大设计原则、重大设计方案和牵涉多家设计、研究单位的问题，组织召开专题设计协调会、评审会、讨论会，协助建设单位进行决策和协调； 负责设计基础资料的提供和协调工作

考虑到水利项目与水电项目在开展咨询工作时有所差别，以下内容以水利项目为基准，水电项目在勘察中各阶段可以参考水利项目相应阶段的咨询工作内容。

8.2.1　初步设计咨询工作内容

1. 勘察咨询工作内容

初步设计阶段勘察管理工作主要依据《水利水电工程地质勘察规范》GB 50487—2008 和《引调水线路工程地质勘察规范》SL 629—2014 的有关规定以及本工程特点，提出以下勘察管理工作要点：

（1）区域地质与地震

在可行性研究阶段成果的基础上，复核区域构造稳定性，重点复核工程近场区和场址区的主要区域断层的分布、性状。

（2）输水隧洞（包括水厂支线）及施工支洞勘察工作内容如表8.2所示。

输水隧洞（包括水厂支线）及施工支洞勘察工作内容　　　　表8.2

序号	工作内容
1	查明输水隧洞进出口、浅埋段、过沟段不良地质现象和潜在不稳定体的分布规模、性质类型、物质组成、结构特征及边界条件，分析可能变形破坏的趋势。对滑坡应查明滑坡要素及滑带的物理力学性质。对泥石流应查明其形成条件、发育阶段及形成区、流通区、堆积区的范围和地质特征
2	查明输水隧洞沿线的地层岩性。重点查明软弱、易溶和岩溶化岩体的分布、结构特征及工程地质性质。进出口、浅埋段、过沟段应查明覆盖层的分布、成因类型、物质组成
3	查明隧洞地段的地质构造。重点查明软弱结构面、缓倾结构面等不良结构面的规模、自然特征、组合关系及其工程地质性质
4	查明进出口段岩体风化、卸荷的深度和强度及其工程地质性质，进行风化带、卸荷带划分
5	查明隧洞地段地下水的类型、分布特征及补径排条件，划分水文地质单元。重点查明含水层（带）、含水构造、岩溶的分布特征、性质、含水性及其水力联系
6	查明与地表溪沟相连的断层、破碎带、裂隙密集带等的规模及连通性、透水性
7	查明隧洞围岩的透水性，进行渗透性分级
8	可溶岩区应查明以下内容：可溶岩的层组类型、分布特征；溶洞、溶隙等岩溶现象的分布、规模、发育程度、连通性、充填情况及溶洞堆积物的物质组成和状态；岩溶水文地质结构类型、地下水动力条件、动态规律和分带特征，划分地下水系统
9	查明隧洞围岩及主要结构面的物理力学性质，确定物理力学参数及有关工程地质参数
10	分析、查明埋深较大洞段的地应力状态，评价对隧洞围岩稳定的影响
11	可能存在有害气体和放射性物质的洞段应查明其生成、聚集条件、分布规律及种类、强度，评价其对隧洞施工的影响
12	分析隧洞工程地质、水文地质条件，论证、评价隧洞进出口边坡稳定性、洞身围岩稳定性、外水压力等工程地质问题，提出改善处理工程措施
13	分析隧洞围岩的富水程度，预测隧洞施工可能发生涌水、突水（泥）部位和最大涌水量，评价对隧洞施工和周边环境的影响，提出预防、处理措施
14	分析评价岩溶洞段产生岩溶渗漏以及岩溶洞穴对围岩稳定的影响
15	提出隧洞施工超前地质预报设计
16	调查隧洞沿线建（构）筑物的分布、基础类型及深度，分析隧洞施工对建（构）筑物的影响，提出预防、处理措施建议
17	探测隧洞沿线建成区地下市政管网的分布，分析预测勘探和隧洞施工对其可能产生的影响，提出预防、处理措施
18	提出隧洞线路局部优化的建议并进行工程地质论证

（3）进水口、出水口勘察工作内容如表8.3所示。

序号	工作内容
1	查明边坡地形地貌、地层岩性、地质构造、地下水特征及边坡稳定性现状
2	查明边坡岩体结构类型,风化、卸荷特征,各类结构面和软弱层的分布、产状、性状及其组合关系,分析对边坡稳定的影响
3	查明进水口、出水口地基,重点查明软弱夹层、风化夹层、断层带、破碎带的发育、分布及其组合关系,分析、评价地基承载力条件,提出闸基选择建议

(4) 泵站、调压井、各类竖井、项目调度中心勘察工作内容如表8.4所示。

泵站、调压井、各类竖井、项目调度中心勘察工作内容　　　表8.4

序号	工作内容
1	查明泵站、调压井、各类竖井(通风竖井、检修竖井、出渣井、钢管安装井等)、项目调度中心场址区地层岩性,重点查明软弱夹层、风化夹层等不良岩土层的分布范围、性状和物理力学性质,基岩埋藏较浅时应查明基岩面的倾斜和起伏情况
2	查明地质构造和岩体结构,重点查明断层带、破碎带和节理裂隙发育规律及其组合关系
3	查明场址区滑坡、潜在不稳定岩体以及泥石流等不良地质现象
4	查明场址区的水文地质条件和岩土体的透水性,判定地下水对建筑材料,尤其对钢筋及钢材的腐蚀性
5	查明场址区各岩土体物理力学性质,提出地基基础设计、地基处理和边坡开挖与支护设计所需的岩土物理力学参数
6	评价基坑、地基、边坡的稳定性和渗透变形条件
7	对竖井、基坑开挖、降水对邻近建筑物的影响作出论证和评价,提出竖井、基坑开挖支护、抗浮设计措施建议和施工方法建议

(5) 施工临时设施

① 围堰工作内容如表8.5所示。

围堰工作内容　　　表8.5

序号	工作内容
1	查明围堰地段的地形地貌条件
2	查明地层岩性特征,基岩的类型,覆盖层的厚度、分布和层次,特别是特殊土的分布及工程地质特性
3	查明基岩中岩体的风化卸荷情况,主要断层、破碎带及缓倾角结构面的性状、规模及分布特征
4	查明围堰堰基含水层、隔水层的分布及岩土体的渗透性及渗透稳定性,提出岩土体的物理力学参数
5	评价堰基稳定性和围堰开挖边坡稳定性

② 施工营地工作内容如表8.6所示。

施工营地工作内容　　　表8.6

序号	工作内容
1	查明施工营地的地形地貌、地层岩性、地质构造、水文地质条件等,特别要查明可能影响场地安全的不良地质现象,初步评价场地的稳定性和适宜性
2	查明拟建场地建筑物布置地段地基各岩土层的物理力学性质,提出基础持力层的建议

119

项目勘察设计阶段咨询 8

③ 渣场及施工道路工作内容如表8.7所示。

渣场及施工道路工作内容
表8.7

序号	工作内容
1	查明渣场场地的地形地貌、地层岩性、地质构造、物理地质现象,特别是调查泥石流沟发育情况,分析其对渣场场地安全的影响,评价渣场场地稳定性,提出处理建议
2	查明评价施工道路路基与边坡岩土体的组成,评价路基边坡的稳定性
3	施工场地与道路的勘察应结合工程建筑物的布置进行

（6）天然建筑材料

根据可行性研究勘察情况及初步设计需要开展天然建筑材料复核。

2. 设计咨询工作内容

初步设计阶段设计咨询工作主要依托《水利水电工程初步设计报告编制规程》SL/T 619—2021 的有关规定以及本工程特点,提出设计咨询工作要点如表8.8所示。

初步设计阶段设计咨询工作内容
表8.8

序号	工作内容
1	复核工程任务及具体要求,论证工程建设的必要性
2	复核水文参数和水文成果
3	复核工程等级和设计标准,根据初步设计阶段地质勘察和调查成果,在可行性研究阶段的基础上进一步复核输水线路、进水口位置
4	根据初步设计阶段地质勘察和调查成果,确定输水线路立面布置,出发井、接收井和工作井结构布置,确定开挖直径、输水隧洞及钢衬经济直径和厚度,提出输水管线主要结构和工程量
5	确定进水口形式和结构布置,提出进水口主要结构和工程量
6	选定泵站机型、单机容量、额定水头、单机流量及台数,确定接入电力系统的方式、电气主接线及主要机电设备的选型和布置,确定泵站结构布置,提出泵站主要结构、土建和机电设计工程量
7	深入研究输水管道复杂输水系统水力过渡过程,研究水力控制措施和流道优化措施,根据计算结果确定调压设施的布置和工程量
8	确定输水管道检修方案、检修设备和人员进入方式、排(充)水方案
9	确定进水口、输水管道沿线检修井、各泵站等供电负荷及供电电源
10	确定进水口和泵站的闸门和启闭机等的型式和布置
11	选定控制、保护及通信的设计方案
12	确定消防设计方案和主要设施
13	确定主要施工点对外交通运输方案,确定进水口施工围堰标准、围堰结构布置和工程量,主体工程施工方法、场内交通运输、主要施工工厂设施、施工总布置等方案,安排施工总进度
14	完成环境保护和水土保持措施设计,提出环境监测和水土保持规划、环境监测规划和环境管理规定
15	提出劳动安全与工业卫生设计方案
16	进行施工期和运行期节能降耗分析论证,评价能源利用效率
17	编制初步设计概算,初步设计概算与可行性研究估算偏差不大于10%
18	进行国民经济评价和财务评价,提出经济评价结论意见
19	编制初步设计报告、附图册、相关的专题和附件

8.2.2 招标设计咨询工作内容

在招标设计阶段，全过程工程咨询单位应通过科学策划，精心组织和严格管理招标采购工作。根据工程特点进行招标采购策划工作，梳理项目招标采购管理要点。针对管理要点提出相关应对措施，制定招标采购方案策划、招标采购计划，协助建设单位制定招标采购工作制度、流程，保证招标采购质量、进度、投资控制措施，择优选择技术服务类、施工类和供货类参建方。

全过程工程咨询单位在制定设计招标文件时应包括以下几个主要内容：

（1）招标工程的项目与范围、对投标人的资质要求。

（2）建设项目说明，包括建设项目的任务、功能与使用要求，规划设计条件、投资限额、建设周期等。

（3）经过审定的可行性研究报告、初步设计研究报告及有关行政批准的文件。

（4）城市规划管理部门确定的规划控制条件和用地红线图。

（5）可供参考的工程地质、水文地质、工程测量等勘察成果报告。

（6）工程设计合同条件，包括主要合同条款、工程设计内容基本要求、工作大纲基本要求、主要技术要求等。

（7）投标文件的要求，包括投标文件基本格式、设计方案及其说明、工程设计工作大纲、工程报价等。

（8）招标与投标的事项说明及投标截止日期。

（9）评标方法、评标标准和定标文件。

（10）拟签订合同的主要条款。

（11）未中标方案的补偿办法。

在工程设计招标文件中，最关键的是对投标人提出明确的要求，全过程工程咨询单位应配合招标人组织、编制工程设计任务书，以指导投标人投标设计，并作为合同条件。工程设计任务书主要包括以下内容，如表8.9所示。

工程设计任务书内容 表8.9

序号	内容
1	工程建设依据和项目规模
2	工程设计的任务
3	规划设计条件和要求
4	工程主要功能、使用要求、主要技术标准要求
5	行政主管部门对规划方面的相关要求
6	工程勘察设计文件编制内容、深度、成果要求
7	技术经济指标
8	结构布局的要求
9	结构设计的要求
10	工艺与设备设计的要求
11	城市规划、生态环境保护、消防、防震、防洪、文物保护等要求

序号	内容
12	工程设计阶段及完成设计的时间
13	工程设计大纲、工作大纲编制要求

规定工程设计投标文件应包括如表 8.10 所示的主要内容，全过程工程咨询单位应对投标文件进行审查、核实。

工程设计投标文件内容 表 8.10

序号	内容
1	建设项目的特点、工程设计思路规划、技术问题和主要技术标准等分析
2	总体设计和主要单项工程设计方案、工艺与设备设计方案等说明
3	工程施工规划与工期方案
4	工程投资估算和经济分析
5	主要设计方案的图纸、效果图
6	工程设计工作大纲，包括初拟的工程设计大纲、工作进度与资源配置、质量保证等
7	证明工程设计资质的文件，工程设计工作主要参与人员资历文件
8	建设项目工程设计工作报价
9	设计方案符合国家法律法规、地区政府的标准和规划

8.2.3 施工图设计咨询工作内容

1. 施工图设计阶段咨询工作要求

（1）定期组织相关单位召开设计例会，协调施工图设计进度满足总进度计划要求；

（2）确保初步设计文件审查时各审批部门提出的要求得到落实；

（3）施工图设计需要落实使用单位的需求；

（4）督促设计内部加强施工图校审工作，加强设计各专业间的会签工作；

（5）施工图应经图审单位的审核，并认真落实审核意见；

（6）组织有关部门做好专项审查、报批报建有关工作；

（7）监督设计单位根据概算批复意见开展限额设计。

2. 施工图设计阶段咨询工作内容

施工图设计主要通过图纸，把设计者的意图和全部设计结果表达出来，作为施工的依据，它是设计和施工工作的纽带，是进行工程施工的依据，也是进行技术管理的重要技术文件。施工图设计需要在满足施工要求的前提下，在初步设计的基础上，综合各个工种进行相互交底，深入了解材料供应、施工技术、设备等条件，把满足施工的各项具体要求反映在图纸上。施工图设计阶段是保证设计质量、提高设计水平的后期考核验收阶段。

施工图设计阶段项目咨询服务主要工作内容如表 8.11 所示。

序号	工作内容
1	跟进、审核设计方案。定期对设计文件进行审核,对计算书进行核查,如发现不符合质量标准和要求的,指定设计单位修改,直到符合标准为止
2	采用多种方案比较法。对设计人员所定的诸如建筑标准、结构方案、水、电、工艺等各种设计方案进行了解和分析,有条件时应进行两种或多种方案比较,判断确定最优方案
3	针对重大设计原则、重大设计方案和牵涉多家设计、研究单位的问题,组织召开专题设计协调会、评审会、讨论会,协助建设单位进行决策和协调
4	在施工图设计完成后,组织对施工图设计文件进行审查。施工图设计审查的基本内容包括总体审核、总说明审查、图纸审查、施工总预算与总投资概算、其他政策性要求、报批审查等
5	施工图经审查合格后,在设计文件交付施工时,组织工程建设有关各方参加设计交底会,由设计单位对提交的施工图设计文件向施工单位和监理单位做出详细的说明,进行系统的设计技术交底
6	负责设计基础资料的提供和协调工作

8.3 勘察设计阶段咨询工作方法与风险要点

8.3.1 勘察设计阶段工作方法

1. 勘察设计单位的选择

勘察设计工作是一项技术性很强的工作,它需要从事这一工作的单位或个人具备相应的能力和手段,同时勘察和设计成果又是由人来完成的,而质量的责任由单位和个人共同承担。因此,选择一个符合建设项目特点的单位及相关技术人员对建设项目勘察、设计的质量控制尤为重要。

对于工程勘察设计单位的资质进行核查,是工程项目勘察、设计质量控制工作的第一步,勘察设计单位资质控制是确保勘察设计咨询质量的一项关键措施,也是勘察设计咨询质量事前控制的重点工作。

全过程工程咨询单位在协助建设单位选择勘察设计单位时,可以从以下内容中重点考查:

(1) 检查勘察设计单位的资质证书类别和等级及所规定的适用业务范围与拟建工程的类型、规模、地点、行业特性及要求的勘察设计任务是否相符;

(2) 对参与拟建工程的主要技术人员的执业资格进行检查,对专职技术骨干比例进行考察;

(3) 对勘察设计单位实际的建设业绩、人员素质、管理水平、资金情况、技术装备进行实地考察,特别是对其近期完成的与拟建工程类型、规模、特点相似或相近的工程勘察设计任务进行察访,了解其服务意识和工作质量;

(4) 对勘察设计单位的管理水平,重点考查是否达到与其资质等级相应的要求水平。如甲级要求建立以设计项目管理为中心,以专业管理为基础的管理体制,实行设计质量、进度、费用控制;企业管理组织结构、标准体系、质量体系健全,并能实现动态管理。

2. 合同管理

严格开展勘察设计合同条款评审,重点是合同内容准确、文字严谨、合同条款完整、合同责任义务明确。在勘察设计合同中,需要明确进度及成果交付的时间和数量。

勘察设计阶段，全过程工程咨询单位需要通过采取一些有效措施使工程勘察设计单位如期保质保量地完成委托内容各阶段的工作，并提交相应的成果文件。

勘察设计合同的管理需要贯穿勘察设计阶段的每个环节，建立健全具体可操作的制度，使合同管理有章可循；对合同的洽谈、草拟、评审、签订、交底、履约跟踪、变更、中止、解除、终止等各个环节，都应落实责任部门或责任人。重点是要强化合同条款的评审和审查、合同履行跟踪评价等。

3. 落实初步设计、施工图设计基础资料

为了将工程决策阶段对项目定义及项目策划思想准确传达给勘察设计单位，同时明确项目的约束、限制性设计条件，进而确保所有设计成果在设计思想、设计标准上高度一致，全过程工程咨询单位务必协助勘察设计单位落实相关基础资料。

（1）初步设计阶段基础资料

初步设计基础资料包括：专题研究成果资料；地震灾害性评价报告；地质安全性评价报告；环境影响评价报告书；水土保持方案报告书；平面控制测量、高程控制测量资料；综合地质勘察（遥感航片、调绘、物探、钻探）和地震动峰值加速度复核等资料；水文调查与计算资料，流速、流量模型试验等资料；地质地貌检测结果及评价报告等。

（2）施工图设计阶段基础资料

施工图设计基础资料包括：各级政府相关部门的批准文件；专题研究成果资料；科研研究成果资料；平面控制测量、高程控制测量资料；地质勘察资料；水文调查与计算资料，流速、流量模型试验等资料；地质地貌检测与评价等资料等。

4. 质量管理

为了践行国家质量发展战略需要，满足高质量工程需求，顺应大中型水利水电项目发展新阶段需要，根据 2017 年 12 月 22 日《水利水电部关于废止和修改部分规章的决定》，修正了 1997 年 12 月 21 日水利部发布的《水利工程质量管理规定》（水利部令第 7 号），这是全过程工程咨询单位在勘察设计管理中应充分重视的质量管理依据。

5. 进度管理

（1）进度计划的编制要求

全过程工程咨询单位需规定勘察设计中标人在签订勘察设计合同后尽快（通常一周内）提交勘察设计进度计划（须分别按关键线路网络图、主要工作横道图或其他方式绘制）。

（2）进度计划的审批规定

全过程工程咨询单位需详细审查勘察设计中标人上报的勘察设计进度计划，并尽快（通常一周内）审批同意或提出修改意见，检查勘察设计进度计划是否合理可行并满足合同工期要求。

全过程工程咨询单位应根据项目前期总体工作计划进行审批，审批后的勘察设计进度计划，作为今后勘察设计进度控制的主要依据及进度计划控制的目标。

（3）进度计划的检查与监督

全过程工程咨询单位应及时跟踪、检查勘察设计项目的实际进展情况，定期进行现场或内业工作检查。如经检查发现勘察设计实际进度滞后于计划进度，应及时组织召开会议，找出进度滞后的原因、责任及解决方法，并提出处理措施。一般情况下，要求勘察设计人每月对进度计划进行一次检视。

6. 科研先行

大中型水利水电项目普遍具有规模大、技术难度高、环境复杂、挑战性强等特点，全过程工程咨询单位作为全方位、全过程的项目管理单位，在履行一般项目管理职能的同时，更须大力推进科技创新工作，解决大中型水利水电项目在设计和施工中遇到的难点问题，为项目的顺利实施保驾护航。

大中型水利水电项目在勘察设计阶段势必需要考虑会面临重大设计、施工技术难题，近年来大中型水利水电项目提倡"设计与施工密切融合"这一设计工作理念，即要求项目在勘察设计阶段务必前瞻性地充分考虑施工可操作性。因此全过程工程咨询单位在项目勘察设计阶段就必须针对大中型水利水电项目的难点、特点同步开展科研攻关咨询工作，并通过及时形成科研成果作为项目设计工作的基础和依据。

全过程工程咨询单位须注重提高关键岗位参建人员的创新意识，树立科研先行的项目管理理念，并在咨询服务过程中积极推进创新创意转化为具体成果，通过科研先行来充分体现项目建设咨询管理的科技含量，同时为其他同类工程建设积累经验和提供借鉴。

7. 加强施工阶段的设计管理

全过程工程咨询单位须督促设计单位按照相关合同条款做好设计后续服务工作，旨在保证设计施工配合良好（设计指导施工及时到位；设计变更规范、及时），加强设计后续服务管理的具体措施如下：

（1）确保设计交底、施工图会审的效果

全过程工程咨询单位须组织设计单位向后续进场的监理、施工单位说明施工图设计总体内容、技术标准执行情况，对施工图设计审查意见的执行情况，并对本工程项目的技术难点、关键工程的施工注意事项等提出明确的要求，同时对监理、施工单位提出的图纸疑问进行解答，最终形成设计交底、施工图会审记录。

（2）加强对设计变更的管控

设计变更管理须严格遵循"先批准，后变更；先变更，后施工"的原则，全过程工程咨询单位须根据国家和相关部门管理办法对设计变更进行分级审批管理。

8.3.2 勘察设计阶段风险要点

1. 风险要点识别

（1）设计质量风险

设计周期过短造成设计图纸不详细、有误等是关键的风险要点，设计周期过短、压缩设计周期相当于缩水图纸质量，设计人员无法保证设计质量，无法对比更多方案优化设计，合理选择设备材料、参数等。此外，设计周期过短导致图纸的复核与校正、审查时间也相应缩短，甚至根本没有校审的时间。

设计图纸深度不够、需要二次深化设计的内容偏多及深化不及时，也是设计质量风险中的关键因素，一个项目的设计成果，除了专业的设计图纸，还需要相关专业设计团队的共同配合，例如智能化设备、有工艺需求的场所等，都需要根据使用功能和建设单位需求进行二次深化设计。例如智能化方面，随着科技发展和互联网发展日新月异，建设单位对项目智能化的需求越来越高，智能化已不仅是简单、粗略的设计，而是由专门的智能化团队结合建设单位的需求及预算情况进行精细化设计，增加的二次深化设计意味着需要协调的人员更多，需要跟建设单位确认的信息也会更多，因此会很容易出现管理混乱和对时间把控上的不到位。

此外，设计部门各专业之间的协调不充分也存在一定风险。设计工作的完成，涉及各个专业的参与，各专业之间需要进行大量的信息沟通与交换，若设计部门各专业之间的协调不充分，会导致信息无法顺畅传达到相应的专业，提资不准确、不及时，综合会审不到位等，都会影响设计质量及设计进度。

（2）设计能力风险

在设计能力风险中，设计人员专业技能不足或设计方法过时是关键因素，设计主要是脑力劳动的成果，是专业技能的体现，设计人员的专业技能决定了设计质量和设计进度。此外，设计人员对材料或设备的生产工艺、造价、采购周期、运输等信息不清楚，也是设计质量风险中的关键部分。由于对这些内容的熟知程度不够，经常造成设计出错、延误工期，也会导致概、预算无法得知图纸中的偏差和不足，使成本核算产生巨大差异，若设计人员没有经验，依旧按常理安排设计，不能灵活根据所选材料、设备提前准备，便会打乱工程计划，造成损失。

（3）设计信息风险

在进行设计任务前，建设单位应将相关资料提供给设计方，作为设计方的设计依据，资料所述的每一项内容都应准确、清晰，以避免项目在立项、方案决策上出现重大失误。随着项目的进行，每个阶段都会对设计有更多、更细致的要求。因此，建设单位能否及时、准确地提供这些信息就显得至关重要。

（4）设计人员风险

在前期设计中，项目要求、设计方案、设备参数等关键信息都由关键设计人员掌控，他们的岗位变动不仅会导致设计质量下降，甚至还会泄漏商业机密。而对于后期设计工作，工程配合上要及时响应，变更、参数改变等都需要设计人员对原始资料细致了解，这就需要参与项目的设计人员尽可能保持一致。众所周知，各项工程的设计周期都有固定期限，关键设计人员的离职、调动会直接影响设计周期。

（5）设计沟通风险

在越来越多的工程项目上，建设单位会对设计方案提出意见或者在某些方面有特殊的设计要求。作为设计人员，一方面要确保自己的设计符合法律法规和各种规范要求，一方面也要对建设单位提出的要求进行分析、判断，把控设计质量。由于建设单位在设计上的非专业性，对于自己的需求存在表述模糊甚至无法诠释清楚的情况，这就对设计人员的理解能力提出很高的要求。设计人员在类似工程上累积过经验，当建设单位提到相应关键词时就能领会建设单位意图，深入其中，剖析出建设单位所需要的潜在设计。

2. 风险评估

（1）首先，从风险发生概率、风险大小程度等方面构建大中型水利水电项目勘察设计阶段风险因素排序模型。

（2）其次，可以建立勘察设计阶段风险评估模型（可以采用直觉模糊集风险因素排序法、贝叶斯网络项目风险评估法以及风险矩阵法等方法建立模型），对项目咨询风险等级与风险因素进行评估。

（3）最后，根据风险应对原则，对各咨询风险等级提出相应的风险应对措施，为风险评估及应对提供技术方法支持。

3. 风险管理及应对

（1）设计质量风险管理

面对时间紧、任务重的现状，应从方案阶段就做足准备，加派设计人员，提前对设计过程中可能遇到的重点、难点等问题加以研究，保证施工图设计周期的同时，确保图纸的完整性及准确性，最大限度地降低该风险。

针对设计图纸深度不够、需要二次深化设计的内容偏多及深化不及时，这也是设计质量风险中需要重点管理的方面。因此，要求各专业在设计过程中做到细致、严谨，确保图纸上的内容能够准确指导施工。

在施工图设计过程中，各个专业之间的协调配合也是影响设计质量的重要环节之一，为了保证各专业之间不会相互影响，实现所有设计人员资源共享，采用协同设计平台进行相互提资，并在平台上留有设计痕迹，这样既能对设计图纸进行保护，又能督促设计人员及时提供其他专业需要的设计参数。

（2）设计能力风险管理

在设计过程中，要求各设计人员仔细核算各项指标，在满足质量需求的情况下节省造价，对混凝土的强度等级、管材口径、电缆截面等各个方面都要精确核算，杜绝设计超标、余量过大的情况。针对设计人员对材料或设备的生产工艺、造价、采购周期、运输等信息不清楚，以及设计选用的材料或设备未能通过建设单位同意的风险因素，应要求在设计过程中各项材料和设备均按照市场主流产品，以满足设计参数需求为前提进行设计。这样既有利于概预算的确定，又能保证采购周期在可以把握的范畴内，最终的材料及设备型号在达到设计要求且不超过预算的情况下，由建设单位在招标投标阶段确定。

（3）设计信息风险管理

设计信息风险中，影响最大的风险因素是建设单位提供的设计资料不完善。设计部门应通过多次与建设单位沟通，了解建设单位需求之后，采用自拟任务书的形式，然后交由建设单位签字确认，这样就确保了设计任务书既能满足建设单位的需求，又可以贴合设计实际情况，便于实现。另外需要政府部门提供规划条件等其他资料，由总承包商提供一份信息索引文件，配合建设单位完成相应手续。在资料交接时逐一核对并进行记录，确保建设单位提供的设计资料的完整性和及时性。对于材料和设备厂商提供的产品资料和设计参数等，由各专业负责人对厂商提供的资料进行时间管理，确保各专业设计图纸可以按时保质保量地完成。

（4）设计人员风险管理

对于设计人员风险，主要包括设计部门的关键人员发生变动和设计人员道德水平不高等。具有强大的技术能力、健全的学习及培训计划、完备的晋升空间和优厚的福利待遇，这些都可以最大限度地保障设计部门关键人员的稳定。此外，设计人员终身负责制，已经将人员变动风险降到最低。

（5）设计沟通风险管理

设计沟通风险控制主要体现在两个方面：首先，在各专业设计人员与建设单位沟通设计需求的过程中，已经深入了解建设单位的要求并以任务书的形式记录在册，基本上消除了设计人员对建设单位的要求理解程度不够的风险。其次，对于建设单位和设备厂商等提供的信息、资料，设计人员都会进行核实，确保数据准确无误，避免因输入信息错误引起设计质量问题。尤其是设备厂商提供的部分设计图纸，他们的图纸通常只满足功能需求，并没有考虑规范中的各种限制，这些图纸、资料需要设计人员在施工图设计中选择性地利用并加以修改。

8.4 勘察设计阶段咨询的工作措施

8.4.1 勘察设计质量管理措施

勘察工作是一项研究和查明工程建设场地地质地理环境特征，及其与工程建设相关的综合性应用科学，是基本建设的首要环节。设计方案在技术上必须是安全、合理、可行的，为了提高本工程勘察设计质量，勘察设计管理采取如表 8.12 所示的质量管理措施。

勘察设计质量管理措施 表 8.12

序号	工作措施	具体内容
1	实施勘察工作之前的管理措施	全过程工程咨询单位须严格组织审查勘察单位编制的《勘察工作方案(勘察纲要)》，并组织提出审查意见
		是否满足各勘察阶段勘察任务书中规定的工作内容和深度要求
		是否体现规划及各阶段设计意图
		是否如实反映现场的地形和地质概况
		是否满足勘察合同工期要求
2	加强工程设计标准化	设计标准化在保证项目设计质量及造价控制方面起着重要作用,要求设计单位编制本项目统一技术措施,以便于各单位开展工作
3	初步设计质量管理措施	初步设计的深度要求应达到能满足建设单位审查、工程物资采购准备和施工准备、开展施工图设计三个方面的要求,并能满足政府行政主管部门审查需要
		根据已批准的项目可行性研究报告和建设单位、环境、设计单位的实际情况,拟定初步设计阶段的投资、质量和进度目标
		以初步确定的总体建设规模和质量要求为基础,将论证后所得的总投资和总进度切块分解,确定投资和进度规划
		初步设计完成后,根据有关初步设计文件深度的规定要求,督促设计单位组织评审。各专业根据评审意见进行修改,及时协调解决专业间的问题,完成校审和签署初步设计文件,确保整个工程设计文件内容的完备与统一
4	施工图设计质量管理措施	施工图设计根据批准的初步设计文件编制,其深度应能满足设备和材料安排、各种非标准设备制作、施工预算编制、工程施工需要以及工程价款结算需要等要求
		跟踪施工图设计、审核制度化。施工图设计质量跟踪不是监督设计人员画图,也不是监督设计人员结构计算和结构配筋,而是要定期对施工图设计文件进行审核,必要时,对计算书进行核查,发现不符合质量标准和要求的,指令设计单位修改,直到符合标准为止
		采用多种方案比较法。对设计单位所定的诸如建设标准、结构方案等各种设计方案进行了解和分析,有条件时应进行两种或多种方案比较,判断确定最优方案
		协调各相关单位关系
		在施工图设计完成后,组织对施工图设计文件进行审查。施工图设计审查的基本内容包括总体审核、总说明审查、图纸审查、施工总预算与总投资概算、其他政策性要求、报批审查等

序号	工作措施	具体内容
4	施工图设计质量管理措施	施工图经审查合格后,在设计文件交付施工时,组织工程建设有关各方参加设计交底会,由施工图设计单位对提交的施工图设计文件向施工单位和监理单位做出详细的说明,进行系统的设计技术交底
5	建立设计成果校审制度	计算依据应合理,计算结果应准确;应严格执行现行标准规范,特别是有关强制性条文
		设计文件的内容和深度应满足要求,文字说明及图纸应清晰、准确
		各专业图纸之间相关说明、要求、数据,尽量减少错、漏、碰、缺现象
		能够正确引用标准、规范、规程;设计深度符合国家相关规定,并能满足现场施工需要
		设计文件中选用的建筑材料、有关产品和设备,需注明规格、型号、性能等技术指标,设计单位不得指定生产商或供应商
		设计单位按要求开展技术交底工作。设计交底时应详细说明设计所采用的规程规范、专业配套文件、质量验收标准、主要技术要求、五新技术应用、施工现场注意事项等内容
		设计单位应参与建设工程质量事故分析,并对因设计造成的质量事故,提出相应的技术处理方案

8.4.2 勘察设计进度管理措施

（1）严格按设计合同控制设计节点周期。要求设计单位根据要求编制设计产品总体进度计划和年度设计产品进度计划,并督促设计单位严格执行。

（2）当实际设计进度与计划进度相比出现滞后时,应组织设计单位分析产生偏差的原因及对后续工作的影响,并督促设计单位采取切实可行的措施,在规定时间内消除偏差,要确保设计进度满足规程建设的需要。

（3）当确实由于设计进度滞后原因影响后续工作时,由全过程工程咨询项目部负责人约谈相关单位法人代表及项目负责人,并提出解决方案。

8.4.3 勘察设计投资控制措施

勘察设计投资控制分为投资估算、设计概算及施工图预算三个阶段,设计概算投资与估算投资偏差不超过10%;施工图预算投资不得超过概算投资（批复概算）;竣工结算投资不得超过施工图预算。

（1）可行性研究设计阶段:依据可行性研究报告编制规程提出估算投资。

（2）初步设计阶段:设计概算编制完成后,在报送发改部门审批前,由造价咨询单位对设计概算进行复核,必要时组织召开专家预评审会。在参考同类工程经济指标的同时充分考虑项目特点,确保设计概算全面、合理、准确。

（3）施工图设计阶段:要求设计单位在批准的初步设计和总概算范围内进行施工图设计,实行限额设计。在施工图设计完成后,由造价咨询单位按照发展和改革委员会的概算批复投资进行逐项对比。

（4）设计变更:对于确属原设计不能保证工程使用要求的,或确属设计遗漏和错误的,以及与现场情况不符合而无法施工的或者由于国家、地方相关法规调整等非改不可的设计变更,分析变更对项目造价的影响,进行设计变更的费用预估及初审,由造价咨询单位审核;若属于重大变更应提交建设单位审批。

8.4.4 勘察设计创优控制措施

1. 组织保证措施

（1）在招标投标阶段，对设计单位、施工单位的资质和经验提出严格要求，确保招到技术力量强、施工经验丰富的单位，可以为工程创优打下坚实的基础。

（2）在工程建设阶段，成立创优管理委员会和技术专家组。创优管理委员会由建设单位牵头，全过程工程咨询单位、设计单位、施工单位等参加；技术专家组由参建各方的技术专家、外聘专家组成，负责处理工程重大技术问题。领导小组负责协调各方关系、决策大政方针、总体思路；对外负责协调各级政府及各级建筑业协会的关系。

2. 创优技术措施

（1）设计单位在"四节一环保""五新应用"等方面提前规划，应用到工程设计的各个阶段。

（2）施工图图审单位及时对施工图进行审核，严把质量关，避免因设计问题出现返工情况。施工前，监理工程师组织设计交底，使各方了解设计方案和设计思路，避免产生歧义。

（3）管理会议制度。勘察设计管理会议包括设计例会、技术协调会、专家评审会，设计例会为每周举行一次，由设计管理部主持，与会议议题有关的各方参加，会议主要内容为各单位回顾和总结上周设计例会中有关问题的落实情况，协调、解决在上周工作中遇到的问题，同时对下周计划完成的工作进行部署和安排。技术协调会是由项目管理部组织，视情况召开，主要解决具体技术问题、解决相关方矛盾，以保证质量、不延误工期为原则。对于设计专题报告或重大技术问题处理，一般组织召开专家评审会，由设计管理部主持，由设计院负责组织（包括发会议通知、会务管理、会议签到、会议纪要起草、各方确认以及送达各方等全过程）及汇报，评审会须形成文字性结论。

（4）设计单位、施工单位分别提交创优规划方案，做好创优策划工作。总咨询师应及时组织创优规划方案的评审工作，经过评审、补充完善后，监理工程师负责监督实施。

（5）现场做好专项深化设计工作。对于专业性很强的工作，应督促施工单位进行深化设计工作，保证满足达标投产要求，满足创优要求。

（6）应用BIM技术。合理采用BIM技术，通过采用覆盖工程设计、建造、运行全阶段的工程全生命周期数字化应用，打造水利水电行业智慧化标杆工程。在各设计阶段合理应用BIM技术，通过模拟检查，提前发现问题，进一步优化设计方案，使设计质量更上一层楼。

（7）应用云计算技术。利用云计算技术开展工程建设管理及设施运行监控等，采用云平台有效降低用户推广应用过程中安装部署工作的难度和工作量，改善用户操作体验。

（8）应用物联网技术。利用现场监测、无损检测、传感技术等开展工程安全、运行、人员管理、物资管理等方面工作，实现数据的自动持续采集与传输，完成对施工状况的评估和预警。此外，在智慧城市、智能建筑、智慧工地等方面也需要大量采用物联网技术。

（9）应用手机终端APP。通过手机终端设备的应用，能够提高安全、质量的整改效率；能够快速发现施工现场问题，便于及时进行整改，整改痕迹能够完整记录。如果接入巡检系统，可以对材料设备进场进行过程验收，并记录验收影像，移动端操作即可生成材料进场台账、材料验收记录。

8.5 勘察设计阶段咨询工作流程

大中型水利水电项目勘察设计阶段咨询工作流程如图 8-1 所示。

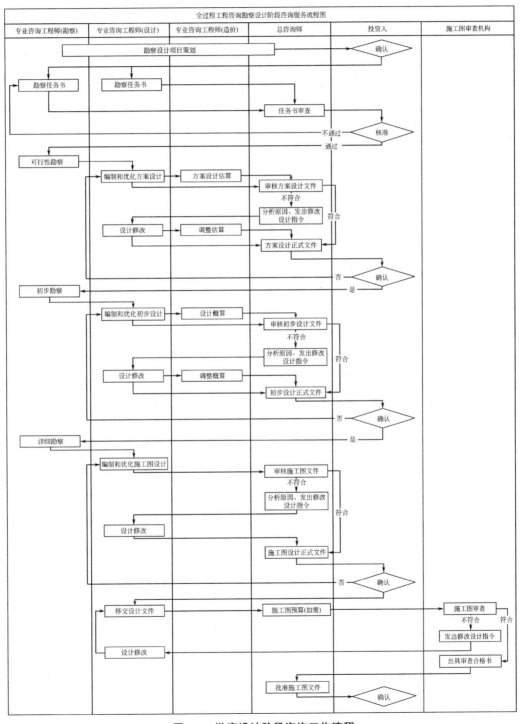

图 8-1 勘察设计阶段咨询工作流程

项目勘察设计阶段咨询

8.6 勘察设计阶段咨询阶段成果

勘察设计阶段咨询成果如表 8.13 所示。

勘察设计阶段咨询成果　　　　　　　　　　　　　　　　　表 8.13

序号	咨询内容	咨询成果
1	初步设计	工程初步勘察报告及其审批批复文件； 初步设计(含初步勘察)任务书； 初步设计阶段专题研究报告； 初步设计文件及其审批批复文件
2	招标设计	工程设计任务书； 投标须知文件； 投标文件要求； 工程设计投标文件； 相关合同文件
3	施工图设计	详细勘察报告及其审批批复文件； 施工图设计(含详细勘察)任务书； 施工图设计阶段专题研究报告； 施工图设计文件及其审批批复文件

9　项目采购与招标阶段咨询

9.1　采购与招标阶段咨询服务目标

采购与招标阶段是实现投资人建设目标的准备阶段，该阶段确定的中标人是将前期阶段的咨询服务成果转化为成功项目的实施者（陈金海等，2019）。根据现行的《中华人民共和国招标投标法》《中华人民共和国招标投标法实施条例》，招标采购活动包括招标策划、招标、投标、开标、评标、中标、定标、投诉与处理等一系列流程。招标采购活动应当遵守公平、公正、公开和诚实守信的原则。

大中型水利水电项目采购与招标阶段的咨询，需要建立高效、规范的招标代理工作组，提供优质高效的服务（胡勇等，2019）。建立合规、科学的招标采购管理制度和流程，依据《中华人民共和国招标投标法》《中华人民共和国招标投标法实施条例》《电子招标投标办法》《招标公告和公示信息发布管理办法》等法律、法规、规定，开展招标采购工作。在项目部各部门的协同下，精心策划、统筹兼顾进度、质量、安全、投资等目标。确保招标采购进度满足工程进度要求，招标采购确定的施工单位满足相关要求、具备提供服务、货物和施工能力，有利于发挥专业优势、价格控制在合理范围内，为实现项目质量、安全、进度、投资总体目标提供支撑。

此外，项目进入招标阶段时协助建设单位开展施工承包、设备供应等内容的招标工作。在此阶段，由于全过程工程咨询单位已经深刻了解了项目需求，充分掌握设计内容，在招标过程中更容易把握招标文件中的技术参数指标。招标工作通过工程量清单编制、标底编制，招标公告书编制、招标文件编制、资格预审文件编制，进行评标定标办法选择符合要求的承包单位。招标过程中应当充分考察施工单位、供货单位的技术水平、项目管理能力（石锐等，2021；吴振全等，2021）。同时综合造价咨询专业能力，及时封堵招标清单的漏洞，避免投标单位通过不平衡报价的方式增加项目施工阶段的成本风险，减少施工阶段出现的洽商、签证以及经济纠纷。

9.2　采购与招标阶段咨询工作内容

大中型水利水电项目招标阶段的工作内容建立在前期策划、设计阶段的主要成果上，明确招标信息，编制招标文件，发布招标信息，评标，规定中标人职责（石国虎，2020）。

9.2.1　招标策划

大中型水利水电项目招标阶段的工作内容包括合同编制、招标文件编制、确定招标方式、确定最高报价和招标时间。

1. 招标方式

全过程工程咨询单位应充分考虑投资人目标、项目自身情况和招标需求，根据项目实施技术难度、承包商资质和客观条件，选择招标方式为公开招标还是邀请招标。

2. 标段划分

为了能够适应开发商管理人员数量、成本管理、承包商能力、现场管理、投资金额等因素的要求，在招标前，需要划分标段，分别进行招标，以达到便于管理、降低风险、成本节约、便于操作等目的。

3. 合同策划

全过程工程咨询单位根据项目开发需求、标段基本情况，确定招标合同的工作内容、特殊要求、奖惩措施、双方责任条款、奖惩措施等。

4. 招标时间

招标时间需要考虑多种因素，例如拆迁计划、投资计划、方案设计时间等，尽可能满足国家政策要求和项目开发需要。

9.2.2 招标文件编制

大中型水利水电项目中，全过程工程咨询单位负责编制招标文件。招标文件不仅作为投标文件的基础，而且对开发商和中标人双方有较高的约束力，需要双方严格遵守。全过程工程咨询服务中的造价板块负责编制工程量清单，审核招标文件中的造价问题。此外，全过程工程咨询单位在招标文件中对技术、合同商务条件、边界条件、资格和资质条件等的把控也同样关键。

1. 工程量清单

全过程工程咨询服务中的造价板块需要服从政策规定，编制项目工程量清单和招标成本控制。

2. 招标成本控制

招标成本控制中设置最高投标限价，是开发商为了控制成本而采取的措施，目的是将招标成本控制在可接受范围内。专业咨询单位需要严格审核最高投标限价。

9.2.3 招标过程管理

1. 招标公告

全过程工程咨询单位需要将招标公告发布在确定的招标媒介上，限定投标时间和承包商位置，负责对招标文件进行答疑和组织现场踏勘等工作。

2. 投标

投标人发送的投标文件和投标保证金需要全过程工程咨询单位负责审核，确保投标文件符合自身硬性规定和投标保证金的合法性。

3. 资格预审

全过程工程咨询单位需要配合开发商审核资格预审文件，保证其内容完整、无纰漏。

4. 清标

清标的主要工作是对投标报价的分析处理，以及对评标报告完整性的审核。将审核结果交予总负责人和开发商管理人员复核。

5. 评标

全过程工程咨询单位按照招标文件中规定的标准审核投标文件，编制评标报告，发送给开发商复核。

6. 公示

全过程工程咨询单位将定标结果向中标候选人进行公示，并将结果备案。

7. 签约

全过程工程咨询单位邀请中标人对合同进行澄清、答疑，与投标人签订合同。此外，向中标人传达开发商的意愿，就某些条款进行细化解释。

9.3 采购与招标阶段咨询工作方法与风险要点

9.3.1 采购与招标阶段工作方法

大中型水利水电项目采购与招标阶段咨询工作主要为对招标采购的进度进行控制。其中，主要方法为采用项目管理软件、工作结构分解、网络图和里程碑计划对招标采购进度进行控制。

（1）根据管理流程图和进度计划，采用项目管理软件、工作结构分解、网络图和里程碑计划对招标采购进度进行控制。采用管理软件对招标采购进度与实际进度提醒、纠偏，采用工作结构分解将标段招标采购的前置条件梳理清楚，从网络图和里程碑计划入手对采购进度进行控制，检查实际进度与进度控制计划偏差。在方案、勘察、设计时段重点检查前置条件的各类报告编制实际进度是否满足招标采购进度计划。施工时段重点检查关键线路招标采购实际进度是否满足招标采购进度计划，对非关键线路按招标采购进度计划提前实施招标采购，杜绝非关键线路标段延误成关键线路，货物标段充分考虑生产周期，科学合理地安排招标采购时间，在技术要求明确的前提下按进度计划提前实施招标采购。

（2）根据一般规定的招标程序时间：发布招标公告（投标邀请书）7 日前，向行政管理部门备案。在市公共资源交易平台发布招标公告，公告时间不少于 3 个工作日。采用资格预审的，预审结果在市公共资源交易平台公示 3 个工作日。招标文件自发出至提交投标文件截止之日一般不得少于 20 日，截标前 10 日停止补遗答疑。中标结果在市公共资源交易平台公示 3 个工作日。

（3）从招标文件编制准备开始至评标、述标结束，根据标段的复杂程序约需 45～60日，定标时间由建设单位掌握，招标代理做好决标准备。

（4）招标采购进度计划确定后，提前落实招标配套图纸提供时间，提前落实工程量清单、最高投标限价提供时间，避免招标图纸或工程量清单影响招标采购工作进度，同时落实设计提供的招标文件技术要求、招标界面、现场条件、临时用地图等提供时间。

（5）编制的招标采购计划应考虑可能发生的流标等不确定性因素，留有可调节余地。

（6）招标采购进度控制为工程进度服务，应杜绝招标采购进度影响工程进度事件的发生，若因非主观因素导致招标采购进度落后计划进度，应与计划工程师配合调整进度计划并报建设单位同意后执行。

9.3.2 采购与招标阶段风险要点

招标采购是一项相对比较复杂的工程，就招标投标的整个流程而言，其中包括招标、投标、竞标、签订合同等流程（郝智星，2021）。受到种种客观因素的影响，在招标投标过程中存在两种风险，主要包括内部风险与外部风险。其中，招标采购中的外部风险主要包括政策风险、市场风险以及经济风险等（赵振宇等，2019）。经济风险主要指利率的涨落以及价格的不真实性等，政策风险则主要指相关法律法规的改动、执法的实际效率等，市场风险则主要是指市场竞争的规范性。而内部风险主要包括管理风险与人为风险，其中，管理风险是指合同签订价格的不合理、采购信息的不健全等；而人为风险则主要是由人为因素导致的，如商业贿赂或者责任心欠缺等。站在风险防控的角度上看，内部风险的规避是招标采购风险控制的重点内容。因此，必须采取有效措施，不断提高风险规避水平，进而充分发挥招标采购的作用。其中，具体的采购与招标阶段咨询工作的风险要点主要有以下几个方面：

（1）提前谋划，避免投诉或意外给招标采购进展造成影响。投标资格条件设置不合理，过低会造成招标采购无效、重新招标，过高会造成投标人投诉或质疑，都会影响招标采购进程，给进度控制造成困难，影响工程进度。

（2）科学合理地设置评标办法和清标条款。评标办法清标客观项或赋分值设置有缺陷，导致中标单位不能完全胜任工程，会给工程实施过程的质量、进度、安全方面带来较大的风险，增加项目管理难度。

（3）设置合同条款有缺陷或不明确、有歧义，给工程实施过程中的合同管理带来困难，影响工程进展。

（4）招标采购阶段易因各方面原因，导致施工标段招标工程量清单错漏项或界面划分不清晰，设备标段配件易多算或漏算，承包单位会以此作为索赔理由，提出各项费用索赔等，投资控制风险加大。

9.4 采购与招标阶段咨询的工作措施

9.4.1 招标采购工作难点

（1）大中型水利水电工程项目难度大，标段涉及面广，招标采购组成员除专业知识和必须具备的法律、法规、规章外，还必须熟悉当地的规定和流程。

（2）如何合理划分标段，保证各标段承包单位、供货单位顺利衔接，在前期策划中难度大。

（3）制定的招标计划、标段划分与整个工程紧密相关，项目策划方案需不断深化，保证招标采购工作的顺利进行。

（4）标段招标前的市场调研工作，要准确了解市场情况，做深做细市场调研工作，为避免麻烦，只能从公开的信息中了解或侧面了解，应避免直接了解。设置投标人资格条件中业绩要求难度大，既要符合工程实际，又能体现精准择优，难度大。

（5）通过招标采购选择到经验丰富、实力强、技术水平高、价格合理的各类施工单位。评标办法清标客观分起至关重要的作用，设置项和分值须建立在对潜在投标人全面了解的基础上，目前阶段只能从公开信息中进行查询，设置项和分值精准择优难度大。

（6）大中型水利水电项目招标采购工作大、标段多，招标采购阶段易因各方面原因，导致标段招标范围、工程量清单错漏项，给后续合同管理带来隐患，导致施工单位以此为据进行索赔，加大投资控制风险。设备配件易多算或漏算，增加管理工作量。

9.4.2 招标采购的注意点

（1）大中型水利水电项目设计、施工难度大，有科研要求，建议将多个项目的科研合并招标采购分别签订合同，减少招标工作量、提高采购效率，发挥水利水电项目整体效率、节省投资。

（2）大中型水利水电项目中的钢管、金属结构、起重设备等建议多个项目合并招标分别签订采购合同，减少招标工作量、提高采购效率，发挥水利水电项目整体效率、节省投资。

（3）电气设备品种多、生产单位不同，控制电缆规格型号多、数量不大，建议采用招标采购一家集成供应商，将所有涉及的电气设备、材料统一由一家集成供应商提供。集成供应商可以是电气集成服务商，也可以是从事此业务的某种设备供应商。

（4）发包人有类似的多个工程同步施工，工程采用设备基本雷同，建议发包人通过招标方式建立通用设备候选名录库，设备可以从候选名录库中通过竞争谈判的方式直接采购。

9.4.3 招标采购工作措施

招标采购阶段咨询工作主要是关注解决招标采购的难点、关注招标采购的注意点，以及对招标质量进行管理。对于招标采购阶段的工作难点、注意点上文已给出具体措施，而招标采购阶段质量控制措施主要有以下方面：

1. 招标质量管理措施

招标质量管理主要从招标文件编制、招标过程两个方面重点关注。

（1）招标文件编制质量控制

招标文件编制前，进行市场调研，厘清招标文件设置的边界条件。对招标文件技术条款、商务条款进行充分沟通、讨论。编制完成的招标文件向建设单位汇报，形成最终稿。

（2）招标过程质量控制

勘测、设计、施工及工程建设有关的主要设备材料采购工作全面实施招标投标制，坚持公开、公平、公正、科学、诚实守信的招标投标原则，选择有实力、有经验、有业绩、有信誉的优质勘察设计单位、施工单位和设备材料供应单位。根据国家有关法规制定具体实施细则和制度，杜绝招标投标过程中有损国家利益、社会公共利益及不正当的招标投标现象和行为。

2. 材料、设备采购质量管理措施

采购产品的质量直接影响项目的最终质量，需重点对采购项目予以质量控制，以确保建设单位采购的设备和材料符合项目质量要求，主要采取以下管理措施：

（1）建立完善的质量保证体系

① 组织方面：造价合约部接受公司总部对工程进行定期、不定期的检查和技术指导，重大技术问题的处理先上报项目总咨询师审核，再提交建设单位审定。

② 制度方面：造价合约部建立完善的工作制度，用制度来规范采购管理行为，同时

建立与之相适应的岗位责任制。

③ 人员方面：造价合约部由工作经验丰富和责任心强的招标工程师组成，确保采购管理服务的质量。

④ 措施方面：加强质量检查工作，各专业工程师及其助理配合检测工程师做好材料检测工作。

⑤ 采取有效的质量控制措施：在质量控制过程中应以合同、技术规范为依据，坚持高标准、严要求，在事前、事中、事后三个方面分析对质量构成影响的人、材料、机械、方法和环境等要素，抓好质量控制工作，确保质量控制目标的实现。

（2）设备的进场验收

① 订货合同和装箱单常规检查下列内容：箱号、箱数是否正确，包装是否良好；设备名称、型式、规格及外形尺寸是否正确；零部件表面有无锈蚀和损伤，孔、口保护是否完整；附件、备件是否齐全完好；随机技术文件是否齐全完好。

② 设备的检查验收：工地交货的设备，应有出厂合格证和质量检验证书。设备到场后，订货方应及时通知监理部门，在规定的索赔期限内开箱检查，按供货方提供的技术说明书和质量保证文件进行检查验收，检查人员对质量检查确认合格后，予以签署验收单。若发现质量保证文件与实物不符，或对质量保证文件的正确性有怀疑时，或设计和验收规程规定必须复检合格后才能使用时，还应由有关部门进行复检。

若发现设备质量不符合要求时，工程量不予验收，应由供货单位更换或进行处理。对工地交货的大型设备，通常由厂家负责运至工地进行组装、调试和试验，经过检查合格，再由订货方复检，复检合格后予以验收。

进口设备的检查验收，应会同国家商检部门进行，如在检验中发现质量问题和数量不符合规定时，应取得供货方和商检人员签署的商务记录，在规定的索赔期限进行索赔。

采购管理工程师对到场设备的存放、保管条件及时间进行监控。根据其特点要求的不同，安排适宜的存放条件，保证存放质量。

3. 材料验收

建筑材料的验收是保证建材购进数量和质量的主要手段。验收依据是国家标准或部颁标准或企业标准、供销合同、技术证明文件、图纸、样品等明确具体的质量要求。质量不符时，应按供销合同的有关条款处理。

4. 价值工程制度

造价合约部将根据工程项目的使用要求和资金预算，按照价值工程理论，全面考虑生命周期成本，在招标文件中自行确定主要材料和设备的品牌、规格型号和质量等级。项目的生命周期成本可以分为前期建设成本和后期使用成本。例如在水电、空调、消防材料和设备等方面，可以采用优质的材料和设备。这样做虽然会使建设成本有所上升，但是可以大量节约今后使用、维护、检修和更换的费用和时间，延长使用周期，从而大大降低使用成本和总的生命周期成本。

9.5 采购与招标阶段咨询工作流程

大中型水利水电项目采购与招标阶段咨询工作流程如图9-1所示。

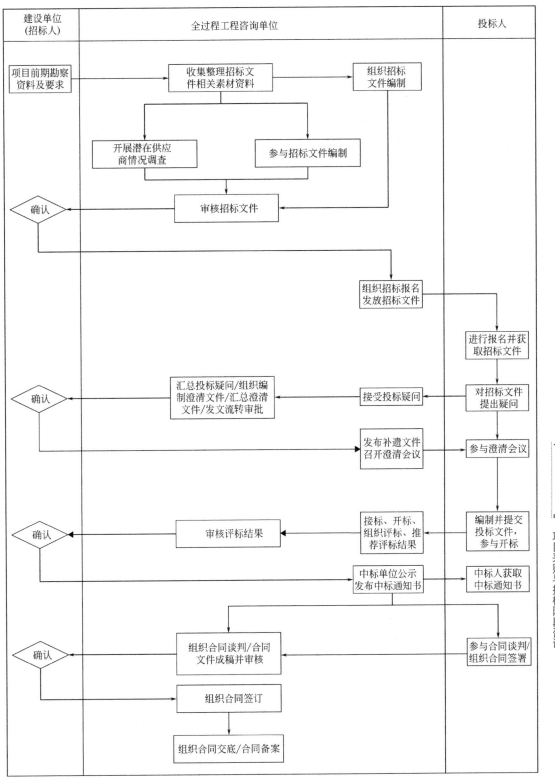

建设单位 (招标人)	全过程工程咨询单位	投标人

项目前期勘察资料及要求 → 收集整理招标文件相关素材资料 → 组织招标文件编制

开展潜在供应商情况调查

参与招标文件编制

审核招标文件

确认

组织招标报名发放招标文件

进行报名并获取招标文件

汇总投标疑问/组织编制澄清文件/汇总澄清文件/发文流转审批

接受投标疑问

对招标文件提出疑问

确认

发布补遗文件召开澄清会议

参与澄清会议

接标、开标、组织评标、推荐评标结果

编制并提交投标文件，参与开标

审核评标结果

确认

中标单位公示发布中标通知书

中标人获取中标通知书

组织合同谈判/合同文件成稿并审核

参与合同谈判/组织合同签署

确认

组织合同签订

组织合同交底/合同备案

图 9-1 工程招标采购工作流程图

9.6 采购与招标阶段咨询阶段成果

大中型水利水电项目在采购与招标阶段的划分主要分为准备阶段、招标投标阶段、签订合同阶段，各阶段主要咨询内容及咨询成果如表 9.1 所示。

工程招标采购阶段咨询内容及咨询成果 表 9.1

招标采购 阶段划分	各阶段主要咨询内容	咨询成果
准备阶段	确定招标采购策略	招标采购策划文件 主要合同包括招标方案、招标计划
	潜在投标人情况摸底	潜在供应商考察报告 合格供应商名录
招标投标阶段	组织招标投标 完成开标与评标	招标文件 招标文件及其补疑 投标文件及其澄清 投标保证金缴纳及退还 评标使用的相应表格 评标报告 招标投标情况的书面报告 中标通知书
签订合同阶段	进行合同条款谈判 正式签订合同	合同条款洽商记录 合同文本

10 项目施工阶段咨询

10.1 施工阶段咨询服务目标

大中型水利水电项目的开发过程是一个综合调控的过程，全过程工程咨询单位负责平衡协调各板块的工程内容，例如成本、安全、工期、质量等，解答实施过程中的各种问题，修补漏洞，营造团结友爱的工程大家庭（柏永春，2020；王志玲，2021）。建设项目施工阶段在某种意义上来说是将前期计划付诸行动的阶段，前期设计规定了施工的基本内容和形式，招标采购确定了项目的品质和安装要求，施工合同则确定了建设单位和施工单位的责任和义务。全过程工程咨询在施工阶段的任务主要是管理和协调，确保投资目标的高效实现。

在施工阶段，全过程工程咨询单位要扮演项目推进核心角色，按合同规定，协调、集成各参建单位的关系，对工程造价、质量、进度、合同、信息进行有效的控制和管理，实现建设三大目标。施工阶段是一个整体性的、持续的、动态的过程，全过程工程咨询单位须遵循策划、实施、检查、处置的动态化管理原理，运用各项管理举措进行计划、组织、指挥、协调和控制，为建设单位提供无缝隙且非分离的整体性、专业化咨询服务。

为践行国家高质量发展战略，工程施工阶段咨询所运用的各项管理举措（方法）务必体现精益求精的建造导向，突出项目相关方的责任落实和诚信塑造，在确保施工进度、施工质量（实体质量、功能质量与外观质量）和施工安全的基础上，还需在生态环境保护、资源节约和节能减排方面取得明显成效。

此外，对于全过程工程咨询的项目管理方面，全过程工程咨询项目管理的目标是通过标准化、精细化、集约化的管理，确保如期实现工程建设各项建设目标。全过程工程咨询项目管理工作总体思路为以下几点：一方面，需要按照全过程工程咨询招标文件服务范围及要求、项目特点难点及现场情况等，组织建立系统、专业、高效的全过程工程咨询管理团队，并合理分工负责，横向到边、纵向到底地开展无"盲区"的项目全过程工程咨询管理工作。另一方面，要组织建立健全项目管理对内（项目管理、设备监造、造价咨询内部专业）、对外（施工单位、设备供应商、其他服务类单位）的检查考核评价程序、制度，利用法律法规、规范标准、合同、现场制度等科学地管控项目，并且要始终以整体项目实施进度为主轴，以项目施工安全、质量为底线，推动项目安全、平稳、高效地按照总控计划的要求实施。

10.2 施工阶段咨询工作内容

对于大中型水利水电项目而言，全过程工程咨询在施工阶段的任务主要是管理和协调，协调开发商和施工单位关系、施工单位与施工单位关系，监督双方的责任履行情况，维护开发商的权益，确保投资目标的高效实现。

10.2.1　质量管控

1. 质量管控

开发商与各方的合同中明确规定了各方对质量的责任，全过程工程咨询单位按照合同规定，监督各方的责任履行情况。

2. 质量控制

全过程工程咨询单位的监理部门在项目施工的重要阶段，要对项目的施工质量、安装质量、材料质量、安全进行控制。

3. 质量验收

工程质量必须符合国家相关标准，质量验收是最后一道防线，因此全过程工程咨询单位的监理部门应组织施工单位和开发商项目管理人员对项目进行验收工作，确保项目质量符合要求。

10.2.2　进度管理

1. 进度计划的动态管控

项目进度计划是建设单位首要关注的问题之一，直接关系着投资目标能否实现，因此建设单位的管理人员负责编制进度计划，将进度计划交予全过程工程咨询单位进行审核，全过程工程咨询单位按照进度计划，对施工现场进行督促。

2. 进度控制

施工现场会发生需要意料之外的事情，将会拖慢施工进度。全过程工程咨询单位需要通过协调各方关系，传达建设单位的意愿，解决这些问题，并适度修改后续计划，确保进度节点的达成。

3. 合理调整进度计划

进度计划很难和现场情况贴合在一起，全过程工程咨询单位不仅需要尽快解决卡点问题，而且对后续的施工计划提出合理的优化意见，以赶上延后的进度。通过对进度计划的合理调整，保证重要的进度节点。

10.2.3　造价管控

1. 成本计划

全过程工程咨询单位中的成本管理人员需要以合同为基础，编制项目成本计划，在施工计划有变时，要相应调整成本计划，确保项目成本不会超支。

2. 工程款的发放

工程款的发放需要经过严格的审核程序，一般要求是质量不合格的部分工程，工程款不予结算，待整改完成后予以结算；质量合格的工程，按照合同规定予以结算。全过程工程咨询单位的成本板块需要建立台账，严格记录工程款支付情况。

3. 工程变更

工程变更基本伴随项目实施的前期阶段，对成本和工期影响较大。能否有效降低工程变更次数,在工程变更后能最大限度地保障工期和成本,直接决定了项目投资目标能否实现。工程变更一直以来都是"老大难"的问题,主要原因是责任不清、技术困难、成本增加、工期延误,这些问题很难得到有效解决,有时候被迫需要增加成本和工期,降低项目效益。

4. 工程索赔

工程索赔发生在开发商或承包单位出现违约情况。全过程工程咨询单位应该了解索赔发生的原因和过程,以合同为基础,编制索赔方案,交予开发商审核后,与双方办理索赔手续。

10.2.4 安全文明施工管理

安全文明施工是保障施工人员安全和现场管理的重要手段,其内容包括:

(1)进场检查承包单位、技术人员、安全员、驾驶员、监理人员是否具有相应的资质证书,特种人员资质证书需要严格审查。

(2)审查施工现场的管理架构、方案设计、现场人员组织方案。

(3)明确法律中有关施工现场安全管理条例,严格执行。

(4)执行安全管理条例中的强制性规定。

(5)对危险程度较大的工程进行旁站监理,对规模较大、危险性较大的工程,需要经过专家论证,并严格按照专家意见进行。

(6)要定期检查安全隐患,发现安全隐患后,要迅速通知相关负责人整改;如果情节较为严重,需要停工整改,整改完成后才可以重新开工。承包单位若不遵从停工指令,报政府相关部门处理。

(7)全过程工程咨询单位中的监理部门在进行工作时,应该对监理内容和情况进行记录并存档,以备后续查询。

(8)项目现场应该定期召开会议,讨论施工现场的安全事项和安全隐患,清扫场地危险源。

10.2.5 合同管理

合同管理是控制工程质量、进度、投资与安全的重要手段。参加工程建设的各方,必须事先签订合同,明确各方的责、权、利关系。无论是项目建设单位、全过程工程咨询单位,还是设计、施工、材料设备供应商等,都是根据合同约定开展工作,按合同约定履行各自的义务和维护各自的权利,只有一切从合同出发,才能保证项目建设取得成功。其中合同管理主要包含以下内容:

(1)协助建设单位或在授权范围内组织本项目涉及的土建项目和各专业系统的设计、咨询、施工、供货及相关专业合同的起草、谈判,协助签订合同;并对合同履约、变更、索赔、合同后评价进行管理;对合同风险进行分析并制定应对措施。

(2)负责通知及督促参建各方上交结算资料,审核结算资料的完整性。

(3)负责办理工程量清单复核报告、设计变更、现场签证、补充合同等结算资料的审查手续。

(4)负责协调施工、造价咨询和项目组各成员的结算分歧,督促专业工程师和造价工程师及时办理设计变更等结算资料,必要时召集各方协调解决造价分歧。

10.3 施工阶段咨询工作方法与风险要点

10.3.1 施工阶段工作方法

全过程工程咨询在大中型水利水电项目施工阶段主要通过建设单位的授权主抓项目质量、安全方面的工作,通过严格的验收、巡查、检查保证工程在施工阶段达到质量、安全目标(焦健,2020)。区别于传统工程咨询,全过程工程咨询在进度、成本方面的控制应当加强项目管理专业及造价咨询专业。

施工阶段是工程建设项目的实施阶段,也是工程建设项目从虚拟到实体的过程。施工阶段包括合同管理、工程监理等工程咨询工作。工程咨询的主要任务是监督、管理、控制,确保工程建设项目在施工阶段顺利进行。施工阶段工程咨询管理人员应当做好准确计算实体工程量、控制设计变更、保证施工进度和合理控制施工成本支出等工作。全过程工程咨询单位在项目管理、质量进度与安全生产、合同争议处理、安全文明施工等方面可按照表10.1进行。

施工阶段工作方法

表 10.1

类别	施工阶段工作方法
1. 项目管理	(1)全过程工程咨询单位根据全过程工程咨询合同对项目进行投资、进度、质量等方面的管理,建立全面管理的制度,明确职责分工和业务关系。 (2)明确投资控制目标、进度目标和质量目标,在实施阶段主要起到监督、协调、管理的作用。 (3)负责项目投资管理的决策,确定项目投资控制的重点难点,确定项目投资控制目标,并对项目专业造价工程师的工作进行过程和结果的考核。 (4)编制项目总控计划,组织建立项目进度管理制度,明确进度管理程序、规范进度管理职责及工作要求。 (5)质量管理应坚持缺陷预防的原则,按照策划、实施、检查、处置的循环方式进行系统运作
2. 质量、进度及安全生产管理	(1)全过程工程咨询单位应根据全过程工程咨询合同约定,按照现行标准规范,遵循事前控制和主动控制原则,坚持预防为主的原则,制定和实施相应措施,采用旁站、巡视和平行检验等方式对项目实施管理,并及时准确地记录工作实施情况。 (2)全过程工程咨询单位应组织审查施工单位报审的施工方案,符合要求后应予以签认。 (3)全过程工程咨询单位应根据法律法规、工程建设强制性标准,履行建设工程安全生产管理的职责,并应将安全生产管理的工作内容、方法和措施纳入监理规划及监理实施细则
3. 施工合同争议处理	全过程工程咨询单位处理发承包合同争议时应进行下列工作: (1)了解合同争议情况。 (2)及时与合同争议双方进行磋商。 (3)提出处理方案后,再进行协调。 (4)当双方未能达成一致时,应提出处理合同争议的意见
4. 工程文件资料管理	(1)全过程工程咨询单位应建立完善工程文件资料管理制度,宜设专人管理工程文件资料。 (2)全过程工程咨询单位应及时、准确、完整地收集、整理、编制、传递工程文件资料,并按项目的统一规定标识,完整存档。 (3)全过程工程咨询单位宜采用信息技术进行工程文件资料管理,重要项目文件和档案应有纸质介质备份

类别	施工阶段工作方法
5. 安全文明施工与环境保护	(1)全过程工程咨询单位组织检查施工单位现场质量、安全生产管理体系的建立及运行情况。 (2)全过程工程咨询单位参与或配合工程质量安全事故的调查和处理。 (3)全过程工程咨询单位应当及时发现并处置安全事故隐患。 (4)全过程工程咨询单位应建立项目环境保护管理制度,确定环境保护管理的目标,明确管理内容和考核要求,实施环境影响评价,配置相关资源,落实环境保护措施

10.3.2 施工阶段风险要点

1. 质量控制要点

质量控制应树立"百年大计,质量第一"和"下道工序就是用户"的思想,坚持"缺陷预防为主"和"用数据说话"的原则,按照策划、实施、检查、处置(PDCA)的循环方式进行系统运作。

全过程工程咨询单位在质量控制中需要起到引导作用,明确施工单位的质量管理责任,充分发挥施工单位自身的质量管理积极性,咨询工作重点应该放在质量控制的策划(事前控制)与检查(事中控制)上。

(1)事前质量控制要点

事前质量控制是全过程工程咨询单位对施工质量进行主动控制的一项重要工作,该项工作的重点是通过开展工程施工质量风险评估来识别施工质量控制关键点。质量控制关键点是指对工程质量控制管理中对后续工程质量影响大的因素,或是发生质量问题时危害大的因素,或是技术要求高、施工难度大的工程部位,或是产品质量不稳定容易发生质量通病的工序,以及设计采用的特种结构等新材料、新技术经验不足的情形,都应列为项目质量控制关键点。工程质量事前控制要点原则如表10.2所示。

事前质量控制要点原则 表 10.2

序号	事前质量控制要点原则
1	采用新技术、新工艺、新材料的部位或环节
2	施工条件困难和操作技术要求难度大的工序或环节,如复杂的曲线结构拼装、模板放样等
3	施工过程中技术要求高的关键环节,如预应力结构的张拉工序中张拉力的控制
4	施工中质量不稳定又不容易被直接发现的部位工序
5	对操作人员心理、身体素质或者技术要求较高的工序操作,如高温、高空、水下、危险作业、负责设备安装、重型构件吊装等
6	特殊气候对质量影响的因素,如高温或寒冷季节对浇筑混凝土采取的防裂、防冻、测温、施工缝处理等措施
7	大体积混凝土浇筑、特种混凝土的质量保证措施、大型钢结构等构配件吊装等
8	大跨度或超高结构等技术难度大的施工环节,大孔性湿陷性黄土、膨胀土特殊地基的处理等
9	关键性的施工操作,工序之间的技术性间隙、施工过程中的观测数据等
10	质量通病易发的部位、设计变更频繁的工程部位
11	涉及多个参建单位交叉集中作业的部位
12	认为必要的其他重要控制点等

（2）事中质量控制要点

工程质量事中控制要点原则如表10.3所示。

序号	事中质量控制要点原则
1	定期组织召开质量专题会议,总结、分析及评价当前质量管理中的问题,并据此布置今后质量控制的要点,并落实措施
2	对各参建单位(包括全过程工程咨询单位)内部的质量管理台账不定期进行抽查,检查各单位质量管理人员是否按照在质量预控阶段所制定的管理制度、管理体系实施了管理工作;是否做到及时检查测量
3	协调在工程实施过程中各施工单位(假如有平行分包情况)交叉作业面处发生的矛盾,尽量减少在工程界面处质量责任不清晰情况的发生
4	依据质量控制计划,有针对性、选择性地参与施工技术复核、计量检测、见证取样工作,检查其质量管理的规范性、及时性、计划性
5	定期组织对收集的质量信息进行分析,出具质量分析报告和提出相应意见,评价项目管理质量管理体系运行效果
6	检查用于工程的主要建筑材料、构配件和设备是否通过正规的采购渠道获得,这些材料是否具有出厂合格证明、质检证明或试验记录等相关配套资料
7	对使用的建筑材料进行分批分量抽查检验,见证取样过程、编号、记录、送检单位等是否符合有关规定,对抽检不合格的材料一律不允许使用,并监督施工单位进行标识、隔离保存,不得使用
8	主要工程在施工过程中实行挂牌制度,检查施工单位是否坚持此制度以及执行情况(挂牌记录作为重要的施工档案应予以保存,如因现场不规范而造成质量事故,可以追究有关人员的质量责任,挂牌制度对于施工单位来说是一种规范施工行为的好的做法,全过程工程咨询单位应予以鼓励和支持)
9	检查施工单位是否坚持工程质量的"三检"——班组、作业队、项目部的检查。隐患工程要有项目技术负责人、质量检验员检查记录
10	坚持对不合格单元、分部、单位工程进行返工,不合格工序不得进入到下一道工序
11	检查施工单位成品保护执行情况,做到措施合理、成效明显。尽量减少特别是抢赶工期期间各工序交叉作业、上下道工序以及其他人员对成品造成的影响
12	质量记录是质量责任追溯的依据,应做到真实、详尽,各类现场操作记录、质量检验记录等要求施工单位妥善保管,不定期进行检查
13	检查施工单位是否认真执行了质量文件记录制度
14	工程文件档案资料的完整性是工程验收的重要依据,各参建单位特别是施工单位应高度重视,全过程工程咨询单位应不定期组织各参建单位对工程档案资料进行全面检查。检查的重点在于整理、存档的情况是否标准和规范
15	检查施工单位是否按报送的施工组织设计、施工方案组织开展工程施工,如果没有,应立即要求施工单位重新报送施工组织设计和施工方案
16	检查施工单位对特殊工程的持证上岗情况,检查重点在于:特种作业人员是否持证上岗,是否人证合一,操作证书是否过期
17	检查施工单位对工程质量事故报告制度的执行情况,检查重点在于:检查质量事故上报制度是否编制,现有人员是否与制度相符,每个人是否都熟悉制度要求,如有必要,要求施工单位进行演练
18	参加单元、分部、单位工程的过程验收,进行抽样检验、操作依据及质量记录的检查,确认是否符合设计及验收标准的要求,如有必要,开展施工综合质量管理的阶段性综合质量评比活动

（3）事后质量控制要点

事后质量控制要点除了质量验收外，主要是对工程质量问题和事故的处理。对于工程质量问题及事故，全过程工程咨询单位必须遵循国家及地方的有关法律、法规、标准及规范规定的程序和要求，组织参与或配合进行调查及处理。同时，必须根据调查报告、相关合同文件、技术文件与档案等，进行有关索赔处理等后续工作。具体控制要点如表 10.4 所示。

事后质量控制要点原则
表 10.4

序号	事后质量控制要点原则
1	组织参与或配合工程质量问题及事故调查，包括损失情况、事故原因、责任认定等
2	督促相关责任单位制定、落实整改方案，并跟踪实施情况
3	处理有关的索赔、赔偿等相关事宜

2. 进度控制要点

工期考核是实施项目管理的重要指标，只有按期完成工程项目才能达到预期的经济效益，才能体现合同的法律作用，有效工期内完工是最经济的。满足技术标准规范，在合同规定工期内完成工程才能被批准完工。因此工期管理要用合同条款中所有有关条款来制约和监督，进度控制的主要管理内容和要点有计划控制、进度检查、调整计划等。

设计进度会影响整个项目的工期，设计未完成，施工就不能进行，其后果就是造成工期的拖延。为了保证设计的正常进度，通常可以采取以下措施：

全过程工程咨询单位须根据工程施工总进度计划提前组织编制各专业的出图计划，经设计负责人及项目总负责人审核、协调、批准后下发给设计部门执行。

设计部门必须严格执行审批后的出图计划，并提交进度报告。遇到问题应尽早上报，以便能及时协调解决。

（1）应编制好进度计划。一份完整的进度计划，从施工单位角度讲是履约合同的保证、指导工程的依据，从全过程工程咨询单位的职责看是控制进度、管理工期的凭证。因此双方在施工准备阶段即要对编制计划保持不断的信息交流。全过程工程咨询单位将对计划编制提出要求，制定必要的规定，明确方法，确定内容，要求编制出切实可行、既符合合同要求又能指导施工的进度计划。

关于计划制定的深度，根据经验，应形成几个层次，即总体计划、年度计划、月计划、旬或周计划。总体计划只有一个目标，即在合同工期内完成工程，其制定的项目可以是粗线条的，主要是做好工程的组织和资金调配，编制网络计划图，分析关键线路。年度计划应制定年度目标，包括预计产值和主体工程形象进度，该计划要较为详细地列出工程的开竣工时间，调整工作组合，确定资源状况。年度计划应符合总体计划，特别是要做好关键线路分析，并给予资源的保证。而月度计划应详尽至每个分项的各道工序，制定目标和进度，并与年度计划基本适应，突出分析关键工程的进展情况。旬或周计划侧重于施工安排，详细程度根据现场情况确定。事实上，有些工程将计划甚至分解到天，对此笔者认为，每日工作计划不利于突出关键线路，如经常完不成会影响完成计划的信心，这种日计划的形式通常适用于各个工班和工点，而不宜普遍应用于一个建设项目。编制各级计划时要始终注意关键工程的进展并相互统一，才有利于考核计划。

（2）坚持计划管理的动态控制。全过程工程咨询单位对工程计划管理体系和进度控制的主要手段是加强现场巡视和采集相关资料，巡视的目的在于了解现场动态，掌握工地形象进度，收集相关资料的目的在于分析、考核实际进度，为评价月计划完成情况提供凭证。巡视可以邀请建设单位、施工单位一同前往，以便随时交换意见，也可以单独巡视，但一定要及时将发现的问题通报给施工单位，避免影响工期及危及月计划的完成。此外，还需要采集相关资料，掌握现场动态包括施工单位生产活动、工程进展，主要工程项目开竣工时间、工料机投入情况、现场进度障碍等。全过程工程咨询单位有责任对拖后进度的施工单位施加压力或通过对现场情况的掌握和对施工单位的了解，督促施工单位随时纠正工程进展中的问题，加快施工进度。同时将进度计划的完成情况以书面形式及时报送建设单位。

（3）及时修正工程计划。进度控制的另一个手段是督促施工单位及时统计剩余工程，修改并完善计划。一个大的建设项目影响工程完成的因素也很多，在月度计划执行一段时间后，受各种因素的影响势必会造成原计划与完成情况不符，这时，就有必要对原计划作修改。修改时应根据实际完成情况和原年度（或总体）计划的目标，统计出剩余工程逐项对照修改，并在此基础上进行资源调配。经验证明，完整的计划执行过程中，修改计划是必不可少的一个步骤，它能为建设单位、咨询单位、施工单位提供正确的施工意向，增强完成任务的信心和决心。

（4）适时调整实施措施。全过程工程咨询单位将在认真总结以往类似工程进度控制经验的基础上，制定适合工程进度控制的方法和措施并贯彻落实。

3. 造价控制要点

全过程工程咨询单位在施工过程阶段的造价控制主要体现在资金使用计划管理、工程计量与工程价款支付管理、工程变更及现场签证管理、索赔费用管理。

全过程工程咨询单位应在保证工程项目功能目标、质量目标和工期控制目标的前提下，合理编制投资控制计划和采取切实有效的措施实行动态控制，及时发现计划执行中出现的偏差，分析偏差产生的原因，并针对出现的偏差采取有效措施，纠正和消除产生偏差的原因，确保造价控制目标的实现，期间绝不能为了降低造价而采用降低功能目标、降低质量标准和拖延工期的办法。

（1）工程计量及工程款支付管理要点

工程计量是向施工单位支付工程款的前提和凭证，是约束施工单位履行施工合同义务、强化施工单位合同意识的手段。在工程施工过程阶段，全过程工程咨询单位应从是否完成合同约定的付款节点、已完工程项目达到合同约定的质量、造价部门是否已完成造价审核三个方面来进行严格审查及支付。

1）工程计量报告的审核要点

① 审核计量项目的范围，以免重复计量。如投标报价按招标工程量清单漏项的项目或其特征描述已包含在其他报价中的项目，均不属于该计量项目的范围。

② 审核是否按计量规则计算工程量。

③ 通过对照设计图纸或实地测量来对计量数据进行审核，确保准确无误。

2）工程进度款支付申请的审核要点

① 审核分部工程综合单价。

② 审核形象进度或分阶段工程量。

③ 审核进度款支付比例。

④ 审核计日工金额。

⑤ 审核应抵扣的预付款。

⑥ 审核工程变更金额。

⑦ 审核工程签证金额。

⑧ 审核工程索赔金额。

（2）工程变更及现场签证管理要点

现场工程变更、签证是施工过程阶段费用增加的主要途径，全过程工程咨询单位必须重视现场工程变更、签证的管理，严格设计现场工程变更、签证的审批程序，建立现场变更、签证台账制度，每月进行统计分析，并加强现场签证的预防工作，将现场工程变更签证控制在合理范围内。

1）不予办理工程变更或现场签证的工作内容

① 招标文件规定应由施工单位自行承担的。

② 施工合同约定或已包括在合同价款内应由施工单位自行承担的。

③ 施工单位在投标文件中承诺自行承担或投标时应预见的风险。

④ 由施工单位责任造成的工程量增加。

⑤ 法律、法规、规章规定不能办理的。

2）工程变更管理要点

① 对设计变更开展分类管理。将设计变更分为重大设计变更、较大设计变更和一般设计变更开展管理。

② 严格设计变更的审批。设计变更申请可分两个阶段进行，即设计变更建议和设计变更申请。设计变更建议批复后，进行设计变更的勘察设计工作，完善相关材料后上报设计变更申请。

③ 充分重视重大和较大设计变更的影响。重大和较大设计变更经建设单位审批后应报原初步设计审批部门备案。

3）现场签证管理管理要点

① 现场签证手续办理要及时：在施工过程中，签证发生时应及时办理签证手续，如零星工作、零星用工等。对因施工时间紧迫、不能及时办理签证手续的，事后应及时督促相关单位补办签证手续，避免工程结算时发生纠纷。

② 加强现场工程签证的审核：在现场签证中，施工单位有可能提供与实际情况不符的内容及费用，如多报工程量、提供虚假签证等。因此，全过程工程咨询单位应进行严格审查，同时把好最后的审核关，避免出现施工单位签证不实或虚假签证情况的发生。

③ 规范现场工程签证：全过程工程咨询单位应建立现场工程签证会签制度，明确规定现场工程签证必须由全过程工程咨询单位或专业咨询工程师、造价部门和施工单位共同签认才能生效，且必须经由建设单位签认，缺少任何一方的签证均无效，不能作为竣工结算和索赔的依据。在施工过程中，建设单位有可能提出增加建设内容或提高建设标准，须

经建设单位进行签认。因此，在全过程工程咨询合同中应明确其增加的投资由投资人负责。

（3）索赔费用的管理要点

1）索赔的预防

全过程工程咨询单位应通过工程造价分析，找出项目最易突破造价的子项和最易发生费用索赔的因素，考虑风险转移，制定具体防范对策。此外，全过程工程咨询单位应严格审查施工单位编制的施工组织设计，对于主要施工技术方案进行全面的技术经济分析，防止在技术方案中出现增加造价的漏洞。

2）索赔费用的处理

全过程工程咨询单位应严格审批索赔程序，进行有效的日常工程管理，切实认真做好工程施工记录，同时注意保存各种文件图纸，为可能发生的索赔处理提供依据。当索赔发生后，要迅速妥当处置。根据收集的工程索赔相关资料，迅速对索赔事项开展调查，分析索赔原因，审核索赔金额，并征得建设单位意见后负责与施工单位据实妥善协商解决。

4. 安全文明施工要点

（1）安全文明施工技术管理

1）危险有害因素辨识

定期更新危险因素和环境因素辨识清单以及重要危险因素和重要环境因素辨识清单及控制措施表；督促施工单位根据当前现场作业类型、重要危险因素和环境因素辨识清单及控制措施表更新现场告知牌；督促施工单位根据重要危险因素和环境因素辨识清单及控制措施编制方案或应急预案。

2）安全生产措施方案

安全生产措施方案包括以下内容：

① 项目概况。

② 编制依据。

③ 安全生产管理机构及相关负责人。

④ 安全生产的有关规章制度制定情况。

⑤ 安全生产管理人员及特种作业人员持证上岗情况等。

⑥ 安全生产事故的应急救援预案。

⑦ 工程度汛方案、措施。

⑧ 其他有关事项。

3）危险性较大分部工程管理

按照《水利水电工程施工安全管理导则》SL 721—2015、《电力建设工程施工安全管理导则》NB/T 10096—2018 执行。其要点如下：

① 全过程工程咨询单位应在施工招标文件中列出危险性较大分部分项工程（以下简称危大工程）清单，要求施工单位在投标时补充完善危大工程清单并明确相应的安全管理措施。全过程工程咨询单位在申请办理安全监督手续时，应当提交危大工程清单及其安全管理措施等资料。对于按照规定需要进行第三方监测的危大工程，全过程工程咨询单位应当委托具有相应勘察资质的单位进行监测。

② 由施工单位根据危险性较大的分部工程清单编制和上报危险性较大的分部分项工程专项方案，超过一定规模的危大工程由施工单位组织进行专家论证，论证不通过的，施工单位修改后应当按照规定要求重新组织专家论证。

③ 监理部门结合危大工程专项方案编制监理实施细则，并对危大工程实施专项巡视检查。

④ 设计单位应当在设计文件中注明涉及危大工程的重点部位和环节，提出保障工程周边环境安全和施工安全的意见，必要时进行专项设计。

⑤ 危险作业管理：施工单位应编制危险作业管理制度和危险作业专项方案并开展相应工作。在开展危险作业前，对作业人员进行专项安全教育，设置安全监护人员。

（2）安全文明施工教育培训

1）安全文明施工教育培训计划和实施

全过程工程咨询单位督促施工单位编制教育培训计划，抄送工程咨询单位，按照计划开展教育培训，在培训当天形成教育培训记录（培训材料、签到表、照片）。

施工单位开展安全技术交底和工人进场三级安全教育。

2）安全相关活动

全过程工程咨询单位项目部联合施工单位在每年6月份开展"安全月"等专题活动。

3）外来人员安全告知

施工单位项目部安全管理人员负责对外来检查、参观、学习的临时人员进入施工现场前的安全交底告知，介绍项目现场存在的危险因素、注意事项、紧急情况下的撤离路线和集合地点、紧急联系人的联系方式，完成告知后应由被告知人签字确认，形成告知记录表。

4）应急知识培训

全过程工程咨询单位项目部每年至少组织一次应急管理能力、应急知识的培训，对象为项目部管理人员、施工单位、勘察设计单位主要管理人员，形成培训档案。

5. 合同管理要点

项目施工阶段合同管理的目标是要保证工程项目建设目标的实现，即工程质量符合国家验收标准；确保项目在合同规定的工期内按期完工；确保项目实际总造价控制在批准概算内；确保工程无重大安全事故，确保现场安全文明施工达到行业标准；合同履约率为100%。

合同管理是规范投资决策综合性咨询服务的关键，尤其是对于全过程工程咨询以联合体模式实施或需要进行合法转包、分包时。有研究者将全过程工程咨询项目合同分为四类，即：监管型合同、科层型合同、信任型合同、长期柔性合同。不同类型的合同管理内容及侧重点都存在差异。但总体上，都应在明确全过程工程咨询管理内容及确定管理方法的基础上，根据合同内容及项目实施程序和现状等，明确合同双方责任和共担的风险，把据合同管理要点。其中，全过程工程咨询合同管理要点有以下几个方面：

（1）根据项目性质、合同类型及单项招标采购金额等信息确定招标组织方式，系统梳理项目合约规划。初步合约规划建议至少确定合同类型，列全项目涉及的所有合同名称及涉及的主要资质、资信情况。进行招标采购合约规划时，要考虑合约界面有利于各项设计、施工工作的统筹协调，有利于项目管理工作的开展。

（2）由项目负责人牵头建立标准合同管理程序。

（3）明确合同相关各方的工作职责、权限和工作流程。

（4）明确合同工期、造价、质量、安全等事项的管理流程与时限等。

（5）协助投资人进行建设项目合同签订前、后的管理。

（6）此外，还应明确合同执行过程中争议的解决机制，并将其纳入项目负责人考核绩效。

10.4 施工阶段咨询的工作措施

10.4.1 质量控制措施

对于大中型水利水电项目而言，施工阶段质量控制需要加强质量跟踪监控，了解施工质量控制的手段来进行重点管控。

（1）施工过程中，加强质量跟踪监控具体如表 10.5 所示。

质量跟踪监控内容 表 10.5

序号	监控具体内容
1	全过程工程咨询单位项目部定期检查承包单位直接影响工程质量的关键工序的技术状况
2	项目各专业项目管理工程师随时对现场进行巡视，项目管理工程师对施工过程进行严格检查
3	承包单位完成隐蔽工程作业并自检合格后，应填写隐蔽工程报验申请表，报送监理部门。经过监理工程师现场查验合格予以签认后，承包单位方可进入下一道工序施工。在隐蔽工程隐蔽过程中，下道工序施工完成后难以检查的重点部位，监理部门应安排监理人员旁站，并对重点隐蔽部位进行电子影像记录。对未经监理部门验收或验收不合格的工序，项目管理工程师有权要求承包单位禁止进行下一道工序的施工
4	对于施工过程中已经出现的一般质量问题，全过程工程咨询单位应及时要求承包单位提出处理方案，会同监理部门审核同意后，承包单位负责返修直至合格
5	建立施工质量管理档案，真实记录施工作业的整个监控过程并做到即时性和可追溯性

（2）质量控制的手段：

为了确保项目工程的施工质量，全过程工程咨询单位项目部对工程施工生产进行全过程、全方位的质量监督、检查与控制，即包括事前各项施工准备工作质量控制、施工过程中的控制，以及各单项工程及整个工程项目完成后，对建筑施工及安装产品质量的事后控制。为了达到全过程、全方位、各环节的质量控制要求，全过程工程咨询单位项目部在施工阶段的质量控制上采取如下控制措施，如表 10.6 所示。

施工质量控制手段 表 10.6

序号	施工质量控制手段
	实行项目负责人负责制度
1	工程项目实行项目负责人负责制，全权代表项目全过程工程咨询单位履行委托管理合同，承担管理合同中所规定的项目全过程工程咨询单位的责任和任务，项目负责人对外向建设单位负责，对内向全过程工程咨询单位负责，确保委托管理合同的全面履行

序号	施工质量控制手段
2	实行管理工作的报表统计制度
	督促承包单位做好周、月的工作报告。工作报告应包括质量等情况。项目全过程工程咨询单位每月向使用方提交管理月报,管理报告应包括投资、进度、质量、安全和文明施工情况
3	工程开工申请制度
	要求承包单位在各项开工准备工作完成后填报工程开工申请表,工程师对准备情况进行逐项检查审核,签署是否同意开工的意见报项目负责人批准,项目负责人应同总监理工程师沟通取得一致意见后下达是否开工的指令
4	工地现场咨询部例会制度
	每周项目负责人召开全过程工程咨询单位项目部全体管理人员会议,总结上周工作,布置下周管理要求,讨论和解决管理中的有关问题。 工地每两周召开一次工地例会,由全过程工程咨询单位项目部、监理部门、主要设计人员、承包单位、其他相关单位参加,例会的主要内容是检查上一次例会讨论的工作完成情况,解决工地现场出现的有关问题,协调各方关系,安排下一步工作,例会由项目全过程工程咨询单位主持召开并形成会议纪要
5	企业质量保证体系及项目质量保证体系审查监督制度
	审查承包单位的质量方针政策、质量目标、宣言、质量要求、质量工作计划和指标、质量检查规定、质量管理工作程序、质量标准和关系。 审查承包单位对本项目的质量方针政策、质量目标、质量要求、质量工作计划和指标、质量检查的规定、质量工作程序是否满足项目目标实现的需要,审查项目质量体系是否反应在合同、项目实施计划、项目管理计划和工作计划中
6	施工图会审及设计交底制度
	图纸会审是减少图纸错误、提高设计质量的重要手段,也是保证施工顺利进行的有效措施。对于分批分阶段提供的设计图纸还需分次组织会审。正式会审前,承包单位应组织内部会审,将预审内容交全过程工程咨询单位汇总形成统一意见。正式会审由项目负责人主持,会审纪要由全过程工程咨询单位的项目部记录、整理,并经与会方签认盖章
7	施工组织设计和施工方案报审制度
	承包单位在工程开工前,必须向监理部门及项目全过程工程项目部申报施工组织设计。在每一个分部工程和主要单元工程、重要部位,以及采用新材料、新工艺组织施工时,均应报审施工方案。施工组织设计和施工方案未经审查同意,承包单位不得擅自施工
8	工程材料、半成品质检制度
	订货前,承包单位应提申请,经咨询工程师、监理工程师会同设计、使用方研究同意后(必要时进行封样处理)方可订货;到货后及时将出厂合格证及有关技术资料报送监理部门审核;主要材料进场必须有出厂合格证和质量证明书,并对样品进行电子影像记录,如有疑问,全过程工程咨询单位项目部可重新抽样送检。工程材料、半成品必须经全过程工程咨询单位项目部认可后方可使用,否则不准用于工程,如发现有不合格材料进场,及时给予书面记录不合格材料数量、规格型号、堆放位置等,并做退场处理,在材料退场时应由监理工程师旁站监督,并做退场时电子影像记录和书面记录
9	隐蔽工程验收制度
	隐蔽工程验收,必须在承包单位检查合格后,填好隐蔽工程检验单(专职质检人员签字并附有关材料证明),经监理部门专业监理工程师现场验收合格签署意见后方可进入下一道工序

10.4.2　进度控制措施

在进度控制执行进程中，全过程工程咨询单位将根据影响进度目标的具体情况，采取以下措施，以确保进度目标的实施。

1. 组织措施

督促监理部门要求施工单位建立健全进度控制管理系统，落实进度控制的组织机构和人员，明确责任制，同时在内部亦明确分工和责任人，经常对进度执行情况进行分析，使进度检查和调整工作始终处于动态控制之中。

2. 技术措施

通过及时分析进度计划执行中的偏差情况，经常组织相关人员通过各种方式研究和分析进度计划执行和编制中存在的问题，找出原因，采取相应的对策，特别是要注意引导施工单位尽量采用先进的科学技术和管理方法组织施工，加快进度，提高劳动生产效率，缩短工期。

3. 合同措施

利用合同规定的权利，督促监理部门要求施工单位全面履行合同，必要时在报建设单位批准的前提下采取诸如利用"违约金"条款、罚款、召开工地协调会等手段，促使施工单位加快工程进度，完成预定的工期目标。

4. 经济措施

当施工单位工程进度与进度目标相比出现偏差时，应与施工单位一起认真分析原因，对于施工单位是因资金不足或建设单位延误付款造成的，应督促建设单位及时支付工程进度款。

5. 事前控制措施

督促监理部门要求施工单位根据建设工程施工合同的约定按时编制施工总进度计划、年度进度计划、季度进度计划、月进度计划，并按时填写《施工进度计划报审表》，报监理部门审批。

应根据工程条件（工程规模、质量标准、工艺复杂程度、施工现场条件、施工队伍条件等），全面分析各承包单位编制的施工总进度计划的合理性、可行性。审查进度网络计划的关键线路。

6. 事中控制措施

在计划实施过程中，对各承包单位实际进度进行跟踪监督，并对实施情况做出记录。根据检查结果对工程进度进行评价和分析。发现偏离应督促监理部门签发《监理工程师通知单》，要求承包单位及时采取措施，实现计划进度的安排。

7. 事后控制措施

当工程进度严重偏离计划时，应及时进行原因分析，研究措施，并督促监理部门签发《监理工程师通知单》。及时召开各方协调会议，研究采取的措施，保证合同约定目标的实现。

10.4.3　造价控制措施

1. 做好施工前的准备工作

要想让大中型水利水电项目施工造价得到有效控制，在施工前，建设单位要充分做好施工前的准备工作，进而让施工环节的工作效率得到极大的提升，避免因准备工作没做好，致使后期工程其他环节进展受阻。在前期准备工作中，建设单位要按照既定施工计划、施工方案进行，准备好充分的设备、建材、人员，保证后期施工顺利进行，以免因建材不足或是供应工作没做好致使工期延误，这无疑会增加工程造价。

2. 做好设计变更与签证管理相关工作

在大中型水利水电工程施工环节的工程造价管控工作中，签证管理工作是非常重要的，在施工过程中，会遇到变更、增加施工内容的状况，这时，建设单位必须要严格执行变更的流程，保证变更有效。签证内容、程序都要确保严格与规范。例如，在签证时，需建设单位、施工单位、监理部门通力配合，三方共同认可签证内容后，签字盖章后生效，才能在施工过程中进行变更。签证时，为避免施工时存在误差，必须要对签证项目、内容及具体的工程量进行严格、深入的了解，同时，充分掌握计量的原则。办理签证的流程十分烦琐，也涉及很多专业知识，想要让大中型水利水电工程施工环节的造价监管工作得到保障，负责签证的工作人员一定要充分掌握水利水电项目的专业知识，保证签证内容更加合理。

在施工环节，造价监管工作人员要高度重视签证管理相关工作，积极参加培训，让自己的整体素质得到有效提升，让工程造价得到有效控制。在施工环节的造价管控工作实践中，务必要对签证、变更的概念进行正确区分，并对其实施科学有效的管理，以期及早发现问题，从而让工作造价得到有效控制。在确定变更方案的时候，相关部门一定要积极做好前期技术经济评估工作，选择最合适的方案，造价监管工作人员要和设计单位、施工企业进行有效沟通，并结合水利工程具体施工要求、标准，选择最合适的方案。

大中型水利水电工程规模大，在具体施工实践中，经常会存在现场施工和设计图纸不相符的状况，造价监管工作人员要及时和现场的设计人员、一线施工人员进行沟通，及时调整施工进度，保证施工方案最优化，有序、高效地进行造价管理。另外，大中型水利水电工程也具有很强的特殊性，在施工环节造价监管工作中，要高度重视隐蔽签证管理工作，变更管理对隐蔽性施工很重要，在变更的时候，不能按照一般的签证手续进行，一定要请专业的人，对施工图纸进行全面的分析评估，然后在这一基础上，对隐蔽工程工作量有一个全面的掌握，并且各部门要有效地沟通，以期让隐蔽签证管理更加科学化。

3. 提升施工组织设计，让监管水平得到有效提升

在建设大中型水利水电工程时，施工组织设计是最基础的，它对现场施工作业起了关键的指导作用。所以，在工程正式施工之前，建设单位要组织专家及相关人员，结合工程设计方案以及对现场的调查结果情况，制定科学、详细、高效的施工组织设计方案，其中包含施工环节技术应用状况、各部门的任务与责任划分，人力资源配置等方面，只有施工组织设计完整、全面，才可有效管理后续施工作业，才能让水利工程建设得以顺利、高效

地开展，让各种资源在工程建设中的积极作用得以充分发挥。所以，科学制定、落实施工组织设计，能够把施工环节的造价管控在合理范围之内。

4. 对水利水电工程造价实施动态化控制

大中型水利水电工程建设周期长，要想在长周期内对工程造价进行有效管控，就必须要实施动态化、精细化的工程造价监管工作。市场环境随时发生变化，人工、建材等资源的价格也随时变化，在施工环节造价管控中，必须要严格遵守动态监管的工作理念，结合市场变化趋势，最终确定施工环节各要素价格。

10.4.4 安全文明施工措施

1. 施工准备阶段安全管理

（1）工程开工前，督促施工单位向建设单位、监理部门报送有关安全生产方面的文件：安全生产资质证明文件；安全生产保证体系；安全生产管理组织机构及专职管理人员配备；安全生产管理方案；专项安全生产措施等；主要施工机械设备等技术性能及安全条件；专职安全生产管理人员及特种作业人员安全资格证明；从业人员安全生产教育、培训记录、安全生产交底记录等。

（2）审查施工单位报送的安全生产有关文件，并报建设单位，经检查并具备以下条件才许可开工（表 10.7）。

施工准备阶段开工条件　　　　　　　　　　　　　　**表 10.7**

序号	开工条件
1	施工单位安全生产资质应符合有关法律、法规及工程施工合同的规定，并已建立健全安全生产施工保证体系
2	安全生产组织管理机构，专职安全生产管理人员，安全生产管理制度
3	安全生产管理方案，专项安全生产技术措施等
4	施工机械设备、材料和主要人员满足安全生产管理要求，施工现场的安全生产设施已经到位，避免不符合安全生产管理要求的设施和设备进入施工现场而造成事故隐患
5	主要负责人、专职安全管理人员、特种作业人员的安全生产资格证明。所有管理和生产人员的安全生产培训教育培训记录，特别是专职安全生产管理人员、班组长和从事特殊作业的操作人员已经接受相关培训教育且经考核合格的记录
6	分部工程开工前已落实安全生产技术措施交底的记录
7	项目危险有害因素和环境影响因素进辨识、评价、控制措施
8	采用新技术、新工艺、新材料时，在施工前是否已对相关人员进行了相应的培训、教育，且经考核合格
9	施工单位安全生产应急预案是否符合工程实际，是否具有针对性，是否有适时开展演练的计划

2. 施工阶段安全管理

（1）施工过程中，监督施工单位始终贯彻执行"安全第一、预防为主、综合治理"的方针，严格执行国家现行有关生产的法律、法规、标准规范、建设单位有关安全生产方面的管理规定。

（2）监督施工单位确保安全生产保证体系正常运转，全面落实安全生产责任制和各项安全生产管理制度。

（3）审查分项、分部工程专项安全生产方案或措施，监督施工单位全面落实各项安全生产技术措施和安全生产管理措施，执行各项安全技术操作规程，确保人员、机械设备及工程安全。

（4）监督施工单位认真执行检查制度，加强现场监督与检查，专职安全生产管理人员应每天巡视检查。视工程情况在施工准备前，施工危险性大、季节性变化、节假日前后等组织专项检查，对检查中发现的问题制定整改措施，限期整改和验收。

（5）要求施工单位接受监理部门和建设单位的安全生产监督管理，积极配合监理部门和建设单位组织安全生产检查活动。

（6）定期、不定期对施工现场进行安全生产检查，发现安全生产方面存在的问题督促施工单位及时进行整改。

（7）召开安全生产例会。

（8）按照建设单位有关规定督促施工单位每月报送安全生产工作报告给监理部，经审查后报建设单位审查备案。

（9）督促施工单位按要求及时提交各阶段工程安全生产工作报告。

（10）组织或协助对安全生产事故的调查处理工作，按要求及时提交调查报告。

（11）督促施工单位针对工程施工过程中的较大以上安全风险因素编制综合或专项应急预案，经监理部审批后适时开展演练。

（12）按照相关规定对施工单位安全生产管理工作进行阶段性考评。

（13）及时审查施工单位安全生产组织机构、人员、重要设备设施等的调整方案。

10.4.5 合同管理措施

1. 合同签订管理

（1）协助建设单位组织项目涉及的土建项目和各专业系统的设计、咨询、施工、供货及相关的专业合同的起草、谈判，协助签订合同。

（2）协助造价咨询组对最高投标限价进行审核，在考虑投标企业合理报价的同时，引入施工技术、商务、管理等全方位的竞争因素，通过定性分析、定量评分、综合评议、择优推荐、测算标底、取评标基准价综合计算等办法，确定合理最高投标限价。

（3）合同工程师负责拟订合同初稿，明确合同核心内容，将相关内容纳入招标文件中，为中标后的合同谈判创造有利条件。

（4）中标公示结束后，合同工程师在招标文件的基础上补充双方法人信息，增加投标文件中实质性承诺内容等，并组织相关各方进行评审、出具评审意见。

（5）将合同初稿发至中标单位，针对中标单位的反馈意见，双方充分交流磋商，也可根据需要再次组织评审。

（6）组织合同谈判，就合同分歧逐项解决直至达成一致，完成合同最终定稿。

（7）跟踪中标单位提交履约保函或履约保证金，落实合同签署盖章；大中型项目根据建设单位的需要，组织合同签约仪式等。

2. 合同履约管理

（1）建立合同实施保证体系。合同工程师负责合同管理，指导培训内部员工认识和理解合同条款，明确合同风险点的控制手段、合同责任界限的划分等；全面提高合同管理水平，使合同工作专门化和专业化，促进合同全面履约。

（2）依据合同履约内容，明确合同履约指标及合同履约管理工作重点、任务及时间，制定合同履约跟踪检查方式及方法，并随履约过程同期落实。

（3）在工程合同管理过程中，建立合同文档系统，同步登记合同台账、付款台账等，科学、系统地整理和保存工程施工中各有关事件和活动的一切资料。

（4）建立合同管理工作程序，使合同管理工作有序、有效地进行，规范合同管理工作；对合同进行跟踪、评价和判断，对合同执行情况进行动态分析，根据分析结果与合同方进行有效沟通，采取积极主动的措施保证合同的正常履行。

（5）加强合同履约过程检查，实施有效的合同监督。合同责任是通过具体的实施工作完成的。合同监督可以保证合同实施，按合同结果进行。平时加强合同履约过程检查，可以避免合同履行偏差从小到大逐渐积累，对合同的履行造成严重的影响，引起争议或索赔。

（6）制定现场签证等类似合同补充内容的管理制度及流程。工程项目实施过程中经常出现各种与合同约定不符的情况，必须及时办理现场签证。由于签证是双方对客观事实表示一致的结果，可以直接作为追加工程合同价款的计算依据，因此要明确签证权限和签证程序。

3. 合同变更管理

（1）变更的范围和内容

1）取消合同中任何一项工作，但被取消的工作不能转由发包人或其他人实施。

2）改变合同中任何一项工作的质量或其他特性。

3）改变合同工程的基线、标高、位置或尺寸。

4）改变合同中任何一项工作的施工时间或改变已批准的施工工艺或顺序。

5）为完成工程需要追加的额外工作。

（2）变更计价原则

合理定价、有效控制。在施工期间，为尽快计算工程变更事项，在变更工程管理中应贯彻合理定价和有效控制的基本原则，即变更工程的结算一方面要有合同依据，另一方面又要公平合理，即客观地反映施工成本以及竞争、供求等因素对价格的影响，且总造价控制在概算范围之内。

（3）变更定价方法

1）以合同单价为计价依据

当合同中有相应的计价项目时，原则上应按其相应项目的合同单价作为变更工程的计价依据。此时，可将变更工程分解成若干项与合同规定相对应的计价项目，然后根据其完成的工程量及相应的单价办理变更工程的计量支付。

2）协商确定新的单价

已标价工程量清单中无适用或类似子目的单价，人工、材料、施工机具等基础价格应根据签订合同时的单价或合价的编制原则，取费费率按投标文件执行，耗量

（材料耗量除外）按照《水利建筑工程预算定额》的定额耗量并乘以一定下浮比例计算。

（4）变更管理的重点

在进行造价管理工作中，应对施工单位的合同造价进行深入的分析和评估，确定该项目的成本以及施工单位可能获得的预期利润，并且加强单价分析。在造价管理中应加强控制以下工程变更：

1）工程规模扩大的工程变更。

2）单价偏高的工程项目其工程量会增大的工程变更。

3）单价偏低（亏损价）的工程项目其工程量会减小的工程变更。

在变更工程造价管理过程中，除应加强变更工程的定价及单价合理性分析外，还应加强工程总造价的管理和控制，注意由此引起的其他索赔和反索赔的可能性，并保证工程总造价的公平性和合理性。

4. 合同索赔管理

在大中型项目施工合同领域中，施工索赔现象日趋频繁，工程索赔已成为合同执行过程中难以避免的事实，从本质上看，索赔实际上是一种对合同调整的要求，这种要求可以是资金的补偿，也可能是调整合同工期的要求。因此，估算索赔事项，并协助建设单位与施工单位进行谈判并达成协议，是合同管理的主要工作重点之一。

（1）索赔管理的要求

在合同实施中，应经常提醒合同双方认真履行各自的合同义务，努力避免索赔。现场咨询组各级人员要建立完整、详尽、与潜在索赔有关的各种记录和资料管理体系。在与施工单位进行日常频繁的文函往来中，要善于筛选和判别哪些属于"索赔意向通知书"，并收集和整理与索赔事件有关的现场记录和证实资料，对该索赔的持续情况进行记录。同时通过建设单位或监理工程师指示施工单位提交和保持合理的同期记录。

（2）索赔审查及处理

协助造价咨询组审查施工单位正式索赔，首先是整理特定索赔事件来龙去脉的原始记录资料，一般包括建设单位、施工单位、监理工程师之间与该索赔有关的往来信函、会议纪要、现场记录等。然后对以下问题进行分析：

1）施工单位索赔的论点是否成立？合同依据是否合理？

2）施工单位索赔事件的事实有无出入？证实文件是否充分？

3）提出索赔的程序是否符合合同规定？

4）施工单位是否真正因索赔事件遭受了经济损失？是否因索赔事件真正导致了延误？该延误对整个工程竣工工期有何影响？

5）施工单位索赔费用和延误计算是否合理？其账目是否正确？

6）建设单位是否已给予施工单位其他补偿？施工单位是否表示放弃某项索赔权利？

7）依据合同规定和事实资料，分析导致增加额外费用或延误的真实原因是什么？属于哪一方的责任？

8）如索赔涉及风险，该风险按合同应如何分担？

根据索赔分析，最终提出三种处理方式，如表 10.8 所示。

	索赔处理方式	表 10.8

序号	索赔处理方式
1	予以全面驳回
2	要求施工单位进一步提交补充的证实资料
3	提出公正的补偿建议

对于索赔工作程序，从提出索赔到索赔事件最终了结可划分的阶段如表 10.9 所示。

	索赔工作程序	表 10.9

序号	索赔工作程序
1	合同某一方提出索赔向监理工程师代表递交索赔意向通知书
2	准备索赔的证据资料和计算索赔账目
3	编制、递交正式的索赔文件
4	对索赔文件内容的补充或更新调整
5	组织对经监理工程提交的索赔文件进行审核
6	将索赔决定提交建设单位，由建设单位经监理工程师转发施工单位

5. 合同后评价管理

合同履行完毕，合同工程师对合同履行情况进行验收总结，填写合同履行情况总结书，标注履行合同的编号、客户名称、合同履行时间、履行期间的困难、合同履行的启示或经验教训、合同履约总体评价等，为后期类似合同的履行或规避合同风险提供指导和借鉴。

10.5　施工阶段咨询工作流程

大中型水利水电工程实施阶段围绕三大目标进行，以成本计划为基础，以质量为核心，对施工过程的成本、进度进行追踪、监控，全面科学地对建设成本和进度进行把控，以达到最终目标。一方面保障投资者的利益，另一方面也反映了企业的管理能力，有利于企业提高其管理能力。设计施工造价等各专业咨询积极协同，有助于信息实时更新交换，达到保证多方利益和建设效率的目的。同时积极反馈于建设单位，更好地围绕建设单位的需求完成项目建设。大中型水利水电项目施工阶段咨询工作的流程主要分为质量管理流程、进度管理流程、造价管理流程和安全管理流程。

10.5.1　施工阶段的质量管理流程

大中型水利水电项目施工阶段的质量管理主体涉及施工单位、建设单位、全过程工程咨询单位，具体管理流程如图 10-1 所示。

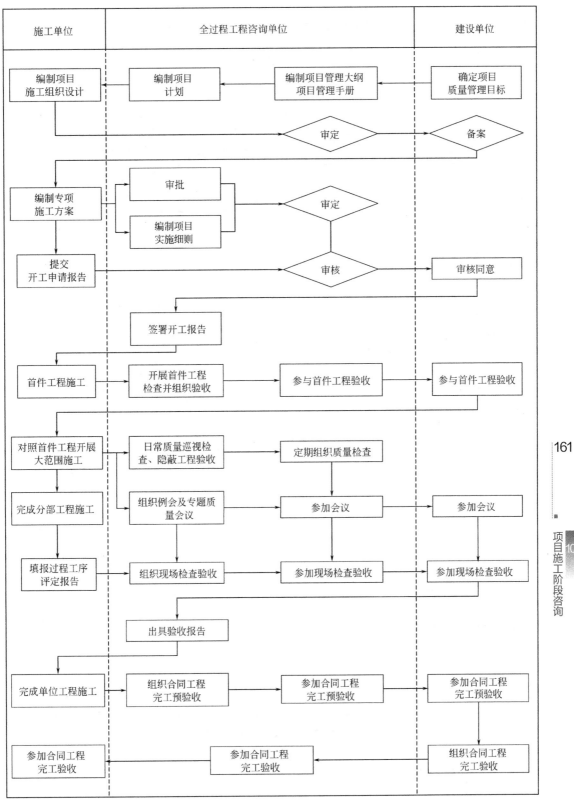

图 10-1　施工阶段的质量管理流程图

10.5.2 施工阶段的进度管理流程

大中型水利水电项目施工阶段的进度管理流程如图 10-2 所示。

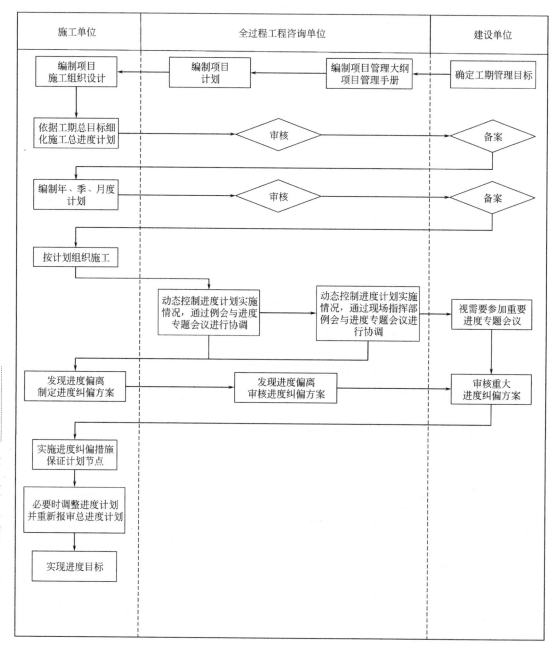

图 10-2 施工阶段的进度管理流程图

10.5.3 施工阶段的造价管理流程

大中型水利水电项目施工阶段造价管理的流程如图 10-3 所示。

创新理论与实践
大中型水利水电项目全过程工程咨询

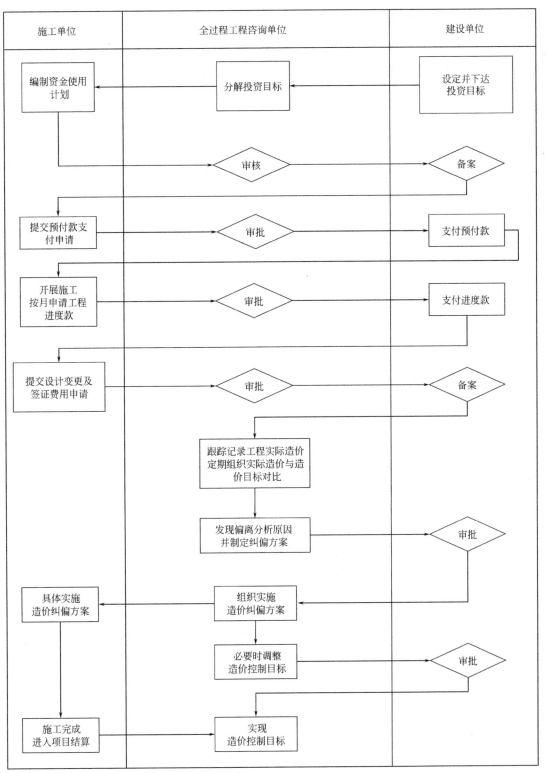

施工单位	全过程工程咨询单位	建设单位

编制资金使用计划 ← 分解投资目标 ← 设定并下达投资目标

审核 ◇—◇ 备案

提交预付款支付申请 → 审批 → 支付预付款

开展施工按月申请工程进度款 → 审批 → 支付进度款

提交设计变更及签证费用申请 → 审批 → 备案

跟踪记录工程实际造价定期组织实际造价与造价目标对比

发现偏离分析原因并制定纠偏方案 → 审批

具体实施造价纠偏方案 ← 组织实施造价纠偏方案

必要时调整造价控制目标 → 审批

施工完成进入项目结算 → 实现造价控制目标

图 10-3 施工阶段的造价管理流程图

项目施工阶段咨询

10.5.4　施工阶段的安全管理流程

大中型水利水电项目施工阶段的安全管理流程，首先由建设单位确定项目安全管理目标，然后再由全过程工程咨询单位进行后续流程，如图 10-4 所示。

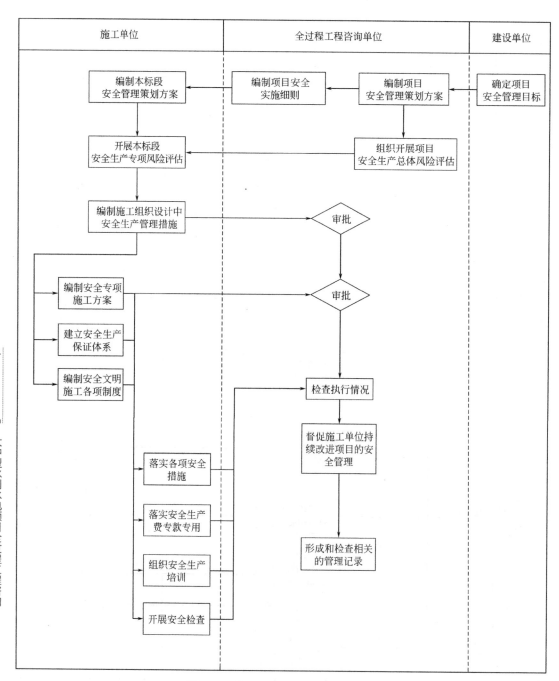

图 10-4　施工阶段的安全管理流程图

10.5.5 施工阶段的合同管理流程

大中型水利水电项目施工阶段的合同管理流程，如图 10-5 所示。

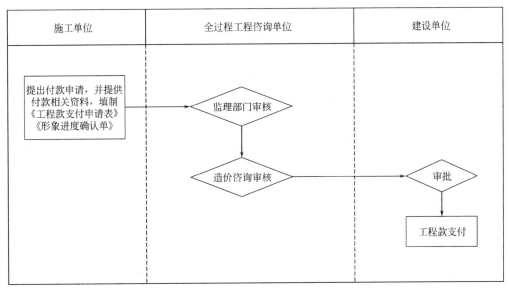

图 10-5 施工阶段的合同管理流程图

10.6 施工阶段咨询阶段成果

大中型水利水电项目施工阶段的咨询内容包含质量控制、进度控制、造价控制、安全文明施工管理和合同管理，具体咨询成果如表 10.10 所示。

<table>
<tr><td colspan="3">大中型水利水电项目工程施工阶段的咨询成果</td><td>表 10.10</td></tr>
<tr><td>序号</td><td>咨询内容</td><td colspan="2">咨询成果</td></tr>
<tr><td>1</td><td>质量控制</td><td colspan="2">工程质量管理办法
重大工艺审批管理办法
甲控乙购管理办法
工程监理管理办法
试验检测管理办法
原材料质量管理办法
隐蔽工程验收监督管理办法
劳动竞赛管理办法
质量计划
质量记录表（如中间检查交接记录表）</td></tr>
<tr><td>2</td><td>进度控制</td><td colspan="2">工程进度管理办法
进度计划跟踪表
进度情况对比表
项目进度检查表
进度计划调整文件（施工进度偏差对比表）
工程临时/最终延期报审表</td></tr>
</table>

序号	咨询内容	咨询成果
3	造价控制	计量支付管理办法 资金监督管理办法 设计变更管理办法 农民工工资支付管理办法 工程计量与支付表 工程预付款支付申请(核准)表 工程进度款支付申请(核准)表 工程款支付报审表 工程款支付证书 建设项目建设其他费用审批表 工程变更台账表 建设项目工程变更项目汇总表 建设项目工程变更审批表工程签证台账表 建设项目工程签证汇总表 建设项目工程签证报审核定表 现场签证表 建设项目工程费用索赔汇总表 建设项目工程费用索赔报审表 索赔意向通知书
4	安全文明施工管理	驻地建设管理办法 工程项目职业健康安全管理表 施工现场环境管理体系运行表格 安全生产责任体系
5	合同管理	合同管理手册 合同管理制度 合同管理台账

11 项目验收与移交阶段咨询

11.1 验收与移交阶段咨询服务目标

大中型水利水电项目验收与移交工作是由整个水利水电工程项目建设期到工程投入使用期管理之间的重要且基本的节点，也是对水利水电工程建设及投资的重要检验。参加验收的单位除参建设单位外，还包括运营管理单位、供货商或设备供应商等单位。当大中型水利水电项目工程基本满足项目验收与移交规定条件时，被申请验收的单位人员要及时提出申请竣工验收，验收过程由验收主持管理单位负责组织项目相关主管部门和验收专家，对项目工程质量指标进行评定，对项目工程验收移交全过程成果进行综合评价，最终做出确定有关验收过程结论并移交的一个过程。

大中型水利水电项目建设在促进地方经济建设中一直发挥着重要的引导作用，一旦工程出现一些质量安全问题，往往会带来各种灾难性的不良后果。工程验收与移交从业人员在工作中必须严格遵循科学、尊重事实，并积极组织各个部门间进行协同沟通配合，确保工程质量符合相应要求。

由于大中型水利水电项目建设存在分批次投运及专项验收过程较长等问题，按常规项目竣工验收后再进行整体移交，势必会引起双方工作界面不清晰、责任不明确或影响投产时间等问题。总结归纳以往的经验，提出了分阶段分批次移交的方式，在具备条件的情况下尽量做到零缺陷移交投运的目标。工程具备验收条件时，全过程工程咨询单位协助项目法人向法人验收监督管理机关提出竣工验收申请报告，审查后转报竣工验收主持单位。

全过程工程咨询单位组织造价部编制完成竣工财务决算经项目法人审查后，报送竣工验收主持单位财务部门进行审查和审计部门进行竣工审计。审计部门出具竣工审计意见。项目法人应对审计意见中提出的问题进行整改并提交整改报告，同时进行移交，确保工程移交与验收质量、手续、程序的逻辑性与完整性，为大中型水利水电项目的运营工作创造良好条件。

11.2 验收与移交阶段咨询工作内容

大中型水利水电项目验收与移交管理可分为专项验收、阶段验收、竣工验收、法人验收与政府验收阶段，工作内容如表 11.1 所示。

大中型水利水电项目验收与移交管理内容 表 11.1

序号	内容
1	按照建设单位要求,协助组织项目相关参建各方办理项目专项验收、阶段验收和竣工验收申报手续,并协助进行项目专项验收、阶段验收和竣工验收
2	组织协调设计、施工、监测、设备制造安装、运行等单位提交验收所需的资料,配合建设单位协助验收委员会开展验收工作
3	督促责任单位提出的对工程遗留问题的处理意见和要求,监督施工单位做好质量保修工作
4	组织施工单位按项目建设内容和合同约定向建设单位办理交接手续(含工程档案移交、工程实体移交)
5	竣工验收完成后,配合建设单位按国家有关规定办理档案、固定资产移交、备案等相关手续

作为全过程工程咨询服务工作的一个重要组成部分,为了保证大中型水利水电项目所有验收活动能够顺利进行,全过程工程咨询服务机构应按照适用的国家(行业)标准或规程规范,按照建设单位确定的工程质量评价体系,评价并确认所完成工程的质量状况并提交真实完整的评价报告。全过程工程咨询服务机构的工程验收职责如表 11.2 所示。

大中型水利水电项目全过程工程咨询服务机构的工程验收职责 表 11.2

序号	职责内容
1	如果建设全过程工程咨询服务范围涉及枢纽工程的一部分或全部,根据相关的行业标准或规程规范,结合枢纽工程和施工辅助工程的组成,工程开工前提出单位工程划分及其编码系统、分部工程和单元工程划分及其编码原则的建议
2	在单位工程划分及其编码、分部工程和单元工程的划分及其编码原则得到确认后,提出全过程工程咨询服务范围内所涉及单位工程的分部工程划分及编码以及单元工程的划分原则、分组及其编码的建议,以推进建设单位建立统一完善的工程质量评价体系
3	监督并见证施工单位实施单元工程的工序质量检验,在获得所有规定的检验或试验成果后,督促施工单位尽快进行单元工程质量评定并提交评定资料,复核评定资料的完整性和真实性,确认单元工程的质量等级
4	审核施工单位提交的分部工程质量保证资料,编制分部工程质量评定复核报告,组织分部工程验收,确认分部工程的质量等级
5	编制重要隐蔽工程工作报告,按照建设单位的要求组织或协助进行重要隐蔽工程验收(预验收),或根据建设单位的授权主持重要隐蔽工程验收(预验收)
6	审核并确认施工单位提交的合同工程竣工图纸和质量保证资料,编制并提交合同工程工作报告,按照要求制作汇报材料,协助建设单位组织合同工程验收
7	编制单位工程工作报告,按照要求制作汇报材料,参加单位工程验收
8	编制单项工程投入使用验收工作报告,按照要求制作汇报材料,参加单项工程投入使用验收
9	编制工程验收工作报告,按照要求制作汇报材料,参加工程验收
10	在工程建设的不同阶段,根据工程质量和安全监督、工程安全鉴定的要求,编制建设自查或自检工作报告

大中型水利水电项目验收与移交实施依据如表 11.3 所示。除以下所列举的标准或规范外,与所涉及的全过程工程咨询及建设服务领域的所有与工程验收有关的行业标准和规程规范均应视为已被引用。

序号	文件
1	《水电工程验收规程》NB/T 35048—2015
2	《水利水电建设工程验收规程》SL 223—2008
3	《水利水电工程施工质量检验与评定规程》SL 176—2007
4	《建筑工程施工质量验收统一标准》GB 50300—2013
5	《公路工程质量检验评定标准第一册　土建工程》JTG F80/1—2017
6	工程建设或水行政主管部门的相关规定
7	经批准的立项文件、可行性研究(初步设计)文件或概算(调整概算)文件
8	经批准的设计文件及相应的工程变更文件
9	施工技术要求和设备技术说明书
10	工程施工或设备安装合同文件(建设单位主持的验收)等

大中型水利水电项目建设过程中，必须开展的主要验收活动如表 11.4 所示。

大中型水利水电项目主要验收活动分类　　　　表 11.4

序号	内容	序号	内容
1	分部工程验收	10	移民专项验收
2	重要隐蔽工程验收	11	水保专项验收
3	单位工程投入使用和竣工验收	12	环保专项验收
4	合同工程完工验收	13	劳动安全与工业卫生专项验收
5	单项工程投入使用验收	14	枢纽工程专项验收
6	枢纽工程导截流验收	15	竣工决算专项验收
7	水库蓄水验收和输水工程通水验收	16	档案专项验收
8	水电站机组启动验收	17	枢纽工程竣工验收
9	消防专项验收		

按照验收所涉及的工程范围和建设阶段的不同，工程验收应由建设单位主持或政府(建设行政主管部门)主持，也可委托具备资质或权限的机构组织部分或全部的验收工作，并向验收主持机构提交验收鉴定报告，验收结论应得到验收主持机构的最终认可。

建设单位可主持分部工程验收、重要隐蔽工程验收、单元工程验收、附属工程或施工辅助设施单项工程投入使用验收、水电站中间机组启动验收以及合同工程的完工验收等，阶段验收、竣工验收及单项工程验收等应由政府主持。

11.3　验收与移交阶段咨询工作方法与风险要点

11.3.1　验收与移交阶段咨询工作方法

1. 认真审核验收条件

大中型水利水电项目竣工验收应具备的条件如表 11.5 所示。

序号	条件
1	经过一个汛期以上
2	交工验收提出的工程质量缺陷等遗留问题已全部处理完毕,并经项目法人验收合格
3	工程决算编制完成,竣工决算已经审计,并经主管部门或其授权单位认定
4	竣工文件已完成"工程项目文件归档范围"的全部内容
5	档案、环保等单项验收合格,土地使用手续已办理
6	各参建单位完成工作总结报告
7	质量监督机构对工程质量检测鉴定合格,并形成工程质量鉴定报告

2. 全面验收工程质量

大中型水利水电项目满足验收条件后,全过程工程咨询单位应组织验收,鉴于在工程施工阶段已通过中间验收对分项、分部工程质量是否达到合格做出了确认,验收时只需按合同段进行单项工程质量验收即可。全过程工程咨询单位应严格按照验收规程进行单项工程质量验收,发现存在质量问题的,应责令施工单位限期整改,并由相关单位督促施工单位按期完成。

必须注意的是,由于大中型水利水电工程的单项工程所含的各分部工程性质不同,因此它并不是在所含分部验收基础上的简单相加,即所含分部验收合格且质量控制资料完整,只是单项工程质量验收的基本条件,还必须在此基础上委托具有相应检测资质的检测单位对涉及安全、节能、环境保护和主要使用功能分部工程进行重点抽查检测,为工程顺利通过验收奠定基础;另外单项工程质量验收还需要对其观感质量进行验收,并综合给出质量评价。

3. 加强日常工程档案资料管理

大中型水利水电项目档案资料的管理是工程验收阶段中一个非常重要的环节,这项工作做得好坏、时间长短,对整个建设工程项目的竣工验收和移交使用影响很大。全过程工程咨询单位应建立大中型水利水电项目档案资料管理制度,并配备专职的档案资料管理人员,从办理项目立项和规划定点手续开始,全程负责整个项目从设计、施工等过程中工程档案资料的日常收集和管理,期间尤其要组织、协调和指导设计、施工等单位的工程档案资料管理工作。

大中型水利水电项目档案资料的收集和整理实行纸质工程档案、电子档案和声像档案"三位一体"管理模式,为了节省档案整理和归档时间,缩短工程竣工验收周期,全过程工程咨询单位档案资料管理人员还要经常与项目法人档案管理机构、省档案局进行沟通和联系,经常参与业务培训班学习,及时了解和掌握国家及地方的新规定和要求,确保工程档案资料的验收与工程竣工验收同步完成。

4. 提高项目结算、决算的编审效率

大中型水利水电项目竣工验收阶段,项目结算、决算的编审效率应该被工程项目各参与方视为最重要的管理目标,应强调工程施工阶段产生的结算文件直接作为工程竣工验收阶段的依据,采取历次计量支付结果直接进入结算的结算规则。

在此基础上,大中型水利水电项目决算环节全过程工程咨询单位的业务内容主要包括

竣工决算编制和竣工决算审核两部分。其中竣工决算编制方式是进行大量的统计分析，而不是重新确定工程造价。

11.3.2　验收与移交阶段咨询的风险要点

1. 风险要点识别

（1）剩余工程量管理没有整体规划。对剩余工程量没有梳理，生产安排不紧凑，不能合理利用既有资源，造成人员窝工、机械设备闲置、材料浪费等情况。一定程度上是自身原因延长了总工期或推迟完工验收时间，加大了项目时间成本。

（2）资料收集与商务交接不完善。建设单位通常会在项目验收与移交阶段集中处理遗留的变更、索赔等商务问题，而大多数项目缺失后期管理，一方面是后期人员变动频繁，没有详细移交清单，有的经营资料移交不完整，有的甚至没有交接或出现资料丢失和缺失，造成补偿索赔依据不充分；另一方面是原有项目经理、分管经营副经理和技术负责人大多离开，后期人员对以往的商务遗留问题之前未介入，延续交流存在困难，致使项目在竣工验收、变更索赔方面迟滞不前，而失去项目经营效益获取"后补偿"的良好时机，使得预期纯利润无法完全实现。

（3）物资设备管控不规范。一是存在没有根据验收与移交实际需要和库存材料情况，采取物资供需平衡，有的项目结束后剩余大量物资；二是剩余材料、周转材料、废旧物资、闲置设备未及时上报处置或转场，导致二次运输和看管费的增加，以及被盗及其他流失；三是工程结束后擅自对剩余物资进行低价处置等而造成损失。

（4）人员管理松散。一是员工工作安排不紧凑，部分员工无具体工作任务，有的工作又无人执行，员工权责不明确，出现人浮于事等现象；二是存在人员调离未做工作交接和资料交接，使项目的整个施工进度、工程验收、现场移交、资料收集整理、遗留工程款结算、竣工决算、履约保函返还、债权债务清理、应收账款催讨等均受到一定程度的影响，遗留问题不能有效推进，消耗了大量的时间成本，而增大项目费用。

（5）竣工阶段没有责任考核。对竣工阶段应完成的任务没有应对措施、没有强化责任，对实现的效益也没有激励机制与个人利益挂钩，调动不了个人积极性。出现工作效率低下、遗留事项久拖不决，不仅无法创造效益，反而不断消耗财力、物力，制造"两金"形成潜亏，制约了项目的发展。

2. 风险分析与对策

（1）出台相应的管理办法

应出台项目验收与移交管理办法，对商务索赔、应收账款回收、债权债务清理，以及物资管控、回收、处置建立一套管理规范，并采取奖惩激励措施，以激发后期管理人员的积极性。确保项目后期工作开展可控、资源有效利用，有序有效加快项目的验收与移交管理工作。

（2）建立风险清单管理

项目一旦进入验收与移交阶段，即应建立清单进行管理，清单包括合同与商务项目清单、设备物资的转场调配及处置清单，人员退场计划清单、验收资料整理及移交清单、债权债务管理清单。清单应根据建设单位对全部工程完工日期的总体要求，详细列明工作内容、数量、要求完成的时间、责任部门和责任人、达到工作标准要求，由领导小组定期进行检查。

（3）合同与商务管理

全过程工程咨询单位要高度重视验收与移交阶段的合同与商务管理，将处理解决工程变更、索赔等商务遗留问题和分包决算作为管理的一项重点工作来抓，积极主动加强与建设单位、设计协商沟通，找出增加收入的切入点和关键点，为最终工程结算做好充分准备。

（4）物资设备管理

物资部门应与工程和经营部门进行沟通，编制后期物资材料总体策划。认真盘点各类剩余材料，根据实际需要和库存材料情况做好物资供需平衡。优先使用库存材料，严格控制材料采购，防止盲目和继续采购而造成剩余和浪费。做好各类物资的清理和归集，及时将结果和处置建议上报上级单位设备物资部，并根据上级单位批示在项目撤点之前完成转移调拨或折价销售，并对折价销售处置收入及时入账冲减项目成本。及时将闲置不用的施工设备清单上报审批，按照批示意见及时做好设备的转场、退场或处置。

（5）财务资金管理

加强应收账款管理，落实专人与建设单位加强联系，力争尽快回收资金。建立保函管理台账，列明保函类别、形式、时限等。尾工到期保函，应及时收回并交回公司予以注销，减少保函使用风险。债权债务清理，清理项目会计科目余额，理顺建设单位、内部单位、分包商、供应商往来账，并明确债权债务关系，以规避纠纷等风险。

（6）人员管理

项目进入验收与移交阶段，按照"精干、高效、降低成本、满足需要"的原则，合理缩编管理机构和精简人员，做到责权利明确，充分调动员工积极性。为保证验收与移交阶段竣工资料整理、工程验收、变更索赔商务处理、完工结算、材料设备处置、财务核算等工作顺利进行，应核定项目管理人员岗位和数量，在完成其所承担的工作之前，原则上不能调离，保持相对的连续性。对主要部门人员的调离要进行详细交接，要有资料移交清单和遗留问题的移交清单，确保后期工作的正常开展，缩短时间。

（7）建立项目验收与移交后评价制度

合同全面履行完成后，对项目合同管理情况和管理效果进行评价，总结经验，查找不足，为以后相关项目管理提供参考，防止类似问题重复发生。后评价由项目部根据项目实际和基础数据，对项目组织方式、资源投入、材料消耗、费用支出、合同执行、工程分包、经营指标完成等管理情况和管理效果进行评价，形成自评报告逐级上报审查审定。

11.4 验收与移交阶段咨询的工作措施

为了应对大中型水利水电项目的工作重难点，需要针对重难点进行深入分析并对其采取有效措施。对于大中型水利水电项目验收与移交阶段，目前很多地方都采取了竣工联合（现场）验收，符合目前简政放权政策，努力实现工程建设项目全流程"多规合一""多审合一""多测合一""多证合一""多测合一""多验合一"。

11.4.1 法人验收

1. 分部工程验收

大中型水利水电项目分部工程验收由建设单位委托全过程工程咨询服务主持，验收工作组由建设管理、勘测设计、建筑安装、试验检测或主要设备供货等方面的代表组成。验收工作组通过检查工程现场和审阅质量保证资料，评价分部工程是否达到设计或合同要求，评定分部工程质量等级，提出遗留问题的处理意见。

分部工程验收是工程验收的最基本组成要素，也是评价工程质量最基础的依据，因此全过程工程咨询服务必须对所有验收资料进行认真细致的复核或审查，以确保分部工程验收结论的真实准确。大中型水利水电项目分部工程验收要点如表 11.6 所示。

大中型水利水电项目分部工程验收要点

表 11.6

序号	要点
1	按照单元工程的划分和编码，逐一复核每个单元工程的质量评定表格，同时核查评定依据（原始记录）的完整性，任何缺乏或遗漏的原始资料应要求施工单位补充完整后方可进行复核评定；将评定表格中的检测数据与工序验收记录逐项对照，更正评定表中的差错或偏离以保证评定依据的真实准确，严格按照"评定标准"进行工序质量评定并确定单元工程的质量等级，以确保评定的真实性和准确性
2	为了避免遗漏，应按照单元工程的分组编码顺序编制单元工程质量评定统计表，表中应包含编码、位置、工程量、完工日期、工序质量等级、关键检测数据和单元工程的质量等级等，每复核一个单元工程就填充表格中对应行，以确保每个单元工程都得到评定（参见相关工序作业工作导则）
3	为了便于检查或档案查阅，单元工程质量等级评定资料应按照分组和编码顺序装订成册后装入档案盒。每个单元工程质量等级评定资料的装订顺序依次为：单元工程质量评定表、工序质量评定表（与单元工程质量评定表中的工序顺序相同）、单元工程开工许可（如开仓证、准灌证等）和工序检验原始记录。全过程工程咨询机构应对照单元工程质量评定统计表逐项检查所有资料，发现遗漏立即通知建设单位补充完善，以确保单元工程评定资料的完整性
4	分部工程的质量保证资料如原材料或构配件的厂家证明，原材料、构配件、半成品或成品取样试验报告、关键工艺设备的率定或检测证书等，应分类按时间顺序装订或装盒；如果原材料或构配件为多个分部工程同时使用，则分部工程验收时只需提供该分部工程施工时段内的检测资料供验收查阅；在提交分部工程验收中的试验检测数据统计中，也只需对该分部工程施工时段内的试验检测数据进行统计分析
5	在完成单元工程质量评定资料检查或质量等级复核后，编制《分部工程质量等级评定复核报告》作为分部工程的验收资料，同时制作会议汇报的幻灯片，起草《分部工程验收鉴定书》，以备在验收会议上使用
6	在分部工程验收活动期间，全过程工程咨询机构应派遣专人分发会议资料并主持会议，保持验收活动的有序正常进行

2. 重要隐蔽工程验收

对于决定大中型水利水电项目主要建筑物的基础和结构安全的重要隐蔽工程，在开挖揭露后或地基覆盖前，应组织对其进行验收鉴定，评价其满足设计要求的能力，或确定达到设计要求应采取的进一步处理措施。

为了进行重要隐蔽工程的验收，除需要完成表 11.7 分部工程验收的 1～4 工作外，还应完成表 11.7 中的工作内容。

大中型水利水电项目重要隐蔽工程验收

表 11.7

序号	要点
1	收集、整理和统计地基或处理措施的检测资料，分析检测成果偏离设计指标产生的原因，评价地基或处理措施的状况，提出进一步处理措施的建议
2	编制《重要隐蔽工程验收工作报告》作为重要隐蔽工程的验收资料，同时制作会议汇报的幻灯片以备在验收会议上汇报使用

序号	要点
3	起草《重要隐蔽工程验收纪要(预验收报告)》(草案),供验收工作组讨论使用
4	如果建设单位委托全过程工程咨询组织验收,在重要隐蔽工程验收活动期间,应派遣专人分发会议资料和主持会议,保持验收活动的有序正常进行
5	如果重要隐蔽工程验收由建设管理机构主持,协助建设管理机构组织验收活动,根据安排汇报工作情况
6	验收会议结束后,根据验收会议纪要督促施工单位处理验收遗留问题和实施所确定的处理措施;在重要隐蔽单元工程覆盖前,组织建设单位、设计(地质)、施工单位的代表进行现场四方联合验收

3. 单位工程投入使用验收

如果单位工程的现场施工作业尚未全部结束,但蓄水、输水工程通水等需要单位工程投入使用,应进行单位工程投入使用验收,以确定单位工程是否具备投入使用的条件,评价使用初期单位工程能否安全运行或后续工程能够顺利安全施工。当单位工程按照建设计划分期投入使用时,应分期进行投入使用验收;如果首次投入使用验收时单位工程的形象面貌已经达到终期投入使用的要求,可一次进行投入使用验收,以后各阶段投入使用时由建设管理机构组织投入使用条件核查并将核查报告提交建设单位或批准备案。

单位工程投入使用验收由全过程工程咨询服务机构协助建设单位主持并组织验收委员会负责验收,建设管理机构成立验收工作组负责验收活动的组织安排、统筹协调和配合服务工作。如果需要,大中型水利水电项目附属工程、导流工程或施工辅助工程也可按照本节的程序和要求进行单位工程投入使用验收。为了进行单位工程投入使用验收,全过程工程咨询机构工作要点如表11.8所示。

174

大中型水利水电项目单位工程投入使用验收中全过程工程咨询机构工作要点　**表 11.8**

序号	要点
1	全面检验被永久淹没或覆盖部位的质量状况,发现质量缺陷督促施工单位立即修复并进行验收
2	组织已经完成但尚未验收的分部工程验收
3	督促施工单位进行未完分部工程中已经完成单元工程的施工质量评定并复核确认质量等级,汇总统计单元质量等级评定结果
4	核实分部工程验收遗留问题的处理情况,督促施工单位立即处理尚未处理的遗留问题并组织验收,完善"分部工程验收遗留问题处理记录"
5	组织投入使用后剩余的施工作业,敦促施工单位提交并审查批准剩余工作的施工计划安排和技术措施,必要时召集会议讨论研究后再予以批准
6	编制并提交"单位工程(投入使用)验收工作报告",同时制作会议汇报的幻灯片,以备在验收会议上汇报使用
7	协助建设管理机构起草《单位工程投入使用验收鉴定书(草案)》,供验收委员会讨论使用
8	根据安排参加验收活动,汇报工程建设工作情况,澄清验收委员会成员提出的疑问或问题
9	代表全过程工程咨询机构作为被验收方签署验收鉴定书

4. 单位工程竣工验收

在单位工程所有现场施工作业全部结束,具备投入运行发挥使用功能条件或单位工程已经投入使用,应及时进行单位工程竣工验收。单位工程竣工验收由全过程工程咨询服务机构协助建设单位主持并组织成立验收委员会负责验收，建设管理机构成立验收工作组负责验收活动的组织安排、统筹协调和配合服务等工作。

为了进行单位工程的竣工验收，全过程工程咨询工作要点如表11.9所示。

大中型水利水电项目单位工程竣工验收中全过程工程咨询工作要点 表11.9

序号	要点
1	全面检查项目表面状况，发现质量缺陷督促施工单位立即修复并进行验收，或者确定修复措施和完成时间表
2	组织单位工程投入使用后剩余分部工程的验收
3	逐项核实先前历次验收的所有遗留问题的处理情况，督促施工单位立即处理遗留问题并组织验收，完善历次"验收遗留问题处理记录"
4	适时向施工单位颁发"缺陷责任终止证书"
5	督促施工单位编制竣工图，审查并签署确认
6	督促施工单位整理单位工程质量保证资料，审查并签署确认
7	编制并提交"单位工程验收工作报告"，同时制作会议汇报的幻灯片，以备在验收会议上汇报使用
8	协助建设管理机构起草《单位工程验收鉴定书(草案)》供验收委员会讨论使用
9	根据安排参加验收活动，汇报工程建设工作情况，澄清验收委员会成员提出的疑问或问题
10	代表全过程工程咨询机构作为被验收方签署验收鉴定书

大中型水利水电项目需要提前投入使用的单位工程应进行部分工程投入使用验收，或者运行管理机构需要对特定的部分工程进行有效的管理和维护，在这种情况下，应将特定的部分工程先行验收并移交投入运行或管理维护。部分工程的移交验收由全过程工程咨询机构组织，建设管理和施工单位代表参加，按如下程序验收和移交：

（1）建设管理和全过程工程咨询机构联合检查合同工程现场，确认拟移交部分工程的现场施工作业结束，具备投入使用或封闭维护管理条件，后者或达到相关条件的预计日期。

（2）全过程工程咨询机构核查待移交部分工程的单元工程质量评定情况，确认所有单元工程质量全部合格。

（3）全过程工程咨询机构督促施工单位修复质量缺陷并清理现场，达到投入使用或封闭维护管理的条件，对不能及时修复的质量缺陷确定修复措施和完成时间表。

（4）全过程工程咨询机构与建设管理机构、施工单位联合检查拟移交部分工程现场，记录所发现的遗留质量缺陷或影响部分工程正常运行或后续工程施工的障碍，确定清除障碍和修复质量缺陷的具体时间，视具体情况形成"工程移交现场检查纪要"。

（5）全过程工程咨询机构准备工程移交证书，由总咨询师或其授权代表、建设管理机构的代表联合签发。

对于拟移交管理维护的部分工程，在签发移交证书前，全过程工程咨询机构应与建设管理、运行维护和施工单位的代表进行联合检查待移交部分工程的现场，确认无剩余工作和质量缺陷，现场无施工材料、设备、设施或废弃物，而且通道封闭设施已经安装且状态良好。在现场检查后的7天内，在现场见证施工单位向建设管理或管理维护的代表移交封闭设施的钥匙，同时签署工程移交证书。

如果移交投入使用或管理维护的部分工程为一个或几个完整的分部工程，可将移交验收与分部工程验收合并进行，在签署工程移交证书的同时进行分部工程验收并形成验收鉴定证书，在这种情况下，应按照分部工程验收制备验收材料并履行相应程序。单位工程投入使用验收除满足单位工程验收应具备的条件外，还应满足以下条件：

（1）工程投入使用后，不影响其他工程正常施工，且其他工程施工不影响该单位工程安全运行；

（2）已经初步具备运行管理条件，需移交运营管理单位的，项目法人与运营管理单位已签订提前使用协议书；

（3）单位工程投入使用验收除完成所有分部工程已完建并验收合格的工作内容外，还应对工程是否具备安全运营条件进行检查；

（4）单位工程投入使用验收时，验收工作组成员讨论通过部分工程投入使用验收鉴定书。

5. 合同工程完工验收

大中型水利水电项目合同工程完工验收由全过程工程咨询服务机构协助建设单位主持。正常情况下，工作范围广、合同金额大、重要施工辅助工程或枢纽主体工程的合同工程由建设单位主持验收，而工作范围单一、合同金额小或一般施工辅助工程的合同工程验收则由建设单位委托建设管理机构主持。由建设单位主持合同工程完工验收时，建设单位将组织成立验收委员负责验收，建设管理机构设置验收工作组负责验收活动的组织安排、统筹协调和配合服务等工作；如果建设单位委托建设管理机构主持验收，则验收工作组应负责全部验收工作。验收工作组由建设管理、勘察设计、施工安装、试验检测、设备供货或运行管理等方面的代表组成，成员名单由建设管理机构与验收各方协商确定并提交建设单位备案确认，当建设单位主持验收时，验收工作组的正副组长也将是验收委员会委员。

如果合同工程由一个完整的单位工程组成，应将单位工程验收与合同工程完工验收合并进行，以简化验收程序，减少验收工作量。

为了合同工程完工验收的顺利进行，全过程工程咨询机构工作要点如表 11.10 所示。

大中型水利水电项目合同工程完工验收中全过程工程咨询机构工作要点　　表 11.10

序号	工作要点
1	全面检查工程实体状况,督促施工单位修复质量缺陷并进行验收
2	核实分部工程验收或部分工程移交验收遗留问题的处理情况,督促施工单位处理验收遗留问题并组织验收,完善历次"验收遗留问题处理记录"
3	与建设管理机构和施工单位共同检查合同工程现场,达到条件后签署"缺陷责任终止证书"
4	督促施工单位编制竣工图纸,审查并签署确认
5	督促施工单位整理合同工程的质量保证资料,审查并签署确认
6	审核合同工程完工结算报告(初稿)
7	根据验收申请报告核查验收条件,提请建设单位组织合同工程的完工验收
8	编制《合同工程的建设工作报告》和会议汇报材料(幻灯片),以备验收会议使用
9	协助建设管理机构起草《合同工程完工验收鉴定书(草案)》,供验收委员会(工作组)讨论使用
10	参加验收活动,汇报建设工作情况,澄清所提出的问题或疑问
11	代表机构作为被验收方签署验收鉴定书

按照国家基本建设法规和水利水电行业验收规程的规定，当大中型水利水电项目建设

进展到河道截流、水库蓄水、输水工程通水、水电站或泵站机组启动等阶段，均应组织验收并获得通过后才能继续进行下一阶段的工作；在工程项目建设完成并满足一定运行条件一年内，应进行枢纽工程的竣工验收。枢纽工程竣工验收由国家主管部门指定的政府机构主持（竣工验收主持机构），其他阶段验收则可由竣工验收主持机构或其委托的机构主持（验收主持机构）。验收委员会由验收主持机构、质量和安全监督机构、枢纽运行管理机构的代表或专家组成，必要时可邀请政府相关部门或地方人民政府参加。验收委员会由主任委员、副主任委员和委员组成，验收主持机构出任主任委员。工程建设各方应派遣代表参加验收活动，并作为被验收方面的代表签署验收鉴定书。

11.4.2 政府验收

1. 阶段验收

大中型水利水电工程阶段验收主要有引水隧洞工程通水验收、泵站首（末）台机组启动、水库蓄水等验收。阶段验收相关规定如表 11.11 所示。

表 11.11

阶段验收相关规定

序号	内容
1	阶段验收应由竣工验收主持单位或其委托的单位主持。阶段验收委员会应由验收主持单位、质量和安全监督机构、运行管理单位的代表以及有关专家组成，必要时，可邀请地方人民政府有关行政主管部门参加
2	工程参建单位应派代表参加阶段验收，并作为被验收单位在验收鉴定书上签字
3	工程建设具备阶段验收条件时，项目法人向法人验收监督管理机关提出阶段验收申请报告。阶段验收申请报告应由法人验收监督管理机关审查后转报竣工验收主持单位，竣工验收主持单位应自收到申请报告之日起20个工作日内决定是否同意进行阶段验收与验收时间
4	工程输水隧洞属大中型工程，建议在通水验收阶段验收前，成立专家组先对隧洞水锤防范措施进行技术预验收

阶段验收鉴定书数量按参加验收单位、法人验收监督管理机关、质量和安全监督机构各一份以及归档所需要的份数确定。自验收鉴定书通过之日起 30 个工作日内，由验收主持单位发送有关单位。

（1）隧洞输水工程通水验收

隧洞输水工程通水验收具备条件与主要内容如表 11.12 所示。

表 11.12

隧洞输水工程通水验收具备条件与主要内容

通水验收具备条件	通水验收主要内容
隧洞输水建筑物满足通水要求	检查已完工程是否满足通水要求
通水后未完工程的建设计划和施工措施已落实	检查进（出）水口施工围堰和清障完成情况
进（出）水口围堰已全部拆除及其他障碍物清理已完成并通过验收	检查通水准备工作落实情况
隧洞输水的调度运用方案已编制完成，并通过专家论证；度汛方案已得到有管辖权的防汛指挥部门批准，相关措施已落实	签订与通水有关的工程施工质量
启闭机、拦污栅、沿线检查井与排气井井盖、排气阀设备设施已安装完成，并通过完工验收；各处安全防护设施已安装到位	对验收中发现的问题提出处理意见
长距离隧洞输水防水锤措施已通过技术验收等	讨论并通过阶段验收鉴定书

（2）泵站首（末）台机组启动验收

机组启动验收前，项目法人应组织成立机组启动试运行工作组，进行机组启动试运行工作。首（末）台机组启动试运行前，项目法人应将试运行工作安排报验收主持单位备案，必要时验收主持单位可派专家到现场收集有关资料，指导项目法人进行机组启动试运行工作，每台机组投入运行前应进行机组启动验收。正常情况下，首台和末台机组的启动验收应由竣工验收主持机构或其委托机构组织成立的机组启动验收委员会负责，中间机组的启动验收应由建设单位组织启动验收。机组启动验收前，全过程工程咨询服务机构协助建设单位成立机组启动试运行工作组开展机组启动试运行工作，并负责机组启动验收的组织安排、统筹协调和服务配合等工作。如果机组规模不大，竣工验收主持机构也可委托关联电网或建设单位主持首（末）台机组的启动验收。

在机组启动验收活动中，全过程工程咨询机构将作为机组启动试运行工作组的主要成员，全过程参与机组启动试运行工作，并对机组的调试、试验、缺陷或故障处理、试运行等进行监督和见证。作为启动试运行工作组的成员，应完成如表 11.13 所示工作。

大中型水利水电项目启动试运行工作　　　　　　　　表 11.13

序号	工作内容
1	审查批准施工单位编制的机组启动试运行试验文件和机组启动试运行操作规程等
2	检查机组及其附属设备安装、调试、试验以及分部试运行情况，决定是否进行充水试验和空载试运行
3	检查机组充水试验和空载试运行情况
4	检查机组带主变压器与高压配电装置试验、并列及负荷试验情况，决定机组是否进行带负荷连续运行
5	检查机组带负荷连续运行情况，决定异常情况和故障的处理措施
6	检查机组带负荷连续运行结束后消缺处理情况
7	审查安装施工单位编制的机组带负荷连续运行情况报告
8	组织并监督处理技术预验收工作报告提出的问题
9	编制机组启动试运行情况报告

同时，为了进行机组的启动验收，全过程工程咨询机构还应完成如表 11.14 所示工作。

大中型水利水电项目机组启动验收中全过程工程咨询机构主要工作　　　　表 11.14

序号	工作内容
1	组织与待启动机组有关的分部工程验收
2	督促施工单位进行输水系统的充水和放空检查并修复所发现的缺陷
3	编制并向机组启动验收委员会提交启动验收工作报告，按照要求制作汇报幻灯片以备验收会议使用
4	参加机组启动验收的所有活动，澄清或回答验收委员会提出的疑问或问题
5	协调并督促施工单位进行前期机组启动验收遗留问题的处理

首（末）台机组启动验收前，验收主持单位应组织进行技术预验收，技术预验收应在机组启动试运行完成后进行。中间机组启动验收可参照首（末）台机组启动验收的要求进

行。机组启动验收鉴定书格式按项目要求设定；机组启动验收鉴定书是机组交接和投入使用运行的依据。

（3）水库蓄水验收

在水库蓄水前，应进行水库蓄水验收。水库蓄水由验收主持机构组织成立的验收委员会负责验收，建设单位可设置验收工作组负责验收的组织安排、统筹协调和服务配合等工作。当水库采用分期蓄水运行时，应根据蓄水阶段进行分期蓄水验收。

如果拦河水闸规模和上游蓄水量均不大，竣工验收主持单位可决定不组织水库蓄水验收，采用核查建设单位提交的相关单位工程投入使用验收代替水库蓄水验收。

在收到验收主持机构关于水库蓄水验收工作安排的文件后，全过程工程咨询机构应及时与最高管理层联系，确定参加验收的代表名单，该代表应根据安排参加水库蓄水验收的所有活动，并代表被验收方面在验收鉴定书上签字。水库蓄水验收全过程工程咨询机构工作要点如表11.15所示。

大中型水利水电项目水库蓄水验收全过程工程咨询机构工作要点　　表11.15

序号	要点
1	按照当前(验收报告提交的月底、当月的旬或半月)的实际状况整合修订所有相关单位工程投入使用验收工作报告，形成《水库蓄水验收工作报告》并提交验收工作组作为水库蓄水验收的资料，同时按照要求制作幻灯片以备验收会议使用
2	督促施工单位按照轻重缓急处理与水库蓄水有关的单位工程验收的遗留问题
3	督促施工单位编制导流过水建筑物下闸和封堵、围堰拆除、后续工程施工等的施工组织设计和技术安排，组织讨论并提出初步审查意见，根据水库蓄水验收鉴定书的意见或建议督促施工单位修订后批准
4	参加枢纽工程蓄水验收的所有活动，澄清验收委员会提出的疑问
5	督促施工单位推进导流过水建筑物下闸(断流)和封堵的准备工作
6	督促施工单位按计划推进后续工程的施工，落实工程防洪和安全度汛的措施

（4）蓄水安全鉴定

在专项验收前应进行蓄水安全鉴定，任务与工作内容如表11.16、表11.17所示。

蓄水安全鉴定任务与工作内容　　表11.16

序号	任务与工作内容
1	进行蓄水安全鉴定时，鉴定范围内的工程形象面貌应基本达到《水利水电建设工程验收规程》规定的蓄水阶段验收条件，安全鉴定需用的资料已准备齐全
2	蓄水安全鉴定的范围是以大坝或水闸为重点，包括挡水建筑物、泄水建筑物、引水建筑物的进水口工程、涉及工程安全的库岸边坡及下游消能防护工程等与蓄水安全有关的工程项目。除险加固工程可根据除险加固项目内容确定鉴定范围和重点
3	蓄水安全鉴定工作的任务是：对涉及蓄水安全有关工程的设计、施工质量进行检查，对影响工程安全的因素进行评价，提出蓄水安全鉴定意见，明确是否具备蓄水阶段验收条件
4	蓄水安全鉴定工作的重点是：检查工程设计、施工是否存在影响工程安全的因素，以及工程建设期发现的影响工程安全的问题是否得到妥善解决，并提出工程安全评价意见；对不符合有关技术标准、设计文件并涉及工程安全的，分析其对工程安全的影响程度，并作出评价意见。对虽符合有关技术标准、设计文件，但专家认为构成工程安全运行隐患的，也应对其进行分析和作出评价

序号	主要工作内容
1	检查工程形象面貌是否符合蓄水要求
2	检查设计依据和标准是否符合国家现行有关技术标准(包括工程建设标准强制性条文),检查初步设计审批后的设计变更是否按建设程序经有审批权的单位批准
3	检查土建工程施工和金属结构制造、安装、调试是否符合国家现行有关技术标准;检查工程施工质量是否满足国家现行有关技术标准
4	对挡水、泄水、排沙、引水建筑物的进水口工程以及库岸边坡、下游消能防护工程等涉及蓄水安全有关建筑物的工程地质、设计、施工、科学试验有关工程问题进行技术安全评价;提出确保工程蓄水运行安全的建议
5	检查工程质量(包括设计、施工等)是否存在影响工程安全的隐患。对关键部位、出现过质量事故的部位以及有必要检查的其他部位要进行重点检查,包括抽查工程原始资料和施工、设备制造验收签证,必要时应当使用钻孔取样、充水试验等技术手段进行检测。对土建工程、金属结构及启闭设备的缺陷和质量事故的处理情况提出评价
6	检查洪水设计标准,工程泄洪设施的泄洪能力,消能设施的可靠性,下闸蓄水方案的可靠性,以及调度运行方案是否符合防洪和度汛安全的要求
7	检查工程地质条件、基础处理、滑坡及处理、工程防震是否存在不利于建筑物的隐患
8	检查工程安全监测设施、监测资料是否完善并符合要求

蓄水安全鉴定工作中,不进行工程质量等级的评定。

(5) 截流安全鉴定注意事项

截流安全鉴定注意事项具体内容如表 11.18 所示。

截流安全鉴定注意事项 表 11. 18

序号	注意事项
1	截流过程中,施工现场设专人负责观察水位标尺,以便及时掌握水位变化情况,并做好截流期间的水力学参数测定工作,总指挥现场协调,在确保创堤顶面宽度的前提下,根据不同龙口宽度下的水力学变化情况,及时调整各种截流材料的品种,确保截流工作的顺利进行。当水位发生较大变化时,由技术质量指导监督组发出警报提示,其他各部门立即开展部署应对措施
2	截流时,要根据预先确定的抛投方法,保证进占填筑强度和龙口段创堤的稳定性,减少抛填材料的流失
3	截流施工过程中应确保施工的连续性,抛填中途无大的影响,不得无故中断施工,抛填时防止填错料或混填等现象的发生
4	在装运特殊抛投料时,特殊料起吊起来后,现场装运人员远离起吊点,防止钢筋笼掉块石、钢丝绳断裂等安全隐患
5	所有参加截流的车辆、机械设备必须听从现场指挥人员的指挥,严禁无证驾驶及酒后、疲劳驾驶
6	夜间施工时,保证现场场地照明。所有现场人员必须穿戴带反光条的工作服,戴好安全帽
7	截流施工过程中要做好后勤保障工作

(6) 机组启动安全鉴定

机组启动安全鉴定内容如表 11.19 所示。

序号	内容
1	听取建设、施工等单位的汇报,审查提供的文件资料,鉴定工程建设及设备安装质量
2	运行操作规程编制,运行人员的组织配套是否满足机组运行的要求
3	检查有关机组启动运行的安全防护和厂房消防措施落实情况
4	审查机组启动运行计划,以及机组是否具备启动运行条件,确定机组启动时间
5	确认机组和附属设备以及油、水系统等辅助设备安装,调试情况
6	按设计要求配备的测量、监视、控制和保护等电气设备安装、调试情况
7	检查机组在额定负荷连续运行实验下是否工作正常
8	对发现的工程缺陷和工程遗留问题,提出处理意见,责成建设单位督促有关施工单位限期完成

2. 专项验收

大中型水利水电项目专项验收工作要点为:

(1)全过程工程咨询服务机构应协助建设单位按国家和相关建设单位管理部门的规定,向有关部门提出专项验收申请报告,并做好有关准备和配合工作。

(2)专项验收具备的条件、验收主要内容、验收程序以及验收成果性文件的具体要求等应执行国家及相关建设单位管理部门有关规定。

(3)专项验收成果性文件应是工程竣工验收成果性文件的组成部分。项目法人提交竣工验收申请报告时,应附相关专项验收成果性文件复印件。

3. 工程项目竣工验收

在工程项目建设全部完成并满足下列运行条件后的 12 个月内,全过程工程咨询服务机构应协助建设单位在进行竣工验收自查后,向验收监督管理机关提交竣工验收申请报告。如果工程项目无法按照计划进行竣工验收,建设单位应向竣工验收主持机构提出延期验收专题申请报告,申请报告中应说明延期验收的主要原因及预计的验收时间等。竣工验收条件如表 11.20 所示。

大中型水利水电项目竣工验收条件　　　　　　　　表 11.20

序号	内容
1	工程项目按照批准的设计文件全部完成,但批准暂缓建设或延期投入的除外
2	工程项目建设过程中发生的重大设计变更已经获得可行性研究(初步设计)审查机构的批准确认
3	枢纽所有单位工程通过建设单位组织的验收,运行安全正常,能够发挥设计使用功能
4	历次验收的遗留问题已经基本处理完毕
5	所有专项验收已经通过
6	工程项目投资已经全部到位
7	竣工财务决算已经编制完成,通过竣工验收主持机构的财务审查和审计机构的审计,审计报告中提出的问题已经整改并提交整改报告
8	运行管理机构已经组建,组织机构、管理职责、设备或设施配置完善并已经接收运行管理,运行管理经费已基本落实

序号	内容
9	枢纽竣工质量安全监督报告已经提交,工程质量达到合格标准
10	枢纽工程竣工安全鉴定报告已经提交,所提出的问题已经处理
11	竣工验收资料已经准备就绪

如果工程项目有少量的建设内容没有完成但不影响工程正常运行,且能符合财务有关规定,建设单位已经对收尾工程进行了妥善安排且相关计划和措施已经落实,经竣工验收主持机构同意,不影响工程项目竣工验收的顺利进行。

在所有单位工程验收及合同工程完工验收以及专项验收结束,建设单位应在编制和提交竣工财务结算报告后,及时组织工程项目建设各方从建设管理、勘察设计、施工安装、试验监测、设备供应、征地移民、库区清理、水保环保、运行管理等方面进行竣工验收自查。在组织竣工验收自查前,建设单位应提前至少 14 天通知质量和安全监督机构,并向验收监督管理机关报告。质量和安全监督机构决定是否派遣人员参加自查工作会议。竣工验收自查内容如表 11.21 所示。

大中型水利水电项目竣工验收自查内容

表 11.21

序号	内容
1	核查工程重大设计变更的审查批准情况
2	检查工程建设各方的工作报告编制进展情况
3	核查单位工程质量评定等级,评定工程项目施工质量等级
4	检查历次枢纽工程验收或鉴定、专项验收遗留问题以及工程运行初期发现问题的处理情况
5	确定工程竣工内容、完成期限和责任单位
6	核查所有合同工程完工审计纠正措施的实施情况,检查枢纽工程竣工财务审查和审计的进展情况
7	安排竣工验收前应完成的工作,落实实施和监督责任人

竣工验收自查通过各方的汇报和提供证据性文件,在充分讨论和澄清问题的基础上,形成《工程项目竣工验收自查工作报告》。建设单位应在竣工自查工作完成后的 14 天内将自查评定的工程项目质量等级及其相关资料提交给质量和安全监督机构,并在 42 天内将竣工验收自查工作报告提交给验收监督管理机关,或以竣工验收自查工作报告作为附件提交竣工验收申请报告。竣工验收申请报告中应说明:①工程项目基本情况;②竣工验收条件的检查结果;③竣工情况及安排意见;④验收准备工作情况;⑤建议验收的时间、地点和参加单位。

竣工验收申请报告由验收监督管理机关审查后批转至竣工验收主持机构,竣工验收主持机构将在派遣工作组检查工程建设现场,核查竣工验收条件后,与建设单位协商确定竣工验收活动安排(表 11.22)。

大中型水利水电项目竣工验收活动安排 表 11.22

序号	内容
1	查看工程项目建设现场(包括库区),检查工程现场状况和剩余工程进展情况
2	核查单位工程验收档案
3	核查专项验收档案
4	如果竣工验收主持机构认为必要且委托了具有相应资质的工程质量检测机构,则与建设单位协商确定工程质量抽样检测的工作安排
5	提出竣工验收的资料要求
6	协商确定竣工验收活动的议程和日程安排

在竣工财务决算报告审查和审计完成、审计部门出具竣工审计报告后,建设单位应尽快纠正审计报告中提出的问题并向审计部门提交《竣工验收审计发现问题的纠正报告》,该报告也将是竣工验收资料的组成部分。

如果工程质量抽样检查全部合格且竣工验收要求的其他条件全部具备,竣工验收主持机构将组织专家委员会进行竣工技术预验收,在收到竣工技术预验收专家委员会提交的《竣工技术预验收工作报告》后,召开竣工验收会议形成竣工验收鉴定证书。

如果竣工验收主持机构决定进行工程质量抽样检测,在派遣工作组离开现场后,建设单位应根据竣工验收主持机构的要求并结合枢纽工程的具体情况,提出抽样检测项目、内容和数量,经质量和安全监督机构审核后提交竣工验收主持机构核定。建设单位将按照核定的抽样检测项目、内容和数量,与竣工验收主持机构委托的工程质量检测机构签订工程质量检测合同,实施工程质量抽样检测。

工程质量检测机构应根据竣工验收主持机构的委托及与建设单位签订的合同,按照适用的技术标准进行抽样和检测,按合同要求及时提交质量检测报告并对检测结论负责。建设单位在收到检测报告后 14 天内将检测报告提交给竣工验收主持机构。

如果工程质量抽样检测全部合格,则可启动竣工技术预验收。否则,建设单位应组织工程建设各方研究处理抽样检测发现的质量问题。只有在影响工程安全运行以及使用功能发现的质量问题全部得到处理后,才能开始竣工技术预验收。

在大中型水利水电项目竣工验收前,竣工验收主持机构将组织专家委员会进行竣工技术预验收。技术预验收专家委员会委员应具有高级技术职称或相应执业资格,2/3 以上委员应与枢纽工程的建设管理各方无直接关系。技术预验收专家委员会可设置若干专业工作组,在专业检查意见的基础上形成竣工技术预验收工作报告。工程建设各方应派遣代表参加技术预验收,回答专家委员会的问题、澄清专家委员会的疑问。竣工技术预验收专家委员会工作程序如表 11.23 所示。

大中型水利水电项目竣工技术预验收专家委员会工作程序 表 11.23

序号	内容
1	现场检查工程建设情况,查阅工程建设档案资料
2	召开会议听取工程建设各方的工作报告、质量和安全监督报告、工程安全鉴定报告以及工程质量抽样检测报告等并澄清疑问后休会

序号	内容
3	各专业工作组充分讨论,形成专业工作组检查意见
4	专家委员会全体委员汇总专业工作组检查意见,讨论形成《竣工技术预验收工作报告(初稿)》
5	继续举行会议向工程建设各方通报《竣工技术预验收工作报告(初稿)》,解释澄清消除工程建设各方的疑问
6	专家委员会修改《竣工技术预验收工作报告(初稿)》,形成《竣工技术预验收工作报告》,起草《工程项目竣工验收鉴定书(初稿)》

竣工技术预验收全部工作如表 11.24 所示。

大中型水利水电项目竣工技术预验收全部工作 表 11.24

序号	内容
1	核查工程是否按照批准的设计完成
2	核查剩余工程是否妥善安排并正在实施进展中
3	检查工程是否存在质量隐患和影响工程安全运行的问题(影响工程正常运行的不能作为验收遗留问题处理)
4	检查历次验收和专项验收遗留问题、工程运行初期发现问题的处理情况
5	对工程重大技术问题进行结论性评价
6	鉴定工程项目的施工质量(工程项目达到合格以上等级的,竣工验收的质量结论意见应为合格)
7	检查工程投资和财务管理情况
8	指出验收发现的问题,提出处理意见
9	形成《技术预验收工作报告》和《工程项目竣工验收鉴定书(初稿)》

《竣工预验收工作报告》将作为《工程项目竣工验收鉴定书》的附件,同时也是枢纽工程竣工验收的重要基础性文件,在技术预验收专家委员会现场工作结束后的 14 天内提交给竣工验收主持机构和建设单位。工程项目竣工验收采用召开验收会议的形式进行,在现场检查工程建设情况、查阅验收资料后举行全体会议,会议基本议程为:①宣布竣工验收委员会组成人员名单;②观看工程建设声像资料;③听取工程建设管理工作报告;④听取竣工技术预验收工作报告;⑤听取验收委员会确定的其他报告;⑥讨论并通过竣工验收鉴定书;⑦验收委员会委员和被验收方面的代表签署竣工验收鉴定书。

竣工验收鉴定书的数量按验收委员会委员、工程建设和管理主要机构各一份以及归档所需要的份数确定。在竣工验收鉴定书通过之日起 42 天内,由竣工验收主持机构发送到参加竣工验收的所有委员和机构。

4. 项目管理工作的移交

项目管理工作的移交应满足的条件如表 11.25 所示。

大中型水利水电项目项目管理工作移交条件 表 11.25

序号	内容
1	工程项目已经开通并经过验收,协助建设单位与使用单位的交接手续已办理完毕,经验收单位确认并形成书面材料后一个月内,项目进入移交、撤销程序,向建设单位相关职能部门移交工作

序号	内容
2	全过程工程咨询单位协助建设单位按施工合同要求与接管使用单位签订《工程质量保修书》,经验收单位确认所形成的书面材料、竣工资料、工程技术总结、会议纪要等有关技术资料列出清单进行移交,并办理签字手续
3	依据工程施工合同及建设行政主管部门的有关规定,完成工程项目的验工计价、竣工结算并报送建设单位、全过程工程咨询单位
4	完成财务账户移交、资金回收(质保金除外)及债权债务的清理,移交前参建单位必须将职工备用金、应收押金、应收垫付款、应收代付款等内部债权债务清理完毕并报送建设单位
5	试验设备移交、工程技术总结已按照建设单位的要求完成,并向建设单位办理交接手续
6	会计档案已向建设单位财务部办妥存档手续
7	办公资产、档案、行政印章和财务专用章移交建设单位各相关职能部门

大中型水利水电工程移交主要程序如表 11.26 所示。

大中型水利水电项目工程移交主要程序　　　　　　　　　　表 11.26

序号	内容
1	工程通过投入使用验收后,项目法人及时将工程移交运营管理单位管理,并与其签订工程提前启用协议
2	在竣工验收鉴定书印发后 60 个工作日内,项目法人与运营管理单位应完成工程移交手续
3	工程移交应包括工程实体、其他固定资产和工程档案资料等,应按照初步设计等有关批准文件进行逐项清点并办理移交手续
4	办理工程移交,应有完整的文字记录和双方法定代表人签字

大中型水利水电工程移交包括工程实体、其他固定资产和工程档案资料等,应按照初步设计等批准文件进行逐项清点,并办理移交手续。工程实体是指通过投入使用验收或竣工验收前,由全过程工程咨询单位组织建设,对照工程竣工图纸、安装设备清单等专业工程清点登记造册,并经各参加方代表签字确认的清册中的工程内容。工程档案资料是指经当地建设档案主管机构专项验收合格的档案和各类工程设备随货同行的质量保证资料、安装使用维护技术资料、安装施工单位编制经相关专家评审的操作规程技术资料等。

11.4.3　其他工作重难点及工作措施

1. 消防验收工作

对于大中型水利水电项目消防工程的验收工作来说,建设单位和设计部门都要注重消防验收工作的开展。对于建设单位来说,在建设过程中,要把消防的建设放在一个重要的位置中,严格按照我国消防的相关规定来进行消防建设。对于设计部门来说,要针对消防设计环节进行有效处理,不能够一味地按照建设单位的要求,忽略消防设计工作,给后续的消防工程验收带来困难。除此之外,还要注重提升消防设计的质量,以各项消防技术标准作为设计的具体准则,严格按照标准执行。对于消防验收工作中在设计和材料方面存在的问题,一方面要推动第三方验收机制的开展,另一方面要通过教育和惩处等手段提升消防验收工作的重视程度,使得消防验收在一些隐蔽问题的验收开展上有效降低难度。

对于大中型水利水电项目消防工程验收工作来说,要对消防工作开展过程中各个单位的责任进行明确。对于施工单位来说，要按照国家消防要求开展具体建设工作；对于设计部门来说，要加强消防设施设计。对于各个单位的责任要进行有效的明确，尽量使得大中型水利水电项目消防验收工作能够得到有效推动。大中型水利水电项目消防验收工作主要要点如表 11.27 所示。

大中型水利水电项目消防验收工作主要要点 表 11.27

序号	工作	要点
1	规范验收行为	消防验收之前需对工程有关资料进行深入分析,确定验收当中的重要部位与抽样检测类别,严格按照相关规范做出科学合理的计划,现场查验过程要不断加强对各种消防验收设备的有效应用,还要结合"望闻问切"等一些传统消防工程验收的方式,确保消防工程验收中的全面性、科学性、客观性,避免人为因素对判定结果的影响
2	做好顶层设计,统一设计审查与验收标准执行尺度	在顶层设计上,将施工图审查与消防设计审查的国家标准执行程度统一起来,避免两个审查规则不统一、设计审查与验收评定规则不统一的现象,并且设计审查合格评定规则应严于验收合格判定规则
3	人才队伍建设	若想将消防工程验收工作做好,必须先建立一支专业性与综合能力很强的消防工程验收队伍,并且有专业的人员从事消防工程验收工作,不断扩大消防工程验收人员的队伍
4	加强环节衔接	做好设计、审核、施工、竣工、消防验收、事后监督各个环节,有效落实各环节消防安全责任,将消防验收责任有效落实到工程建设各环节中,以免出现事后无法整改的情况。验收完成后,需各环节责任人员进行客观的工作记录,有关材料存档长期保存,要对消防工程验收中各个环节之间的交接工作给予高度关注
5	智能系统应用	给竣工验收(自验、预验收)配备一套"智能检测仪",全面发现工程质量隐患,规范竣工验收记录,为后续消防验收提供有价值的参考,从而提高后续消防验收效率

2. 环保验收工作

环保工程一定要具有科学、合理的完整管理体系，管理体系需要精确到每一个步骤，使工程施工质量得到提高，满足国家对于环保工程的相关条款规定，并充分尊重环境影响评估批复和验收意见中的相关要求。同时，还要在施工前与相关方进行协调，综合现场条件，设计全面的施工计划及安全作业方案，并将具体工程量落实到个人，并进行追责。同时，要确保施工时间，各施工部门各司其职，提高施工效率及施工质量。只有这样，才能确保环保验收顺利进行。

3. 工程档案验收工作

大中型水利水电项目工程资料档案的收集、整理具有时间跨度长、资料量大、整理复杂等特点，因此，必须在施工过程中加强档案资料动态收集管理，确保档案资料符合备案要求。

（1）建立健全的项目工程验收资料管理规章建设

要设立专门的档案管理部门、配备具有较高专业能力的工作人员对档案进行统一管理，并为档案管理工作人员提供良好的工作条件。要参照大中型水电建设项目的指标来制定一套健全完备的验收档案管理条例，通过高效的管理方式监督档案管理工作的执行情况。项目工程管理人员要给验收档案的整理、归纳过程提供指导意见，并定期检查档案整理情况，检查重要档案是否完整真实。

（2）加强继续教育，提高档案管理人员的综合业务素质

档案管理是一项业务性很强的工作，水利水电工程档案管理人员不仅需要有丰富的档

案管理水平，还要熟悉水利水电业务知识，对水利水电工程基本概况了解，才能从被动"接"档案到主动"要"档案，不断"管"好档案；档案管理人员首先要了解大中型水利水电工程建设工作的具体操作程序和工作流程以及分阶段的工作安排，掌握每一阶段工作中需要形成哪些档案资料、对每种资料的内容、数量做到心中有数。首先参建单位应定期组织专职和兼职档案管理人员参加档案局组织的业务学习、培训；采取"请进来，走出去"的方式，请档案局专业人员现场指导或到好的单位实地学习；其次，档案管理人员更要加强自身学习，既要不断学习档案专业知识、计算机知识，又要熟悉水利水电业务知识，掌握水库、渠道工程及管理方面对档案管理的要求。

（3）领导加强重视力度，把握关键环节

要实现工程档案工作与工程建设进程同步管理，关键是建设单位领导的重视及有关业务部门的密切配合，同时必须坚持档案管理人员"三参加""四同步"的管理原则。"三参加""四同步"的根本目的是加强档案的收集工作，把控各个关键环节，确保工程档案能够完整、准确、系统地收集到档案部门，以便日后为工程各项工作提供更好的服务。

11.5　验收与移交阶段咨询工作流程

11.5.1　移交工作管理流程

大中型水利水电项目工程移交工作管理流程如图 11-1 所示。

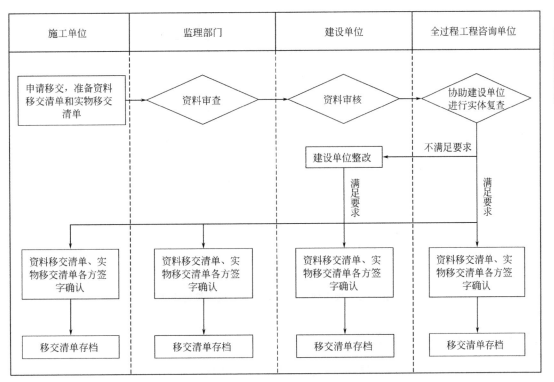

图 11-1　大中型水利水电项目工程移交工作管理流程

11.5.2 工程结算流程

大中型水利水电项目工程结算流程如图 11-2 所示。

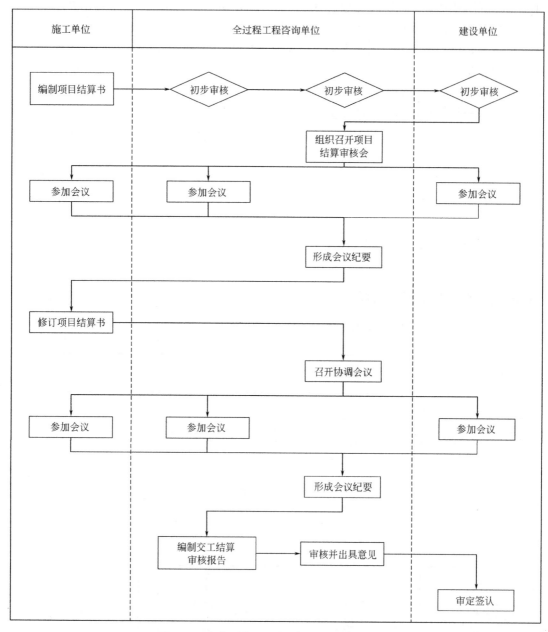

图 11-2 大中型水利水电项目工程结算流程图

11.5.3 工程档案移交流程

大中型水利水电项目工程档案移交流程如图 11-3 所示。

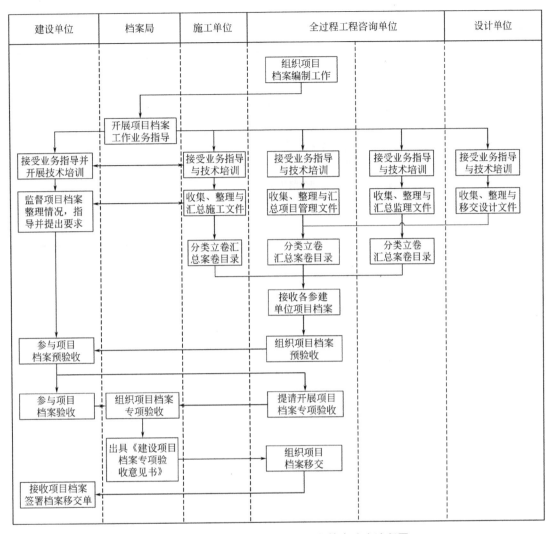

图 11-3 大中型水利水电项目工程档案移交流程图

11.6 验收与移交阶段咨询阶段成果

该阶段包含建成项目从项目团队到建设单位的正式移交，移交过程可能是一次性完成或在一段时间内按阶段分步完成。在移交过程中，需要确保建设单位有专业知识和能力去管理建成项目的运营。工程竣工验收阶段咨询成果如表 11.28 所示。

大中型水利水电项目工程竣工验收阶段咨询成果 表 11.28

序号	咨询内容	咨询成果
1	竣工验收管理	施工合同段竣工证书 合同段施工总结报告 工程设计工作报告 建设单位项目执行报告 项目竣工验收报告

序号	咨询内容	咨询成果
2	竣工结算管理	竣工结算报告 施工单位提交的竣工结算书 竣工结算审核报告
3	竣工决算管理	竣工决算审核报告 竣工财务决算说明书 竣工财务决算报表 工程造价比较分析资料
4	保修期管理	工程质量保修期到期验收记录表 工程质量保修书 工程质量保证金制度 工程质量保修

12 项目运营阶段咨询

12.1 运营阶段咨询服务目标

经过改革开放 40 年的建设与发展，我国大中型水利水电项目规模已经处于世界领先水平。大中型水利水电项目的安全、稳定、高效运行是社会发展和人们生产生活的前提保障，这一切都将依靠运营阶段的管理工作，而传统的工程咨询在运营阶段提供服务的案例较少，运营阶段工程咨询工作并没有受到充分重视，全过程工程咨询服务模式为工程咨询服务向运营阶段延伸创造了条件。

工程运营阶段是工程建设阶段的延续，这两个阶段密不可分，工程建设的目的是满足工程运营的需要，工程建设为运营提供物质基础。如果说工程建设阶段是项目消耗社会财力、物力、人力的造物过程，那么工程运营维护阶段则是项目为社会提供服务和创造效益的生产过程。改变建设和运营两个阶段分离的现状，充分发挥项目投资效益，实现大中型水利水电项目全生命周期的增值是全过程工程咨询的三大核心理念之一。因此，在可持续发展的大背景下，实施大中型水利水电项目全生命周期精益运营管理，提升大中型水利水电项目运营管理能力，是推动大中型水利水电项目提质增效、实现高质量发展的必由之路。

大中型水利水电项目全过程工程咨询单位应牢固树立"建设管理维护一体化"的全局观念，通过践行建设阶段与运营阶段的多维度结合，最大限度地降低工程运营风险，发挥大中型水利水电项目的经济效益与社会效益。

承担大中型水利水电项目运营阶段咨询管理的全过程工程咨询单位应建立集管理、检测、维修于一体的运营维护管理模式，运用信息化技术管理手段，通过日常巡检、例行维护、预知性保养、应急处理等工作来保证各系统、设备的安全和稳定运行。

12.2 运营阶段咨询工作内容

大中型水利水电工程运营管理的主要工作为针对已开发的相关水利水电工程设施实施全面性的维护及经营，运营管理对于促进水利水电工程事业的可持续及稳步发展都具有十分重要的积极意义。大中型水利水电项目运营阶段主要工作内容如表 12.1 所示。

大中型水利水电项目运营阶段主要工作内容清单 表 12.1

工作任务	主要工作内容
运营维护策划	组织编制《工程用户手册》

工作任务	主要工作内容
设施（资产）管理服务	建立基于 BIM 的工程运营维护及健康监测系统，将设计施工阶段与运营维护阶段的 BIM 数据进行整合，提高项目的维护效率和智能化水平； 推动水利水电工程建管养一体化，在委托方授权范围内开展工程设施的维护管理； 对需要外包的工程运营维护服务内容，开展采购支持
大修、改扩建工程管理	根据工程需要，对大修工程、改扩建工程等开展咨询管理
运营维护评估与总结	开展定期运营维护质量评估活动，向委托方提供评估报告与合理化建议；服务期届满之前，对运营维护阶段咨询工作开展总结，向委托方提交服务总结报告并对《工程用户手册》提出合理化更新建议

12.3 运营阶段咨询工作方法与风险要点

12.3.1 运营阶段咨询工作方法

运营阶段咨询工作方法以安全管控与信息化建设为主。在大中型水利水电项目运营管理信息化建设中需要明确建设目标、合理的建设内容，在实际管理过程中，能达到现代化管理目的，保证工作整体质量。我国水利水电工程项目起步比较晚，相关的管理人员要根据实际情况引进一些国外先进的工作经验，然后对其进行总结创新，将整体布局作为设置工作目标的主要依据。深入了解应用的实际需求，加强建设，在技术集成管理中创建信息化体系，提高水利水电工程项目管理系统的信息化建设水平。在实际建设过程中，必须制定完整的规划设计方案，创建相关的系统与平台，利用网络平台优势完成当前的工作任务，才能达到预期的管理效果。相关部门要统一应用硬件与软件系统，将运营管理工作的安全与可靠作为前提，实现办公自动化。完成当前的工作任务需要应用大数据技术，可以有效提高运营管理工作的效率，更好地进行安全管理工作。

在大中型水利水电项目企业中的信息化建设，必须结合企业流程划分为三个层次：生产系统、决策支持系统、管理信息系统。其中，生产系统是水利水电工程项目建设中最关键的系统，主要是水利水电工程项目运营的实际控制系统内容。从系统业务数据的管理以及数据方面来讲包含多种数据信息，这些信息形成一个日常业务合集。管理信息系统主要针对企业管理层，主要是管理各种基础信息资料，可以实现共享与利用，形成相应的信息流动。决策支持系统主要应用于具体的分析模型，对管理信息资源进行处理分析，得出相应的运行规律，可以保证决策的科学性。在系统类型分析中，水利水电工程项目信息系统的管理信息系统、决策支持系统，主要面向管理层以及企业的职工。具体建设内容有网络平台建设、服务器、物流管理系统等相关的软件系统。

12.3.2 运营维护的风险要点

大中型水利水电项目运营维护策划的工作重点在于编制《工程用户手册》，应包含工程概况、工程运营主要设备布置、工程日常维护运营检查、工程定期运营维护检查、工程各部位维护要求、工程非永久构件更换施工要求、工程运营维护管理实施办法等内容。以

《工程用户手册》为基准，能够保障大中型水利水电项目运营维护工作的顺利进行。

除此之外，大中型水利水电项目在运营期间的风险复杂而繁多，如各种碰撞、自然灾害、结构耐久性和运营管理的风险等。运营阶段咨询中对项目运营阶段风险进行识别和分析，对减少和控制风险以及在应对突发事件之前做好预案非常重要。

12.4 运营阶段咨询的工作措施

大中型水利水电项目运营阶段工作的重难点在于日常维护管理工作，需要针对重难点进行深入分析并对其采取有效措施。

12.4.1 运营维护管理工作的原则与要点

1. 运营维护管理工作原则

在大中型水利水电项目日常维护管理中，全过程工程咨询单位要坚持预防为主、防治为辅的原则，并注意强化日常的巡查及性能检测。尤其是在大中型水利水电项目病害初发时期，更是要注重开展相关的维护维修工作，以免病害进一步扩大，从而影响到整个工程的正常使用，构成安全威胁，降低其性能，并增加维护成本。与此同时，在日常维护管理过程中，全过程工程咨询单位还需要积极组织开展巡查，并对工程病害予以及时修复，组织人员对整体工程予以实地徒步检查，特别是重要构件更是要予以跟踪观测，并在发现问题时及时进行维修，让工程维持在良好的使用状态。

此外，针对大中型水利水电项目运营日常维护管理中存在的各种突发事件，全过程工程咨询单位还需要建立一套相对完善的全天候快速反应机制，通过实施针对性的应急措施，以保证工程正常运行。当然，在日常维护管理工作中，还需要强化安全生产教育，以保证无责任性事故。大中型水利水电项目的许多维护管理工作具有一定的难度，且危险系数较高。所以，在展开此项工作前，全过程工程咨询单位还需要强化安全教育，注重安全生产，在维护管理过程中，要求工作人员着装进行作业，并在维护建设时于施工区域摆放交通安全标牌，且施工作业车辆要有相应的安全警示标志，确保整个工作的安全、顺利进行。

2. 运营维护管理工作要点

从大中型水利水电项目运营日常维护管理工作分类看，大致可分为三个类别，包括诊断、工程及管理。其中诊断工作由日常巡查、特殊巡查的常规性检查以及工程定期检查等构成；而工程作业则包括工程小修保养，以及清洁、突发事件的处理等工作；管理作业则包括日常维护计划管理、设备日常维护管理、维护工作考核及检查、维护技能培训以及维护安全管理等内容。

在大中型水利水电项目运营日常维护管理中，维护对象具有全面性与广泛性特征，全过程工程咨询单位除了要对路面、水库进行维护管理外，更需要对隧洞和沿线等附属设施予以维护管理，并对相关的环境设施、交通设备、通行设备予以维护管理。因此，该工作的专业性要求也较高，且具有一定的复杂性。在实际日常维护管理中，不仅需要进行简单的保养，还需要具备较强的机械化技能、专业化技能，并有效利用先进的技术及工艺进行。同时，大中型水利水电项目运营日常维护管理，对全过程工程咨询单位维护工作人员的综合素养要求也较高。需要其对整个工程的构造、要点、设施等都有着全面了解，并有着较强的专业素养、维护经验，以达到日常维护管理的要求。

12.4.2 运营维护管理工作措施

1. 建立信息系统，提升管理效率

针对我国当前大中型水利水电项目运营日常维护管理存在的问题，全过程工程咨询单位首先应该建立一个相对完善的维护管理信息系统，通过利用先进的信息技术，高效、科学地进行大中型水利水电项目的维护管理工作。

2. 提升认知程度提高效率

为确保大中型水利水电项目的使用性能，并延长其寿命周期，全过程工程咨询单位还需要采取有效的维护管理方案，以达到高效维护。基于此，就需要全过程工程咨询单位的维护人员提高对工程维护工作的认知，充分认识到该项工作的必要性及重要性，强化工程的监督、维护、管理工作。当然，全过程工程咨询单位的维护管理工作人员也要注重提升自身的专业素养。尤其是在科技飞速发展的今天，更要掌握更高的技能，以提高工作效率和工作质量，确保大中型水利水电项目的正常运营。

3. 利用先进技术开展运营维护

在大中型水利水电项目维护管理工作中，全过程工程咨询单位还要注意利用国际先进的技术，确保维护管理工作的高效性、先进性、科学性、时效性，最大限度地延长工程的寿命周期，节约维护成本，确保工程运营安全、有序进行。

4. 遵循信息化建设工作原则

在大中型水利水电项目信息化建设过程中，必须坚持先进性、开放性、拓展性、易用性的工作原则，严格按照水利水电工程项目运营管理要求，结合发达国家的先进理念，统一开展相应的规划与管理，在管理中要明确管理的主体。在开展工作时，要按照不同阶段进行信息化建设工作，将工作标准作为基础，按照工作要求，全面考虑系统建设中的主要工作内容，在梳理管理流程的同时还要建立管理模型，统一规划流程才能保证管理的实际效果。在建设期间，要将规模实际情况与发展特点结合在一起创建相应的系统，另外，还要符合当前的工作内容，提高信息平台的有效性，才能解决大中型水利水电项目运行的发展需求。在实际工作中，必须统一标准，协调好业务与信息资源之间的关系，科学合理地使用先进的技术，在保证信息化建设质量的同时提高工作效率，发挥信息化建设工作的最大作用。此外，在信息化建设管理中针对水利水电项目运营的具体内容深入分析，才能在科学管理时形成相应的体系，促进大中型水利水电项目运营持续发展。

5. 提高工作人员的职业素养

在大中型水利水电项目运营安全管理中，提高相关工作人员的安全管理意识十分重要。相关单位一定要重视管理人员的职业素养，加强培训力度，定期进行考核，工作人员才能在遇到突发情况时冷静面对，及时处理好安全隐患问题。另外，水利水电项目运营安全所用到的相关仪器都需要定期维护，在遇到问题时及时维修，提高维修人员的专业能力，跟上时代的发展，学习先进的科学技术，才能提高安全水平。

6. 对相关设施进行定期检修与维护

在大中型水利水电项目安全运营中，设备线路如果存在不合理的问题就会导致其出现

各种安全事故，严重的甚至还会发生火灾。设备线路排放过于集中，电路负荷就会超载，产生较高的热量，引起火灾。在水利水电项目安全管理过程中，必须重视设施的检查，对其进行维修，将科学合理作为原则进行相关设计，合理排放线路才能避免事故的发生。相关设施经过长期使用就会老化，很容易出现各种问题，一些工作人员对其不够了解，在操作时也会出现失误。在水利水电项目安全管理中一定要安排专业性较强的工作人员，对其进行定期检修，发现有问题的线路一定要检修，陈旧的零件要更换，引进一些先进的设备，才能为水利水电项目正常运营提供保障。

7. 优化安全监管体制

在大型水利水电项目安全监管体制过程中，必须在思想上形成正确的认识，加强安全意识的培训。相关部门要重视水利水电项目运营的安全监管，加强力度，提高管理人员的责任意识。建立科学的安全监管制度，根据实际情况对其进行调整。

12.5 运营阶段咨询阶段成果

大中型水利水电项目运营阶段咨询成果如表 12.2 所示。

大中型水利水电项目运营阶段咨询成果 表 12.2

咨询内容	咨询成果
运营维护管理	运营维护策划方案 用户手册 工程健康监测系统 运营维护阶段规章制度 设施管理日常文件 运营维护评估报告 运营维护总结报告

13　工程数字化咨询

13.1　工程数字化咨询技术

13.1.1　BIM 技术

建筑信息模型（Building Information Modeling，BIM）是一种应用于工程设计、建造、管理的数据化技术，通过对工程实体的数据化、结构化模型整合，在项目策划、运行和维护的全生命周期过程中进行共享和传递，使工程技术人员对各种工程实体的状态作出正确理解和高效应对，为设计团队以及包括设计、建造、运营单位在内的各方主体提供协同工作的基础，在提高生产效率、节约成本和缩短工期方面发挥重要作用。

13.1.2　GIS 技术

地理信息系统（Geographic Information Systems，GIS）是创建、管理、分析和映射所有类型的数据的系统。GIS 将数据连接到地图，将位置数据（事物所在的位置）与所有类型的描述性信息集成在一起。这种技术可以为很多行业中使用的地理信息和空间分析提供基础的技术支撑。

GIS 最大的特点就在于它能把地球表面空间事物的地理位置及其特征有机地结合在一起，并通过模型直观地显示出来。这一特点使得 GIS 具有更加广泛的用途。近两年，GIS 将朝着专业化、普适化、智能化方向发展，普适化的 GIS 无疑将引领地理信息产业未来的发展。普适化计算的开发能够通过网络和移动设备等为用户提供更多信息服务，提高计算机感知能力，增强社会关联，具有很强的主动交互和自然交互特点，给人们的工作、生活带来便捷、简单、快速的信息应用，且具有可控性，是 GIS 行业重要的发展趋势之一。

13.1.3　IoT 技术

物联网（Internet of Things，IoT），即"万物相连的互联网"，是互联网基础上的延伸和扩展的网络，将各种信息传感设备与网络结合起来而形成的一个巨大网络，实现人、机、物的互联互通。物联网的基本特征从通信对象和过程来看，物与物、人与物之间的信息交互是物联网的核心。物联网的基本特征可概括为整体感知、可靠传输和智能处理。

物联网的应用领域涉及方方面面，在工业、农业、环境、交通、物流、安保等基础设施领域的应用，有效地推动了这些方面的智能化发展，使得有限的资源更加合理地使用分配，从而提高了行业效率、效益。在家居、医疗健康、教育、金融与服务业、旅游业等与生活息息相关的领域的应用，从服务范围、服务方式到服务的质量等方面都有了极大的改进，大大提高了人们的生活质量。

13.1.4 AI 技术

人工智能（Artificial Intelligence，AI）是研究、开发用于模拟、延伸和扩展人的智能的理论、方法、技术及应用系统的一门新的技术科学。AI 的核心问题包括建构能够跟人类似甚至超卓的推理、知识、规划、学习、交流、感知、移物、使用工具和操控机械的能力等。人工智能目前仍然是该领域的长远目标。目前人工智能已经有初步成果，甚至在一些影像识别、语言分析、棋类游戏等单方面的能力达到超越人类的水平，而且人工智能的通用性代表着能解决上述问题的是一样的 AI 程序，无须重新开发算法就可以直接使用现有的 AI 完成任务，与人类的处理能力相同，但达到具备思考能力的统合强人工智能还需要时间研究。比较流行的方法包括统计方法、计算智能和传统意义的 AI。目前有大量的工具应用了人工智能，其中包括搜索和数学优化、逻辑推演。而基于仿生学、认知心理学，以及基于概率论和经济学的算法等也在逐步探索当中。

13.1.5 AR/VR/MR 技术

增强现实（Augmented Reality，AR）技术是一种将虚拟信息与真实世界巧妙融合的技术，广泛运用了多媒体、三维建模、实时跟踪及注册、智能交互、传感等多种技术手段，将计算机生成的文字、图像、三维模型、音乐、视频等虚拟信息模拟仿真后，应用到真实世界中，两种信息互为补充，从而实现对真实世界的"增强"。

虚拟现实技术（Virtual Reality，VR），又称虚拟实境或灵境技术，是 20 世纪发展起来的一项全新的实用技术。虚拟现实技术囊括计算机、电子信息、仿真技术，其基本实现方式是以计算机技术为主，利用并综合三维图形技术、多媒体技术、仿真技术、显示技术、伺服技术等多种高科技的最新发展成果，借助计算机等设备产生一个逼真的三维视觉、触觉等多种感官体验的虚拟世界，从而使处于虚拟世界中的人产生一种身临其境的感觉。

混合现实技术（Mixed Reality，MR）是虚拟现实技术的进一步发展，该技术通过在虚拟环境中引入现实场景信息，在虚拟世界、现实世界和用户之间搭起一个交互反馈的信息回路，以增强用户体验的真实感。混合现实是一组技术组合，不仅提供新的观看方法，还提供新的输入方法，而且所有方法相互结合，从而推动创新。输入和输出的结合对用户而言是关键的差异化优势。这样，混合现实就可以直接影响用户的工作流程，帮助用户提高工作效率和创新能力。

13.1.6 UAV/Drone（无人机）

对于工程行业来说，提高效益的三个主要因素是时间、质量和成本。无人机在这三个方面均大有作为。最重要的是，无人机在空中可以比人更快地穿过工地，而不必经过壕沟、停放的卡车或缓慢上升的脚手架。

在工程行业中使用无人机的最前沿，是使用无人机进行测量。由于体积小且易于操作，无人机使进入难以到达的地方变得更容易、更具成本效益。用户可以简单地依靠无人机来捕获数据，而不是依靠人力来尝试到达可能不安全或具有挑战性的地形。例如，与将人送到不安全的环境中拍摄和记录信息不同，现在能够在现场驾驶无人机并以更低的成本和受伤的风险获得相同的信息。该图像还可以实时传送给团队成员，而无须增加整个团队在现场并与其他重要任务分开的成本。

无人机也被用于数字/激光测绘和建模。通常需要数月才能完成的项目，现在可以使用小型无人机系统（SUAS）在几分钟内完成。无人机为映射和建模过程提供了更高水平的准确性，从而消除了代价高昂的错误。

13.2 三维协同设计咨询管理

13.2.1 三维协同设计实施框架

近年来，随着各类水利水电行业 BIM 模型数据标准、应用标准、管理标准的建立与颁布实施，推动了 BIM 技术在水利水电行业的发展和工程全生命周期的应用。水利水电工程三维协同设计实施框架可概括为标准体系建设、协同平台搭建、协同设计实施、模型成果提交、模型深化应用五大方面。实施框架中的具体内容可贯穿于水利水电工程策划、规划、勘察、设计、施工、运维各个阶段，也可单独应用于某一阶段。

（1）标准体系建设。在 BIM 实施过程中，应参照相关国家、行业、地方等 BIM 模型数据标准、应用标准和管理标准，建立项目级的标准体系或实施方案，供后续实施与管理。

（2）协同平台搭建。协同平台的搭建应充分考虑数据的交互与共享需求，为设计人员提供统一的工作环境，使得专业间、内外部设计成果可互相参考，同时具备数据存储、版本管理、资料共享等功能，提高工程整体设计效率。

（3）协同设计实施。大中型水利水电工程协同设计可涵盖测绘、地质、水工、机电、施工、金结、建筑、结构、给水排水、暖通、安全监测等全专业，设计人员基于协同平台，参照各阶段 BIM 建模深度标准进行 BIM 模型创建与优化。三维协同设计实施流程主要包括三维设计总体计划、项目策划、专业策划、专业建模、三维总装模型会审、三维总装模型（阶段）固化、三维抽图以及产品印制和归档等，目的是确保三维设计产品按规程、规范和合同要求完成。

（4）模型成果提交。按工程阶段分，模型成果可分为设计信息模型、施工信息模型、竣工信息模型等。提交时，应保证模型成果的准确性和完整性。

（5）模型深化应用。应根据工程项目实际需求及 BIM 应用环境和条件，选择合适的模型深化应用。常见的模型深化应用内容有场地分析、仿真分析、方案比选、可视化应用、碰撞检测、模型出图、工程算量、施工组织设计等。此外，BIM 模型还可与 GIS、物联网、AR、VR 等新技术进行集成或联合应用，提升 BIM 应用的广度和深度，有效提升工程管理水平。

13.2.2 三维协同设计应用内容

大中型水利水电工程三维协同设计可划分为勘测三维协同设计、枢纽三维协同设计、工厂三维协同设计。

1. 勘测三维协同设计

勘测三维协同设计涵盖专业包括测绘、地质、物探、试验等，是进行全专业三维协同设计的基础。全面实施与应用勘测协同设计，能够有效缩短勘察设计周期，提高勘察设计质量，实现项目全过程的信息化管理。

2. 枢纽三维协同设计

水利水电工程枢纽布置通常涉及水工、路桥、金结、施工等众多专业，枢纽布置本质是根据工程条件以及工程设计指标，确定永久建筑物空间位置，而非各个专业具体的设计。要进行枢纽布置的设计，设计人员需要能够清楚明晰地判断各建筑物之间的关系，且尽可能全面地了解工程区域内的地质构造和地形情况。枢纽协同设计基于可视化、协同设计、动态剖切等技术，为枢纽设计提供了一种更为高效、便捷的方式。

在水电工程的预可行性研究、可行性研究阶段以及水利工程的项目建议书、可行性研究、初步设计阶段，枢纽三维协同设计主要应用于枢纽方案比选、关键技术问题分析、工程量计算、专业配合等，包括枢纽布置格局比选、枢纽建筑物单体优化设计、边坡处理设计、建基面开挖设计等。

在水利水电项目的招标、施工图设计阶段，枢纽三维协同设计主要应用于：

（1）枢纽建筑物设计：完善枢纽建筑物细节达到抽取招标附图和施工图设计抽图要求，实现三维校审。

（2）边坡处理设计：与地质三维配合，对边坡进行开挖支护设计。

（3）建基面处理设计：与地质三维模型密切结合，完成建基面中断层等部位的处理设计。

（4）设计优化工作：结合地质三维信息，进行地下洞室结构设计、面板坝趾板定线、坝基断层防渗处理、重要部位开挖等方面的优化设计工作。

3. 工厂三维协同设计

工厂三维协同设计指水利水电项目厂房布置的三维协同设计，厂房包括大体积、板、梁、柱、钢结构等水工结构，电工一次、二次专业的电缆桥架，暖通专业的通排风管道系统、冷热水管系统，给水排水专业的给水排水管道系统、消防供水系统，水力机械专业的水、油、气系统，以及水轮发电机组以及相关配套设备。工厂三维协同设计的关键技术主要体现在不同设计阶段各专业如何开展协同设计工作、各专业不同阶段的模型精细度等内容。

在水电工程的预可行性研究、可行性研究阶段以及水利工程的项目建议书、可行性研究、初步设计阶段，基于预定的工程重要设计参数和基于此阶段完成的三维模型提交相关设计参数，配合枢纽设计相关专业进行枢纽布置。

在水利水电项目的招标、施工图设计阶段参与工厂三维协同设计的各专业在协同设计过程中完成所有建筑结构和相关机电设备内容，确保模型在该阶段的完整性。同时应用模型成果进行招标附图抽取、工程量计算和碰撞检查等工作。

该阶段工厂三维协同设计主要应用于基于协同设计平台的专业综合审查与设计优化。通过模型浏览、碰撞检查、三维校审会签等技术手段，基本消除专业间的冲突，也使得最终的设计方案达到最优，并通过软件抽切图功能将三维成果转换成二维施工图。

4. 模型深化应用

（1）场地分析。收集项目用地现状和周边环境资料，进行场地建模与分析，并形成场地分析报告以及可视化的模拟分析数据等。

（2）仿真分析。仿真分析包括水流流态仿真分析、结构受力仿真分析、基础稳定仿真分析等内容，以辅助设计人员对模型进行优化调整，形成最终设计方案。

（3）方案比选。利用模型进行可行性、功能性、经济性和美观性等方面的比选。

（4）可视化应用。可视化应用贯穿于设计各个阶段，可提供直观的虚拟对象或场景，包括虚拟仿真、漫游、三维校审、设计交底等应用。

（5）碰撞检测。碰撞检测包括专业内部与专业间的碰撞检测，形成碰撞检测报告与优化调整后的模型成果。

（6）模型出图。主要对工程设计方案中不易清晰、准确表达的关键建设部位或局部细部异形结构区域进行针对性出图，利用 BIM 设计模型的可视化特性辅助表达工程结构形式或布置方式，通过提升工程设计图纸的整体显示效果，加深项目参建各方对项目设计方案的理解程度。

（7）工程算量。利用模型可进行工程量计算，从模型中直接提取土石方、混凝土、钢筋、金属结构、机电设备、管线等工程量，形成工程量清单。

（8）施工组织设计。通过施工组织模型、施工工序模拟动画、施工方案模拟动画等形式进行施工组织模拟及优化。

13.3 智能建造管理咨询

13.3.1 智能建造的内涵

随着工业 4.0 时代的到来，以物联网、大数据、云计算为代表的新一代信息技术与人工智能技术正日益广泛地应用于工程项目建设中，从而衍生出"智能建造"的概念。实现智能建造模式被广泛认为是工业 4.0 背景下建筑业转型升级的必由之路。

我国已经在传统基础设施建设方面取得举世瞩目的成就，但传统基础设施粗放的建造方式带来建造效益、质量、安全、环保等一系列问题，迫切需要将现代信息技术融入建造活动的全过程，实现中国建造的高质量发展。大中型水利水电工程项目的智能建造就是技术应用和新老基建融合的典范，智能建造技术在大中型水利水电项目中的应用主要是以具有感知、分析、推理、决策、控制等功能的各类采集监控、工业控制设备及施工装备为基础，实现减少或代替人的执行操作与活动，利用新科技和新管理，应对工程变化，更好地实现工程安全、优质、绿色、高效建造的建设目标。

13.3.2 智能建造技术在大中型水利水电项目的应用

目前，在大中型水利水电项目的建设探索中已经基本形成了以智能开挖支护、智能振捣、智能温控、智能碾压、智能灌浆、智能养护以及施工进度智能仿真等为代表的水利水电项目智能建造技术应用。下面就对在大中型水利水电项目中已成功应用的智能建造技术进行相应的介绍。

1. 智能开挖支护

地下洞室及大坝边坡的开挖支护质量对于确保工程长期安全稳定至关重要。锚杆和锚索是洞室及边坡锚固的主要措施。结合三维地质建模技术、安全监测技术、智能监控技术等，对锚杆和锚索施工过程信息进行全过程动态监控，提高锚杆和锚索施工质量和效果，确保地下洞室和大坝边坡施工及运行安全。主要功能如下：

（1）建立大坝边坡地质模型、锚杆及锚索三维数字模型，实现锚杆及锚索施工信息的三维可视化动态集成，为大坝边坡锚固施工提供先进的技术支撑。

（2）结合大坝边坡地质条件对锚杆孔及锚索的注浆压力和注浆量等参数进行动态监控，当出现异常数据时及时进行报警，确保大坝边坡锚杆及锚索注浆质量控制受控。

（3）基于锚杆测力计实测数据，对边坡锚索施工过程的张拉应力进行监测与智能分析，当发现不符合设计标准时进行动态报警。

（4）研发锚索智能张拉控制系统，实现预应力锚索张拉的自动控制，采用预应力自动张拉设备及其工控机控制系统代替人工操作控制进行张拉，并实现对"基本参数""锚索参数""回归方程""位移校准""压强校准""历史数据"等过程张拉控制参数进行设置。

（5）采用锚杆智能注浆前端采集设备，对注浆压力、注浆量及注浆时间等参数进行自动记录，进行网络实时传输。

2. 智能振捣

混凝土浇筑振捣质量是工程混凝土结构施工质量控制的重要环节。采用高精度 GNSS 定位技术、传感器技术、人工智能技术等新一代信息技术，研究针对人工浇筑振捣质量智能监控系统，实现对振捣参数的智能监控，可以减少人为因素影响，保证振捣质量受控。通过开发人工振捣棒空间定位技术、测振等检测设备，对混凝土的人工振捣作业过程进行监控。主要功能如下：

（1）动态检测人工振捣棒振捣状态、作业位置及作业时间，实现人工振捣作业数据的智能感知。

（2）智能分析人工振捣区域各部位振捣作业时间，并得到漏振、欠振、过振等各类状态所在区域，实现现场振捣作业过程反馈。

（3）在仓面施工完成后，输出振捣质量图形报告，作为仓面质量验收依据。

3. 智能温控

通过对混凝土原材料录入和抽检等数据的集成，利用 RFID 与条形码技术，实现混凝土试块、钢筋试件等待检物料的数字化标识，通过读取原材料标签信息，与试验检测数据进行关联，将数据自动上传至试验检测系统，利用系统对样品试验结果进行审核，实现全过程检测控制，将混凝土拌和楼接口与无线传输集成设备集成，实时采集拌和楼生产过程中每一盘混凝土的生产数据。

智能温控通过基于 BIM 的大坝三维模型，结合智能监控设备，建立大坝施工进度自动识别反馈和混凝土施工质量监控、安全实时监控预警等系统，对混凝土原材料质量、混凝土生产拌和质量及运输、浇筑、温控等质量进行智能监控，实现对施工进度实时动态跟踪和自动识别反馈，并对作业人员安全情况进行智能监控，实现工程进度、质量、安全的全过程智能监控。主要功能如下：

（1）开发混凝土拌和楼生产运行数据接口，实现每一盘混凝土实际配合比、拌和时间、浇筑仓面等信息实时采集。

（2）采用现场专用网络或5G通信网络，实现拌和楼数据的实时传输。

（3）基于拌和楼生产信息实时采集成果，从多尺度时间维度、水工建筑物空间维度进行拌和楼生产信息的实时统计分析。

（4）结合混凝土设计配合比信息，实现拌和楼配合比的实时预警与反馈。

（5）基于现场混凝土试验信息，基于智能算法，建立混凝土生产质量如混凝土的抗压、抗拉强度等的智能预测模型；结合混凝土拌和楼实时生产信息，实现混凝土生产质量的智能预测与反馈控制。

（6）实现混凝土水平运输车运行空间位置、装卸料状态的实时监控。

（7）基于现场施工需求，结合工区场内道路运输情况，通过混凝土水平运输车进行调度信息实时精准推送，实现车辆实时调度。

（8）结合混凝土实时调度成果，实时分析运输设备空间坐标与调度计划偏差，实现运输道路偏差预警、卸料错误位置预警，并针对运输车超速情况进行实时报警，实现施工安全智能控制。

（9）建立混凝土运输时间预警阈值，结合混凝土生产过程监控成果进行混凝土运输时间智能预警与反馈。

4. 智能碾压

大坝填筑碾压施工质量控制是大坝工程质量控制的重要环节，通过在摊铺、碾压机械上安装有北斗或GPS定位监测设备装置、感应装置、工业显示装置、振动频率采集装置等，对摊铺碾压施工机械进行实时自动监控，识别已碾与未碾混凝土图像，对碾压参数进行监控及记录，为摊铺、碾压的实时精准控制与碾压参数的智能修正提供依据。主要功能如下：

（1）实现不同摊铺和碾压机械的运行轨迹、速度、激振力等数据的实时动态监测。

（2）实现摊铺厚度、压实厚度、碾压遍数、压实后高程等信息的自动计算和统计；形成不同碾压分区的可视化图表。

（3）采用无人驾驶碾压。针对不同碾压设备、碾压区域预设不同碾压参数（碾压方式、铺层厚度、碾压遍数、行进轨迹、行走速度、VC值等），通过控制室与碾压设备的接口发布指令，实现仓面少人作业。

（4）当运行速度、振动频率、碾压遍数等不达标时，系统会自动发送报警信息，并根据提示发布指令调整碾压参数或采取其他措施处理。

（5）单元碾压结束后，系统支持碾压单元成果分析报告的输出，输出内容包括碾压轨迹图、行车速度分布图、碾压遍数图（无振和有振）、压实后高程分布图等，作为质量验收的支撑材料。

（6）建立碾压质量全仓面评估系统。根据碾压质量的评估指标（如表观密度、间歇时间、碾压遍数、铺层厚度、碾压速度、激振力、含水量、压实值等），建立碾压质量评估系统，实现对心墙堆石坝压各部位、各分区质量的实时评估。

（7）碾压过程回放。除了实时观测碾压的实际情况外，由于所有数据都已经储存在数据库中，因此还可以对已经碾压的全过程实际情况进行回放，作为施工效果的评价依据。

5. 智能灌浆

渗控灌浆工程质量能否得到有效控制直接决定了工程能否长期安全运行。结合 BIM 技术、地质分析技术、人工智能技术、VR/AR 技术、自动控制技术等研发智能渗控管控系统，实现灌浆方案分析与优化、灌浆过程参数的智能监控以及灌浆效果、渗流监测等智能评价，提升灌浆施工管控水平。主要功能如下：

（1）渗控工程 BIM 模型构建

基于现场采集的地质素描图、地质钻孔图像、地质超前预报等数据，建立可真实反映灌浆区域地质特征的三维精细地质模型。

（2）岩体可灌性智能分析

基于人工智能技术获取裂隙组数和裂隙平均间距等指标，综合考虑岩体的透水率、裂隙张开度，实现岩体可灌性的定量综合评价。

（3）基于三维精细地质模型的灌浆过程参数智能预测

在三维精细地质模型的基础上，提出基于多场耦合的灌浆数值模拟和基于代理模型的灌浆过程参数智能预测技术。建立多场耦合作用下的灌浆过程数值模型，精确反映三维空间中的浆液扩散规律和被灌岩体稳定性；基于智能算法，构建基于代理模型的灌浆过程智能预测模型，实现灌浆过程参数的实时准确分析。

（4）智能灌浆自动化系统

结合灌浆施工的工程特点和设备硬件厂商对现有自动化灌浆硬件的升级改造，研发自动制/配/送浆系统模块、灌浆监控系统模块，实现灌浆过程的自动化和可控化。

（5）灌浆施工 VR/AR 三维可视化分析

耦合地质 BIM 模型与灌浆参数预测信息、灌浆过程信息、灌浆质检信息等多源施工信息，基于虚拟现实/增强现实（VR/AR）技术，结合现场实景图像，通过佩戴基于现代计算机视觉与成像技术的 AR 显示设备，实时查看指定区域地质模型，实现灌浆施工过程的沉浸式 AR 三维交互可视化分析。

6. 智能养护

混凝土的洒水养护质量对于混凝土的养护效果十分重要。传统的混凝土养护，依靠人工调节花管的喷淋量及喷淋时间，养护质量易受人为因素影响。研发建设混凝土养护过程智能监控系统，结合仓面小气候环境信息的智能分析，对洒水养护参数进行智能调控，可有效保证混凝土养护效果，提高混凝土养护质量。主要功能如下：

（1）布设仓面小气候采集设备，实时智能感知温度、风速、湿度等信息，并通过小气候采集设备自带的 4G/5G 通信模块，实现小气候信息的实时传输。

（2）研究建立混凝土智能养护分析模型，根据采集的环境信息及分析结果，通过对养护水管阀门开度的控制，实现水管喷淋量和喷淋时间的自动调节与控制，从而实现混凝土保湿养护过程的智能闭环控制。

（3）采用人工智能算法，研究建立环境的智能预测模型，对可能出现的异常环境信息进行智能预警，并提出相应的混凝土养护措施和建议。

7. 地下洞室群施工安全智能分析与预警

地下洞室群施工过程围岩稳定是输水发电系统施工安全控制的重点。基于人工智能技术、参数反演技术、地质建模技术等，研究地下洞室群围岩稳定安全性态智能预测与动态预警技术，通过地下洞室群岩体力学参数智能动态反演分析、地下洞室群围岩稳定安全性态智能预测以及地下洞室群稳定安全动态反馈预警，实现输水发电系统施工过程中围岩稳定性的准确分析与预测，减少围岩失稳等安全事故的发生。主要功能如下：

（1）地下洞室群岩体力学参数智能动态反演分析

基于动态更新的三维精细地质模型，结合安全监测、爆破振动、地质素描等信息，开展基于智能优化算法、高精度数值模拟方法的围岩力学参数智能动态反演分析，获得各开挖部位真实的弹性模量、泊松比、黏聚力等岩体力学参数。

（2）地下洞室群围岩稳定安全性态智能预测

基于动态更新的精细地质模型和动态反演获得的岩体力学参数，建立大型地下工程的动态仿真分析模型，开展开挖过程中地下工程围岩的整体与局部稳定性分析；同时，基于安全监测数据，通过数据挖掘、机器学习等人工智能算法，预测洞室变形趋势等安全稳定状态。

（3）地下洞室群稳定安全动态反馈预警

提出一套适用于地下洞室群围岩稳定安全动态反馈预警的体系和方法。采用围岩劣化折减法等方法确定洞室群不同开挖阶段、不同开挖部位的安全预警标准，对将要超过不同等级阈值的情况进行预警；将预警信息进行发布，实现洞室安全的动态预警与反馈控制。

8. 地下洞室群施工智能通风

基于人工智能技术、数值模拟技术、自动控制技术等进行地下厂房洞室群施工智能通风设计，实现通风设备的智能调节，可以确保洞室内通风效果满足要求，同时可以节省通风成本，更为经济。

结合地下洞室群布置方案，开展精细通风数值模拟研究，分析各方案的通风效果，以实现通风方案优选；构建通风智能监测系统，实现对粉尘浓度、CO 浓度、风速、风压等洞内环境的实时监测，并基于监测结果智能生成通风控制策略，以反馈调节通风设备的工作模式和运行参数，实现通风过程的智能控制。

9. 施工进度智能仿真

基于 BIM 技术、系统仿真技术、人工智能技术等对水利水电项目关键线路施工进度智能仿真与控制技术，实现施工进度的动态分析，进行预测进度偏差并预警，为现场进度管控提供先进的技术手段。

（1）采用参数化建模技术建立关键线路工程部位三维精细 BIM 模型，并基于精细 BIM 模型与三维精细地质模型，综合考虑施工过程开挖、衬砌、支护等环节，运用系统仿真、网络计划分析与优化技术等建立关键线路工程部位施工过程智能仿真与优化模型。

（2）分析地质风险、设备风险等多源风险对施工过程的影响，并采用机器学习、大数据分析等先进的数据挖掘技术对施工过程的海量信息进行深入挖掘分析，获得施工参数的动态变化规律，实现多源数据驱动下仿真模型的智能更新与进度预测。

（3）分析计划进度与实际施工进度的偏差，建立施工进度实时预警模型，并对偏差进行分级预警。

（4）基于预警结果智能生成控制策略，优化后续施工方案，实现对施工全过程的控制与优化。

10. 智能拌和楼

混凝土生产及运输过程一条龙作业是混凝土质量和进度控制的重点。基于传感器技术、物联网技术等对混凝土砂石骨料含水率进行快速检测分析，对混凝土坝生产拌和过程进行实时监控，确保混凝土生产质量始终受控；同时，通过对自卸汽车、皮带运输机、布料机、门机等混凝土运输机械的实时监控，可以智能分析混凝土运输效率，为混凝土坝施工进度智能控制提供科学依据。主要功能如下：

（1）砂石骨料含水率快速检测

基于红外传感器技术，采用含水率检测设备在各级配骨料（特别是细骨料）下料处实时分析各级配骨料含水率指标；建立骨料含水率指标预警指标体系，结合含水率设计指标，实现骨料含水率状态智能预警；针对骨料含水率调整进行实时反馈，结合骨料配合比信息，智能分析建立混凝土配合比调整建议，为实现混凝土水灰比控制提供基础。

（2）拌和楼混凝土生产质量智能监控

通过混凝土拌和楼接口与无线传输集成设备，实时采集拌和楼混凝土生产过程中每一盘混凝土的生产数据，包括细骨料、粗骨料、水泥、粉煤灰、外加剂、水等各组分的含量，并通过 Wi-Fi/4G/5G 等网络进行实时发送，自动将监测的拌和楼信息传输至系统中心数据库。实时分析每一盘混凝土的生产数据，并针对混凝土配合比偏差进行智能预警。对采集得到的混凝土坝拌和楼生产数据进行智能统计分析与查询展示，实现拌和过程的智能监控。

（3）混凝土运输过程智能监控

基于 RFID 技术，在拌和楼处安装车辆自动识别装置，实现自卸车辆进出拌和楼实时监控。在自卸汽车安装 GPS/北斗自动定位设备以及空满载监测设备；通过数据接口实时获取缆机设备的运行数据，实现对于混凝土从拌和楼到入仓全过程的定位与装、卸料监控，为混凝土运输时长分析、混凝土卸料点分析及运输车智能调度提供依据。

13.4 数字工地管理咨询

随着工程行业以及 IT 技术的高速发展，人们对于建设工程的质量要求、环境要求、安全要求、管理要求越来越高。如何加强工程现场安全管理、降低事故发生频率、杜绝各种违规操作和不文明施工行为、提高工程质量，成为业界关注的重点，而通过"智慧工地"的出现，正好响应了这方面的需求，并且在一定程度上能够有效提高管理效率，降低项目运营成本。

由于数字技术和工程技术的复合型人才的短缺，如何快速融合数字技术与工程业务需求成为企业在具体工程项目开展数字化应用的难点之一。《"十四五"数字经济发展规划》（国发〔2021〕29 号）指出，促进数字技术在全过程工程咨询领域的深度应用，引领咨询服务和工程建设模式转型升级。相关的政策文件指引包括"智慧工地"在内的数字技术在工程建设过程中的应用思路，将加速推进智慧工地管理咨询在内的数字化咨询服务的发展。

13.4.1 智慧工地实施框架

智慧工地实施框架包含实施环境域、实施过程域、实施治理域，实施框架见图13-1。实施环境域包括工程特性，行业法规标准、地方性法规标准、企业标准等外在因素；实施过程域约定了主要的实施流程和方法论；实施治理域包含考核评估、改进优化等必要的控制措施及方法论。

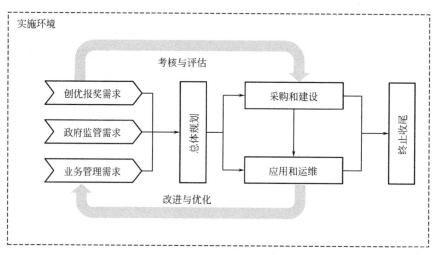

图 13-1　智慧工地实施框架图

智慧工地系统实施建设更为科学合理地利用物联网、大数据等技术，实现劳务人员实名制、定位考勤、工资监管，轨迹追踪；实现视频、环境、应变、应力、特种设备、车辆在线监测，实现技术资料在线审批流转分发等的管理要求，基于BIM技术开展质量、安全、进度管理，明确参建各方权责，指导开展设备参数选型及布置，规范化智慧工地应用，保障应用实施效果。智慧工地系统实施建设的基本指导原则如下：

（1）应用导向原则。以应用价值导向推进智慧工地平台建设，积极研究项目管理业务需求与云计算、物联网、大数据、人工智能等先进IT技术结合，探索发掘先进IT技术对项目管理业务的支撑价值。以工程项目参建各方需求为导向，结合工程特点、地方要求、管理需求等按照因地制宜、应用为王、适度超前的思路建设与实施。

（2）价值彰显原则。应当明确智慧工地系统实施建设的投资目的，要从系统应用价值的角度梳理、明确系统的建设目标。从应用价值、数据价值、品牌广宣价值等多个维度厘清智慧工地的投资建设目的。按照创新驱动、数据驱动、成果导向的思路进行规划与实施。

（3）成本可控原则。规模以上的工程项目应投入一定比例的资金用于智慧工地系统的实施建设，资金投入比例应控制在适当比例范围，并应结合实体工程建设需要进行合理的投资建设。

（4）共同参与原则。智慧工地系统的实施过程应当包括规划、采购、建设、应用、维护、终止等过程。实体工程的参建各方（建设方、勘察设计方、总承包方、监理方、分包方）都应参与到系统的实施过程。

13.4.2 智慧工地实施内容

1. 整体架构

智慧工地的建设是数字技术与项目管理的结合，系统的使用方要给出明确的建设需求，承建方要根据业务需求做出可行的技术实现方案和交付承诺，系统的建设过程宜采用"整体规划，分步实施"的敏捷原则推进，以期达到尽快见效的目的，如图 13-2 所示。

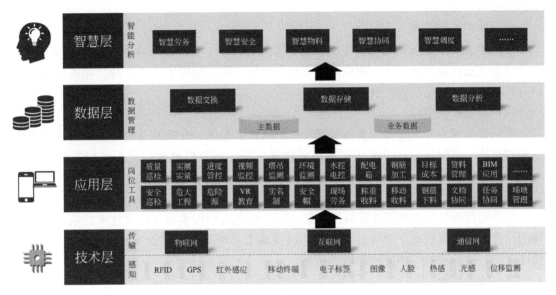

图 13-2　智慧工地应用架构图

智慧工地平台聚焦项目现场过程管理，通过"云计算、大数据、物联网、移动互联网、人工智能"等先进技术结合 BIM、GIS 的综合应用，对"人、机、料、法、环"等各生产要素的实时、全面、智能的监控和管理，实现业务间的互联互通、数据应用、协同共享、综合展现，搭建一个以进度为主线、以成本为核心、以项目为主体的多方协同、多级联动、管理预控、整合高效的智能化生产经营管控平台，更准确及时的数据采集、更智能的数据挖掘分析、更智慧的综合预测，保障工程质量、安全、进度、成本建设目标的顺利实现。

2. 功能要求

智慧工地系统应提供 Web 端、APP 端、可视化大屏端等多种不同的终端应用，以满足现场应用、办公应用、汇报展示等不同场景的应用需求。功能模块应符合前期规划要求，且留有扩展接口满足功能扩展的需要。

智慧工地系统应具备消息推送能力，对于被监测对象触发预警（报警）等条件时应当能够及时推送消息到相关责任人；管理协作类功能应满足支持在线审批流转分发等基本需求。

智慧工地系统平台功能建设包括不限于项目看板、实名制管理、视频监控、质量管理、HSE 管理等的智能化建设以及配套的智能感知终端、物联网络、数据和算法以及系统平台建设。

（1）项目看板

项目看板是指集成智慧工地系统所有的业务管理子系统的数据，为用户提供直观、概要性的数据指标分析看板，包括不限于实名制、进度、质量、HSE、物联网监控等。

（2）实名制管理

人员管理功能模块内容包括人员信息管理、考勤管理、门禁管理、人员定位、安全帽门禁、劳务管理、培训教育。人员管理功能模块应符合相关规定，且留有扩展接口，满足功能扩展的需要。

（3）视频监控管理

根据相关规范要求实现对实体工程现场工地作业区、办公区、生活区布设视频监控，提供现场重点区域实时监控、视频回放等功能应用。视频监控子系统应符合相关规定，且留有扩展接口，满足功能扩展的需要。

（4）起重机械监控

根据相关规范要求实现对实体工程现场的塔式起重机、升降机等大型垂直运输设备提供实时监控、工况预警、司机认证等必要功能应用。起重机械监控子系统应符合相关规定，且留有扩展接口，满足功能扩展的需要。

（5）车辆监控

车辆监控系统是指利用终端数据采集技术、移动通信技术与互联网技术的结合，把车辆的位置、状态等数据反馈给云端服务，以及基于云端服务提供的车辆进行定位、追踪、轨迹查看、运行监视等功能的软件子系统。

（6）能耗监控

能耗监控系统是对耗电量、耗水量的监测，实现对实体工程现场用水、用电等能耗监测，以满足绿色节碳等相关法规要求。

（7）环境监测

根据相关管理要求实现对实体工程现场的空气质量、环境噪声、风速、温度、湿度、有害气体等环境要素进行实时的监测以及预警推送等相关功能。

（8）结构监测

结构监测包括不限于高支模、深基坑，高支模监测应实现对高支模施工过程中模板沉降、立杆轴力、杆件倾角、支架整体水平位移进行实时监测；深基坑监测应实现对位移、沉降、水位、应力等数据变化实时监测。结构监测应当满足专项施工方案其他要求。

（9）项目管理

实现对实体工程的质量、安全、合同、进度、成本等业务管理应用，智慧工地系统根据建设规划及需求集成智慧建造管理系统的相关业务模块数据，进行数据分析、汇总、展示及应用。

（10）资料管理

根据实体工程建设需求以及相关法规要求，实现对实体工程的资料、文件等台账、存储、归档管理活动提供满足业务需求的应用功能。

（11）GIS应用

线性实体工程宜使用GIS系统作为数据底版展示，GIS宜采用成熟的第三方系统（高德、腾讯、天地图、超图等）等服务。GIS服务应满足《城市基础地理信息系统技术标准》CJJ/T 100—2017 等相关规范要求。

（12）BIM 应用

非线性实体工程宜使用 BIM 模型作为数据底板展示。BIM 模型应满足《建筑信息模型设计交付标准》GB/T 51301—2018 等相关规范要求。

（13）AI 应用

智慧工地系统可根据实际需要引入 AI 技术应用。引入 AI 技术应要求承建方提供案例参考，宜引入成熟功能应用。

13.4.3 智慧工地实施步骤

1. 需求梳理

需求梳理的目标是厘清智慧工地系统建设需求，以梳理明确建设内容和建设目标，需求梳理需要包括不限于以下几个方面：

（1）实体工程的投资规模，建设工期，建设难点。

（2）实体工程的创优计划、VIP 接待计划。

（3）拟需要监控管理的业务对象：视频影像、劳务人员、起重设备、工程车辆、危大工程等。

（4）系统的使用方需求：建设方、总承包方、监理方等应用需求。

（5）实体工程所在地相关法规要求，例如：XX 省智慧工地建设标准。

2. 总体规划

总体规划的目的是厘清项目的建设目标、投资预算、管理组织、工期计划以全面指导后续的工作开展。总体规划宜包括不限于以下内容：

（1）建设目标：工期目标、应用成效目标、创新创优目标。

（2）建设内容：根据需求梳理结果理出的建设内容，智慧工地的建设应针对工程特点、所处环境、项目目标等实际情况进行需求分析，选用适宜软件、设备、工具、技术，对实体工程的人、机、料、法、环进行全过程动态控制和协同管理的功能需求。

（3）工期计划：智慧工地实施建设的工期。

（4）投资估算：根据具体实体项目进行估算，一般宜控制在实体工程建设投资的 0.15％以内。

（5）组织架构：明确智慧工地工作小组的组织结构、职责分工；明确各个参建方的对接负责人，以及整体的沟通协调机制。

3. 采购与建设

采购与建设是指根据总体目标进行智慧工地系统的采购、开发、测试、部署等工作以完成最终软硬件系统的交付上线。采购与建设包括不限于以下内容：

（1）采购方案编制与实施。

（2）系统承建方比选。

（3）对智慧工地系统实施方案的审查。

（4）硬件的采购、安装及调试等。

（5）软件系统的开发、测试、部署等。

（6）系统子功能模块的验收。

4. 应用与运维

智慧工地系统的应用与运维是贯穿实体工程整个建设期，通过培训、推广等活动建立日常的系统应用习惯结合持续的运维服务保证系统的可靠性、稳健性为系统使用方提供可靠的智慧化服务。应用与运维主要包括以下内容：

（1）数据准备：提供必要的基础数据，诸如账号、权限、业务配置等。

（2）培训实施：制定培训计划，组织培训活动开展，提供必要的操作手册等资料。

（3）应用推广：提供软件下载、安装、访问的地址，提供技术支持确保解决应用过程的障碍。

（4）系统运维：对软件故障及时响应与解决，提供运维服务确保系统运行可靠，对网络、存储、安全等进行有效的管理。

5. 考核与评价

智慧工地系统的考核与评价是指对系统的建设与应用的全过程进行考核与评价，以期达到纠正过程问题、扩大应用成果的目的。考核与评价主要包括以下内容：

（1）系统完成度评价：指通过应用、验收等活动评估系统功能完整性与需求偏差度。

（2）系统应用率考核：指通过运维监控评估系统用户活跃度，对实体工程业务管理的支撑有效性。

（3）数据资产量考核：指通过验收与运维等活动对系统采集、存储的有效数据量的评价。

（4）创优广宣评价：指通过智慧系统的建设与应用为实体工程获取的创优报奖、品牌广宣、观摩活动等成果。

6. 改进与优化

智慧工地系统的改进与优化是指在系统应用与运维期间，对系统存在的瑕疵问题进行优化完善的工作，改进与优化主要包括以下内容：

（1）问题的收集：建立统一接口收集各干系方反馈的问题。

（2）问题的跟踪：跟进相关方对问题的处理进程，督促改进进度。

（3）解决与确认：推进问题的提出方对交付解决成果的验证确认，以关闭问题。

7. 终止与收尾

智慧工地系统的终止与收尾是指在系统应用期结束后对软硬件资产、数据资产等的善后处理工作，系统的终止与收尾主要包括以下内容：

（1）硬件设备的拆除、保存、移交等。

（2）软件系统的账号关闭、服务的停用等。

（3）重要的数据归档、保存等。

（4）系统实施过程资料整理存档等。

13.5 多方协同数字化建设管理平台咨询

13.5.1 管理平台建设目标

大中型水利水电项目多方协同数字化建设管理平台的建设目标是以先进的 BIM＋

GIS、互联网、移动端、数字化移交等技术为基础，构建项目中各参建单位沟通协调的新体系，建立安全高效的建造监控、信息共享、协同运作、业务分析和决策支持系统，满足工程建设期内建设单位、监理单位、总承包单位等参建各方管理需求，实现工程建设管理的"业务全覆盖、要素全管理、过程全记录"，保障工程建设管理"横向到边，纵向到底"。基于 GIS＋BIM 模型信息化技术实现工程进度、质量、投资、安全等全方位工程建设的智能化管控，促进工程建设管理和决策方式的提升和优化，提高工程建设管理水平，实现科学化管理与信息化、数字化的有机结合，实现管理标准化、标准流程化、流程数字化，使工程建设管理由条状分割向协同运作转变，实现全业务、全流程和全要素的数字化，实现工程建设与工程管理过程的自主协调、智能优化和持续创新，促进工程建设管理和决策方式的提升和优化，提高工程建设管理水平，最终实现项目电子文件单套制归档与数字化移交，形成全生命周期数字资产。

13.5.2　管理平台建设原则

大中型水利水电项目多方协同数字化建设管理平台建设按照"内容全面、技术先进、设计合理、适度超前"的理念，遵循"系统性、创新性、实用性、演进性"的原则设计，统筹考虑大中型水利水电项目工程建设和工程管理的实际需求，积极运用新思想、新技术推动新建造，达到"一次开发、迭代演进"的目的。平台设计应遵循以下设计原则：

1. 坚持系统性原则，统一规划设计，分步建设实施

平台内容涉及多类用户角色、多个工程业务管理环节，需要坚持系统性原则，从顶层对工程进行统一、全面的规划设计。系统性规划设计，在横向上要做好顶层设计，为同类工程建设提供可参考的样本和可复制的模式；在纵向上要面向工程建设全生命周期进行系统规划设计，确保平台建设内容全面覆盖、数据全面感知、业务高效协同，最终完成系统一体化集成。

在设计时，充分考虑系统之间和数据之间的协同和共享，在业务架构、应用架构、数据架构等方面做好平台架构的设计，并对平台的一体化提出系统要求、数据标准和接口规范等。规划设计内容较多，不能一蹴而就，要充分考虑工程的实际需求，统一设计，分步实施。

2. 坚持创新性原则，稳中求进，适度超前

平台设计时坚持创新性原则，"稳中求进、适度超前"，不盲目追求"大（平台）、多（系统）、新（技术）"。系统梳理和分析目前新一代信息技术特点，基于工程建设管理特点和实际需要，在平台中有针对性地引入新一代信息技术。

创新主要体现在三个方面：一是技术上创新，在 BIM＋GIS 应用、物联网、云计算等应用方面有突破；二是业务上创新，在数据资产、档案管理等管理方面有突破，在满足现行法律法规、标准要求下，结合管理平台数字化、网络化、智能化的特点，积极推动工程建设管理传统业务流程和工作方式的创新；三是协同与创新，在质量一体化控制、安全自动化预警等应用场景上有突破。

坚持创新性设计原则，通过创新来优化业务流程、提高建造效率、降低管理风险，达到信息感知全面、数据分析深入、业务协同充分的成效。

3. 坚持实用性原则，需求导向，突出重点

平台设计时坚持实用性原则，以服务工程为目的，以解决问题为导向，以业务要求为出发点，避免设计内容"多而无用"和"华而不实"。

坚持实用性设计，从满足工程需求和解决业务的痛点、难点、堵点的角度来规划，确保规划内容的可用、好用、管用。一是要保证系统的可用，要围绕现场管理需求开展设计，相关应用技术成熟；二是要保证系统的好用，通过良好的人机交互设计和流程化，降低系统使用门槛和运维成本；三是要保证系统的管用，确保系统能支撑工程建设"安全、质量、环保、进度、投资"等目标的达成。

坚持实用性设计原则，按需规划，突出重点，避免系统的重复投资和盲目建设，实现大中型水利水电项目多方协同数字化建设管理平台投资效益的最大化。

4. 坚持演进性原则，需求导向，突出重点

平台设计应考虑适应三大方面的业务特征，一是大中型水利水电项目工程建设工期长，平台建设不是一次性"交钥匙"工程；二是大中型水利水电项目工程的复杂性和不确定性，数字化建设管理平台的认知过程和技术发展决定了要面对和满足不断出现的新需求；三是未来同类工程项目复制应用时，平台要能够根据不同工程的特点快速进行适应性改造和提升。

坚持演进性原则，确保平台在技术上可以迭代升级和演进，在业务上可不断扩展和优化。在总体设计上，通过统一规划设计基础设施建设体系，提供网络、传感、视频、数据、模型算法等通用支撑能力，为未来扩展和演进提供坚实基座；在技术体制上，提出数据共享、业务协同、系统集成等方面的技术要求和标准规范，形成适用于大中型水利水电项目工程数字化建设管理平台的技术体系框架；在建设模式上，采用边设计、边开发、边使用的迭代演进和敏捷开放方法，有效应对和快速响应各类新技术、新需求。

坚持演进性设计原则，通过平台版本的不断迭代，未来可以实现对需求的快速响应、快速落地，保证大中型水利水电项目工程建设的同时，也为同类工程推广预留充足空间。

13.5.3 管理平台需求分析

1. 紧扣工程管理核心业务的动态管理要求

大中型水利水电项目多方协同数字化建设管理平台需要紧密围绕"质量、进度、安全、投资、文档"五大主线，从"安全保障、投资节约、进度可控、质量可靠、电子归档"五个方面紧扣工程管理核心业务的动态管理，建立安全高效的建造监控、信息共享、协同运作、业务分析和决策支持系统，实现大中型水利水电项目工程建设管理"业务全覆盖、要素全管理、过程全记录"，助力工程项目提质增效。

（1）安全保障

大中型水利水电项目的任一工程都具有工程量大、施工工艺复杂、参建方多等特点，涉及人的不安全行为、物的不安全状态及环境的不安全因素众多。管理平台需要结合具体工程的建设特点，进行视频、图像 AI 识别能力建设，能够实现对工程建设期视频图像中各类事件问题自动分析、抓拍，可做到主动预警，从以往"被动"监控升级为主动智能分析预警，推送预警数据到业务系统。通过与各施工工作面物联感知系统的深度融合，建设空间管控、现场人员管控、车辆管控、物料管控、施工环境管控等专题应用，实现对施工现场人、机、物、环全要素的实时管控。管理平台需要通过统一入口、多维度展示和多样化输入等手段，保证工程施工活动严格受工程监管部门监控，避免潜在安全隐患的扩大化，有效提高工程安全管理水平。对工程各区域的安全风险、事故隐患，能够进行汇总统计和整体分析，并通过统计图、数据表的方式展示，关键节点及时发送短信提醒，以辅助决策分析。从整体上，管理平台可实现安全管理信息的动态获取、信息分析与过程管控，实现安全管理的动态把控。

（2）投资节约

大中型水利水电项目建设涉及的工程项目多、建设周期长，多项目并行投入建设及管理，这一系列的工程特点，给投资控制带来一系列不确定性。因此，通过数字化、智能化手段对工程投资进行科学、合理的管理极为必要。

通过在管理平台对投资管理、合同管理、变更管理业务的分析与提炼，对工程建设中变更索赔、投资结算等投资管理进行全过程管控，实现建设期变更索赔、投资结算等投资管理流程的信息化。实现工程量模板管理、工程量信息输入与维护、工程量信息变更管理、工程款结算流程、各阶段工程量及投资情况实时对比分析等功能，对投资结算数据进行统计分析及统计图表展示。通过管理平台实现设计变更、工程变更、合同变更等功能。按制度要求开展设计变更，工程变更从变更原因、量价判定、现场签证、签证汇总、金额判定、合同结算及签增补合同，最终实现"科学优化、投资节约"的投资管理具体目标。

（3）进度可控

大中型水利水电项目所处地域地质条件复杂、施工难度大、施工周期长，为保证工程尽早发挥作用，则需对工程施工进度进行科学化管控。针对大中型水利水电项目工程建设特点，引入标准化进度管理与偏差管理手段，通过"进度计划科学审批""执行过程全程管控""进度偏差科学管控"等具体管控手段，实现"按期完成、力争提前"的具体目标。

进度管理整体上以项目总进度计划为控制核心，达到计划层级的逐层分解及自下而上的进度范围，从而达到进度计划的精益化管理。主要实现工程施工计划进度、实际进度的整编输入，以及施工进度的对比分析功能。

（4）质量可靠

大中型水利水电项目是事关地方经济建设和社会稳定的重要民生工程，舆论关注度高，施工建设质量直接关系后期运维稳定性与安全性，质量可靠是项目建设与运维的生命线。管理平台需要实现工程建设过程中所有部位、施工工序（如开挖、混凝土工程和机电设备安装）质量验评工作的"无纸化"管理，包含质量验评表单的结构化、质量验评管理流程、基于移动设备的现场验评、质量验评档案上传归档、质量信息展示等功能。实现事前计划、事中集中控制、事后分析的流程；将质量控制融入业务节点，做到管理有记录、过程有控制、结果可追溯。以工程质量工艺标准化总结与提炼工作为重点，以质量验评、质量问题 PDCA 处理为核心，以质量验评表单及时上传、重要及隐蔽工程验收影响实时留存、质量问题 PDCA 处理闭环流程为主要抓手，以质量考核评比、扣款处罚模型等为决策支撑，确保工程质量严格受控。

2. 管理"横向到边、纵向到底"，实现全业务、全流程、全要素的数字化管控

（1）创新打造网状结构的项目管理方式

大中型水利水电项目传统管理模式下，以进度、质量、安全、投资等管理目标为主线，展开具体业务，重业务内在流程，轻业务间的关联。多方协同数字化建设管理平台设计时，需要将上述业务化整为零，将各项工作全面量化为管理要素和实时数据，化传统的条块式管理为网状管理，不同的要素、数据的整合能够实现不同的业务管理目标，在实现传统管理目标的同时，进一步挖掘数据价值，创新实现多目标联合管控。

（2）以点带面实现管理的纵向提升

多方协同数字化建设管理平台需要将全部业务进行细化分解，从管理深度入手，以管理要素数字化为起点，带动管理业务链条规范化，进一步实现全业务面管理智能化，"点、线、面"有机统一，自下而上发力，提升项目管理效果。根据项目时空分布特点，有序进行系统进度规划，确保系统各项功能在相关任务启动前具备使用条件。

3. 工程建设管理与工程施工深度融合，实现管理和施工的统一

多方协同数字化建设管理平台在规划设计阶段，需要将业务管理流程和数据与智能建造关联，实现数据的互联互通，全面反映工程施工与工程管理之间的内在联系，将工程管理和工程施工知识图谱融入具体的业务流程和施工过程，实现智能化管理。

4. 项目移动化管理要求

大中型水利水电项目具有规模大、参建方多且同时施工的工作面众多等特点，与之对应的参建人员、参建人员角色与权限、工作面交叉情况就会相当复杂，且工作面会不断随着工程建设而移动，因此从项目管理工作面推进与参建人员移动两个维度都决定了多方协同数字化建设管理平台必须具有移动化、移动异地办公的属性。通过丰富的数据采集手段、强大的数据流程引擎、高效的移动端 APP，解决异地属性化办公、消息接收不及时、工程管理数据采集难等复杂问题，进而实现项目移动化管理。

5. 业务可视化要求

大中型水利水电项目具有覆盖面广、涉及工程众多的特点，关联众多的人员和参建单位，涉及海量信息，各类结构、非结构化数据众多，不同业务板块的管理流程复杂，对于项目管理人员提出了较高的要求。

针对这一项目管理痛点，引入业务可视化，提供由数据显示、可视化控制、各类标记组成的可视化系统，替代原有书面化管理的过程，利用业务可视化管理显示项目管理过程各阶段的生产情况，传递生产数据和工作信息，采用图表、看板等可视化手段，提升管理效率，协助项目执行管理全过程。

（1）流程可视化要求

流程可视化是业务可视化管理的重要步骤，流程可视化强调全过程的可视化，以流程模型为基础，综合利用各种可视化技术来营造动态的项目管理过程，从而全面、直观地描述管理的各个节点要素。

1）规范化的流程管理

管理流程可视化需要建立在高标准的规则库和标准库之上，面对大中型水利水电项目，项目管理的全部流程必须规范可靠，项目执行方需要从启动前开始介入，提前介入全部管理流程，通过建立规范的规则库或者标准库，详细规划每个业务流程，确保项目执行时每项业务执行有据可依，各项工作都能自动依照相关规范和标准执行。

2）高标准的细节管理

为了确保管理流程的准确性，各项管理流程需要与实际情况紧密结合，确保流程节点的可靠性，采用流程可视化管理，能够进一步提升对于细节管理的要求，确保流程具备可操作性，促进管理效率的提升。

3）精细化的规划设计

管理可视化还建立在精细化的规划设计之上，管理流程的规范化和细节化对管理流程的设计提出了较高的要求，因此，为确保管理流程可视化的可操作性，需要进行精细化的规划设计，对于业务进行梳理和设计，才能满足业务流程可视化的需求。

（2）数据可视化要求

数据可视化是项目管理的重要手段，通过将数据库中的不同数据作为图形元素表示，能够借助图形化手段清晰有效地表达信息。工程项目执行进展过程中，随着项目推进，数据量激增，传统的管理方式无法应对接踵而至的管理需求，而通过数据看板、数据分析等现代技术手段，能够缩短管理周期，提升管理效率，辅助项目决策。

1）数据采集需求

项目建设过程中，数据格式、种类多样，为了更好地进行数据统计、数据分析、数据展示，需要建立完善的数据采集体系，通过规范数据采集格式、利用物联网技术自动采集等多种方式尽可能全面高效地统计各项数据，并减轻管理人员数据收集的压力。

2）数据分析需求

数据分析包括数据整合和数据服务，通过离线拷贝、数据接口、数据共享等方式，对统一的数据进行数据清洗、改造等处理，将完成处理的数据汇聚在数据库中，通过数据分析、建模处理等过程，为项目全生命周期提供数据服务能力。数据服务是数据整合的最终结果，能够提供各类地质、工程、管理数据的服务，包括但不限于要素服务、地图服务、数据目录服务、模型数据服务等。

3）可视化展示需求

鉴于人类本身的身体限制，人体对数字的敏感度远不如对图像的敏感度。数据可视化展示旨在帮助用户快速通过可视化图表分析海量数据。通过形象化的数据可视化工具，对各类数据进行可视化展示，为使用者创造像人眼一样的直觉的、交互的和反应灵敏的可视化环境，以同时分析大量复杂和多维的数据，并发掘大量数据之间的关联性及逻辑关系。

（3）工程可视化要求

除了管理流程和各类数据指标，项目执行过程中存在大量非结构化数据，对于大中型水利水电项目来说，项目规模宏大，不同子项目和参建单位众多，项目管理的沟通节点众多，容易造成沟通不畅，形成"信息孤岛"。通过可视化技术，实现各类工程管理和实施信息透明化、集成化、可视化。通过信息看板、可视化等技术，将各类其他抽象的管理信息进行有效展示。

项目建设借助多维感知、实时互联的技术手段将各类管理数据与模型叠加，展示相关数据内容、产生位置和等级，提供数据分析，实现对项目全局的可视化、可控化，提高智能化水平，达到辅助决策、提升管理水平、提高管理效率的目标。

13.5.4 管理平台架构设计

1. 总体架构设计

大中型水利水电项目多方协同数字化建设管理平台总体架构可概括为"1＋1＋N"，

即"1"个基础、"1"个中心、"N"个应用，如图 13-3 所示。

（1）"1"个基础，即一个基础设施体系，包含物联感知体系和网络传输，是整个平台的信息数据基础。

（2）"1"个中心，即一个智慧能力中心，包含数据能力、信息服务中心和模型能力，将统一、标准化的能力进行封装，为智能应用提供高效的支撑服务。

（3）"N"个应用，即大中型水利水电项目多方协同数字化建设管理平台中的 N 个应用。

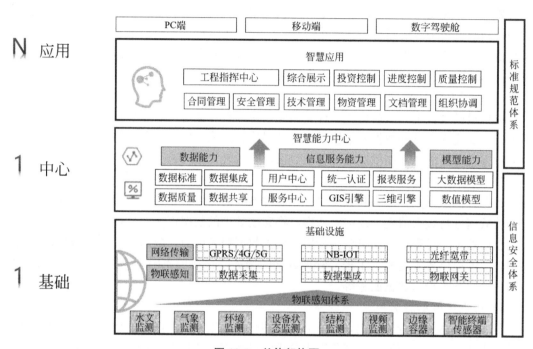

图 13-3　总体架构图

2. 技术架构设计

根据大中型水利水电项目多方协同数字化建设管理平台的总体框架和总体目标，结合最新的信息化技术和兼顾未来的技术发展，保证技术的可持续演化，使得系统具备良好的实用性、先进性、扩展性、移植性及开放性。技术架构采用分层架构，依据数据流向从下至上分为基础服务层、数据资源层、应用支撑层和应用层，如图 13-4 所示。

（1）基础服务层

基础服务层包括计算、存储、网络、中间件、大数据的资源，系统部署运行基于 Docker 容器技术＋Nginx Web 容器技术，支持各类云服务器和物理服务器以及开源和国产操作系统，具有资源弹性扩展、运维管理高效、支持业务场景高并发、大流量实时计算等优势，可以提高资源的利用率，同时方便应用资源的扩展，为系统稳定高效提供坚实的保障基础。

（2）数据资源层

数据资源层负责平台所有数据的存储和对外服务，技术线包括 Oracle、Mysql 和分布式文件存储 Minio，包括两类数据，第一类是系统自有的 BIM＋GIS 数据、业务数据、视

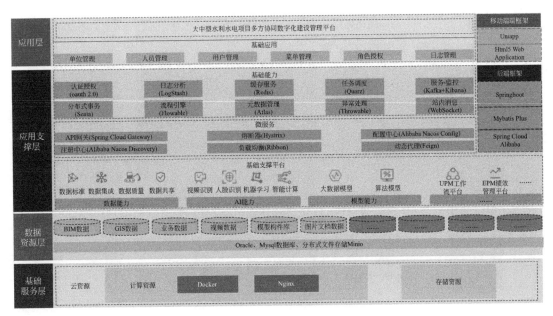

图 13-4　技术架构图

频数据、模型构件库和图片文档数据，第二类是建设单位 SAP、PS 和 FICO 等系统的数据，两类数据可以实时无缝地进行集成和交互，为应用支撑层和应用层提供数据基础。

（3）应用支撑层

应用支撑层包含基础支撑平台、微服务和基础能力，涉及的技术线有 SpringBoot、Spring Cloud Alibaba 和 Mybatis 等，基础支撑平台是将框架服务和应用服务进行抽象形成松散耦合的服务，方便应用层快速调用，包含数据能力、AI 能力、模型能力和建设单位的 UPM、EPM 等系统能力。

（4）应用层

应用层包含系统的基础应用和业务应用，基础应用包括用户管理、菜单管理、人员管理等，业务应用包括多方协同数字化建设管理平台。

3. 数据架构设计

数据是业务的核心支撑，建设单位数据源和系统内部数据源通过数据汇聚、实时采集等数据交换方式汇聚至数据平台层的资源中心，再通过数据治理处理后形成各类可监控、可扩展、可共享的数据服务以支撑数据应用层，主要有通知类、业务类和分析类应用，数据架构如图 13-5 所示。

13.5.5　管理平台功能应用

1. 技术管理

技术管理主要实现现场设计文件、施工方案等多种类别的文件报审及管理功能。针对设计文件，主要实现设计图纸、修改通知、设计报告等填报、审批、下载及预览功能，方便档案管理及参建各方查阅和使用电子版设计文件。针对施工方案，主要实现施工组织设计、专项施工方案等填报、审批、下载及预览功能，方便档案管理及参建各方查阅和使用

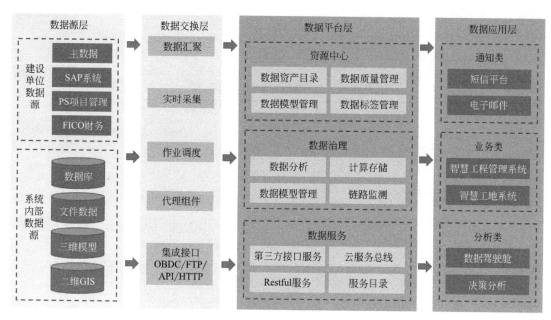

图 13-5　数据架构图

电子版施工方案。其中，设计管理和施工管理子模块可根据项目现场施工过程进行个性化流程定制，以电子表单的形式促进施工管理的制度化、流程化，相关参建方均可实时跟踪流程，结合多方批注意见查看审签记录，大大提高了施工管理效率，提升管理水平。

2. 资源管理

采用物资管理系统，获取设备与材料的计划、采购、调拨、供应、核销、结算等环节的信息，实现物资管理的数字化管控，实现物资调度与流向的计划、发货、运输、检查入场、卸货计量、检查出场等物资流向过程的数字化管理功能，实时监控物资在途状况、到货接卸等信息，提高物资调度效率。

3. 质量管理

以工程质量过程管理与质量验评管理为管控核心，对过程质量和验评质量的统一规划管理，实现对大中型水利水电项目的精细化质量管理。一方面，基于物联网、大数据、云计算等先进的科学技术手段，能够实现对质量检查、原材料管理、见证取样管理、现场试验管理、监理旁站管理、工序管理、标准规范管理等质量管理环节的精细化管控。另一方面，基于电子验评技术，实现包括导流洞、大坝及泄洪工程、厂房及引水发电工程、机电工程、骨料运输、混凝土生产系统及其他主要辅助工程的现场质量在线验评工作，覆盖开挖支护、混凝土、金结机电、灌浆、装饰装修等专业。

4. 安全管理

工程安全管理模块主要用于安全隐患的管理与工程风险的管控，具体包括安全隐患上报、隐患审核、隐患整改、隐患整改审核等流程的移动端操作，而且该模块可基于位置的安全风险提醒、现场安全风险的动态辨识与评估，对安全生产风险进行作业前的预控和作业过程中的动态管控，从而辅助工程管理人员保证工程的安全建设。通过统一入口、多维度展示和多样化输入等手段，保证工程施工活动严格受工程监管部门监控，避免潜在安全隐患的扩大化，有效提高工程安全管理水平。对工程各区域的安全风险、事故隐患，能够进行汇总统计和整体分析，并通过统计图、数据表的方式展示，以辅助决策分析。

5. 进度管理

在 BIM 模型的基础上，建立满足工程合同进度、工程施工计划、实际进度主要工程量及形象信息等进度信息的填报、跟踪等管理需求的进度模型，包括但不限于月度、季度、年度进度计划，进度模型更新应以月度进行，主体工程形象、工程量、主要施工设备资源投入等施工进度信息应每天更新，以反映现场施工进展情况。

6. 投资管理

结合大中型水利水电项目工程建设特点，以合同管理为主线，以结算计划为基准，以投资分析与超额预警为核心，实现工程建设工程量与投资管理的精准把控。基于协同办公的标准化流程，以实现合同清单管理-结算节点签证-工程量结算报表-结算支付审批-投资分析和调整的全过程造价控制和投资管控。

7. 档案管理

根据大中型水利水电项目工程建设管理要求和建设单位数字档案馆建设要求，通过接口开发形式实现项目形成的电子文件向电子档案的转化，将电子文件整理归档作为项目管理的重要环节融入项目管理全过程中，通过档案管理一键对接建设单位数字档案馆，实现电子文件自动分类、在线归集、在线整理、在线组卷、在线归档。具备电子文件鉴定、格式转化、分类、预组卷和组卷、四性验证、档案审核及管理、在线归档接口等功能，支持数据导入、导出，数据提交提醒、权限管理和数据隔离等。

8. 移动端应用

移动端应用与 Web 端数字化建设管理平台配合使用，可以实现管理平台 Web 端安全管理、质量管理相关模块的关键信息、数据展示、闭环处理功能，移动端还应支持 Web 端文件报审的流程审批功能，并且与智慧工地形成统一的移动端平台，实现与智慧工地数据的联动。

14 工程创优咨询

14.1 创优目标

14.1.1 质量目标

大中型水利水电项目投资额大，战略地位明显，项目的特殊性显而易见。项目建设单位一般对项目质量有着较高的期望值，获得"大禹奖""詹天佑奖""鲁班奖"和国家优质工程金奖等是工程质量目标的重要体现。全过程工程咨询单位对于工程创优目标的实现，需要进行认真策划，从工程实施的各个方面提出创优思路。

质量目标的实现要从勘察、设计阶段就开始把控。设计质量是否满足国家法律法规、合同文件及相关规范要求，不仅影响建筑物功能，同时影响建筑物安全和施工安全。在设计质量控制中，设计单位和建设单位需要充分沟通，以设计管理工作联系单的方式提出建筑物布置、结构设计、工艺路线、设备选型、施工组织等方面的意见和建议，提交设计单位和建设单位。对设计资料的可靠性、设计数据的正确性、与国家规范、标准的相容性、设计深度的适应性等提出意见，提交设计单位和建设单位。在招标质量管理中，招标文件编制前，需要先进行市场调研，厘清招标文件设置的边界条件，对招标文件技术条款、商务条款进行充分的沟通、讨论，编制完成的招标文件向建设单位汇报，形成最终稿。为了保证所施工工程的可持续利用，降低后期维修概率和成本，必须对施工材料和施工设备质量进行严格把控，抓好质量控制工作，确保质量控制目标的实现。工程项目的施工流程和施工工艺方法贯穿整个施工阶段的工作，影响着整体施工效率和质量，改进流程和方法能达到施工质量提升的目的，保证施工过程的规范性和安全性。实现质量目标还需要有健全的施工质量监管体系，建立健全施工质量监管体系可以帮助相关管理人员实时掌握质量相关信息，保证工程建设工作按计划顺利实施。

14.1.2 安全文明施工目标

近年来，我国对于大中型水利水电项目文明建设与安全施工工作不断加强关注，各级各部对于水利水电工程安全文明施工管理的监管力度也在不断加强，各地区的水利水电工程安全文明施工管理水平总体呈平稳态势发展。建立职业健康安全体系、环境保护管理体系和水土保持管理体系，推进安全文明施工，杜绝安全事故发生，打造安全文明施工标准化工地，获得省级安全文明标准化工地称号，实现"国家 AAA 级安全文明标准化工地"等安全文明施工目标，对各大中型水利水电项目提出了更高的要求。

为完成安全文明施工的创优目标，水利水电工程项目正式开工前，需详细制定并明确施工单位的安全施工操作规范，必须严格根据国家安全标准进行编订，保障安全施工，有效避免安全事故的发生或安全隐患的遗留，加强施工安全隐患的预防工作；完善安全用具和设备的安置与使用，完善招标文件中的安全文明要求，加强对施工现场的安全管理，健全安全文明施工的管理体制；从整体上确保水利水电项目工程的安全文明施工建设，以大局观看待整体工程，进一步强化安全文明施工在项目建设中的地位，避免在施工过程中出现管理纰漏，保障水利水电项目工程全过程的安全文明建设管理。

14.1.3 环境目标

大中型水利水电项目工程建设牵涉面广，涉及环节多，在实现其防洪、发电、灌溉等多种社会效应的过程中，必然对生态环境产生一定的危害。因此，在实际过程中，科学研究大中型水利水电项目工程建设对生态环境的影响，尊重生态建设客观规律，实施开发与保护并举，建设环境友好型生态景观工程，显得至关重要。

大中型水利水电项目工程环境影响咨询工作目标可总结如下：调查工程涉及区域的自然环境、生态环境和环境质量现状，评价工程建设和运行对环境可能产生的影响，从环境保护角度对项目建设的可行性进行评价，提出环境保护对策和措施，为工程审批决策、工程可行性研究、环境保护设计和工程环境管理提供科学依据，促进工程建设与环境保护的协调发展。

14.1.4 技术目标

大中型水利水电项目具有施工项目量大、技术难度高、施工工期长、施工干扰大、施工质量和施工安全要求高等施工特征，实现对工程建设过程中的关键技术、重要工法、不良地质条件处理等技术方案或措施进行审核、评价，解决施工过程中遇到的技术问题，优化设计方案等目标，就显得格外重要。

统筹考虑施工组织设计，包括施工方案、总体进度计划安排、安全保证措施、进度保证措施、质量保证措施、环境保护措施等，保证工程安全、进度和质量均满足要求；从技术角度对工程建设采用的"五新"技术进行研究论证，对重要材料、设备、工艺进行考察、调研，提出合理化建议；不定期组织设计单位进行技术交底，说明设计意图，解答参建各方疑问，对重点部位、关键环节提出施工技术要求，并在安全、进度、质量等方面提出阶段性的设计意见或建议。

14.1.5 进度目标

大中型水利水电项目要确保实现工程总工期目标；确保批准的工程里程碑进度计划，保证分年度、分阶段控制进度目标；在合同规定的时间内完成竣工验收、竣工结算、档案移交。

协助建设单位确定进度管理总体目标及节点目标，编制项目总控制性进度计划及控制措施，按项目实施过程、专业、阶段或实施周期进行目标分解，督促、协助土建施工、金属结构安装、机电设备安装等参建单位按总体进度计划的要求，编制各自的工作计划，使之相互协调，构成整体计划系统；进度控制的风险分析，编制主动控制、动态控制措施；审核各阶段、各参建单位的总进度计划、阶段性进度计划，对项目计划执行情况进行检查与对比；分析进度偏差影响，帮助调整和优化总进度计划；协助开展工程停复工、工期变更等工作。

14.2 创优实施

从本质上讲，创优就是使创造出的产品具有优秀的品质（Rinnoooy et al.，1980）。据此，创优就具有了较强的广泛性，它不仅适用于商品、物质等实体，而且还可以用于服务、管理等虚体。但若要创造出一个优质的产品，就需要与此相关的所有人员的努力。因而，创优就成为一个系统的、全面的有计划、有组织的活动。

工程开工前，为了明确工程创优目标，首先要根据所建工程的规模和特点，确定明确且具体的创优目标，进行创优策划。创优目标制定完成后，需要进行创优策划的具体实施，而且制定的具体措施应有可操作性（Yvonne & Stephen，1998）。

14.2.1 创优实施方案

要实现优质工程目标，达到不同层面的创优标准要求，需要精细管理、精益求精，明确创优实施方案的编制要求及内容。

编制创优实施方案首先需要明确创优目标，结合工程具体情况和特点，确定工程各阶段目标，并将目标层层分解，落实到各分部、分项工程。还需要明确创优工作思路，组建好创优团队，由建设单位牵头，全过程工程咨询单位负责，推进新技术创新技术的应用。根据工程项目规模和特点，运用新技术、新材料、新工艺等，从多方面打造工程亮点。此外，创优实施方案的编制，要能够从施工准备到竣工验收，每个施工阶段都要进行有效控制，使所有参建人员明确创优过程、创优目标，达到一次成优的目标。要能够明确质量管理责任，形成人人讲质量、人人抓质量的良好作风，对工程实行全面质量管理，力求提高工程质量，缩短工期，达到创优目标要求。

创优实施方案要求明确各参建单位创优职责，各参与方积极配合，能够有效进行组织协调，强化管理，充分利用现有资源，使用最新技术，明确各项保证措施，更好地实现创优目标。创优实施方案可以从组织、技术、管理三个层面进行考虑。

14.2.2 创优组织

1. 创优组织基本要求

（1）分解项目目标：针对重点工序内容，制定高于国家标准的项目标准，项目目标分解到承包方与各参建单位的工作目标中。

（2）要求参与单位重视：施工单位与主要参建单位的公司领导须加入创优管理机构中。

（3）分工明确：建设单位、总包单位、分包单位、全过程工程咨询单位、勘察设计单位、供应商分工协作、有效配合。

（4）建立有效协调机制：创优领导小组、策划管理小组、实施小组、资料管理小组、监督检查小组，确立与创优专家的联络机制，建立联合沟通机制。

（5）总承包单位选择：选择创优经验丰富、技术实力雄厚、质量体系完善的总承包单位。

2. 明确创优职责

为了做好创优创新工作，首先要明确各参建单位创优职责。各参建单位创优职责如表14.1所示。

单位	创优职责
建设单位	（1）整个项目建设的中心，也是最能全面协调项目参与各方的主体，对创优的热情和支持程度非常关键。 （2）确保建设工程符合基本建设程序。 （3）做好甲定分包和总包单位的协调工作。 （4）支持和帮助总包单位处理与现场周边地区的社会关系和交往。 （5）按规定程序和时间组织工程交工验收、备案，做好运营使用管理工作
全过程工程咨询单位	（1）督促参与各方保证各种文件资料齐全、完整、准确。 （2）做好对设计变更、专项设计及材料设备的规格、型号、品种、生产厂家等的把关。 （3）对总包单位呈报的各种施工方案、技术方案、材料设备方案等，进行必要的审核，及时上报建设单位批示。 （4）督促设计单位申报并获得省、部级优秀设计奖。 （5）配合承包单位做好工程维护、评优创奖工作。 （6）协调整个项目的质量控制工作
总承包单位	（1）总承包单位是工程施工质量管理的主体，是创优工作的总负责，应当建立公司、项目经理部和作业层三级创优管理机制。 （2）应当形成以公司主要领导挂帅的创优领导机构和跨部门工作团队，负责对项目部工程质量管理和创优过程的指导、监督、检查和考核，并在资源方面提供保障。 （3）建立行之有效的质量管理体系，建立施工质量管理制度，报咨询单位、建设单位批准后实施。 （4）项目部的主要人员配备应满足工程质量创优的需求。 （5）班组作业层是项目质量创优的基石，应成立以各工种能工巧匠为骨干的作业班组、专业班组。 （6）按要求落实创优工作的有关要求，积极开展争创"鲁班奖"等有关活动；施工过程中，积极开展施工工艺、工法、QC小组活动等创优工作
勘察设计单位	（1）确保工程设计先进合理，并获得省部级优秀设计奖。 （2）及时有效地进行图纸会审、设计交底，保证设计意图能准确传递给承包单位，对承包单位提出的图纸疑问和变更洽商要及时解决。 （3）在施工技术创新、技术鉴定方面提供支持；配合承包单位创优评奖活动
其他参建单位	积极参与或配合有关创优工作，不拖后腿

3. 创优管理委员会机构职责

创优管理委员会下设创优领导小组、创优策划小组、创优实施小组、创优资料管理小组、创优监督检查小组五个管理小组，并明确各个小组的工作职责。各小组均设组长、副组长，组员由参建各单位人员组成，具体详见表 14.2。

管理小组	组成	工作职责
创优领导小组	组长（建设单位领导）	制定创优目标；确保资源配备满足工程创优需要；为创优申报提供良好的内部和外部环境
	副组长（全过程工程咨询单位负责人）	
	组员（参建各方项目经理）	

管理小组	组成	工作职责
创优策划小组	组长(全过程工程咨询单位)	负责编制创优策划及创优目标分解;明确施工质量控制标准;制定达标投产实施细则;动态改进创优实施方案,以切合工程实际
	副组长(建设单位)	
	组员(参建各方)	
创优实施小组	组长(建设单位)	加强创优工作过程控制,确保工程建设满足"大禹奖"等创优奖项必备条件;施工验收质量评定均达到优良;注重市场调研和经验总结;组织开展工法、专利、QC小组等创优活动;创优奖项申报
	副组长(全过程工程咨询单位)	
	组员(参建各方)	
创优资料管理小组	组长(全过程工程咨询单位)	负责收集、编制有关创优过程资料,并保证准确性和完整性;注重施工过程中影像资料的收集,保证工程各个主要阶段的影像资料齐全
	副组长(建设单位)	
	组员(参建各方)	
创优监督检查小组	组长(建设单位)	负责对创优过程进行监督和检查,并提出整改要求;对重要部位加强施工质量监督;负责对创优工作推进的监督及量化评比工作
	副组长(全过程工程咨询单位)	
	组员(参建各方)	

14.2.3 创优技术

1. 技术支持策划

（1）利用创优专家咨询库，充分发挥专家的经验和才智，保证全过程对工程进行指导。

（2）根据工程具体情况，聘请参加过"鲁班奖"等创优项目工程建设或在工程建设行业实践经验丰富，具有较高声望的专家组成专家库，实时对工程进行指导，及时发现存在的问题并提出处理意见，监督整改。

（3）定期或不定期地组织专家组成员深入现场，及时发现问题，提出整改意见。

（4）利用创优工程技术资料库和数据库，及时对施工中的规范、规程、新技术、新工艺，国家明令禁止使用的材料及工艺等相关资料提供技术支持。

（5）对国家明令禁止使用和淘汰的材料及工艺，要予以禁止，积极推广应用环保、节能、绿色的材料和工艺；针对施工组织及工序工艺要求，策划选择适宜的施工机具，优选设备参数，确保设备先进并满足施工及工艺要求。

（6）合理采用BIM技术，通过采用覆盖工程设计、建造、运行全阶段的工程全生命周期数字化应用，打造水利行业智慧化标杆工程。在各设计阶段合理应用BIM技术，通过模拟检查，提前发现问题，进一步优化设计方案，使设计质量更上一层楼。

（7）应用云计算技术开展工程建设管理及设施运行监控等，采用云平台有效降低用户推广应用过程中安装部署工作的难度和工作量，改善用户操作体验。

（8）应用现场监测、无损检测、传感技术等开展工程安全、运行、人员管理、物资管理等方面的工作，实现数据的自动持续采集与传输，完成对施工状况的评估和预警。此外，在智慧城市、智能建筑、智慧工地等方面也需要大量采用物联网技术。

（9）应用手持终端设备，提高安全、质量的整改效率；快速发现施工现场问题，便于及时进行整改，整改痕迹能够完整记录。接入巡检系统，对材料设备进场进行过程验收，并记录验收影像，移动端操作即可生成材料进场台账、材料验收记录。

2. 施工过程策划

施工过程策划主要体现在以下几个方面：

（1）质量控制点作业指导书：主要针对涉及工程安全及功能检测项目的控制而编制施工前对图纸涉及的质量控制点的施工工艺应明确操作方法、要点和难点，对操作者的技能要求、检验方法等。

（2）施工图图审单位及时对施工图进行审核，严把质量关，避免因设计问题出现返工情况。施工前，监理工程师组织设计交底，使各方了解设计方案和设计思路，避免产生歧义。

（3）督促、协调施工单位建立或修订企业标准，以适应创"大禹奖""詹天佑奖""鲁班奖"等创优奖项工程的施工和质量验收工作。对工程细部构造，要进行二次设计，细化节点做法，确保施工有据可依。

（4）设计单位、施工单位分别提交创优规划方案，做好创优策划工作。总监理工程师应及时组织创优规划方案的评审工作，经过评审、补充完善后，监理工程师负责监督实施。

（5）组织工程监理部对工程施工的重点、难点进行分析，以简明易懂的表格方式，确定施工程序、管理要点、监理控制措施等，以指导监理工程师工作。

（6）收集整理历年"大禹奖""詹天佑奖""鲁班奖"等创优奖项工程复查中提出的质量通病，有目标、有针对性地制定防治要点和控制措施。

（7）对能够体现工程特点且在同类工程中具有代表性的节点、部位，要督促施工单位提前做好计划，进行二次设计，精心组织施工，创造工程创优亮点。

（8）按照结构安全、使用功能完善、经济指标合理、外观优美亮丽的原则，组织工程监理部对施工过程进行评价，使工程施工在过程控制上符合创优要求。

14.2.4 创优管理

1. 目标层层分解落实制

按现行国家标准以及地方规范要求施工单位标准组织施工，确保工程结构优质，验收一次合格，建立创优目标分解制度，把创优管理总目标逐层分解至各参建单位、各部门以及具体管理人员，明确创优目标的细化分解，使各级人员都能够心中有数（王春志，2014）。为达到上述总体目标，确定以下分解目标，以分目标来保证总目标的实现：

（1）各分部分项质量一次验收合格，达到当地推荐评优标准。

（2）主体结构获得地区优质结构工程。

（3）竣工工程获得"大禹奖""詹天佑奖""鲁班奖"等创优奖项。

将上述分解目标进一步细化到各个施工分项和工序，贯彻"精细施工"的指导思想。

2. 样板先行制

样板设计由建设单位牵头，设计单位完成技术方案的设计，确定样板形式和材料品种后，经建设单位和全过程工程咨询单位批准后付诸实施。样板实施完成后，监理工程师组织参建有关方进行评审，各方提出改进意见或建议，对样板的形式、工艺、工法、材料进行合理改进，然后再次实施，如此多次反复，可以达到最优的结果，保证施工质量的稳定。

3. QC 小组制度

为解决工程遇到的较大技术问题，提高施工质量，现场积极开展 QC 小组活动。QC 小组由各单位分管质量的负责人、主要技术负责人、一般人员组成，按 "PDCA" 的四个阶段开展有关活动，在每次 PDCA 循环对人、机械设备、材料、工艺方法、环境五个方面进行分析、总结，取得技术成果，进而申报奖项。

4. 质量控制点策划制度

对于工程的关键部位和重要环节，可以作为 "质量控制点" 重点进行策划，施工单位提出有针对性的质量控制具体措施、施工安全控制措施，设计单位提出有关施工技术要求、安全注意事项和设计建议，并按要求开展设计技术交底工作。在采取这些措施后，可以有效提高工程关键部位的施工质量、施工安全。

5. 创优过程检查制度

为了定期了解各单位创优完成情况，每半年组织一次创优专项检查，并由创优监督检查小组聘请国内知名协会专家亲临现场进行指导，结合工程建设情况，给出阶段性的指导意见。此外，每年邀请质量监督总站的专家到现场监督、检查，给出工程质量评价意见和建议。创优过程检查制度可以保证创优过程不出偏差、不走弯路。

6. 工程质量创优程序化管理

监督施工单位 QC 小组根据质量手册及合同、规范，并结合施工经验编制工程质量控制的总程序，各施工单位根据总程序的要求编写成书面文件，并按规定经过咨询机构及有关部门审查批准。程序的确定应根据不同工程项目的技术特点，包括必要的技术措施和技术标准要求，所有程序都应对影响质量的工作提供适当的控制条件。

工程施工过程中影响工程质量的工作，如原材料的供应和鉴定、施工阶段各单项工程质量检查和鉴定、混凝土及其组成材料的各项试验和检查、不合格品的鉴定和处理等，均应编制控制程序。

第三篇
案例篇

　　本篇选取罗田水库-铁岗水库输水隧洞工程（水利项目，以下简称罗铁项目）和陆河（三江口）抽水蓄能电站工程（水电项目，以下简称陆河项目）为典型案例，探索全过程工程咨询在水利水电项目的实践应用。罗铁项目为珠江三角洲水资源配置工程的配套工程，建成后可以保障深圳市达到90天应急供水能力；同时该工程投资大、工期紧，为确保工程如期建成通水，采用全过程咨询、全阶段设计的工程建设管理模式。陆河项目是中国抽蓄项目第一次应用全过程工程咨询服务，该模式有利于提高工程建设管理水平，提升行业集中度，保证工程质量和投资效益，规范建筑市场秩序。本篇通过对两个案例的项目概况及重难点进行分析，探索全过程工程咨询在两个案例的落地模式、服务内容及特色，以填补国内水利水电领域全过程工程咨询行业研究的空白，进一步促进行业规范化、系统化发展。

15　罗田水库-铁岗水库输水隧洞工程全过程工程咨询案例

15.1　项目概况与重难点分析

15.1.1　项目概况

罗田水库-铁岗水库输水隧洞工程（以下简称罗铁项目）全线位于深圳市西部宝安区和光明区，是珠江三角洲水资源配置工程的重要组成部分。工程设计规模260万 m^3/日，从罗田水库取水，新建21.68km输水隧洞，沿途向罗田、五指耙、长流陂3座水厂供水，各水厂供水规模分别为70万 m^3/日、30万 m^3/日、55万 m^3/日，入铁岗水库流量为105万 m^3/日，经铁岗水库调蓄后向南山、朱坳水厂2座水厂供水。工程类别属I等，工程规模为大（1）型水利工程，相应主要建筑为1级。

罗铁项目建设用地总面积36.50公顷，其中永久用地15.84公顷、临时用地20.66公顷，主要涉及深圳市宝安区燕罗街道、松岗街道、新桥街道、航城街道、西乡街道、石岩街道和光明区马田街道、玉塘街道的深圳市2个区8个街道办。自2019年开始项目建议书编制，历经近3年多的前期准备，工程已于2022年5月20日开工建设。工程合同工期36个月，预计2025年8月输水隧洞全线完工，具备全线通水条件。工程总投资58.023亿，是珠江三角洲水资源配置工程在深圳境内配套项目之一，以打造社会主义先行示范区百年民生水务工程为目标，是深圳市保障性水源工程。

工程主要任务是将西江来水在深圳境内进行合理的分配和使用，实现新增境外水的优化配置，保障西部片区供水，满足远期宝安区和南山区部分的城市生活及生产用水需求。输水线路从罗田水库进水口起，斜穿广深港铁路、龙大高速后，与南光高速伴行，至南光高速与楼岗大道交叉口处沿根玉路布置，并接至外环高速与新玉路交叉口后，近南北向接至铁岗水库出水口。输水干线总长约21.68km，过流断面直径5.2m，沿线设3座竖井、2座地下阀室和3条检修交通洞，工程建筑物分布如图15-1所示。

15.1.2　项目重难点分析

1. 建设百年民生工程，力争创优创新

本工程建设总目标为建设社会主义先行示范区供水保障百年民生工程。为达到这个总目标，需严把勘察设计质量关，从设计蓝图上保证本工程属于精品工程，设计使用年限要达到百年的要求。另外，需对施工全过程进行质量管控，制定严格的施工质量管理制度和管理措施，确保工程施工质量评定等级达到"优良"。

图 15-1　罗铁项目建筑物分布示意图

在保证设计、施工质量的前提下，认真做好创优创新工作。参建各方提前规划创优创新实施方案，使创优创新贯穿工程建设各个阶段，为申报各种奖项打好坚实的基础。在本工程设计、施工过程中，深度采用 BIM 技术，打造在设计、建造、运行全阶段、全生命周期数字化应用的智慧水务工程。

2. 杜绝安全事故的发生，打造精品工程

为全面提升罗铁项目质量安全水平，按照"世界眼光、国际标准、中国特色、高点定位"要求，践行"水利工程补短板、水利行业强监管"水利改革发展总基调，需坚持"择优、创优、严管、重罚"，深入推进水务工程高质量建设，将"平安、优质、生态、智慧、廉洁"理念融入罗铁项目建设全过程，打造精品工程。

为提供安全的项目施工环境，需严格落实安全生产标准化 13 个要素，从安全生产目标、组织机构、管理制度，到安全投入、教育培训，再到重大危险源监控、应急救援、事故处理以及绩效评定等方面进行全面控制，遵循正常的施工程序，杜绝安全事故的发生，确保安全生产。

3. 项目建设工期紧，任务重，协调难度大

根据可行性研究报告（以下简称可研报告）进度安排，罗铁项目建设周期长，从 2019 年 8 月全过程咨询单位进场，预计到 2025 年 8 月建成通水。影响项目建设的各因素会对项目施工进度产生持续不断的影响，如目标因素的增多、减少及指标水平的调整等都会导致设计方案变化、合同变更、实施方案调整等。因此，罗铁项目的目标处于一个动态的发展变化过程中。

罗铁项目部按照施工总进度计划督促施工单位投入足够的施工资源，加强现场施工组织，有序推进各关键部位施工进度，优化工期。同时，加大协调力度，研究施工优化方案，合理调整施工顺序，保障关键线路施工计划。

4. 工程线路长，查明沿线地质条件的难度大

罗铁项目地质勘察工作历时短、战线长、勘察工作量大。根据可研报告，罗铁项目输水隧洞总长21.68km，沿线布置5个工作井、3条分水支线、1个分水井及水平检修交通洞，因此要查清楚实际地质条件并不容易。输水隧洞沿线埋深约70～100m，钻孔深度均比较大（约100m级），不但勘察工作量大，而且钻孔深度大，精度控制需要有严格的控制措施，能够反映隧洞的实际地质条件。此外，工程输水隧洞线路较长，涉及铁路、地铁、电力、天然（燃）气、水工程、水库/河道等众多交叉建筑物，深圳市发展和改革委员会和规划部门在可研报告和用地批复前，需征询相关交叉建筑物权属单位书面同意意见，且部分交叉建筑物保护范围要求严格，涉及其保护范围的建设项目需开展专题专项评估进行报审。输水线路通过城市建成区，涉及与铁路、地铁、电力、天然（燃）气、水工程、水库/河道等众多交叉建筑物交叉。

为减少与已有建筑物的干扰，本着把困难留给自己、把方便留给未来的理念，罗铁项目采用东线深埋方案，具有施工期、运行期安全性最高，对环境保护最有利，施工期间对城区干扰最小等特点，同时进一步深入研究竖井快速施工、TBM选型和优配措施、超前地质预报等，重视泥岩段结泥饼的风险，以满足该工程按期通水的目标要求。

5. 输水隧洞较长，隧洞出渣的影响因素多

本工程输水隧洞较长，隧洞出渣方式选择至关重要。方案一是进水口＋竖井出渣方式，方案二是进水口＋竖井＋施工支洞出渣方式。

在具体选择方案时，需通过调研类似工程（例如水利工程、矿山工程等），并结合本工程特点综合考虑。在布置施工支洞时，要结合输水隧洞检修条件统筹考虑，施工支洞可以布置成斜井的形式，采用有轨或无轨出渣方案。设计单位需要综合考虑各种因素，合理选择隧洞出渣方式。

6. 存在不良地质洞段，TBM施工难以处理

本工程输水隧洞穿越的围岩为细粒黑云母花岗石，岩体坚硬，根据岩石室内试验成果，微风化～新鲜岩体饱和抗压强度高，耐磨性强。除玉律断裂及其影响带外，其余洞段围岩以Ⅱ类为主。TBM施工适宜性为C级，岩体强度对掘进效率有明显影响，易损坏刀具，存在超硬岩TBM适宜性问题。各方案隧洞围岩中均有全风化～强风化岩体、泥岩、粉砂质泥岩、泥质粉砂岩、蚀变岩、断裂断层带、破碎带等软弱围岩，存在围岩稳定问题。穿茅洲河段隧洞埋深约56m，上部为第四系冲积砂（砾）层夹软土，下伏基岩为侏罗系下统桥源组～金鸡组砂砾岩、粉砂岩、泥岩。

在经过不良地质洞段时，例如断层破碎带、突发涌水、超硬岩、软弱围岩等，要求事先有应急处理预案，同时做好超前地质预报、不良地质超前处理和施工过程的实时监控量测等工作，确保安全通过。下穿茅洲河处可能存在隧洞涌水问题，需加强超前探测工作，必要时采取处理措施。

7. 取水口施工对水库水体影响大，对植被存在不良影响

本工程取水口施工对水库水体产生污染，工程占地对植被带来不利影响。项目位于深圳市基本生态控制线范围内，周边生态环境、植被覆盖良好，工程施工需要减少对生态环境和植被的破坏。

因此，在前期设计过程中，应采取有效措施（例如水体隔断、水下帷幕、优选填筑料

等），尽可能优化工程布置，同时还应加强与环境保护主管部门沟通，取得主管部门关于本工程涉及深圳市基本生态控制线的同意意见，得到行政审批和许可。

15.2 全过程工程咨询落地模式

15.2.1 全过程咨询模式选择的背景

面对罗铁项目工程建设的复杂巨系统工程属性，输水隧洞工程项目的建设管理模式问题摆在了决策者面前。项目决定组织，而组织则是项目建设成败的决定性因素。要对罗铁项目建设管理模式进行科学决策，首先需要梳理、分析和认识输水隧洞工程建设的组织背景和相关因素。

1. 罗铁项目属于大型保障性水源工程，社会关注度高、工期紧、技术难度高、工程投资额大，项目复杂性高

工程区内构造活动频繁，历经加里东运动至燕山运动期内的多次构造运动，形成了以北东向及北西向构造为主的断裂构造。工程区断层发生较大规模断裂，断裂及影响带宽数米至数十米不等，工程性质差，另外钻孔揭露多条数厘米至数米宽的小规模断层、破碎带。罗铁项目预计建设工期 36 个月，工程总投资 58.023 亿元，项目必将涉及规划、设计、咨询、科研、施工和运营等多家单位，组织结构体系庞大。

面对如此复杂的罗铁项目建设，需要建设者和管理层具有很强的复杂性驾驭能力和集成化项目管理能力。一方面，复杂工程涉及经济、社会、技术、管理及人文各个领域，需要把自然科学、社会科学与人文科学相结合、政府职能与市场职能相结合、专家经验与科学理论相结合、定性方法和定量方法相结合，并且使这种结合相互渗透，整合为一体，涌现出对复杂工程复杂性的驾驭能力。另一方面，项目建设涉及后期几十年甚至上百年的运营维护，集成化项目管理是一种趋势和必然。用集成思想与方法代替传统的项目管理，以全新的管理思维实现各项资源要素的整合和集成，实现对工程项目全方位、高效的管理，通过科学的决策为实施阶段提供依据，保证实施阶段的顺利进行，并减少后期运营阶段管理难度，实现"建管养一体化"。

2. 工程复杂性驾驭能力和集成化项目管理能力对政府公共产品的提供者——罗铁项目的建设单位提出巨大挑战

罗铁项目是政府提供的社会公共产品，以适应国家"新阶段"水利高质量发展的需要，适应深圳市"社会主义先行示范区"发展的需要。为了有效进行工程资源整合和解决工程建设中的各种复杂问题，罗铁项目如仅由政府或政府背景的相关事业单位（即建设单位），直接牵头组织由规划、设计、施工、监理、科研、咨询等多方面力量组成的工程建设主体开展建设，需要建设单位建立庞大的项目管理团队，经过长期磨合形成战斗力和管理水平以确保项目管理效果。在深圳市建设此类项目相对较少，人才储备力量尚缺乏，在短时间内培养具备专业技术水平和管理经验的管理人员群体存在困难，如采用传统的建设单位自建团队直接开展项目管理，将存在巨大的管理风险。

3. 输水隧洞工程领域咨询服务行业发展成熟度高，存在具备全产业链整合能力的公司

中国电建集团华东勘测设计研究院有限公司（以下简称华东院）就是这样一家公司。华东院成立于1954年，是国家外经贸部最早授予对外经营权的勘测设计单位之一，2008年9月获得工程设计综合资质甲级，可以在包括电力、公路、水运、市政、水利、海洋、建筑等21个行业范围内提供设计及工程总承包等全过程的技术服务。华东院还拥有工程勘察综合类甲级，工程咨询甲级，水利部建设监理甲级，地质灾害防治工程勘察甲级、设计甲级，工程造价咨询甲级，环境影响评价甲级，水资源论证甲级，水文、水资源调查评价甲级，水土保持方案甲级，海洋环评甲级等多个国家最高等级资质证书。在水电站大坝结构与施工、大坝及各类构筑物防渗止水材料研发与施工、水工大型升船机及船闸系统设计与施工、水工地下厂房各类结构设计与施工、超高压大流量地下喷涌水处理、地质测绘与渣体植被、深埋地下洞室岩爆与深埋岩石取样、风电基础设计与风电场出力实时预测等勘察设计核心领域，拥有15项发明专利和103项实用新型专利，在中国勘察设计领域具有超强的技术能力与设计水平，自主创新能力处于行业领先水平。

华东院较早涉足全过程工程咨询，积累了丰富的工程项目管理经验，尤其是在以设计为龙头的全过程工程咨询领域，具有通过设计优化和管理集成降低工程造价以及掌控工程建设全局确保工程进度与质量的特长与优势；曾在世界二十多个国家承担完成了数十项工程建设项目及业务合作，具有很强的海外工程综合经营管理能力；投资开发过多个水电站工程建设项目，具有较好的建设资金管理和投融资能力；长期从事项目管理，建立了专业化项目管理队伍，拥有一支既懂设计、又懂施工、也懂管理的综合性高级专业技术人才队伍。因此，华东院具备了从规划、可行性研究、勘察设计、设计咨询等前期咨询，到工程施工、工程监理、工程检测、工程养护、项目代建、工程总承包、造价咨询、项目管理等覆盖水利水电建设全行业的全过程服务能力。

4. 华东院与建设单位和主管部门的价值共创，形成了有机的制度性安排和技术性支撑

在全过程工程咨询服务中，华东院作为服务的生产者，应当把各种有形或无形的资源投入价值共创体系中。根据建设单位和主管部门的价值诉求提出价值主张，整合其投入价值共创的资源，并通过与建设单位和主管部门的持续互动和合作来完成价值共创，最终实现提高经营绩效、塑造优秀品牌、维护建设单位和主管部门良好关系和激发创新能力等价值产出。建设单位和主管部门在基于全过程工程咨询服务的价值共创中发挥着三个方面的作用：一是在价值共创体系中提出价值诉求；二是为价值共创系统提供资源；三是与华东院互动，共同创造价值。基于"服务主导逻辑"的价值共创是以华东院为主体的投入和产出过程。在建设单位和主管部门的主导实施下，华东院为与其共创价值提供机会和条件，追求价值共创效率，对价值共创过程进行管理、评估，最后通过信息反馈过程把价值共创的各个环节相互连接起来，使之成为一个动态系统。

15.2.2 全过程工程咨询模式的选择

针对罗铁项目涉及专业广、工程任务重、工期任务紧的特点，本项目采用项目统筹管理＋（监理＋招标代理＋环境影响咨询）服务管理模式。通过建设单位对全过程工程咨询单位充分授权，实施权责对等原则，全过程咨询单位全面承担项目统筹管理工作、工程监理工作（设计阶段、施工准备、施工及保修阶段）、招标代理工作、环境影响咨询以及应由全过程咨询单位完成的其他工作，项目实施以项目管理为主线，统筹项目所有参建单位，实现顺畅、快捷的决策与实施通道。

罗铁项目以建设单位为项目决策层，组建项目管理层、项目执行层，形成共三个层级的管理模式。其中，项目决策层由深圳市水务局、深圳市水务工程建设管理中心、项目组构成；项目管理层是指全过程工程咨询单位组建项目管理团队，履行合同约定的项目管理职责；项目执行层是指各承包单位全面执行项目建设过程中的具体工作。罗铁项目各管理层级关系如图 15-2 所示。

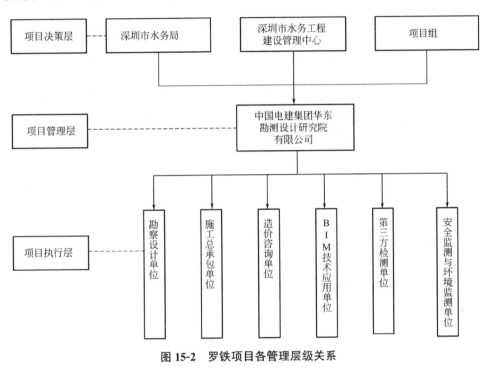

图 15-2　罗铁项目各管理层级关系

15.2.3　全过程工程咨询项目组织机构

中国电建集团华东勘测设计研究院有限公司深圳市罗田水库-铁岗水库输水隧洞工程全过程工程咨询项目部（以下简称全咨项目部）实行项目总负责人负责制，全面负责履行与发包人签订的"工程咨询合同"中规定的职责，组织领导全咨项目部工作。

全咨项目部设立综合管理部、设计管理部、造价合约部及工程监理部四个职能部门。全咨项目部配置项目总负责人、常务副总负责人、设计管理负责人、造价合约管理负责人和总监理工程师等各 1 名，同时配置规划、水工、地质、结构、电气、施工、测量、金结、环保、BIM 等不同专业工程师岗位，服务于项目现场。另外依托华东院各专业院所成立专家团队，负责为项目提供专业技术咨询服务。负责人、专业工程师、专家组结构合理、专业齐全、技术等级搭配，组成一个高效、务实的项目管理团队。全咨项目部组织机构如图 15-3 所示。

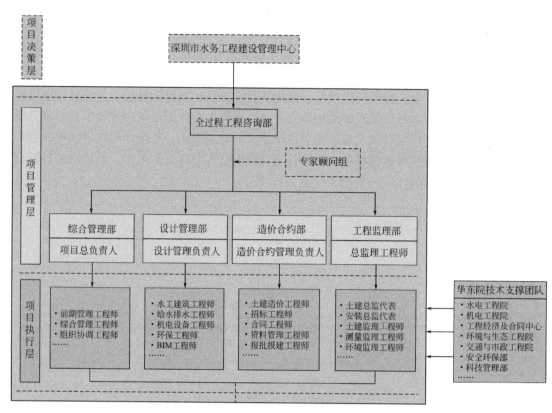

图 15-3　全过程工程咨询项目部组织机构图

15.3　全过程工程咨询服务内容和特色

15.3.1　勘察设计管理

1. 重难点分析

（1）本项目是深圳市保障性水源工程，社会关注度高、影响大，设计管理的协调工作量大，因此采用全阶段设计管理模式。

（2）长距离深埋隧洞地质勘察工作时间紧、任务重，要求可行性研究设计、初步设计分别在 2020 年 4 月、2020 年 6 月完成，应合理制定设计进度计划，加强技术力量配置，及时组织重大技术方案评审和咨询。

（3）对工程布置方案的把控是设计管理工作的重难点，通过策划、内部评审、专家咨询等手段和方法，保证工程布置方案安全、合理、可行。

（4）本工程重大技术问题主要包括长距离深埋隧洞勘察、长距离供水工程过渡过程及水锤防护、超深基坑围护、TBM 选型及其施工方案、城市深埋输水隧洞长期运行安全性及检修方案等，应通过专家咨询和评审进行分析论证，制定有针对性的工程处理措施。

（5）设计概算投资与估算投资偏差不超过 10%，施工图预算投资不得超过概算投资（批复概算），竣工结算投资不得超过施工图预算（合同价）。加强造价管理和投资控制，在保证技术方案安全、合理的情况下，通过合理优化设计、创优创新等手段，降低工程投资，使工程投资受控。

（6）根据深圳市地方规定，督促设计单位合理采用海绵城市、绿色建造、BIM 应用等设计理念和创新方法。

（7）本工程长距离深隧穿过大型城市建成区，施工技术方案应安全、合理，对社会影响小。

（8）本工程输水隧洞长达 21.68km，洞内存水接近 53 万 m³，放空检修时间会比较长，将会导致较大范围停水，影响市民正常生活。因此，技术方案应安全可靠，工程正式投运后力争达到在 50 年内不进行全线放空大修。

（9）本工程涉及的设计专业较多，包括但不限于水文、规划、地质、水工、施工、建筑、景观、交通、水机、电气、金属结构、暖通、给水排水、环保、水保、概算等专业。需使用 BIM 正向设计，实现方案优化、协同作业、设计信息参数化、计算和模型一体化、出图自动化。

2. 可行性研究阶段设计管理措施

首先，论证工程建设必要性，确定主要水文参数和成果。研究线路区域地质构造背景及断层活动性、地震活动性，评价区域构造稳定性、确定地震动参数。基本查明各必选线路及进出水口、泵站、工作井、调度中心等主要建筑物地段的工程地质条件，评价主要工程地质问题。查明选定线路及进出水口、泵站、工作井、调度中心等主要建筑物工程地质条件，评价主要工程地质问题。初步查明施工围堰、进场道路、料场和渣场等施工临时设施地质条件，评价其主要工程地质问题，进行天然建筑材料详查。

其次，确定主要工程规模和工程总体布局，选定罗田水库进水口和铁岗水库进水口位置、输水隧洞线路、各泵站位置。确定出发井、接收井、通气井、检修井数量及位置，以及工程等级及设计标准，基本选定工程总体布置、进水口形式、输水隧洞和泵站主要建筑物的型式、输水隧洞断面形式以及机电和金属结构及其他主要机电设备的型式和布置。初步确定消防设计方案和主要设施，选定罗田和铁岗水库施工导流方式及导流建筑物的布置，主体工程主要施工方法和施工总布置，提出控制性工期和分期实施意见，以及确定施工总工期。

3. 勘察设计主要技术咨询成果

（1）3 台 TBM 调整为 4 台 TBM

项目建设阶段采用 3 台 TBM 方案，由于省政府要求本工程与珠三角配水工程同步投产，3 台 TBM 不能满足工期要求，可行性研究采用 4 台 TBM，工作井位置相应调整，设计总工期由 49 个月优化为 41 个月。

（2）利用深圳有利地形条件，工作井尽量调整为水平施工支洞，并兼作调压井

项目建设阶段 5 座工作井均采用竖井，施工期功效较低、运行期检修交通困难。考虑罗铁项目线路沿线多山、地质条件较好，可行性研究阶段华东院建议 4 号工作井调整为施工平洞，并作为 TBM 双向出发，后期可兼做调压井和运行检修通道。可行性研究报批阶段，设计单位又主动将 1 号工作井和 3 号工作井也调整为施工平洞，可基本不占用罗田省级森林公园，减少审批难度。可行性研究阶段最终采用 3 个施工平洞＋3 个工作井方案。

（3）根据查明的隧洞地质条件，细化 TBM 选型

项目建设阶段采用 3 台 TBM，可行性研究阶段咨询稿、送审稿阶段采用 4 台 TBM，均为双护盾式 TBM。可行性研究报批稿阶段，结合地质勘察成果，对 TBM 选型进行了优化调整：TBM 第 1 段、第 2 段采用复合双模式 TBM，第 3 段采用双护盾式 TBM，第 4 段采用敞开式 TBM。

（4）输水干线排水方案由 2 段排水改为 3 段排水方案，提高了供水灵活性

可行性研究咨询稿阶段输水干线采用分 2 段检修排水方案，可行性研究报批稿阶段输水干线采用 3 段检修方案，方便利用铁岗水库反向供水，输水隧洞干线分段排水检修期间基本不影响沿线罗田、五指耙、长流陂三个水厂供水。

（5）进出水口施工围堰调整

可行性研究送审稿进、出水口围堰设计为土石围堰，堰体防渗采用高压旋喷防渗墙。考虑土石围堰对环境影响大，可行性研究报批稿进水口调整为钢管桩围堰，出水口围堰调整为钢板桩围堰，最大挡水高度约 13.2m 和 9.8m。

（6）减压调流阀由铁岗水库出口调整到罗田地下阀室

可行性研究咨询稿在铁岗水库出水口布置减压调流阀，以消除公明水库罗铁输水隧洞反向供水工况时多余的水压力（公明水库正常蓄水位 59.70m，铁岗水库正常蓄水位 28.70m）。可行性研究报批稿将减压调流阀布置在首部罗田地下阀室内，可减少全线承受公明水库高水头引起的高内水压力，且有利于铁岗水库反向供水。

（7）罗田水库除险加固

水务局技术审查提出应根据珠三角水资源配置工程通水后罗田水库的功能、运行条件等情况，进一步复核水库工程等别变化，并验算水库建筑物的安全性能，开展相应加固方案研究。深圳市水务局已另行立项对现存 200 多座水库开展安全鉴定和提标改造，包括罗田水库。

15.3.2 报批报建管理

1. 重难点分析

（1）项目线路长，地表占用地块多

输水干线总长约 21.68km，地表涉及宝安、光明区共 8 块永久用地，涉及手续主要包括用地预审与选址意见书、用地规划许可证、土地划拨决定书、工程规划许可证，相关审批流程长，影响工程临时用地、用林审批和工程可行性研究及初步设计的正式批复。

（2）工程涉及自然保护地等环境敏感区

罗铁项目不可避让穿越及占用铁岗-石岩湿地市级自然保护区、罗田省级森林公园、凤凰山市级森林公园、五指耙市级森林公园（仅地下穿越）4 个自然保护地，如图 15-4 所示。因政策原因，工程临时占用自然保护区或森林公园无政策法规依据，需要提前对所涉及的自然保护区或森林公园开展经营范围调整工作，以保障项目依法合规落地实施。但相应调整工作审批流程长、审批权限高、涉及部门多、程序复杂、耗时较长，制约工程相应部位的用地、用林及环境影响评估等手续办理。

（3）部分用地与相关市政基础涉及交叉

环境敏感因素和交叉权属设施多，需穿越多条现状及规划铁路、公路、电力、燃气、

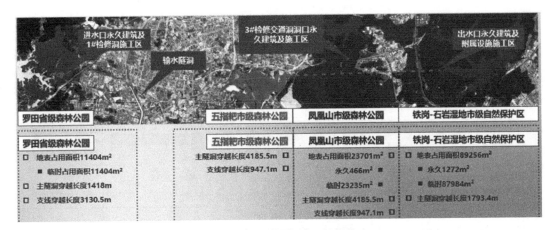

图 15-4　自然保护地调整

油气设施，报批报建困难。涉及单位众多，需要统筹策划、周密分工，并做好管理协调工作。

2. 管理措施

（1）成立报批报建工作专班，明确岗位职责，梳理工作流程，倒排工期，挂图作战。

（2）建立报批报建日报制度，及时反馈工作进展及存在的问题。

（3）定期组织召开工作推进会，协调解决过程中存在的问题并明确责任单位和责任人。

（4）组织报建人员定期总结报建工作成果，定期梳理剩余报建工作任务，确保提前落实各项报批报建的准备工作。

（5）积极主动保持与相关业务部门的沟通协调，跟踪提高办理效率，推动项目整体进展。

（6）通过省、市重大项目调度平台及时反馈项目报批报建过程中存在的问题，争取省、市重大项目指挥部的大力支持和指导。

罗铁项目工程报批报建审批流程如图 15-5 所示。

15.3.3　智慧建造管理

智慧建造是指建造过程中充分利用智能技术及相关技术，通过建立和应用智能化系统，提高建造过程智能化水平，减少对人的依赖，实现安全建造，并实现性价比更好、质量更优的建筑。智慧建造的目的意味着智慧建造将带来少人、经济、安全及优质的建造过程；智慧建造的手段即充分利用智能技术及相关技术；智慧建造的表现形式即应用智能化系统。

1. 智慧建造建设目标及项目智慧建造体系的构建

1）建设目标

全面落实和实现"深圳水务平安、优质、生态、智慧、廉洁水务优质精品工程"的目标，满足深圳市水务局、住房和建设局"建设工程智能监管平台"运用要求，软硬件配置符合相关技术标准或合同要求。BIM 及信息化建设融入项目全过程管理，实现"智慧建

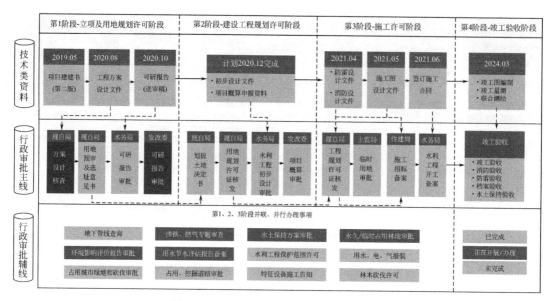

图 15-5　罗铁项目工程报批报建审批流程

造、精益建造、透明建造"。在招标合同要求的基础上，进一步拓展和加深"BIM 及信息化"运用范围，运用成果争创国内先进水平，BIM 应用争创"龙图杯"等全国 BIM 大赛一等奖。

（2）构建项目智慧建造体系

为提高本项目施工管理水平，将从智慧设计、智慧施工与智慧运维的工程全生命周期出发，统筹智慧水务工程建设。总承包部将按照发包人的统筹规划要求，根据深圳市水务局智慧水务工程管理要求、市政府有关部门智能建管平台规定开展智慧建造。

采用物联网、互联网、云平台、BIM、GIS、区块链、AR、VR 等信息技术手段，围绕信息的"感知、传输、存储、分析、管理、决策"的闭环智能控制链条，开展工程建设期质量、安全、进度、合同、成本等信息化的项目级管理平台的建设。满足数据监测实时化、业务管控协同化、数据分析与决策智能化的需要，满足智慧水务平台的数据对接需求，为工程建设、运维管理提供全生命周期数字资产。

基于上述建设思路，项目组搭建"339N"的 BIM 及信息化建设体系。第一个"3"指投资进度管理"3 条线（计划进度线、实际进度线、进度纠偏线）"、应用端"3 块屏（手机/平板、PC 电脑、智慧调度屏幕）"、管理端"3 场景（工区执行管理、总包及项目组、多项目监管）"；第二个"3"指 BIM＋GIS、智慧工地、BIM＋GIS 项目管理平台（含区块链平台）三大应用体系；第三个"9"指项目 9 个参与方，即业主、行政主管、全咨方、BIM 咨询方、勘察设计方、总承包方、一/二/三/四工区、第三方检测方、设备/产品供应商方；第四个"N"就是 N 个具体落地应用，如图 15-6 所示。

2. BIM＋GIS 技术应用

（1）BIM＋GIS 应用点

地理信息系统（GIS）是用来管理地理空间分布数据的计算机信息系统。它以直观的地理图形方式获取、存储、管理、计算、分析和显示与地球表面位置相关的各种数据。建

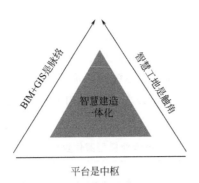

图 15-6　智慧建造实施架构图

筑信息模型（BIM）通过数据集成、系统集成或应用集成，实现了 BIM 与 GIS 的集成应用。它可以将 GIS 集成到 BIM 应用中，将 BIM 集成到 GIS 应用中，或者将 BIM 与 GIS 深度集成，以充分发挥各自的优势，拓展应用领域。

BIM 与 GIS 的集成应用，使施工管理变得可视化，可以提高水利项目的管理能力。罗铁项目 BIM 和 GIS 技术应用点如表 15.1 所示。

罗铁项目 BIM 和 GIS 技术应用点　　　　　　　　　　　表 15.1

应用点	工作模块	工作内容
BIM	虚拟施工与管理	利用 BIM 模型，开展图纸会审、施工过程模拟及施工方案优化； 利用 BIM 平台，协同模型、碰撞、漫游、动画等技术，实施可视化交底优化施工方案
	现场管理	移动端 APP：对施工现场实时拍照、上传，建立现场安全、质量、文明施工等数据资料，促进参建单位协同； 物联网运用：现场安全监控分析、TBM 监测、设备感知、物资查验、生物识别、质量管控、进度统计及成本数据分析
	数字化竣工交付	从勘察、设计、施工阶段的全生命周期的数据信息
	施工总布置	对 BIM 模型和数据信息进行整合，形成完整的数字信息档案； 现场管理虚拟施工与管理数字化竣工交付施工总布置
GIS	线路展示	创建工程结构、地质、地表构筑物、疏解、地下管线等整体模型
	物资供应链管理	利用 GIS 平台，对物料物流过程以及空间布置的实时监控
	三维场景巡航	利用 GIS 平台实现三维快速巡航漫游，对场地布置、施工方案进行设计优化
	全生命周期数据管理	利用遥感技术采集项目沿线建筑环境，对工程设计中的施工工区、办公生活场地、居民房屋、交通设施、水电接口以及渣料场等进行三维场景设计、建立实景模型，实现三维协同施工

（2）BIM 模型创建及深化

按照深圳市水务工程建设管理中心（或深圳市水务工程建设管理中心委托的其他单位）要求，根据自身施工特点及现场情况，进行施工面的划分。建立施工范围内主要建（构）筑物全专业 BIM 模型，包括水工、水机、金结、建筑、结构和机电等所有相关专业。模型创建按照深圳市水务工程建设管理中心精度要求执行，设备模型按照安装要求配合至竣工模型深度，部分模型结合后续运维平台需求进行二次深化。

本项目在施工阶段至竣工阶段，各专业模型由 GL400 逐步深化更新至 GL500 深度，如表 15.2 所示。

各专业模型深化更新 表 15.2

等级	深度说明
GL100	工程对象概念体量、符号模型建模，包含基本占位轮廓、粗略尺寸、方位、总体高度或线条、面积、体积区域
GL200	工程对象单元近似形状建模，具有关键轮廓控制尺寸，包含其最大尺寸和最大活动范围
GL300	工程对象单元基本组成部件形状建模，具有确定的尺寸，可识别的通用类型形状特征，包含专业接口（或连接件）、尺寸、位置和色彩。能反映关键性的设计需求或施工要求
GL400	工程对象单元安装组成部件特征建模，具有准确的尺寸，可识别的具体选用产品形状特征，包含准确的专业接口（或连接件）、尺寸、位置、色彩和纹理
GL500	工程对象单元表达内容与工程实际竣工状态一致，应能准确表达其完整细节，能体现工程完建状态所需要的精确尺寸、形状、位置、定位尺寸和材质。机电设备宜采用厂商的最终生产用模型

本项目在施工阶段至竣工阶段，各专业模型属性信息深度由 DL400 逐步深化更新至 DL500 深度，如表 15.3 所示。

各专业模型属性信息深化更新 表 15.3

等级	深度说明
DL100	包含系统设计方案的关键设计指标数据，如面积、容积和其他用于成本估算的关键经济技术指标
DL200	包含 DL100 等级信息，增加工程对象单元类型信息、主要空间编码和主要技术经济数据
DL300	包含 DL200 等级信息，增加工程对象单元类型主要技术参数和设计编码信息，能反映关键性的设计需求或施工要求
DL400	更新 DL300 等级信息，增加工程对象单元型号、单价、生产厂家、供货商、安装单位等产品信息和安装信息，反映设计需求或施工要求
DL500	包含 DL400 等级信息，增加工程对象单元保修日期、保修年限、保修单位、随机资料等反映工程竣工验收时的技术信息，反映工程竣工验收时的技术状态

（3）基于无人机的 GIS 模型采集及应用

本项目采用无人机技术实现项目全线 21.6km 场地的整体还原，建立项目一张图整体 GIS 环境。建立场地中相关建（构）筑物、道路、河流及相关基础设施，基于 GIS 模型数据配合移动踏勘、土方测量、数据库基础信息收集、地形测绘等工作。基于无人机的 GIS 模型图如图 15-7 所示。

图 15-7　基于无人机的 GIS 模型图

（4）基于 BIM＋GIS "一张图"决策系统

整合 BIM 模型及 GIS 模型，建立项目整体"一张图"决策系统。整体显示模式包含"BIM＋GIS 实景模式""抽象后科技感模式"。基于"一张图"可以了解本项目的区位情况、工程组成情况等；基于"一张图"实现项目对生态敏感区、森林公园等区域前期施工管理的把控；基于"一张图"实现智能设备集成，实现质量安全管控，实现产值进度管理；针对线性工程穿越交叉建筑物、复杂地质条件等情况进行提前预警等，如图 15-8 所示。

3. 智慧工地建设

（1）主要建设内容

按照智慧建造全面感知的要求、《深圳市智慧水务一体化建设总体技术要求》《深圳市住房建设局关于进一步推进"建设工程智能监管平台"运用工作的通知》相关要求，建立覆盖工程现场"人、机、料、法、环"的智慧化工地，将相关数据按照发包人要求传输到管控中心。

智慧工地应用由视频监控、BIM＋GIS 应用、实名制在内的多个子模块构成。其中包括建设管理 17 个子模块、全面感知 13 个子模块、智慧监管 6 个模块，共计 36 个子模块。

（2）设备管理

依托 5G 技术、UWB 地下定位、AI 识别及边缘计算等技术对现场主要设备设施进行状态监控，实现主要设备（包含门式起重机监测、升降机监测、搅拌站监测、双轮铣、皮带机、TBM 等）的一体化集成数据监测，及时发现设备运行效率及安全性是否满足工作

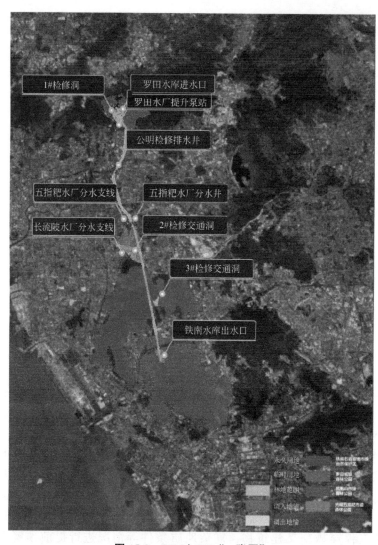

内文字标注：

1#检修洞　罗田水库进水口　罗田水厂提升泵站　公明检修排水井　五指耙水厂分水支线　五指耙水厂分水井　长流陂水厂分水支线　2#检修交通洞　3#检修交通洞　铁南水库出水口

永久用地　临时用地　林地范围　调入地铺　调出地铺

图 15-8　BIM＋GIS "一张图"

通过对地面倾斜摄影模型、地质 BIM 模型与 TBM 运行线路进行整合分析，实现风险隐患提前预判，在施工过程中对 TBM 刀盘、铰接、注浆、螺旋、导向数据、掘进进度等进行实时监测。超前预判高铁、高速、地铁、泄洪渠等 16 个重大穿越带，12 条较大地质断裂带，多个风化槽、软弱围岩等复杂地质条件，如图 15-9、图 15-10 所示。

（3）人员管理

针对项目劳务人员管理及现场疫情防控管理，将实名制数据与健康码信息进行对接，实现工地现场闸机集人脸识别、红外测温、健康码信息及人员考勤的一体化集成管理。对施工现场的地上及隧洞内施工作业面，采用 UWB 加电子围栏技术，实现作业人员/管理人员的精确定位，基于定位数据实现实时定位喊话、轨迹跟踪及溯源。配合单兵作战系统，为疫情防控管理、劳务人员薪资管理、可视化快速调度、突发预警处理、一键报警提供精准管控手段，实现工程项目的智慧化防控。

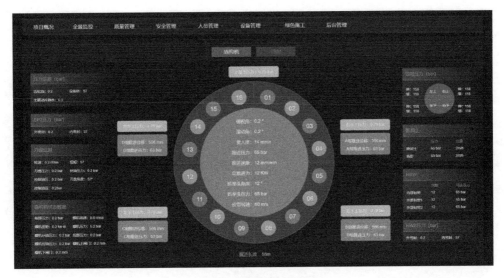

图 15-9　监测和预警

图 15-10　基于 BIM 的 TBM 掘进分析

（4）进度管理

　　智慧建管平台集成项目视频监控，实现异地项目现场实时巡查，并采用延时摄影技术进行影像关键帧记录，便于施工过程影像资料留存。在施工过程中采用无人机/全景相机每周进行施工区域全景进度数据采集，像"时光机"一样实现对过程进度进行回溯。针对不同时间节点的影像，进行同屏对比分析，直观了解现场进展情况。通过集合质量、计量支付相关资料，依托 BIM 模型与进度数据，将质量数据挂接 BIM 模型自动更新进度情况，实现基于 BIM 的现场实际进度模拟及总体投资进度分析，如图 15-11 所示。

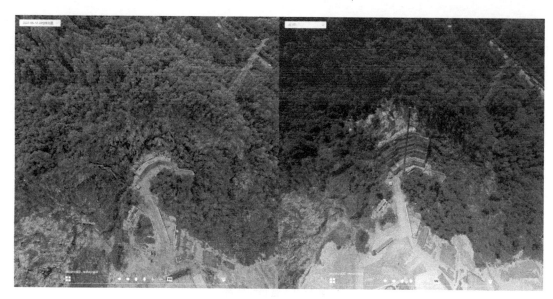

图 15-11　全景进度对比

4. 区块链公有链平台建设

区块链的概念和理念是由比特币的创始人中本聪首次提出，作为比特币等多种数字货币的底层技术，区块链依靠分布式数据存储、去中心化数据传输、加密算法等技术创造了独特的新模式，将一个个区块以链式结构连接，构成一个分布式的共享账本。

（1）区块链实施路径

区块链分硬件设施层、数据资源层、网络通信层、商业支撑软件、应用交互层五个块面，采用分布式数据库存储和 B/S 系统架构。区块链实施架构如图 15-12 所示。

图 15-12　区块链实施架构图

（2）区块链应用点

1）混凝土管理

基于区块链技术的混凝土"智慧化"管理系统由拌和站自动化数据采集、自动化数据统计分析、自动化数据分析与预警、设备管理、全方位视频监控部分组成，实现混凝土从生产、运输、使用、质检的全过程管控，如图 15-13 所示。

2）钢管质量管理

利用区块链信息的不可更改及可溯源性，加强材料质量数据溯源性管理，如图 15-14 所示。

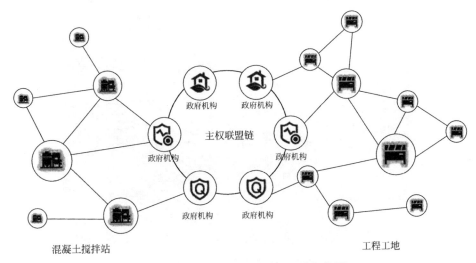

图 15-13 混凝土拌和站管理系统架构图

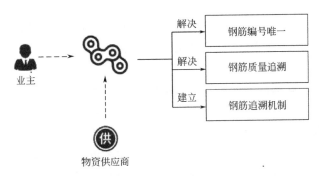

图 15-14 材料质量数据溯源管理系统架构示意图

3）预制管片管理

项目存在大量的预制成品管片，基于二维码/RFID＋BIM＋区块链技术的智慧管片管理系统，实现从生产、加工、运输、安装、质检的全过程上链智能管控，将生产厂商、总承包方、第三方质检、全咨项目部、项目组等各参与方纳入区块链节点，实现全过程智慧化管控，如图 15-15 所示。

15.3.4 招标代理管理

1. 承包方式的选择

施工总承包，是指建筑工程发包方将全部施工任务发包给具有相应资质条件的施工总承包单位，施工总承包单位对项目负总责。国家提倡施工总承包，在施工总承包模式中，业主只选择一个施工总承包商，施工总承包商可在业主同意的前提下将专业工程发包给具有相应资质的分包商。深圳市水务局采用这种施工总承包招标模式，只需要进行一次招标，与一个施工总承包商签约，只负责对施工总承包单位的管理及组织协调，使资金、技术、管理各个环节衔接更加紧密，有利于控制工程造价，便于项目整体管理，对按期实现建设项目的工期、质量、造价等管理目标具有较好的保障作用。

图 15-15　智慧管片管理系统

与分段招标相比，工程总承包便于充分发挥大承包商所具有的较强技术力量、管理能力和丰富经验的优势。由于各建设环节均置于总承包商的指挥下，因此各环节的综合协调余地大大增强，这对于确保质量和进度是十分有利的。

2. "评定分离"制度

深圳市自 2012 年起推行"评定分离"制度，是国内最早实行该项政策的城市。罗铁项目采用评定分离方式招标，评标分为技术标评标、清标、述标，参考综合得分后再定标。"评定分离"制度，一方面体现了评标专家对技术的把关作用，定标时业主有更多的选择权；另一方面也淡化了评标专家的定标作用，打破投标人围绕评标专家的围标串标行为。"评定分离"制度促使投标人将精力放在履约表现、工程安全、现场质量管理等方面，通过诚信履约、提高工程质量等行为来获得建设单位的认可，建设单位有充分的择优权，精准择优。因此"评定分离"制度将市场主体的履约表现与招标评定因素相结合，打通两者之间的联系，在一定程度上促进了工程建设行业的良性发展。

3. 精准择优的实施过程

通过最少的清标内容实现精准择优是招标人的追求，这就要求清标项具体内容有较强的针对性。如清标项具体内容与行业特点不符，非但不能实现择优，反而会给潜在投标人造成"量身定做"的误解，导致参与投标的单位减少。罗铁项目招标代理工作主要流程为：编制招标策划、市场调研、招标方案编制、招标方案审核、招标文件编制、招标文件审核、招标文件发布、发布答疑/补遗文件、资格审查、开标、评标入围、评标、客观清标及述标答辩、定标、中标候选人约谈及签发中标通知书、合同签订。

4. 招标代理的优势

华东院代理建设单位和主管部门进行施工总承包招标，全面负责招标各项事宜。招标是一项具有高度规范性、专业性的系统工程，在整个招标投标活动过程中，每一个环节都需要经过周密计划、精心组织、科学决策。与常规招标代理只履行招标流程、条件及合同设置相比，全过程咨询包含招标代理和监理、条件设置及合同条款，充分考虑了后期履约过程中存在的问题，并在合同中进行规避，便于后期管理。华东院作为专业性的服务中介组织，能够以其相对专业化和信息方面的优势，为建设单位和主管部门寻求到质量更优、价格更低、服务更好的产品与劳务的提供商，极大地提高了招标工作的经济性和时效性，推动经济建设加速进行。

15.3.5 工程监理管理

1. 监理工程范围

罗铁项目监理工程范围为工程进水口、输水干线、深圳支线连通隧洞、罗田阀室、罗田分水支线、罗田原水提升泵站（含泵站至水厂配水井间原水管）、1号检修交通洞、公明检修排水井、五指耙分水井、五指耙分水支线、长流陂阀室、长流陂分水支线、2号检修交通洞、3号检修交通洞、铁岗工作井、出水口相应范围的土建施工、管片制作安装、压力钢管制作安装、金属结构和机电设备安装及智慧工地、环境保护、水土保持的全过程监理及缺陷责任期监理。

2. 监理机构设置

本工程设立中国电建集团华东勘测设计研究院有限公司深圳市罗田水库-铁岗水库输水隧洞工程全过程工程咨询项目部工程监理部（以下简称监理部）。监理部实行总监理工程师负责制。总监理工程师是履行本工程监理工作的全权负责人，组织和领导监理工作，完成全过程工程咨询合同有关工程监理规定的职责。监理部采用二级监理机构模式，在监理部设置五个下属部门，即施工监理Ⅰ部（土建）、施工监理Ⅱ部（土建）、施工监理Ⅲ部（金结、机电）、工程技术部和安全环保部。另外工程监理费用控制及合同管理、工程信息档案管理职责归口部门分别设置在全过程工程咨询项目部的造价合约部和综合管理部进行统筹安排，监理部不另设合同部及综合办公室。监理部组织机构图如图15-16所示。

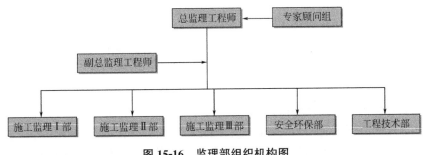

图 15-16　监理部组织机构图

3. 监理工作总体策划

（1）建立强有力的组织机构，配备高素质监理人员

本工程监理工作任务繁重，管理难度很大。建立科学合理的监理部，并根据工程进展及业主需要，配备充足的经验丰富的专业监理工程师，满足所有专业需要，确保监理工作目标的实现。

（2）制定详细的监控要点

工程质量、安全控制点是质量、安全工作控制的重点，将对所有关键工序、薄弱环节、重要结构、复杂工艺、高新技术、新材料、新工艺、困难地段、质量通病和隐蔽工程制定工程质量控制点清单，对所有危险源制定工程安全控制点清单，并根据需要进行旁站监理，以确保工程质量、安全目标的实现。

（3）要求施工单位编制科学详细的施工网络进度计划

本工程工期极为紧张，要确保工期目标的实现，必须以科学合理的施工进度计划作为依托。本工程把审批施工进度计划、督促施工单位编制详细、合理的网络图作为重要任务来抓。同时，在施工过程中，密切关注进度计划实施情况，尤其是节点工程、控制性工程的进展，一旦出现滞后，立即分析原因，督促施工单位采取赶工措施，并及时向建设单位汇报。

（4）组建高效的进度控制机构

鉴于罗铁项目规模较大且持续时间长，工作面交接和进度协调环节多，进度控制任务重，因此，项目成立专门的进度控制小组，采用三级控制的方法来控制工程进度。进度控制小组为进度控制的常设机构，由总监理工程师任组长，进度工程师任副组长，成员包括各项目监理工程师以及与进度密切相关的设计文件管理和施工技术专业监理工程师。在该小组的统一领导和协调下，分三级进行合同工程的进度控制：第一级为全部合同工程的施工总进度，由总监理工程师领导的进度控制小组负责进行，为监理机构最高级别的进度控制；第二级为单个合同工程的施工进度，由各合同工程的主管项目监理工程师负责，领导合同工程监理组的全体监理人员共同进行；第三级为合同工程内的单位、分部或分项工程的进度控制。

（5）狠抓过程控制，保证安全、质量、工期、投资等目标的实现

在日常监理工作过程中，以质量控制为核心，做好质量、进度、投资目标三大控制及安全管理工作，突出源头控制、过程控制。强化工程实施中的安全管理及环境保护管理，以工作质量、工序控制质量、组织管理质量来保证工程质量、安全、进度、投资等目标的实现。

（6）将智慧建造应用于监理工作

本工程采用工单化管理手段，将监理规范表单录入智慧建管平台，配合流程管理，将标准化表单配置在 PC 端和移动端，实现"工作标准化，标准流程化，流程工单化、工单信息化"。

（7）建立协调机制，加强动态控制

参建各方建立协调机制，及时解决工程问题，协调各单位现场施工。工程进度受多种因素制约，实际与计划出现偏差不可避免，作为全过程咨询单位，对进度控制要实行动态控制随时调整。制定进度台账、建立信息平台，通过分析、比对，督促、指导施工单位调整施工进度计划，编制赶工措施，以确保合同工期的实现。

16 陆河（三江口）抽水蓄能电站全过程工程咨询案例

16.1 项目概况与重难点分析

16.1.1 项目概况

陆河（三江口）抽水蓄能电站（以下简称陆河项目）的站址位于汕尾市陆河县新田镇激石溪村。陆河项目上水库位于陆河县新田镇坪天栋西面的上坪田水库和下坪田水库，下水库位于吉溪林场山间谷地坐背。上水库集雨面积 1.3km²，调节库容为 822 万 m³，上水库挡水建筑物一座主坝，五座副坝，主坝初拟为混凝土面板堆石坝，坝顶高程为 860m，最大坝高 60m，坝顶长度 395m，副坝为五座均质土坝，坝顶高程为 860m，最大坝高 12～25m。下水库集雨面积 15.3km²，调节库容为 854 万 m³，下水库挡水建筑物初拟为一座碾压混凝土重力坝，坝顶高程为 242.5m，最大坝高 88m，坝顶长度 470m。电站平均毛水头 622.7m，最大扬程/最小净水头比 1.147。输水发电系统初拟采用一洞四机、斜向进水、垂直出水、中部式地下厂房、设置双调压室的布置方案。输水系统总长度为 3146m，距高比 L/H 为 4.7。陆河项目装机规模为 1400MW，属于一等大（1）型工程，连续满发 9h。陆河项目建成后的效果如图 16-1 所示。

图 16-1　陆河项目建成效果简图

陆河项目是国家《抽水蓄能中长期发展规划（2021-2035）》和广东省"十四五"前期开工建设的重点实施项目。其枢纽工程主要由上水库、下水库、输水系统、地下厂房洞室群、场内永久道路及地面开关站等组成，陆河项目地下洞室群如图16-2所示。项目总装机容量为140万kW，规划安装4台单机容量为35万kW的可逆式水泵水轮发电机组，总投资约90亿元。

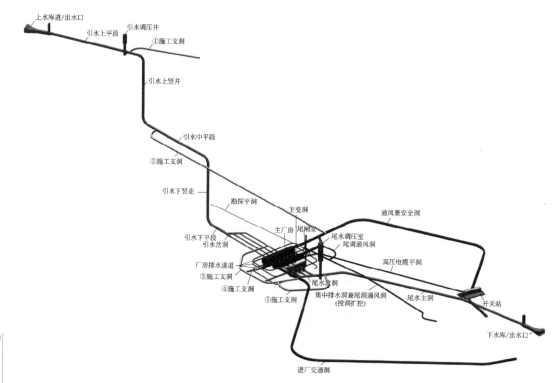

图16-2 陆河项目地下洞室群三维透视图

自2020年7月启动项目前期工作以来，项目团队想方设法克服前期人员少、任务重等困难，多措并举打通项目推进过程中遇到的各类难点和堵点，推行"一事一专人"工作负责制，合理调动各方资源力量，紧扣节点推进各项工作无缝衔接。项目建成后，将充分发挥其在电力系统调峰、填谷、调频、调相、储能、事故备用、应急启动和多能互补等多方面功能。这有利于配合远期广东东区核电及风电的消纳，增强电网提高调峰能力，减少系统内火电发电能耗，减少大气污染物排放，提高系统运行经济性。作为事故备用电源和黑启动电源，电站的建成有利于提升广东东区电网的事故反应能力和抗灾保障能力，保障系统安全稳定运行。同时，电站的建成还有利于拉动汕尾地区经济发展，增加就业机会，具有一定的社会效益。

16.1.2 项目重难点分析

1. 项目涉及的审批事项和审批部门较多，报批报建工作难度大

首先，陆河项目的报批报建涉及许多专项报批，专一性特别强，主要体现在不同专项的报批报建工作有很大的差异性。其次，陆河项目涉及的用地面积广，边界条件复杂，协

调工作量大，涉及的审批事项和审批部门较多，报批报建工作量较大，需加大人员投入。再次，陆河项目大量报批报建工作集中在工程开工前完成，项目报批报建时间紧。同时，报批报建涉及不同行政审批部门，专业性强且审批时限较长，报批报建工作人员需具备相应专业知识且素质要求高。最后，工程涉及占用基本农田、国有林场和征地拆迁等事项，审批难度大，周期长，需派专职人员跟踪落实各级审批环节，提前谋划，及时解决报批过程中存在的问题并加强与相关审批部门沟通协调，加快推进报批进度。陆河项目报批报建工作流程如图16-3所示。

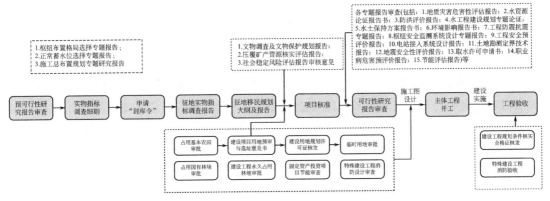

图16-3 陆河项目报批报建工作流程图

2. 项目建设周期长，管理难度大

首先，陆河项目全过程工程咨询项目工期120个月，建设周期较长，不可预见因素较多，给进度管控带来较大的难度。其次，陆河项目具有涉及工程项目专业多、项目种类多、施工难度大的特点，包括公路工程、房建工程、水工结构工程、建筑装修工程、金属结构制安工程、机电设备安装工程、安全监测等，因此对于质量控制方面的管理难度较大。再次，抽水蓄能工程由于具有较长的施工周期，在这一阶段可能会受到诸多因素的影响，造成现阶段目标值与期望目标值不符的情况，使项目投资效益产生偏差。因此，施工阶段的投资控制尤为重要，需要重点关注设计变更、工程计量、变更索赔、材料调差、资金使用等方面。最后，水电工程资料档案的收集、整理具有时间跨度长、资料量大、整理复杂等特点。因此，必须在施工过程中加强档案资料动态收集管理，确保档案资料符合备案要求。

3. 施工区地形狭窄，施工总布置和场内交通布置难度大

陆河项目下库洪峰流量较大，导流建筑物规模相对较大。上下水库直线距离约3.5km，施工工作面相对集中在上、下水库两个区域内，施工布置宜考虑大集中小分散的方式，上、下水库分别布置生产生活区。下水库施工区地形狭窄，施工场地布置难度较大。库内平缓场地利用需充分考虑场地使用与施工进度的关系，做好场地撤让调配。下水库工程施工区距离激石溪村较近，应尽量减少工程建设期对附近居民生产生活的干扰。陆河项目需督促勘察设计单位根据预可行性研究阶段审查意见，深入研究施工总体布置方案，可行性研究阶段施工总布置方案、施工用地范围作为工程建设移民安置规划的基础，投标人将协助建设单位与勘察设计单位充分沟通，结合地方政府的相关政策管理规定，评

价施工总布置方案、施工用地范围合理性，便于建设单位后续开展建设征地移民安置规划大纲编制、建设征地移民安置规划报告编制等工作。

场内道路布置是否合理和设计深度是否满足阶段要求是实现工程预定功能和控制造价的关键。陆河项目上、下水库高差约600m，虽然有简易道路相通，但其标准较低，无法满足上水库施工需要和运行期管理需要，需新建上、下水库连接公路。现状道路周边多村镇，且周边基本农田分布较多，上、下水库连接公路布置应在预可行性研究阶段的基础上，结合枢纽布置、施工临建设施布置，引水上平洞及中平洞施工支洞布置，研究上、下水库连接公路的展线方案，研究隧洞和明线结合的布置方案，既满足坡度要求，又考虑施工难度，提出合理、经济的上、下水库连接公路布置方案。

4. 下水库RCC坝体混凝土总量大，泄洪底孔单宽流量大运行水头高，下水库碾压混凝土施工和泄水建筑物布置难度大

下水库RCC坝体混凝土总量大，碾压混凝土温控防裂及快速施工问题较为突出。陆河项目隶属南亚热带季风气候区，具有光照充足、气候温和、雨量充沛等特点。年雨量年内分配极不均匀，随季节变化有明显差异。每年4～10月为汛期，汛期雨量集中，降雨量约占全年的85%，其中4～6月为前汛期，以锋面低槽雨为主；后汛期7～10月，常出现台风，并伴随暴雨，造成洪水泛滥。雨期对于碾压混凝土施工影响较大，是制约大坝碾压混凝土快速上升的不利因素。同时下水库泄洪建筑物布置于碾压混凝土重力坝坝身，包含4个溢流表孔和1个泄洪底孔。表孔采用无闸门控制式，阶梯消能形式，泄洪底孔采用无压泄洪底孔形式，台阶底流消能形式，汛期与表孔联合泄洪。根据方案，泄洪底孔布置在4个表孔中部，其下游共用一个消力池消能。根据估算，溢流表孔坝面阶梯消能率可达80%以上，所需消力池长度远小于45m；而泄洪底孔单宽流量大、运行水头高，所需消力池长，且为了池内形成稳定水跃，达到较好的消能效果，有必要研究设置独立消力池。

5. 项目区属于广东省水土流失重点治理区，水土保持难度大

在前期可行性研究阶段，首先，陆河项目需审核工程施工总布置等设计成果是否合理，还需审核工程枢纽工程区、弃渣场区、表土堆存场区、交通设施区、施工生产生活区、移民安置与专项设施复建区及水库淹没区等相应的水土保持措施设计是否全面、合理，复核相关法律法规、规程规范的要求。其次，根据项目区及周边的气候、地质、地形等条件，项目区周边现有堆渣条件，从所弃渣场周边敏感目标、环境影响、技术经济条件及土地利用等方面，陆河项目需审核弃渣场选址的合理性。再次，根据渣场地形、容渣量和稳定性要求，陆河项目需审核堆渣方式（如堆渣体边坡坡比、分级高度）及拦挡形式是否合理。最后，陆河项目需审核设计洪水标准是否符合相关规程规范要求，拟定渣场顶部、底部、坡面及两侧排水设施及堆渣完成后的生态恢复措施布置是否合理。

在招标施工图阶段，首先，项目区属于广东省水土流失重点治理区，施工过程中需做好对原有地表植被的保护以及后期针对施工扰动区域采取有效的植被恢复、生态修复措施。弃渣场为陆河项目水土流失防治的重点部位，堆渣体边坡稳定性分析及处理措施、坡脚挡渣墙及渣场上游排洪工程等防护设施的设计至关重要。其次，根据现场实际地形、地质、水文等自然条件以及弃渣场规划堆渣量，陆河项目需审核是否开展了项目区边坡绿化、弃渣场堆渣体型、堆渣体稳定性及渣场挡排工程等关键技术问题的研究。最后，本阶段重点根据地质勘察资料、弃渣场现状情况、堆渣来源及特性分析复核审核防护标准的确定、防治措施的布置、稳定分析计算结果是否合理并符合相关规程规范的要求，审核弃渣场拦挡、排水系统、生态恢复等防护措施是否完善，工程量计算是否满足实施需要。

6. 工程下库距离陆河花鳗鲡省级自然保护区近，确保所有污废水做到零排放，环境保护重点突出

在前期阶段，陆河项目下库距离陆河花鳗鲡省级自然保护区最近距离仅为 600m。花鳗鲡为国家二级保护野生动物，是一种典型的降河性洄游鱼类。根据《水电工程生态流量计算规范》NB/T 35091—2016，项目需对上、下水库坝下河段航运用水要求、工农业及生活用水、河水补给地下水量、水面蒸发所损耗的水量、维持河流水生态功能的最小稀释净化水量、景观用水等方面进行详细调查，重点分析研究维持陆河花鳗鲡省级自然保护区的水力学条件，从而论证最小下泄生态流量及生态调度要求。西河水质执行《地表水环境质量标准》GB 3838—2002 II 类标准，项目施工期和运行期所有污废水需经处理后回用，禁止向河道、水库水域内排放。因此，陆河项目重点需针对施工期各类生产废水、生活污水，提出经济有效的处理方案，确保所有污废水经处理后回用，做到零排放。

在招标施工图阶段，陆河项目环境保护的重点是：①根据环境影响报告书及批复文件要求，确定下泄生态流量及泄放方式，开展生态泄放设施、在线监测系统等专题设计、施工图设计，并编制生态调度方案。②工程施工期各类污废水产生量大，砂石料废水和混凝土废水经处理后回用，结合施工用水规划，明确回用去向和水量平衡。需在环境影响报告书中环境保护对策措施的基础上，计算各类污废水的产生量、主要污染物浓度，根据国内成熟的污废水处理工艺，对比其他水利水电工程，综合分析比较，进行专项设计。③针对工程对陆生生态环境影响，提出陆生生态恢复与建设的措施和建议。需在环境影响报告书中环境保护对策措施的基础上，生态恢复从生态多样性出发，施工结束后对各类占地范围内的植被尽可能选用原有树种、草种进行恢复和绿化设计。根据环境影响报告书及批复文件要求，对工程影响区国家或省级保护动植物、登记在册古树名木保护措施开展专题设计。④根据环境影响报告书及批复文件要求，对水生生态保护措施开展专题设计、施工图设计。特别针对陆河花鳗鲡省级自然保护的保护措施，需重点论证、研究，再开展施工图设计。⑤根据环境影响报告书及批复文件要求，完成各项环境保护措施的设计文件，确保各项环境保护措施落地。

16.2 全过程工程咨询落地模式

16.2.1 全过程工程咨询模式的优势

1. 有利于建设单位与咨询单位的优势互补

陆河项目工程规模大，建设内容复杂，建设单位在组建管理团队时，缺乏具有相关专业知识和经验的技术管理人员，需要在实践中逐步摸索积累。华东院作为全过程咨询单位拥有各类专业人员，具有丰富的项目经验，熟悉建设流程。专业的人干专业的事，通过制定全过程项目实施计划，编制风险预案，协调参建单位关系，发挥工程管家的优势，极大地提升了项目管理水平和工作效率。对建设单位而言，可将节省的人员、精力和时间放在功能确定、资金筹措、政府协调等工作上，达到项目定义、设计、采购、施工的最优效果，通过项目管理人员和技术人员全阶段、多方面深度融合地参与项目管理，逐步积累技术管理经验，培养专家型、复合型、综合协调能力强的高素质管理技术人才。

2. 有利于节约工程投资和提高工程品质

陆河项目全过程工程咨询服务覆盖项目的全过程，整合了各阶段工作服务内容，更有利于实现全过程投资控制，通过限额设计、优化设计和精细化管理等措施降低"三超"风险，提高投资收益，确保投资目标。全过程工程咨询单位还可以充分利用已完工项目资源信息库，以数据为依据，以项目经历为事实准绳，最终形成科学的造价控制总计划，使项目顺利推进。单次招标的优势，可使其合同成本大大低于传统模式下设计、造价、监理等参建单位多次发包的合同成本，通过对碎片化的服务整合，实现"1+1>2"的效益。在全过程工程咨询模式下，各专业过程的衔接和互补，可提前规避和弥补原有单一服务模式下可能出现的管理疏漏和缺陷。通过有效管理使承包商注重项目微观质量的同时，更重视建设品质、使用功能等宏观质量。通过有效的考核机制和专业指导可以充分发挥承包商的主动性、积极性和创造性，促进新技术、新工艺、新方法的应用，有利于争先创优、报奖夺杯，打造优质工程。

16.2.2　全过程工程咨询模式下多元共治理念

项目多元共治体系的高效运转应围绕清晰的共治目标，通过明确各治理主体职责，使各治理主体各归其位，在灵活的运行机制下展开以加快项目建设的步伐。清晰明确的共治目标是多元主体开展集体行动的前提，陆河项目多元共治的目标就是实现项目建设效益最大化，切实实现项目的圆满完成。一方面，项目各参与方明确共治目标，树立全过程工程咨询与陆河项目结合的理念，不断强化自身追求项目建设效益的公共价值理念，并纠正治理过程中出现的价值观偏差问题。同时，加大对项目治理的宣传和教育，确保其他治理主体将共治目标内化于心、外化于行。另一方面，多元共治模式下各治理主体之间是合作治理的关系，而不是相互竞争。因此，华东院及时转变单一管理理念，培育合作治理理念，凝聚多元主体合作共识。通过转变治理理念，引导其他治理主体形成共治目标，逐步形成合作治理理念。

16.2.3　全过程工程咨询项目组织机构

中国电建集团华东勘测设计研究院有限公司陆河抽水蓄能电站全过程工程咨询项目部（以下简称全咨项目部）实行项目总负责人负责制，全面负责履行与发包人签订的"工程咨询合同"中规定的职责，组织领导全咨项目部工作。

陆河项目全咨项目部设立项目管理中心、造价咨询中心、工程监理中心和设备监造中心四个管理层中心，主要涉及综合管理部、工程管理部、设计管理部、土建施工监理部、机电施工监理部、安全环保部和计划合同部等主要职能部门。全咨项目部配置项目总负责人、项目管理负责人、造价咨询负责人、总监理工程师、总建造工程师等，同时配置机电、金结、电气、水工、建筑、安全、机电、测量等不同专业工程师岗位，服务于项目现场。另外依托华东院各专业院所成立专家团队，负责为项目提供专业技术咨询服务。负责人、专业工程师、专家组结构合理、专业齐全、技术等级搭配，组成一个高效、务实的项目管理团队。陆河项目全咨项目部组织机构如图16-4所示。

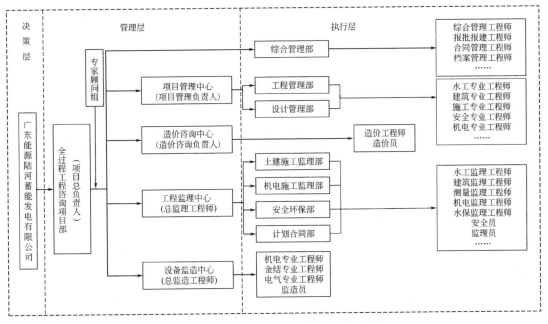

图 16-4　陆河项目全咨项目部组织机构图

16.3　全过程工程咨询服务内容和特色

16.3.1　全过程工程咨询在抽蓄项目首次应用

为积极落实国家"双碳"目标，作为国家《抽水蓄能中长期发展规划（2021-2035年）》中"十四五"重点实施项目和广东省"十四五"前期开工建设重点实施项目，陆河（三江口）抽水蓄能电站项目首创采用全过程工程咨询服务模式进行项目建设的全过程管理。从电站建设的筹建期、基建期直至运营前期，重点在项目管理、工程监理、设备监造和造价咨询等方面开展全过程管控，强化安全监督和进度、质量及投资控制，全力推动项目建设过程中各项管理、技术工作的提质增效，努力打造抽水蓄能电站建设新的高标准的行业标杆、管理标杆和服务标杆。

陆河项目是中国抽蓄项目第一次应用全过程工程咨询服务，这是提高工程建设管理水平，提升行业集中度，保证工程质量和投资效益，规范建筑市场秩序的重要措施。同时也是我国现有勘察、设计、施工、监理等从业企业调整经营结构，谋划转型升级，增强综合实力，加快与国际建设管理服务方式接轨的最佳举措。如何顺应和同步抽水蓄能的发展，实施适用于抽水蓄能工程施工技术和管理水平的全过程管理，开辟具有抽水蓄能行业特色的全过程工程咨询，是当前专业人员亟待解决的问题。陆河项目的装机容量为 1400MW，它属于一等大（1）型工程，投资大，建设周期长，建设过程参与人员众多，电站从立项开始历经预可行性研究、可行性研究、招标设计、招标实施、建设施工、竣工结算等多个重要阶段，全过程工程咨询围绕着电站建设全过程提供相关咨询服务，开创全国首例抽水蓄能电站建设采用全过程工程咨询服务的模式。

在陆河项目前期策划实施过程中，华东院提前介入，充分挖掘建设单位的真正需求，规避资料错误或与现场不符产生的风险，规划设计充分考虑投资建设和运营的结合，实现项目全生命周期效益。不仅将建设单位的长期战略贯彻到项目中，并且提供专业意见，及时对项目策划过程中出现的偏差进行纠正，统一思想。项目设计咨询阶段是工程项目承上启下的重要阶段，也是建设项目投资控制的关键阶段，其质量直接决定了项目整体统筹的成败，是工程管理极其关键的环节。这一阶段，华东院充分调动各专业技术力量、加强各业务之间的合作与配合。在项目施工过程中，华东院对工程质量、安全、进度等进行统筹控制，及时解决施工单位提出的各种问题。竣工验收是项目建设全过程的最后一个环节，华东院将在这个阶段核对工程是否符合合同条件和要求，是否符合竣工验收标准等。

16.3.2　项目建设内容多元化

陆河项目建设周期长，整个建设过程中的建设内容涉及面比较广，主要涉及水工电路工程、公路工程、隧洞开挖工程、金属结构安装工程、机电安装工程、电气工程和房屋建筑工程等方面。专业人员需求广泛，主要包括机电专业、金结专业、电气专业、水工专业、建筑专业等方面的工程师及相关专业人员。在提供全过程工程咨询服务过程中对相关专业人员需求大，跨领域、跨专业是该项目咨询工作的一大特点，要系统统筹各专业技术团队，形成一套逻辑严密、前后呼应和技术前瞻的研究成果，需要各技术团队具有良好的互动性。因此，陆河项目建设具有多元化的特点，给项目管理增加了难度，全过程咨询围绕上述诸多建设内容提供相关咨询服务。陆河项目全过程工程咨询部分专业服务人员需求如表 16.1 所示。

全过程工程咨询部分专业服务人员需求表　　　　　　　　　　表 16.1

项目管理人员需求		工程监理人员需求	
岗位	人数（人）	岗位	人数（人）
机电工程师	2	水工建筑监理工程师	8
金属结构工程师	1	金属结构监理工程师	3
水工专业工程师	3	建筑工程监理工程师	1
建筑专业工程师	2	测量监理工程师	2
地质专业工程师	1	机电监理工程师	4

陆河项目隧洞开挖工程涉及大跨度地下厂房洞室群开挖工程、引水隧洞和尾水隧洞开挖工程、施工支洞开挖工程、进厂交通洞和通风兼安全洞开挖工程等，开挖工程量大，爆破工作量大，地下厂房洞室群如图 16-5 所示。其中进厂交通洞和通风兼安全洞为整个厂房、尾水工程施工的交通通道，运输强度高、施工干扰大。TBM 施工技术作为目前较为先进的隧洞施工技术，具有安全环保、劳动力需要量少、自动化程度高、工作强度低、施工速度快、进度保证率高的优点。陆河项目交通洞、通风洞长度均较长，采用 TBM 施工技术可有效缩短施工工期。

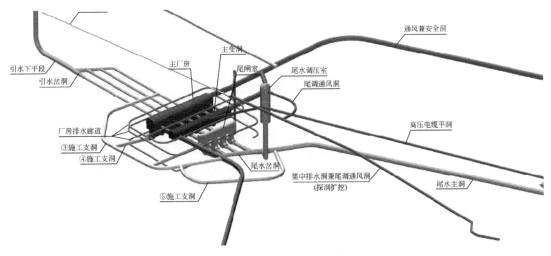

引水下平段
引水岔洞
主厂房
主变洞
尾闸室
尾水调压室
尾调通风洞
通风兼安全洞
厂房排水廊道
③施工支洞
④施工支洞
⑤施工支洞
尾水岔洞
集中排水洞兼尾调通风洞
（探洞扩挖）
高压电缆平洞
尾水主洞

图 16-5　地下厂房洞室群示意图

陆河项目金属结构安装工程包括引水管道、闸门、启闭机、拦污栅、压力钢管及其他金属结构的安装，钢管和钢板等钢材需求量大。其中尾水事故闸门埋深较深，设计水头较高，陆河项目尾闸洞内设有 4 台液压启闭机，尾水事故闸门的功能是要保证在机组辅助水管或尾水锥管发生破裂等故障时能快速关闭切断尾水流道，避免水淹厂房事故进一步扩大，确保电站运行的安全性。金属结构设备能否良好运行，除了设计合理外，制造与安装质量至关重要，例如为防止拦污栅振动，拦污栅与栅槽安装精度一般要求高于规范；尾闸洞事故闸门门槽顶盖的密封面加工与安装精度是确保安全密封的关键；液压阀组和充排水阀门的采购质量是启闭安全和充排水安全运行的保障，这些节点都需要给予重点关注。

机电设备安装工程包括发电设备、升压变电设备、水文测报设备、消防设备、劳动安全与工业卫生设备以及其他机电设备。在电气工程方面，陆河项目为大容量、高转速机组，应选择好机组参数和结构形式，充分与各制造厂加强交流，提出合理的技术参数，选择成熟、可靠、稳定的产品。根据电气主接线、电气设备布置要求，配合有关专业进行电站枢纽布置和厂房布置设计，设计应充分考虑陆河项目的地形、地貌特点和选用设备的特点，应满足电站长期安全运行要求和施工维护检修方便等要求，并应符合相关标准。

场内道路布置是否合理和设计深度是否满足阶段要求，是实现工程预定功能和控制造价的关键。前期阶段投标人将根据枢纽和施工总布置情况、地形地质条件、环境因素等，协助建设单位分析场内道路规划布置能否满足施工总布置及各工区施工布置的需要，道路等级是否满足高峰运输强度要求，永久道路防洪设计标准是否按永久建筑物和主要施工场地防洪设计标准控制，线路布置是否充分考虑施工便利、经济环保和可靠，以及其他工程合理性优化建议。根据枢纽布置特点及施工需要，上、下水库两个施工区场内规划主干道路 20 条，共计 36.30km。上水库共布置 10 条主干施工道路，合计公路里程 10.70km，其中临时桥梁长 0.60km（1 座）。下水库共布置 8 条主干施工道路，合计公路里程 8.80km，其中临时桥梁长 1.20km（2 座），永久桥梁长 0.60km（1 座）；上、下水库连接段共布置

2条主干施工道路，合计公路里程11.80km，其中隧洞长1.30km（2座）；其他场地施工道路5.00km。

房屋建筑工程包括业主营地、综合仓库、开关站、消防站和机电设备库等的建设工程。其中陆河项目主要房屋建筑工程业主营地规划布置于下水库右岸山脊，与下水库直线距离约450m。施工期作为建设单位、设计和监理办公生活用地，后期作为电站运行前方营地。初步按350人考虑，建筑面积20000m²，场地布置高程270.00m，用地面积约50000m²。其中主要房屋建筑用地面积如表16.2所示。

主要房屋建筑用地面积表　　　表16.2

建筑名称	业主营地	综合仓库	开关站	消防站	机电设备库
用地面积（亩）	195.81	14.94	70.97	12.81	26.53

16.3.3 "1+N"模式的创新应用

"1+N"模式中，"1"是指当投资人委托多个咨询单位共同承担项目全过程工程咨询业务时，投资人应明确其中一家咨询单位作为全过程工程咨询单位，负责全过程工程项目管理等综合性工作，由其协调其他咨询单位分别按合同约定负责所承担的专业咨询工作。"N"指全过程各专业咨询，包括前期工程咨询、工程勘察、工程设计、招标采购、造价咨询、工程监理、运营维护咨询和BIM咨询等。通过在工程项目的项目决策阶段、勘察设计阶段、招标采购阶段、工程施工阶段、竣工验收阶段和运营维护阶段六个阶段实施"1+N"全过程工程咨询模式，以咨询型代建思想为指导，全面集成和融合建设项目全生命周期的各专业咨询服务业务，将优质建设项目和咨询产品相结合，对提高工程建设水平和整体效益是切实可行的。全过程工程咨询服务是咨询服务的发展方向，目前行业内还处于探索阶段，采用"1+N"模式开展全过程工程咨询服务，有利于项目高度集成，击破信息孤岛，提升项目效益。

陆河项目属于广东省"十四五"前期开工建设的重点实施项目，建设单位在功能、整体投资、结构等众多方面均具有极高的要求。此外，陆河项目的管理内容极具多样化及复杂性，使项目管控充满挑战。建设单位委托华东院展开全过程工程咨询工作。华东院为了保证工程能够顺利进行，借助自身积累的水利水电项目等咨询经验，进一步提升全过程工程咨询服务水平，围绕现场勘察与设计、工程造价咨询以及监理服务等对工程资源展开全方位协同与整合，形成了"1+N"全过程工程咨询模式。陆河项目秉着"1+N"的项目管理理念，其中"1"是指全过程一体化项目管理，"N"包括但不限于计划统筹和总体管理、勘察设计管理、工程技术管理、设备监造、造价咨询、工程监理、投资管理、施工组织协调管理、报批报建管理、竣工验收及移交管理和工程结算管理，如图16-6所示。

陆河项目全过程工程咨询"1+N"服务模式的应用，为水电项目全过程工程咨询工作提供了宝贵经验。陆河项目在全过程工程咨询期间，咨询团队围绕建设工程全生命周期内的前期阶段、招标施工图阶段、采购阶段、施工阶段和竣工验收移交等各个阶段做好管理服务，促进勘察、设计、造价、施工、监理等不同环节、不同专业的无缝衔接，提前规避和弥补传统单一服务模式下易出现的管理漏洞和缺陷，提高了工程质量和品质，为建设

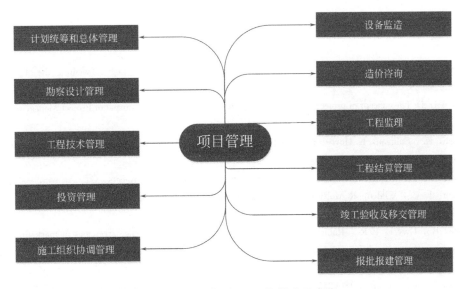

图 16-6　陆河项目"1＋N"模式示意图

单位排忧解难、处理工程问题，确保项目按照建设单位意图在合理工期内投入使用。

参 考 文 献

[1] Albertus, T. L. Building trust-the case of the construction industry ［D］. Twente: the Univeisity of Twente, 2009.

[2] Baccarini, D. The concept of project complexity-a review ［J］. International Journal of Project Management, 1996, 14 (4): 201-204.

[3] Barlish, K., Sullivan, K. How to measure the benefits of BIM - A case study approach ［J］. Automation in Construction, 2012, 24 (none): 149-159.

[4] Bekker, M. C., Steyn, H. Defining 'project governance' for large capital projects ［C］. Africon, 2007: 1-13.

[5] Biesenthal, C., Wilden, R. Multi-level project governance: Trends and opportunities ［J］. International Journal of Project Management, 2014, 32 (8): 1291-1308.

[6] Boyle, B., Dwyer, F. R., Robicheaux, R. A., &. Simpson, J. T.. Influence strategies in marketing channels: measures and use in different relationship structures ［J］. Journal of Marketing Research, 1992, 29 (4), 462-473.

[7] Brioso, Xavier. Integrating ISO 21500 guidance on project management, lean construction and PMBOK ［J］. Procedia Engineering, 2015, 123: 76-84.

[8] Cardenas, I. C., Voordijk, H., Dewulf, G. Beyond theory: Towards a probabilistic causation model to support project governance in infrastructure projects ［J］. International Journal of Project Management, 2017, 35 (3): 432-450.

[9] Carlos, O. C., Marques R. C. Flexible contracts to cope with uncertainty in Public-Private partnerships ［J］. International Journal of Project Management, 2013, 37 (3): 473-483.

[10] Channels: Measures and Use in Different Relationship Structures ［J］. Journal of Marketing Research, 1992, 29 (4): 462-473.

[11] Chen, L., Manley, K. Validation of an instrument to measure governance and performance on collaborative infrastructure projects ［J］. Journal of Construction Engineering &. Management, 2014, 140 (5): 63-70.

[12] Cheng, J. H., Wang, H. Application and popularization of BIM technology in project management ［J］. Applied Mechanics and Materials, 2012, 174-177: 2871-2875.

[13] Cheung, F. K. T., Rihan, J., Tah, J. Early stage multi-level cost estimation for schematic BIM models ［J］. Automation in Construction, 2012, 27 (none): 67-77.

[14] Clarkson, M. A stakeholder framework for analyzing and evaluating corporate social responsibility ［J］. The Academy of Management Review, 1995, 20 (1): 92-118.

[15] Cleland, D. I. Project stakeholder management ［J］. Project Management Journal, 1986, 17 (4) .36-44.

[16] Crawford, L. Senior management perceptions of project management competence ［J］. International Journal of Project Management. 2005, 23 (1): 7-16.

[17] Danwitz, S. Organizing inter-firm project governance-a contextual model for empirical investigation ［J］. International Journal of Managing Projects in Business, 2018, 11 (1): 144-157.

[18] David Bryde, Marti Broquetas, Jurgen Marc Volm. The project benefits of Building Information Modeling (BIM) ［J］. Science Direct, 2013, 31: 971-980.

[19] David Oswald, Dominic D., Ahiaga-Dagbui, Fred Sherratt, Simon D. Smith. An industrystructured for unsafety? An exploration of the cost-safety conundrum in construction project delivery ［J］. Safety Science, 2020, 122 (1), 104535.

[20] Ding, L., Zhou, Y., Akinci, B. Building Information Modeling (BIM) application framework: The process of expanding from 3D to computable nD ［J］. Automation in Construction, 2014, 46: 82-93.

[21] Durdyev S, Ashour M, Connelly S, et al. Barriers to the implementation of Building Information Modelling

(BIM) for facility management [J]. Journal of Building Engineering, 2022, 46: 103736.

[22] Eadie, R., Browne, M., Odeyinka, H. BIM implementation throughout the UK construction project lifecycle: An analysis [J]. Automation in Construction, 2013, 36 (Complete): 145-151.

[23] Eastman, C. M., Jeong, Y. S., Sacks, R. Exchange model and exchange object concepts for implementation of national BIM standards [J]. Journal of Computing in Civil Engineering, 2010, 24 (1): 25-34.

[24] Elsonoki, M. M., Yunus, R. Value engineering practices in the libyan construction industry: A preliminary study [J]. IOP Conference Series: Earth and Environmental Science, 2020, 498. dio: 10.1088/1755-1315/498/1/012109.

[25] Gao, J., Chang, K., Wu, W., Min, Z., and Yuan, Y. The water distribution network digital management platform in Harbin, China. IEEE International Conference on Networking Sensing and Control, 2009, DOI: 10.1109/ICNSC. 200.4919366.

[26] Ghaffarianhoseini, A., Zhang, T., Nwadigo, O. Application of BIM integrated knowledgebased building management system (BIM-IKBMS) for inspecting post-construction energy efficiency efficiency [J]. Renewable and Sustainable Energy Reviews, 2017, 72: 935-949.

[27] Ghio, V. A., Valle, E., Rischmoller, L. Preplanning: A rewarding experience [J]. Retrieved October, 1997, (11): 2002.

[28] Heide, J. B., John, G. Do Norms Matter in Marketing Relationships? [J]. Journal of Marketing, 1992, 56 (2): 32-44.

[29] Heralova R S. Possibility of using value engineering in highway project [J]. Procedia Engineering, 2016, (164): 362-367.

[30] Huber, T. L., Fischer, T. A., Dibbern, J. A process model of complementarity and substitution of contractual and relational governance in IS outsourcing [J]. Journal of Management Information systems, 2013, 30 (3): 81-114.

[31] Jalilzadehazhari E, Johansson P. Integrating BIM, Optimization and a multi-criteria decision-making method in building design process [C]. Advances in Informatics and Computing in Civil and Construction Engineering. Springer, Cham, 2019: 359-369.

[32] Du Preez N D, Louw L. A framework for managing the innovation process [C] //PICMET'08-2008 Portland International Conference on Management of Engineering &. Technology. IEEE, 2008: 546-558.

[33] Freeman J, Boeker W. The ecological analysis of business strategy [J]. California Management Review, 1984, 26 (3): 73-86.

[34] Kim, H. S., Cho, B. N., Moon, H. S. Enhancing interoperability of construction data for managing integrated active BIM features [J]. Advanced Materials Research, 2014, 831: 442-445.

[35] Arai K. Effect of Institutions: Analysis of Japanese municipal public procurement [J]. International Journal of Public Administration, 2013, 36 (9): 638-648.

[36] Lee, D. E., Park, S. M., Son C B. Identifying system architecture of construction quality management system integrated with schedule and operation models [J]. International Journal of Remote Sensing, 2013, 34 (9-10): 3231-3247.

[37] Teixeira L, Xambre A R, Figueiredo J, et al. Analysis and design of a project management information system: practical case in a consulting company [J]. Procedia Computer Science, 2016, 100: 171-178.

[38] Lewis M, Roehrich J. Towards a Model of Governance in Complex (Product-Service) Inter-Organisational Systems [J]. Roehrich, JK and Lewis, MA (2010). Towards a model of governance in complex (product-service) inter-organisational systems. Construction Management and Economics, 2010, 28 (11): 1155-1164.

[39] Luo L, Yang Y, Zheng J, et al. Measuring project governance of mega infrastructure in China: A scale development study [J]. Sustainability, 2022, 14 (2): 593.

[40] Manuel, Olbrich. Augmented realitysupporting user-centric building information management [J]. The Visual Computer, 2013, 29 (10): 1093-1105.

参考文献

[41] Mayani M G, Svendsen M, Oedegaard S I. Drilling digital twin success stories the last 10 years [C] //SPE Norway One Day Seminar. OnePetro, 2018.

[42] Hoxley M. Purchasing UK public sector property and construction professional services: competition v quality [J]. European Journal of Purchasing & Supply Management, 2001, 7 (2): 133-139.

[43] Nhat, H. N., Martin, S., Johnny, K. W. W. Stakeholder impact analysis of infrastructure project management in developing countries: a study of perception of project managers in state-ownedengineering firms in Vietnam [J]. Construction Management and Economics. 2009, (27): 1129-1140.

[44] Ning, Y. Combining formal controls and trust to improve dwelling fit-out project performance: A configurational analysis [J]. International Journal of Project Management, 2017, 35 (7): 1238-1252.

[45] Perman, A., Sacks, R., Barak, R. Hazard recognition and risk perception in construction [J]. Safety science, 2014, 64: 22-31.

[46] Peter, Malanczuk, Akehurst. Modem Introduction to International Law [J]. Routledge, 1997, (7): 120.

[47] Plume, J., Mitchell, J. Collaborative design using a shared IFC building model-Learning from experience [J]. Automation in Construction, 2007, 16 (1): 28-36.

[48] Poppo, L., Zenger, T. Do formal contracts and relational governance function as substitutes or complements? [J]. Strategic Management Journal, 2002, 23 (8): 707-725.

[49] Prabir Panda, Sahu, G. P. Electronic government procurement implementation in India: a crosssectional study [J]. International Journal of Business Information Systems, 2015, 18 (1): 1-25.

[50] Qian, Q. Z., Zhang, L. Y. Impact of regulatory focus on choice of project-governance modes: Role of tolerance of opportunistic behavior [J]. Journal of Construction Engineering and Management, 2018, 144 (8): 1-12.

[51] Rachwan, R., Abotaleb, I., Elgazouli, M. The influence of value engineering and sustainability considerations on the projectvalue [J]. procedia Environmental Sciences, 2016, (34): 431-438.

[52] Rai, A., Keil, M., Hornyak, R. Hybrid relational-contractual governance for business process outsourcing [J]. Journal of Management Information Systems, 2012, 29 (2): 213-256.

[53] Rasheed, A., San, O., Kvamsdal, T. Digital twin: Values, challenges and enablers from a modeling perspective [J]. IEEE Access, 2020 (8): 21980-22012.

[54] Remington K, Pollack J. Tools for complex projects [J]. Project Management Journal, 2010, 39 (3): 126-126.

[55] Rinnooy K., A. H. G., and Timmer, G. T. Stochastic global optimization methods, mathematic programming, univ [J]. Wisconsin-Madison, Technical Summary, 1980. 39 (1): 27-56.

[56] Robert, N. From client to project stakeholders: a stakeholder mapping approach [J]. Construction Management and Economics, 2003 (21): 841-848.

[57] Shinde S, Govender U. The emergence of techno-project managers in the consulting engineering business [J]. Civil Engineering: Magazine of the South African Institution of Civil Engineering, 2017, 25 (2): 49-52.

[58] Sebastian, R. Changing roles of the clients, architects and contractors through BIM [J]. Engineering Construction & Architectural Management, 2011, 18 (2): 176-187.

[59] Simard, M., Aubry, M., Laberge, D. The utopia of order versus chaos: A conceptual framework for governance, organizational design and governmentality in projects [J]. International Journal of Project Management, 2018, 36 (3): 460-473.

[60] Sun C L, Liu C, Shi D. Construction and application of integration under IFC standard based on BIM database [J]. Advanced Materials Research, 2014, 926: 1894-1897.

[61] Suprapto M, Bakker H L M, Mooi H G, et al. Sorting out the essence of owner-contractor collaboration in capital project delivery [J]. International Journal of Project Management, 2015, 33 (3): 664-683.

[62] Pantic-Dragisic S, Söderlund J. Swift transition and knowledge cycling: Key capabilities for successful technical and engineering consulting? [J]. Research Policy, 2020, 49 (1): 1-8.

[63] Tao X, Liu Y, Wong P K Y, et al. Confidentiality-minded framework for blockchain-based BIM design collabora-

tion [J]. Automation in Construction, 2022, 136: 1-41.

[64] Teller, J., Unger, B. N., Kock, A.. Formalization of project portfolio management: The moderating role of project portfolio complexity [J]. International Journal of Project Management, 2012, 30 (5): 596-607.

[65] Turner, J. R, Keegan, A. Mechanisms of governance in the project-based organization: Roles of the broker and steward [J]. European Management Journal, 2001, 19 (3): 254-267.

[66] Turner, J. R., Ralf, Müller. Communication and co-operation on projects between the project owner as principal and the project manager as agent [J]. European Management Journal, 2004, 22 (3): 327-336.

[67] Turner T. Accountability in cross-tier e-government integration [J]. Australian Government, Future Challenges for E-Government, S, 2004, 128-138.

[68] Uzzi, B. Embeddedness in the making of financial capital: How social relations and networks benefit firms seeking financing [J]. American Sociological Review, 1999, 64 (4): 481-505.

[69] Volden, G. H, Andersen, B. The hierarchy of public project governance frameworks: An empirical study of principles and practices in Norwegian ministries and agencies [J]. International Journal of Managing Projects in Business, 2018, 11 (1): 174-197.

[70] Wang, X., Gu, N., Singh, V. A Theoretical framework of a BIM-based multi disciplinary collaboration platform [J]. Automation in Construction, 2011, 20 (2): 134-144.

[71] Whetten D A. Interorganizational relations: A review of the field [J]. The Journal of Higher Education, 1981, 52 (1): 1-28.

[72] Williamson, O. E. Corporate finance and corporate governance [J]. Journal of Finance, 1988, 43: 567-591.

[73] Williamson, O. E. Transaction cost economics: The natural progression [J]. Journal of Retailing, 2010, 86 (3): 215-226.

[74] Winch, G. M. Governing the project process: A conceptual framework [J]. Construction Management & Economics, 2001, 19 (8): 799-808.

[75] Wyatt, A., Mohamed, S., Tilley, P. A. Indicators of design and documentation deficiency [C]. Proceedings of the Fifth Annual Conference of the International Group for Lean Construction, 1997: 137-148.

[76] Yan, L. and Li, J. P. Research on standardization of whole process cost consultation business - A case of davis langdon and seah [J]. Applied Mechanics and Materials, 2013, 405-408, 3380-3385.

[77] Yu, C. M. J., Liao, T. J., Lin, Z. D. Formal governance mechanisms, relational governance mechanisms, and transaction-specific investments in supplier-manufacturer relationships [J]. Industrial Marketing Management, 2006, 35 (2): 128-139.

[78] Xiaojing Yu. Characteristics and application analysis of building design based on parametric BIM [J]. Academic Journal of Engineering and Technology Science, 2022, 5 (1): 41-44.

[79] Yun, L, Junshan, R, Yan, N, et al. Life cycle cost integrative management in construction engineering [C] // First IEEE International Conference on Information Science & Engineering. IEEE Computer Society, 2009.

[80] Bishop Y M, Fienberg S E, Holland P W. Discrete multivariate analysis: theory and practice [M]. Springer Science & Business Media, 2007.

[81] Zhang, C., Fu, X., Wang, G., Wei, J., and Wang, K. Research and application of the digital channel platform for the middle route of south-to-north water diversion project [J]. Journal of Basic Science and Engineering, 2009, 17 (4): 524-535.

[82] Zhang, J. P., Hu, Z. Z. BIM and 4D-based integrated solution of analysis and management for conflicts and structural safety problems during construction: 1. Principles and methodologies [J]. Automation in Construction, 2011, 20 (2): 155-166.

[83] Zhang, L. Y., Tan, Z., and Liu, C. W. Research on optimal operation method of pumping station based on machine learning [C] //IEEE Conference on Energy Internet and Energy System Integration, 2017: 2456-2461.

[84] Zhang, Q., Zhou, K. Z. Governing interfirm knowledge transfer in the Chinese market: The interplay of formal and informal mechanisms [J]. Industrial Marketing Management, 2013, 42 (5): 783-791.

263

参考文献

[85] 柏永春. 基于建设项目实践的全过程工程咨询研究 [D]. 合肥：合肥工业大学，2020.

[86] 蔡阳. 智慧水利建设现状分析与发展思考 [J]. 水利信息化，2018 (4)：1-6.

[87] 常宏建. 项目利益相关者协调机制研究 [D]. 济南：山东大学，2009.

[88] 陈丹，姚宏韬. 基于 SWOT 分析的高坎镇发展战略研究 [J]. 沈阳建筑大学学报（社会科学版），2007 (2)：160-163.

[89] 陈冠东，芦继忠，陈权，等. BIM 技术在建筑工程电子验收与资料移交过程中的应用 [J]. 企业科技与发展，2018，3：143-144.

[90] 陈金海，陈曼文，杨远哲，等. 建设项目全过程工程咨询指南 [M]. 北京：中国建筑工业出版社，2019.

[91] 陈静茹，龚烜，刘鹏，等. 政府投资村居改造项目全过程工程咨询探索 [J]. 建筑经济，2022，43 (1)：39-45.

[92] 陈乐，王蕾，貊玉龙，杜广晟，黄伟华. 基于 SWOT-SLEPT 模型的水利工程全过程咨询对策研究 [J]. 建筑经济，2021，42 (5)：67-71.

[93] 陈礼靖，佘健俊，李梅. 基于精益价值链理论的建筑业企业精益建造能力评价研究 [J]. 工程管理学报，2013，27 (4)：116-120.

[94] 陈起伟，熊康宁，兰安军. 基于 GIS 技术的贵州省土壤侵蚀危险性评价 [J]. 长江科学院院报，2020，37 (12)：47-52，66.

[95] 程磊，姚开军，陈崇德. 水利工程建设施工监理的现场控制与管理 [J]. 水利工程，2017，28 (3)：85-87.

[96] 程瑞雅，苑东亮，张文宇. 全过程工程咨询业主满意度评价研究 [J]. 四川建材，2020，46 (1)：181-183.

[97] 丛君义. 创鲁班奖房建工程质量控制研究——中国大连高级经理学院建设工程 [D]. 辽宁：大连理工大学，2015.

[98] 戴晟，赵罡，于勇，等. 数字化产品定义发展趋势：从样机到孪生 [J]. 计算机辅助设计与图形学学报，2018，30 (8)：1554-1562.

[99] 邓娇娇，严玲，吴绍艳. 中国情境下公共项目关系治理的研究：内涵、结构与量表 [J]. 管理评论，2015，27 (8)：213-222.

[100] 邓娇娇. 公共项目契约治理与关系治理的整合及其治理机理研究 [D]. 天津：天津大学，2013.

[101] 丁荣贵，高航，张宁. 项目治理相关概念辨析 [J]. 山东大学学报（哲学社会科学版），2013 (2)：138-148.

[102] 丁士昭. 激励市场需求是全过程工程咨询推进的主要驱动力 [J]. 建筑，2020 (14)：16-17.

[103] 丁士昭. 全过程工程咨询的概念和核心理念 [J]. 中国勘察设计，2018 (9)：31-33.

[104] 丁士昭. 用国际化视野推进全过程工程咨询 [J]. 中国勘察设计，2019 (5)：32-37.

[105] 董保宝，罗均梅. VUCA 与新时代的创业研究："2018 年创业研究前沿专题论坛"观点综述 [J]. 外国经济与管理，2018，40 (10)：31-39.

[106] 董然，尹贻林，王翔，等. 基于工作要素权重的全过程工程咨询管理报酬模型研究 [J]. 项目管理技术，2019，17 (7)：7.

[107] 杜亚灵，尹贻林. 回购式契约视角下政府对 BT 项目的投资控制研究 [J]. 科技管理研究，2011 (23)：183-186.

[108] 樊霖，庞靖鹏. 新时代我国水利现代化进程评估分析 [J]. 水利经济，2020，38 (6)：7-11，19，81.

[109] 弗莱蒙. E. 卡斯特，詹姆斯. E. 罗森茨维克. 组织与管理——系统方法与权变方法 [M]，北京：中国社会科学出版社. 2000.

[110] 高琼，刘艺，陈崇德. 水利工程建设施工监理档案资料的整理与移交 [J]. 水电与新能源，2019，4：41-44.

[111] 戈焌杰. 全过程工程咨询企业服务能力成熟度研究 [D]. 扬州：扬州大学，2019.

[112] 弓敏，孙有为，等. 城市轨道交通运营管理信息化建设措施分析 [J]. 经营与管理，2021，28 (8)：144-145.

[113] 龚花强，苟晨. 基于全过程工程咨询的转型升级发展策略研究 [J]. 建筑，2018 (17)：35-37.

[114] 广东重工设计院. 全过程工程咨询"1+N"服务模式的探索与思考 [J]. 中国勘察设计，2018 (10)：54-59.

[115] 国家发展和改革委员会. 工程咨询行业管理办法 [Z]. 2017-11-6.

[116] 韩光耀，沈翔. 关于全过程工程咨询的再思考 [J]. 中国工程咨询，2019 (1)：30-34.

[117] 郝智星. 全过程工程咨询及实施路径研究 [D]. 西安：长安大学，2021.

[118] 何清华，罗岚，陆云波，等．项目复杂性内涵框架研究述评 [J]．科技进步与对策，2013 (23)：162-166.

[119] 贺春雷，孙正东．重大水利项目推行全过程工程咨询探讨 [J]．中国水利．2019 (8)：35-36.

[120] 侯丽娟．全过程工程咨询的研究现状及试点实践 [J]．中国勘察设计，2019 (5)：45-49.

[121] 胡国民．BIM 技术下全过程工程咨询服务模式探索 [J]．工程技术研究，2020，5 (8)：267-268.

[122] 胡勇，郭建淼，刘志伟．工程咨询理论与实践研究系列丛书：全过程工程咨询理论与实施指南 [M]．北京：中国电力出版社，2019.

[123] 贾广社，夏志坚，陈双，等．大型建设工程项目治理研究——以上海虹桥综合交通枢纽工程为例 [J]．建筑经济，2010 (11)：49-52.

[124] 贾生华，陈宏辉．利益相关者的界定方法述评 [J]．外国经济与管理，2002，24 (5)：13-18.

[125] 姜翰，杨鑫，金占明．战略模式选择对企业关系治理行为影响的实证研究——从关系强度角度出发 [J]．管理世界，2008，174 (3)：115-125，164.

[126] 蒋亚东，石焱文．数字孪生技术在水利水电工程运行管理中的应用 [J]．科技通报，2019，35 (11)：5-9.

[127] 焦健．基于价值工程的政府投资项目全过程工程咨询研究 [D]．北京：北京建筑大学，2020.

[128] 金楠．从招标代理到全过程工程咨询 [J]．中国招标，2018 (39)：24-26.

[129] 巨志剑，师永健，刘涛，等．全过程工程咨询之实践与思考 [J]．建筑经济，2020，41 (6)：22-28.

[130] 康文静．工程咨询行业的现状及未来发展 [J]．工程技术：引文版，2017 (2)：8.

[131] 李辉山，马婕．基于管理协同思想的工程项目管理应用 [J]．项目管理技术，2016，14 (7)：70-73.

[132] 李惠，杨乃定，郭晓．复杂项目系统复杂性构成研究 [J]．软科学，2009，23 (2)：75-79.

[133] 李慧强．国际工程承包管理 [M]．上海：复旦大学出版社，2008.

[134] 李佳恬，尹贻林，尹航．建设项目全过程工程咨询合同管理研究 [J]．项目管理技术，2018，16 (12)：35-40.

[135] 李家辉．验收职责移交下建筑消防工程竣工验收研究——以蒙自新百大棚户区改造项目为例 [J]．城市建筑，2021，18：159-161.

[136] 李建军．全过程工程咨询能力建设与实践——工程监理企业开展全过程工程咨询服务的优势与探索 [J]．建设监理，2018 (11)：5-8，12.

[137] 李雷，鲁仕宝，畅建霞，等．两种典型模型算法在水利水电工程中的类比分析 [J]．中国建材科技，2010，19 (6)：51-55.

[138] 李玲．浅论水利工程施工期环境保护管理 [J]．四川水利，2017 (1)：34-35.

[139] 李乔，董增川，刘蕊，等．铁岗水库分期洪水调度研究 [J]．水电能源科学，2008，26 (6)：62-64.

[140] 李伟峰．基于设计院主导的全过程工程咨询探析 [J]．价值工程，2019，38 (35)：100-101.

[141] 李蔚．我国铁路建设项目 PPP 融资模式下的风险分担机制研究 [D]．成都：西南交通大学，2010.

[142] 李真，孟庆峰，盛昭瀚．工程施工团队中机会主义行为复杂性分析与计算实验 [J]．系统管理学报，2017 (3)：42-47.

[143] 李志，罗舒予．设计主导的全过程工程咨询集成化管理模式研究 [J]．建筑经济，2021，42 (7)：23-27.

[144] 梁善锋，刘碎婷，李慣振．城市公共基础设施项目竣工验收和移交问题对策探析 [J]．建筑工程，2015，6：57-58.

[145] 梁永宽．合同与关系：中国背景下的项目治理机制——基于委托代理与交易成本理论的分析 [J]．科技管理研究，2012，32 (22)：251-254.

[146] 刘彩云．基于时间序列挖掘技术的南水北调工程安全监测数据异常检测 [D]．郑州：华北水利水电大学，2019.

[147] 刘常乐．项目情境下治理机制对知识转移的影响研究 [D]．北京：北京交通大学，2016.

[148] 刘超，刘帅．关于风电项目分阶段建设移交运行管理工作的探讨 [J]．水电与新能源，2020，7：21-27.

[149] 刘光容，政府协同治理：机制、实施与效率分析 [D]．武汉：华中师范大学，2008.

[150] 刘孟凯，许孔毅．建设工程设计阶段信息管理风险评估 [J]．工业安全与环保，2020，46 (12)：69-74.

[151] 刘玉琦，戚安邦，杨玉武．政府投资工程代建制企业的项目全生命周期集成管理方法研究 [C]．中国科学技术协会第十届中国科协会论文集（四）、北京：中国科学技术协会，2008：261-265.

[152] 陆敏敏，赵玲娴．基于价值链理论的全过程工程咨询服务模式分析 [J]．工程经济，2019，29（12）：61-63．

[153] 陆云峰，张清晨，李鸣宇．重大工程集成管理理论研究 [J]．价值工程，2021，40（29）：68-70．

[154] 罗岚，何清华．项目复杂性识别、测度与管理研究 [M]．北京：中国社会科学出版社，2017.5．

[155] 罗岚，水悦瑶，杨德磊，谢敏．大型建设项目复杂性量表开发与验证 [J]．南昌大学学报（工科版），2018，40（1）：57-62．

[156] 骆小龙，虞开森，余金铭，等．基于阿里云的台风路径实时发布系统研究 [J]．计算机时代，2015（2）：15-18．

[157] 骆亚卓，李新春，谭上飞．契约、关系及机会主义防御：资产专用性、不确定性与建设项目治理选择 [J]．经济与管理，2018，32（4）：41-46．

[158] 毛小平，陆惠民，李启明．我国工程项目可持续建设的利益相关者研究 [J]．东南大学学报（哲学社会科学版），2012，14（2）：46-50，127．

[159] 孟思翘．科学化的水利工程运营管理机制推行策略研究 [J]．内蒙古水利，2020，11：76-77．

[160] 聂娜，周晶．综合集成管理下的大型工程组织系统 [J]．系统科学学报，2013，21（3）：46-49．

[161] 彭华洲，吴湛坤，苗俊婷．关于推进全过程工程咨询的思考 [J]．四川水泥，2020（3）：296．

[162] 戚安邦，多要素项目集成管理方法研究 [J]．南开管理评论，2002（6）：70-75．

[163] 戚振强，韦彩益，董沈阳．政企协同视角下的全过程工程咨询发展研究 [J]．建筑经济，2021，42（4）：98-101．

[164] 曲海锋．投资决策综合性咨询的实践与思考 [J]．中国工程咨询，2022（3）：78-81．

[165] 任宏，曾德珩，张巍，等．巨项目的有效大系统 [J]．中国工程科学，2012，14（12）：75-80．

[166] 阮明华，贺晓东．全过程工程咨询的实践研究 [J]．建筑经济，2019，40（10）：9-12．

[167] 沙凯逊．建设项目治理 [M]．北京：中国建筑工业出版社，2013．

[168] 沈岐平，杨静．建设项目利益相关者管理框架研究 [J]．工程管理学报，2010，24（4）：412-419．

[169] 沈汝潮．ZNY 勘测设计院全过程工程咨询业务创新研究 [D]．南宁：广西大学，2020．

[170] 沈翔．论全过程工程咨询的未来发展趋势 [J]．中国工程咨询，2018（11）：11-16．

[171] 盛昭瀚，薛小龙，安实．构建中国特色重大工程管理理论体系与话语体系 [J]．管理世界，2019，35（4），8-22，57，201．

[172] 石秀伟，赵冬临，欧阳光．政府投资信息工程全过程咨询服务模式探析 [J]．项目管理技术，2020，18（6）：84-87．

[173] 时茜茜，朱建波，盛昭瀚．重大工程供应链协同合作利益分配研究 [J]．中国管理科学，2017（5）：121-127．

[174] 水利部参事咨询委员会．智慧水利现状分析及建设初步设想 [J]．中国水利，2018（5）：1-4．

[175] 苏传政，张晴晴．水利工程运营期工程管理标准化研究 [J]．水利水电快报，2021，42（8）：52-58．

[176] 苏运生．水利水电工程建设与运行管理的有机结合 [J]．科技资讯，2020，18（17）：64-66．

[177] 孙峰．区块链技术在智慧水务中的应用初探 [J]．供水技术，2019（4）：13-2．

[178] 孙敬．全寿命周期建筑工程造价管理研究 [J]．工程建设与设计，2022（3）：242-244．

[179] 孙宁，张娜，曹泽芳，宁延．业务组合对全过程工程咨询组织模式及取费模式影响分析 [J]．工程管理学报，2020，34（6）：1-6．

[180] 孙新艳，尹贻林，王翔．工程造价咨询企业开展 PPP 项目全生命周期咨询业务流程再造研究 [J]．项目管理技术，2017，15（6）：41- 47．

[181] 孙毅．中国情境下施工企业参与 PPP 项目两标并一标的激励与规制研究 [D]．天津：天津理工大学，2018．

[182] 汤李宁．巴歇尔槽明渠流量计水位误差和流量误差测量不确定度的评定与表示 [J]．计量与测试技术，2015，42（5）：63-64，66．

[183] 陶飞，刘蔚然，刘检华，等．数字孪生及其应用探索 [J]．计算机集成制造系统，2018，24（1）：4-21．

[184] 万方刚，瞿立新．微粒群算法在水利水电工程多资源均衡优化中的应用 [J]．水电能源科学，2009，27（2）：139-141．

[185] 汪才华．全过程工程咨询的发展问题与解决对策 [J]．招标采购管理，2020（1）：48-51．

[186] 王春志．浅谈建筑工程创优 [J]．城市建设理论研究（电子版），2014（30）：2520-2520．

[187] 王宏毅，徐旭东．引入咨询总包模式消除业主方痛点 [J]．建筑，2018 (22)：21-23.

[188] 王华，尹贻林．基于委托—代理的工程项目治理结构及其优化 [J]．中国软科学，2004 (11)：93-96.

[189] 王磊，丁荣贵，钱琛．两类工业研究院协同创新项目治理比较——社会网络分析方法的研究 [J]．科技进步与对策，2016, 33 (12)：1-7.

[190] 王力荔．全过程工程咨询控制要点及提升策略分析 [J]．住宅与房地产，2021 (6)：177-178.

[191] 王乾坤．集成管理原理分析与运行探索 [J]．武汉大学学报（哲学社会科学版），2006, 59 (3)：355-359.

[192] 王树平．全过程工程咨询模式研究 [J]．中国勘察设计，2018 (10)：14-21.

[193] 王甦雅，钟晖．基于"1+N"项目管理思维的全过程工程咨询分析 [J]．建筑经济，2019, 40 (3)：5-8.

[194] 王颖，王方华．关系治理中关系规范的形成及治理机理研究 [J]．软科学，2007 (2)：67-70.

[195] 王章虎．设计单位推进全过程工程咨询的思考 [J]．工程与建设，2019, 33 (6)：1002-1004.

[196] 王祖和．现代工程项目管理 [M]．北京：电子工业出版社，2013.

[197] 吴常霞．水利水电建筑工程的全过程管理——狮山镇博爱调蓄湖水系整治工程全过程管理经验探索 [J]．建材与装饰．2019 (22)：316-317.

[198] 吴浩扬，常炳国，朱长纯，等．基于模拟退火机制的多种群并行遗传算法 [J]．软件学报，2000, 11 (3)：416-420.

[199] 吴浩云，黄志兴．以智慧太湖支撑水利补短板强监管的思考 [J]．水利信息化，2019, 149 (2)：5-10, 14.

[200] 吴健咏．全过程工程咨询对咨询企业的机遇与挑战 [J]．中国水利，2018 (14)：54-55＋14.

[201] 吴秋明，李必强．集成管理学—现代企业管理一门新兴的学科 [J]．企业管理，2004 (5)：87.

[202] 吴淑莲．PPP 项目再谈判关键风险因素识别与操作规程设计 [J]．工程管理学报，2017, 31 (3)：70-74.

[203] 吴小丽．全过程工程咨询组织架构与技术瓶颈效应宏观响应 [J/OL]．公路，2020 (3)：200-203.

[204] 吴勇．全过程工程咨询政策分析及推行建议 [J]．管理学家，2020 (12)：92-93.

[205] 吴兆丹，嵇延，张闻笛，贺骥．中国大中型水利 PPP 项目资产运营机制关键问题及构建思路 [J]．水利经济，2021, 39 (5)：6-12.

[206] 吴仲兵，姚兵，刘伊生．论政府投资代建制项目监管利益相关者的界定与分类 [J]．建筑经济，2011, 339 (1)：48-51.

[207] 项兵，王廷芳．全过程工程咨询服务企业组织架构及部门设置建议 [J]．中国工程咨询，2019 (3)：70-75.

[208] 谢坚勋．重大工程项目治理机制及其对项目成功的影响机理 [M]．上海：同济大学出版社，2019.

[209] 杜亚灵，闫鹏，尹贻林，等．初始信任对工程项目管理绩效的影响研究：合同柔性、合同刚性的中介作用 [J]．预测，2014, 33 (5)：23-29.

[210] 修璐．我国工程咨询已全面跨入全过程工程咨询服务的新阶段 [J]．中国勘察设计，2019 (5)：26-31.

[211] 许秀瑞，侯光明，王俊鹏．VUCA 时代视域下的组织管理适应性 [J]．未来与发展．2022, 46 (03)：36-41, 88.

[212] 薛松，张阳，丰景春．基于"五流"的大型复杂工程项目组织协同演化模型研究 [J]．科技管理研究，2015, 35 (15)：190-195, 207.

[213] 严菊生．全过程工程咨询服务的探索与思考 [J]．工程建设与设计，2019 (23)：257-258, 261.

[214] 严玲，霍双双，邓新位．项目治理机制改善公共项目管理绩效的研究——以代建人激励效应为中介变量 [J]．华东经济管理，2014, 28 (2)：137-142.

[215] 严玲，史志成，严敏，等．公共项目契约治理与关系治理：替代还是互补？ [J]．土木工程学报，2016 (11)：115-128.

[216] 严玲，尹贻林，范道津．公共项目治理理论概念模型的建立 [J]．中国软科学，2004 (6)：130-135.

[217] 严玲，张思睿．基于交易特征的全过程工程咨询合同研究 [J]．建筑经济，2019, 40 (8)：48-53.

[218] 严玲，赵黎明．公共项目契约本质及其与市场契约关系的理论探讨 [J]．中国软科学，2005 (9)：148-155.

[219] 严玲，赵黎明．论项目治理理论体系的构建 [J]．上海经济研究，2005 (11)：106-112.

[220] 颜红艳，胡萍，周春梅．建设项目群多元主体协同管理研究 [J]．湖南社会科学，2021 (6)：76-82.

[221] 颜红艳．建设项目利益相关者治理的经济学分析 [D]．长沙：中南大学，2007.

[222] 杨飞雪，汪海舰，尹贻林．项目治理结构初探 [J]．中国软科学，2004 (3)：80-84.

267

参考文献

［223］ 杨谨华. 中国城市轨道交通 PPP 项目风险分担研究［D］. 成都：西南交通大学，2017.

［224］ 杨卫东，敖永杰，翁晓红，韩光耀. 全过程工程咨询实践指南［M］. 北京：中国建筑工业出版社，2018.

［225］ 杨学英. 全过程工程咨询模式下的设计管理研究［J］. 工程经济，2019，29（12）：55-57.

［226］ 姚亮，高磊. 浅析水利水电工程建设督查方式方法［J］. 水利发展研究，2020，20（12）：24-29.

［227］ 殷雪明，钱德强，许召新. 水利水电工程施工中的防渗新技术及应用研究［J］. 科技创新导报，2020，17（10）：34-35.

［228］ 尹贻林，胡雯拯，杜亚灵，等. DBB 模式下施工总承包合同双方信任状态描述——基于内容分析的访谈研究［J］. 水力发电学报，2015，34（4）：177-183.

［229］ 尹贻林，解文雯，杨先贺，等. 建设项目全过程工程咨询收费机制研究［J］. 项目管理技术，2019，17（11）：7-11.

［230］ 尹贻林，严敏，严玲. 交易成本视角下的政府投资项目集中管理模式制度创新路径研究［J］. 科学学与科学技术管理，2010，31（9）：104-110.

［231］ 于景元，周晓纪. 从综合集成思想到综合集成实践—方法、理论、技术、工程［J］. 管理学报，2005（1）：4-10.

［232］ 余宏亮，李依静，肖月玲. 全过程工程咨询收费标准研究及应用［J］. 建筑经济，2018，39（12）：10-14.

［233］ 余勇军，伍迪，王守清. 中国 BT 项目关键成功因素研究［J］. 工程管理学报，2014，28（3）：78-83.

［234］ 袁婷. 工程项目四大目标集成管理研究［D］. 西安：长安大学，2017.

［235］ 袁治伟. 计算机网络技术在水利水电工程建设管理中的应用［J］. 人民黄河，2020，42（7）：78.

［236］ 约翰 D. 多纳休. 合作：激变时代的合作治理［M］. 徐维译. 北京：中国政法大学出版社，2015.

［237］ 臧雅萱，周直. 基于三方相互体谅讨价还价的 IPD 团队风险分担［J/OL］. 工程管理学报，2022，3（8）：1-6.

［238］ 张冰，李欣，万欣欣. 从数字孪生到数字工程建模仿真迈入新时代［J］. 系统仿真学报，2019，31（3）：369-376.

［239］ 张成福，党秀云. 公共管理学［M］，北京：中国人民大学出版社，2001.

［240］ 张高. 信息技术在水利水电工程建设管理中的应用［J］. 中国高新科技，2019，53（17）：79-81.

［241］ 张江波. 全过程工程咨询系列丛书.［M］. 北京：化学工业出版社，2020.

［242］ 张军强. 全过程工程咨询实施要点分析［J］. 工程技术研究，2020，5（5）：201-202.

［243］ 张绿原，陈华栋，许小锋. 基于遗传算法的大型泵站水泵转速优化方法［J］. 人民黄河，2014，36（6）：138-140.

［244］ 张双甜，郎颢川. 基于流程再造的全过程咨询之挑战应对［J］. 工程管理学报. 2019，33（1）：17-22.

［245］ 张水波，何伯森. 工程项目合同双方风险分担问题的探讨［J］. 天津大学学报（社会科学版），2003，5（3）：257-261.

［246］ 张卫，谢丽娅，李莉. 水利水电工程对生态环境的影响与对策［J］. 中国资源综合利用，2017，35（2）：58-60.

［247］ 赵敏. 探求数字孪生的根源与深入应用［J］. 软件和集成电路，2018（9）：50-58.

［248］ 赵振宇，高磊. 推行全过程工程咨询面临的问题与对策［J］. 建筑经济，2019（12）：5-10.

［249］ 郑大为. 全过程工程咨询理论应用与服务实践探析［J］. 建设监理，2018（5）：5-10.

［250］ 周倍立. 全过程工程咨询发展的分析和建议［J］. 建筑经济，2019，40（1）：5-8.

［251］ 周培，赵国杰，尹贻林. 合同柔性视角下工程项目发承包双方信任对合作的影响研究［J］. 管理现代化，2014，34（6）：108-110.

［252］ 朱聪，顾罡宇，曹力力. 水电项目前期勘察设计阶段风险体系构建与评价方法研究［J］. 西北水电，2014（5）：100-103.

［253］ 邹金明. 对水利工程建设项目验收工作的建议［J］. 水电水利，2020，4（12）：79-80.